AF572732

Hans Hansen Still Life

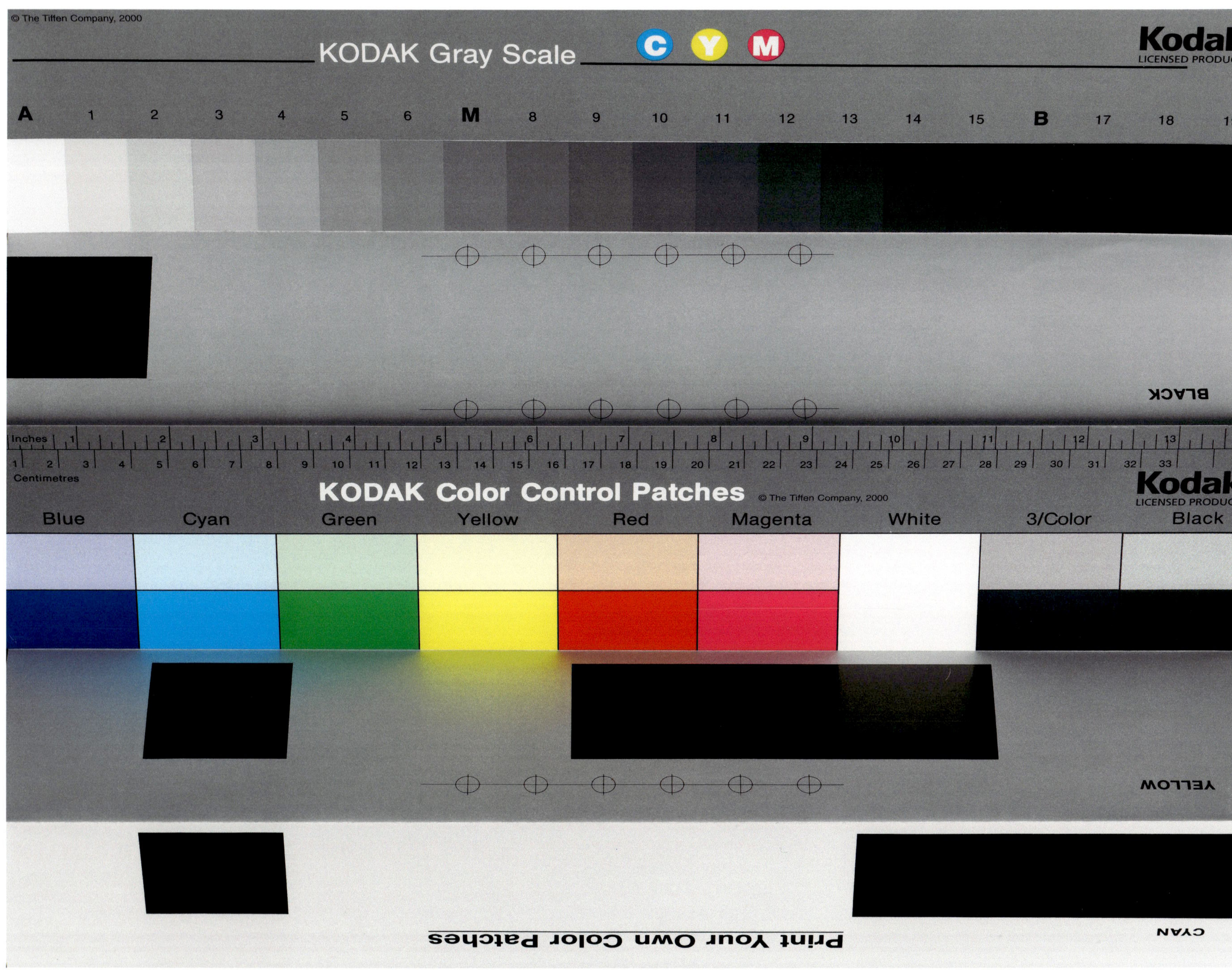
© The Tiffen Company, 2000
KODAK Gray Scale
C Y M
Kodak
LICENSED PRODUCT
A 1 2 3 4 5 6 M 8 9 10 11 12 13 14 15 B 17 18 19
BLACK
Inches
Centimetres
KODAK Color Control Patches
© The Tiffen Company, 2000
Kodak
LICENSED PRODUCT
Blue
Cyan
Green
Yellow
Red
Magenta
White
3/Color
Black
YELLOW
CYAN
Print Your Own Color Patches

Hans Hansen Still Life

Herausgegeben von / Edited by
Felix Hoffmann
Hendrik Schwantes

Spector Books

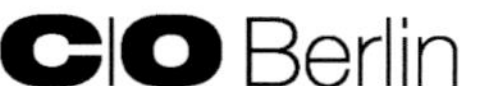

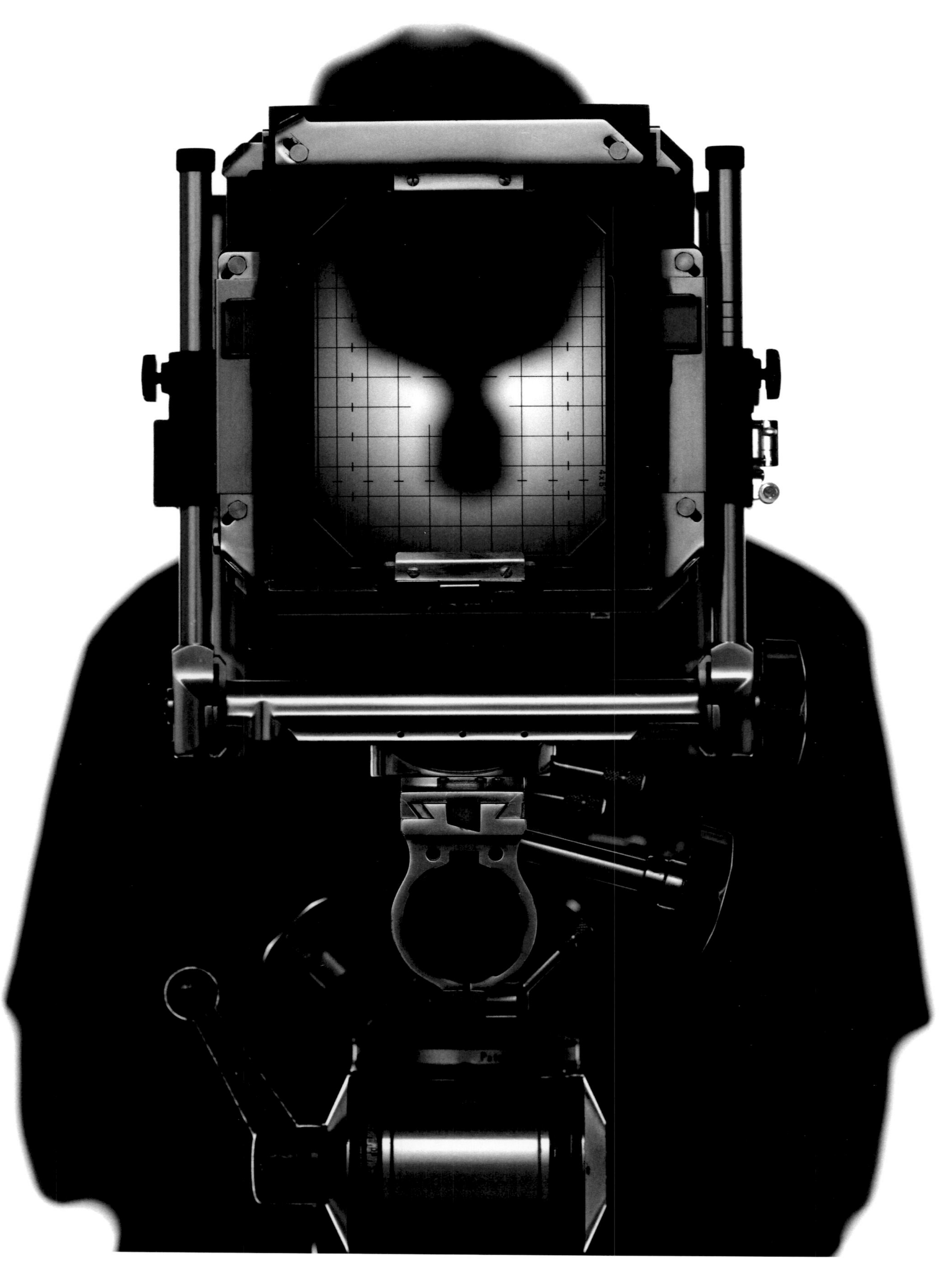

 Selbstporträt / Self-Portrait, 2002

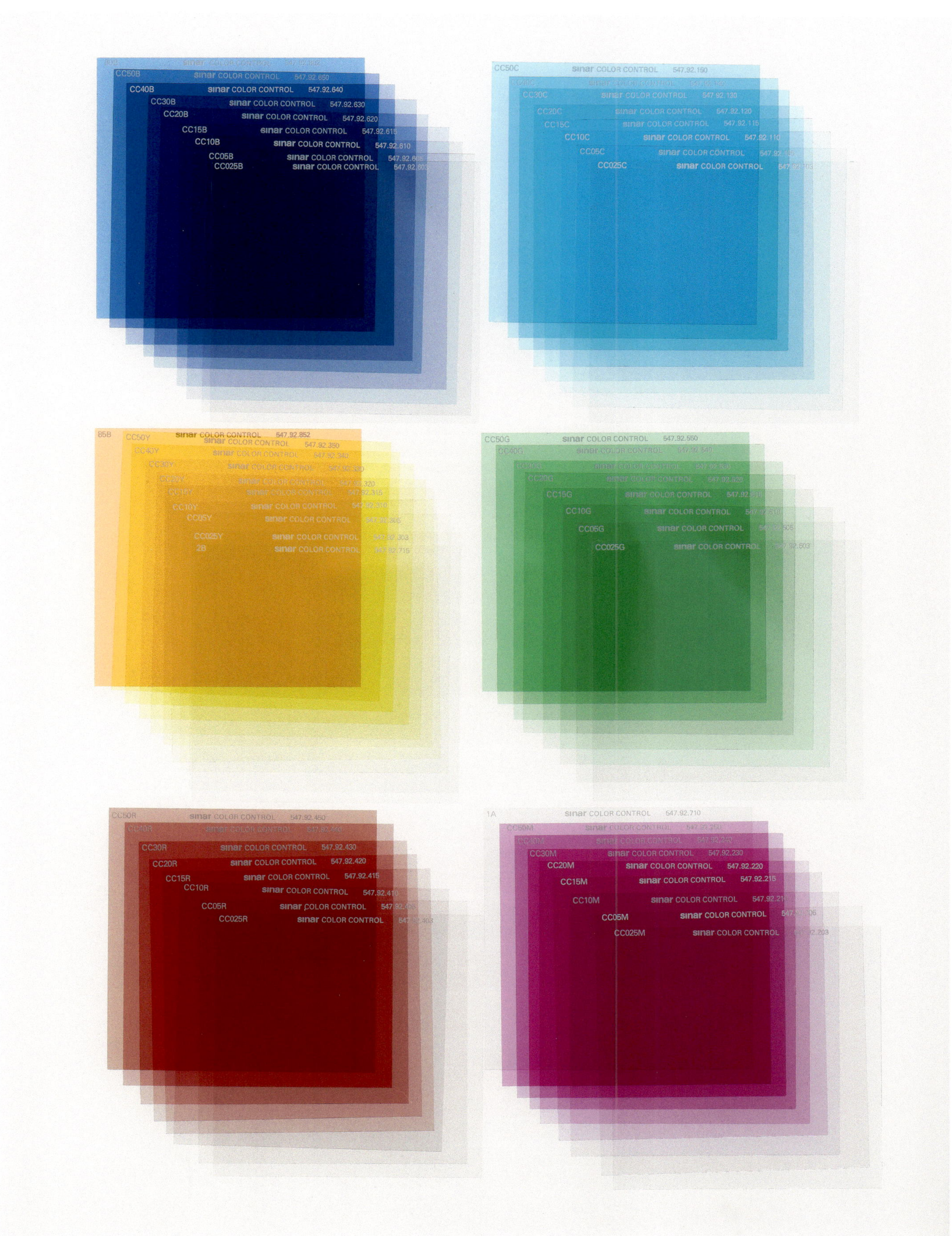

Kamerabalg / Camera Bellows, 2016 Korrekturfilter / Correction Filters, 2016

Kodak Filmschachtel / Kodak Film Box, 2015

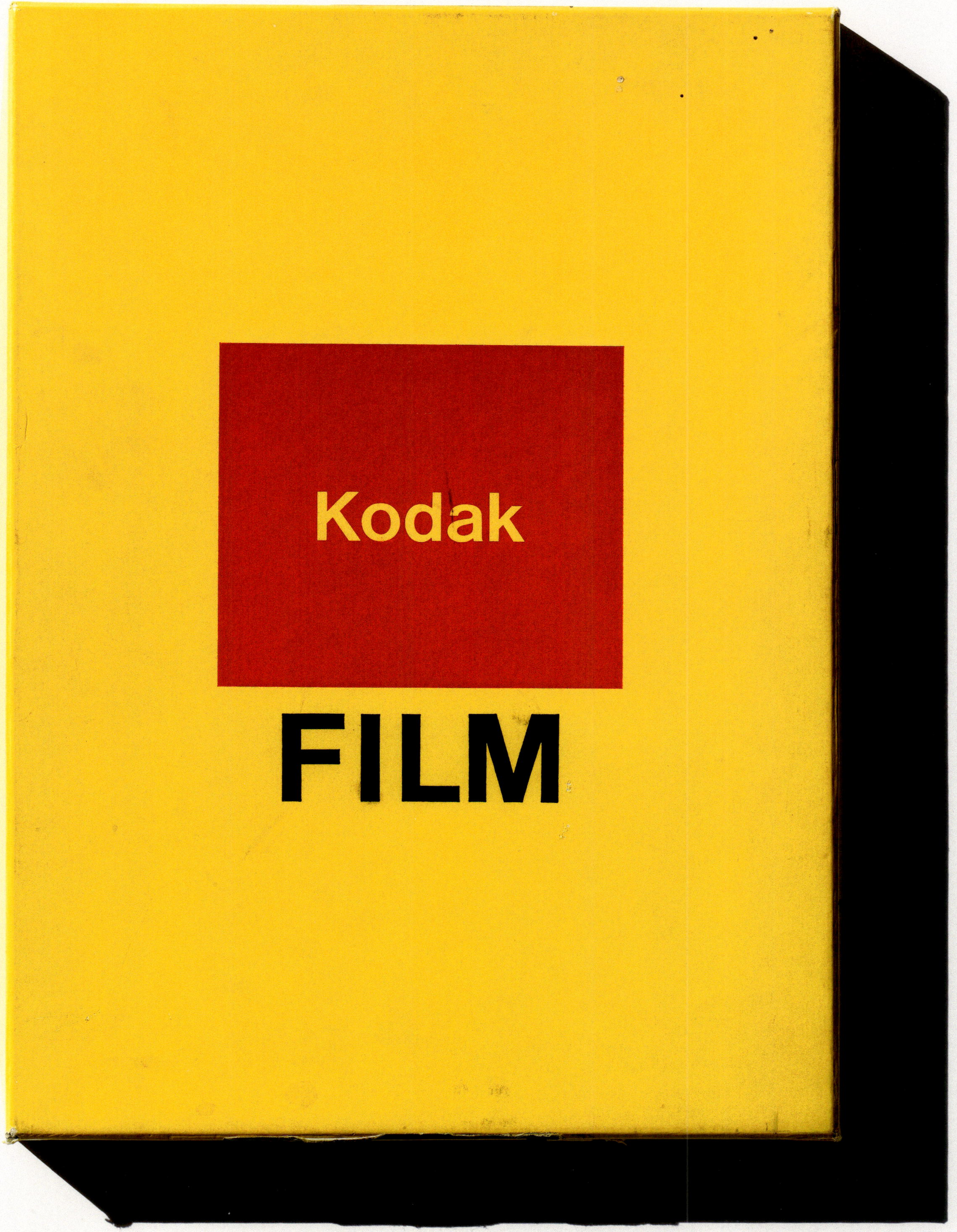

Kodak

FILM

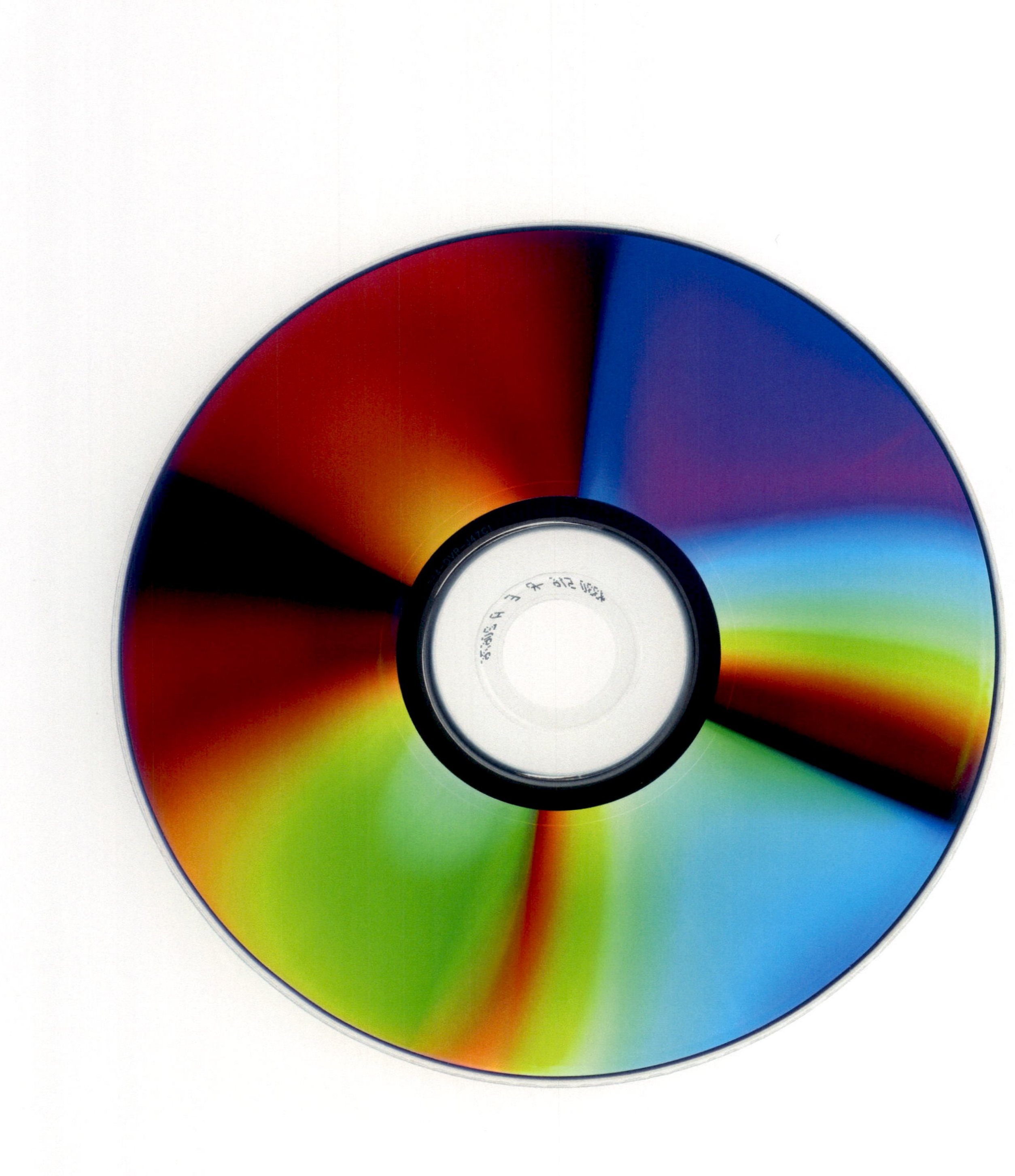

 CD, 2016 Filmformate / Film Formats, 2007

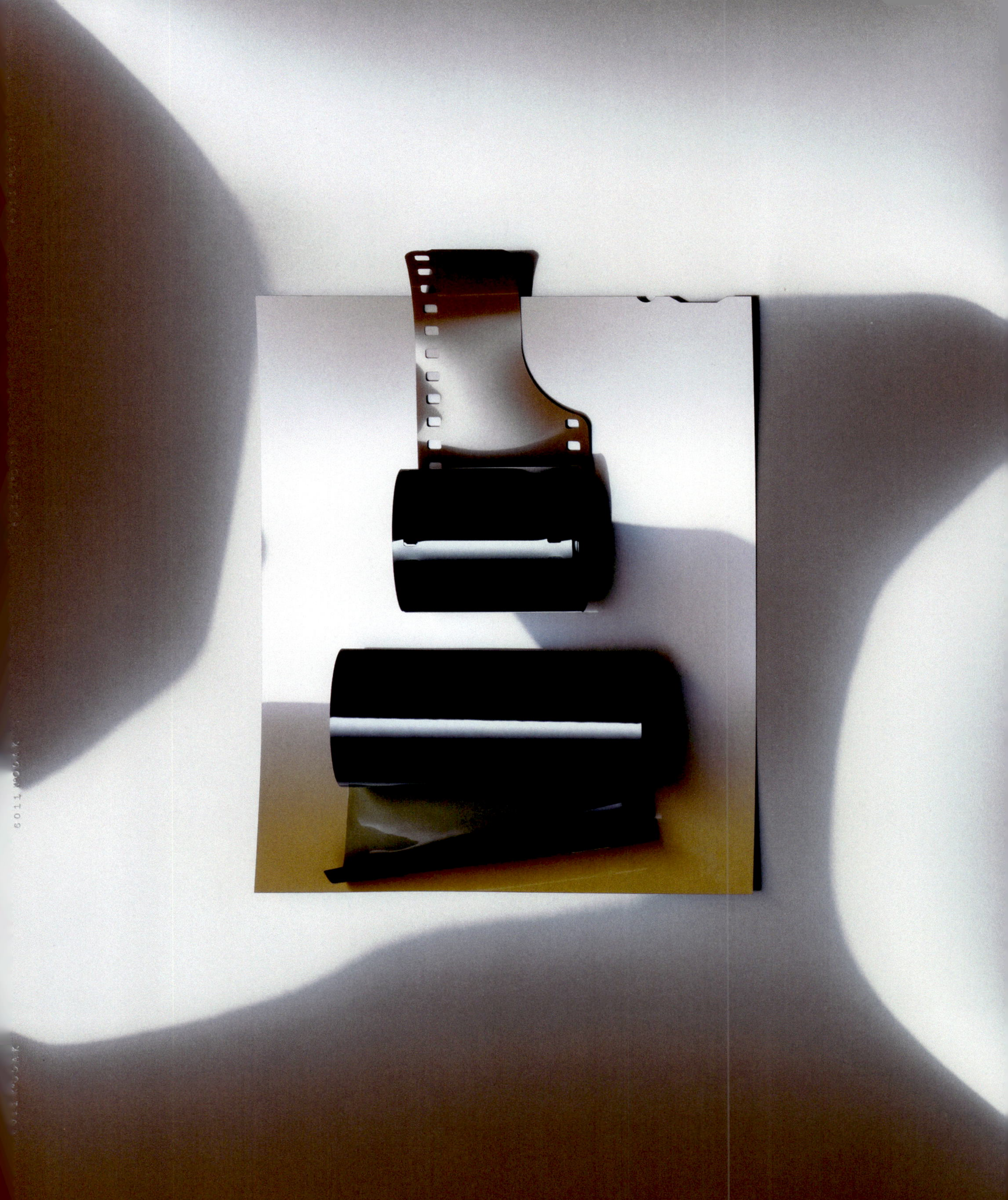

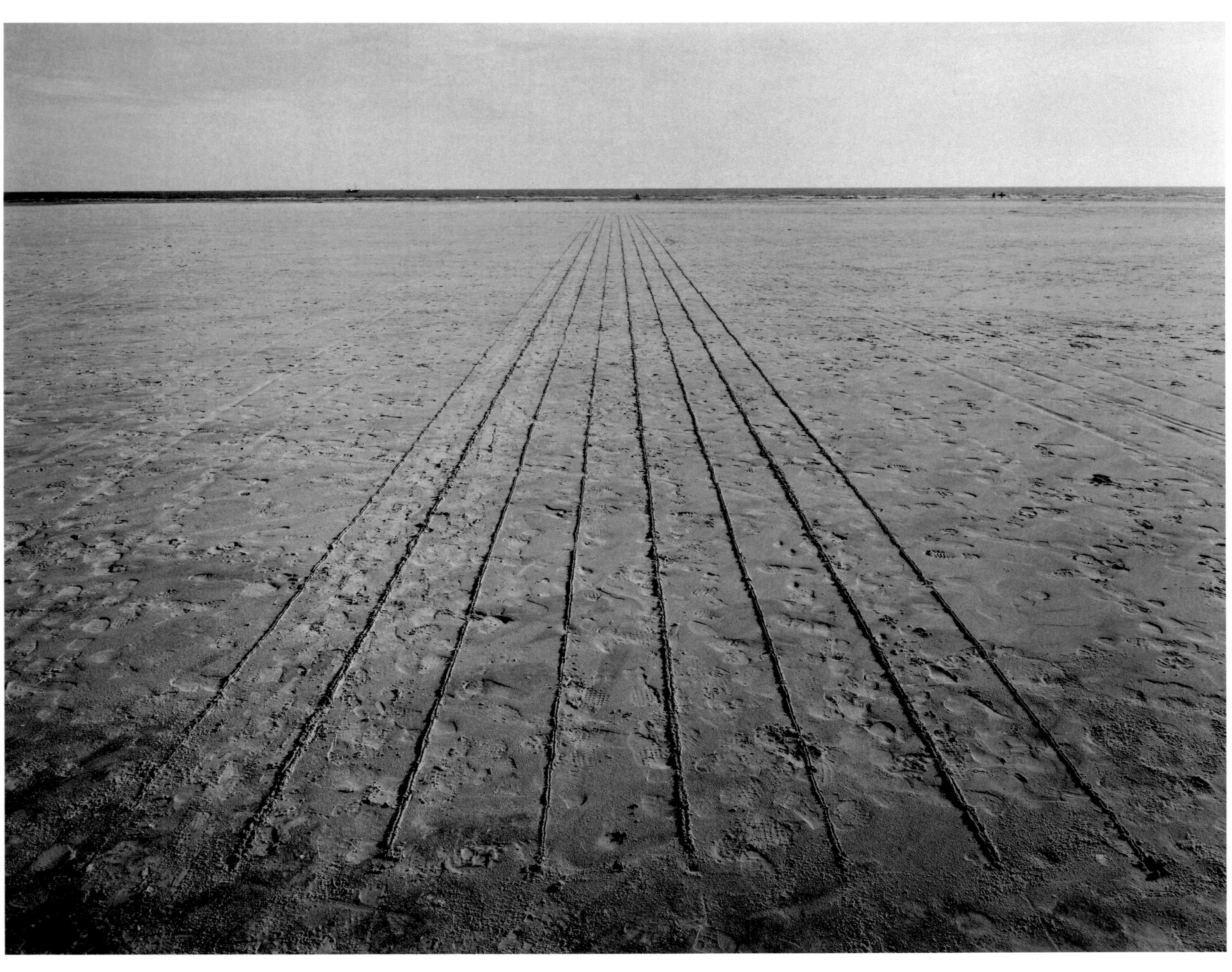

 Strandlinien / Beach Lines (1, 2), 2001

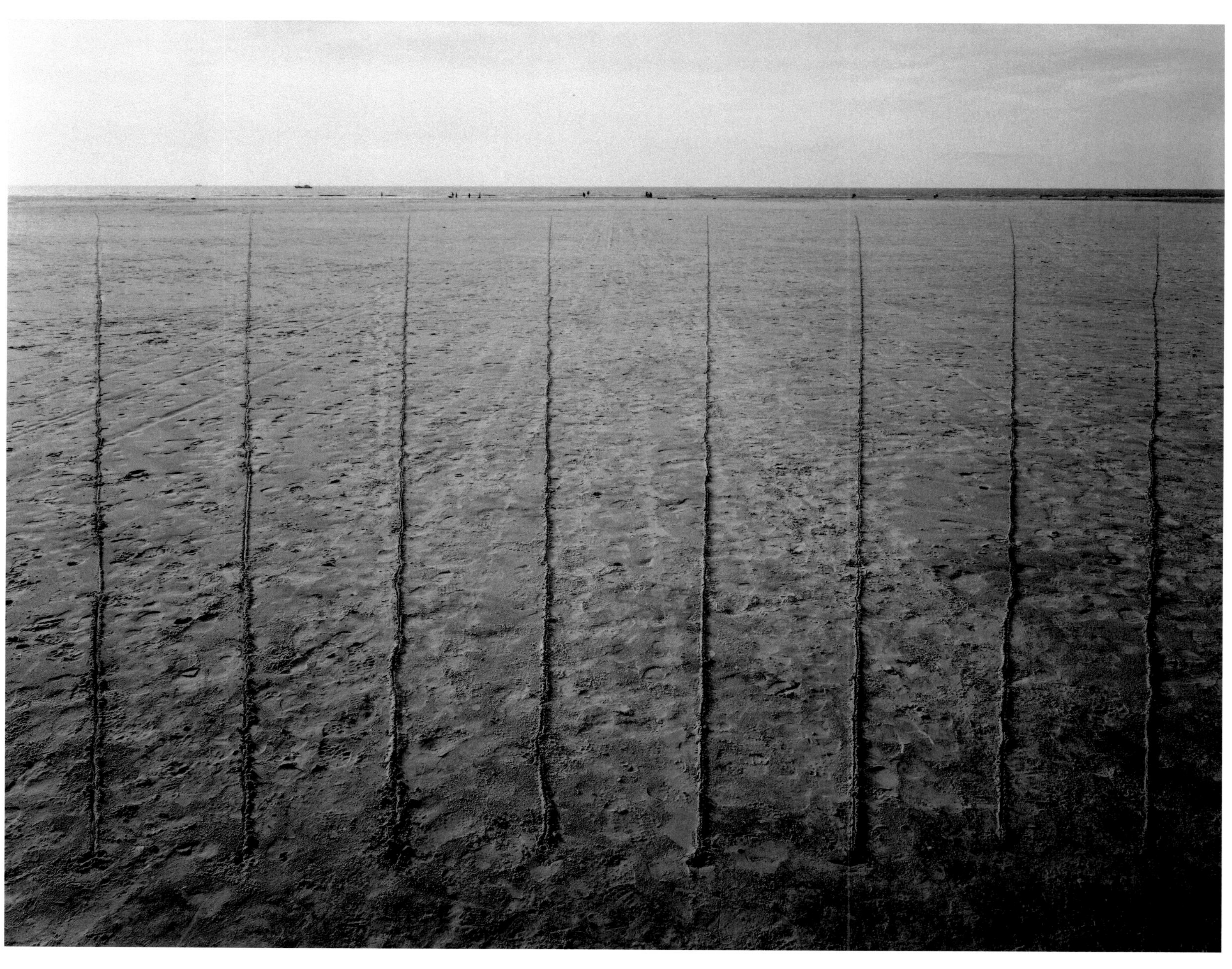

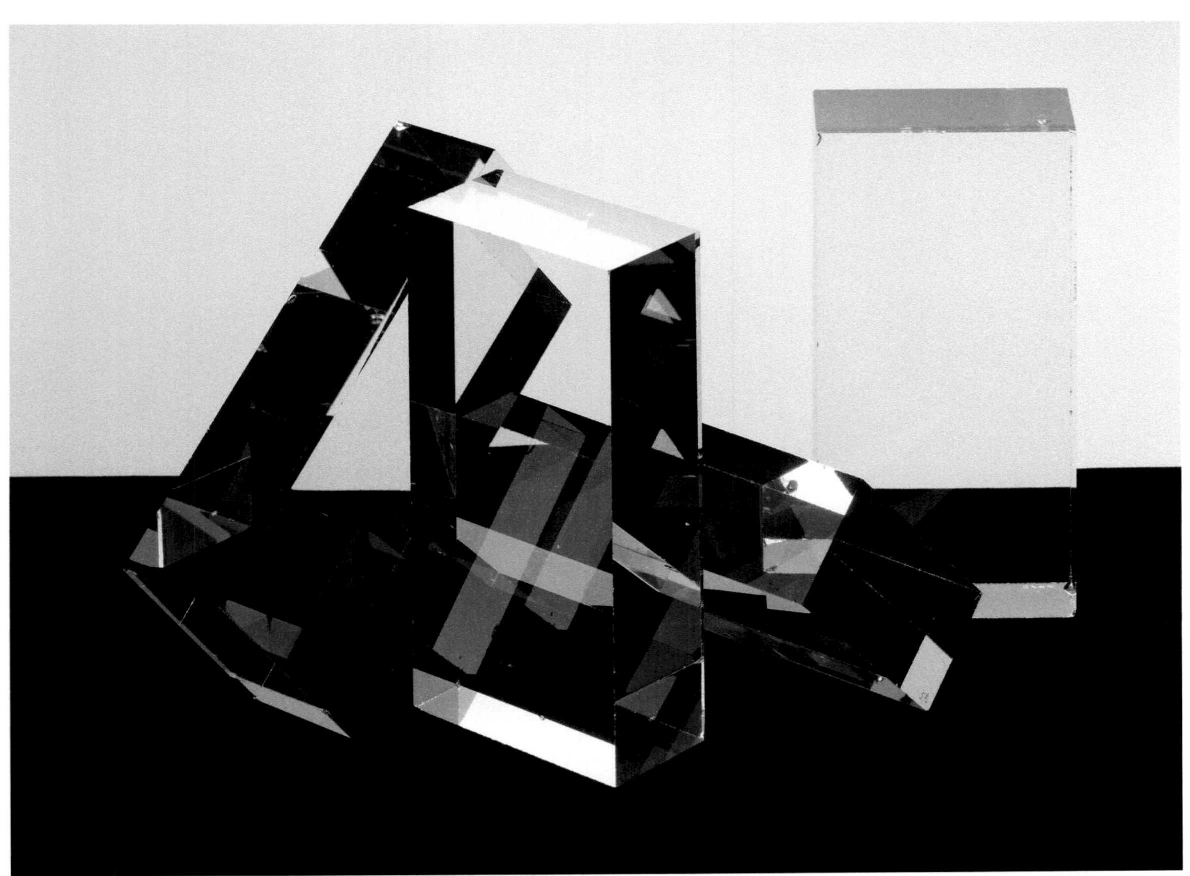

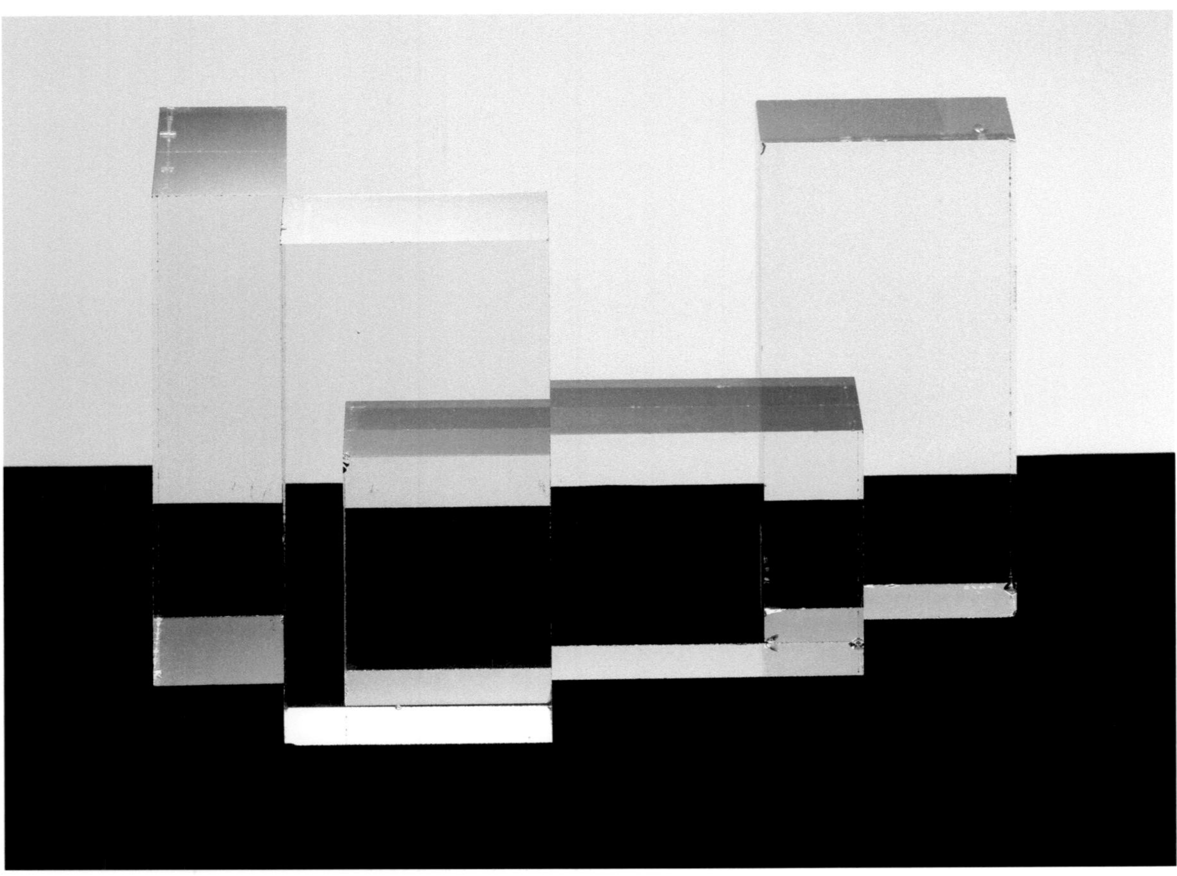

 Glasblöcke / Glass Blocks (1–4), 2013

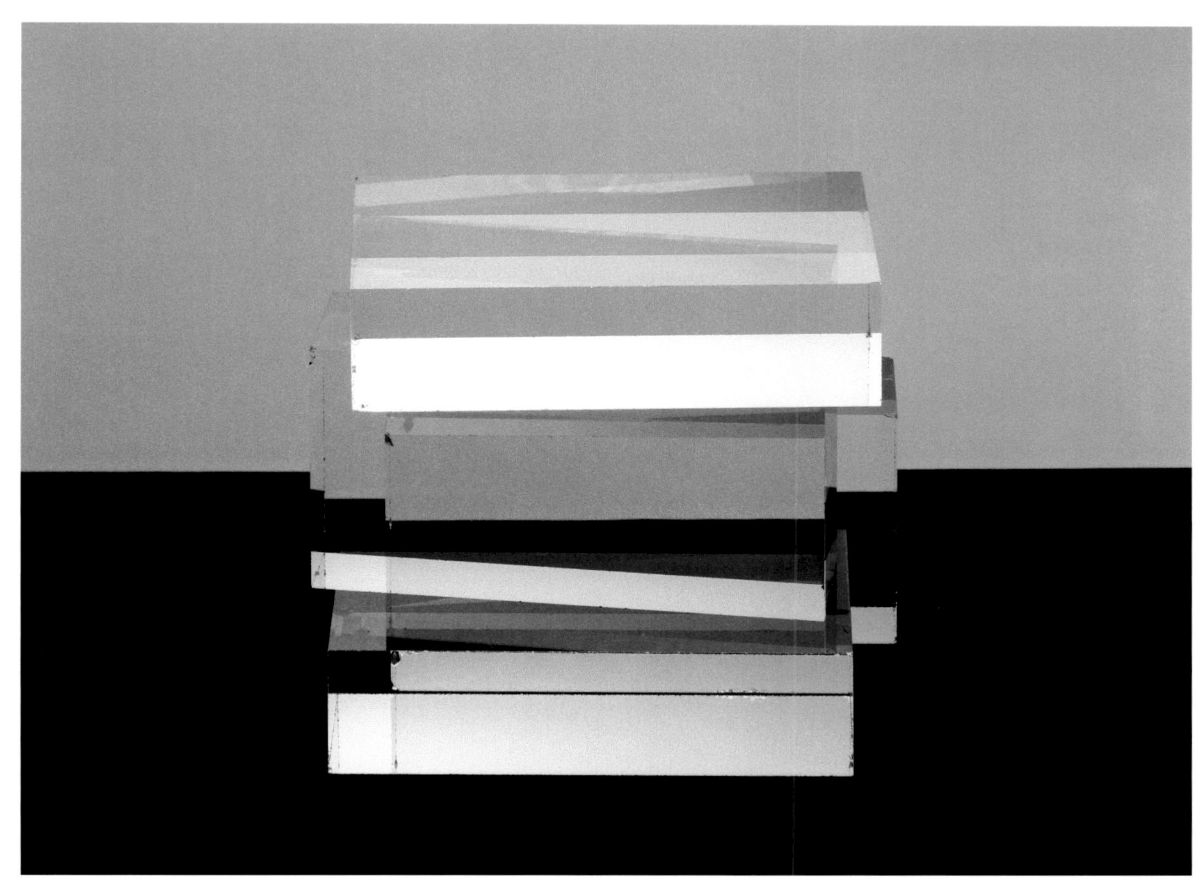

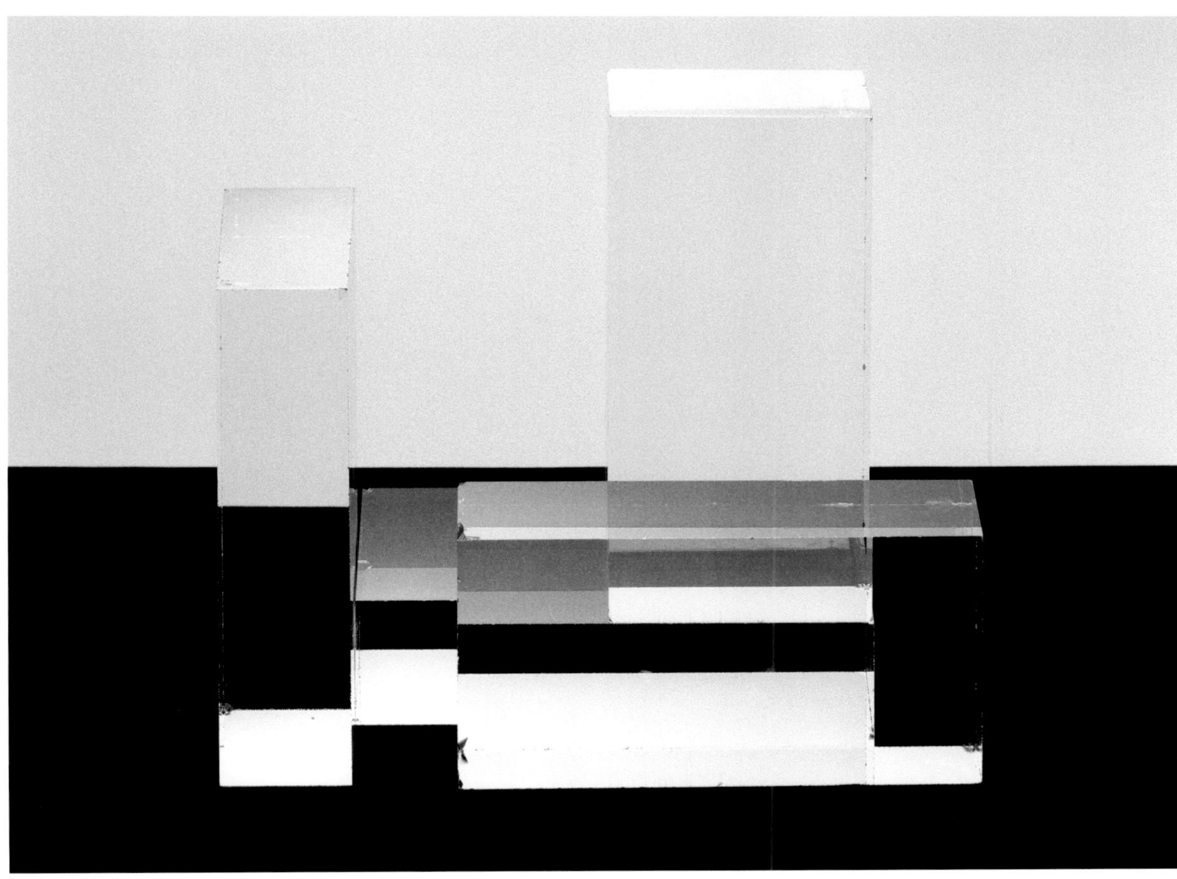

Vom Ding zur Sache From Thing to Object Felix Hoffmann

Ein Vorwort

Welche Dinge erzählen von unserer heutigen Welt? Die NASA hat sich mit dieser Frage 1977 intensiv beschäftigt, um extraterrestrischen Zivilisationen unseren Planeten vorstellen zu können. Sie gab den beiden mittlerweile am weitesten vorgedrungenen Außenposten unserer Zivilisation, den Raumsonden Voyager 1 und 2, je eine mit Gold beschichtete Kupferscheibe mit auf die Reise: die sogenannten „Golden Records“. Auf der einen Seite der Scheibe sind Diagramme und bildliche Darstellungen zu finden, die beispielsweise die Position der Erde im Sonnensystem zeigen. Auf der anderen Seite wurden Klänge und Bilder analog gespeichert. Die meisten dieser Bilder sind Fotografien, die die Erde und das Leben darauf repräsentieren sollen – eine Zellteilung unter einem Mikroskop, Pilze im Wald, Kinder in der Schule. Die Auswahl der Bilder wurde von verschiedenen Seiten kritisiert: sie sei vor allem durch eine weiße und männliche Autorenschaft codiert, hieß es.[1]

Auch Hans Hansen zeigt unsere Welt in Dingen. So z. B. wenn er Compact Discs fotografiert, jene Datenträger, die seit den 1990ern für die vereinfachte, beschleunigte und effektive Speicherung von Daten sorgten: rund, in Regenbogenfarben schillernd und nur während der Rotation decodierbar. Statt einer umfassenden – und damit unmöglichen – Repräsentation rückt er analysierend auch andere Speichermedien wie Filme oder Dias in den Fokus. Seit dem Beginn seiner Beschäftigung mit der Fotografie sucht er neue Bildlösungen. Dabei geht es nicht allein um die Dinge, die er fotografiert, sondern auch um die Formen ihrer medialen Repräsentation. In seinen Arbeitsprozessen werden sie zerlegt, kombiniert, von der Alltagswelt freigestellt, isoliert, neu ins Licht gesetzt, hinterleuchtet, zum Schweben gebracht, in ihrer Qualität hinterfragt, seziert, komponiert und komplementär kombiniert – kurz gesagt also vereinfacht mag man denken. Jedoch muss einfach nicht einfach sein, wenn Dinge zu einer neuen Sache transformiert werden. Gerade das wird deutlich, wenn man sich mit den Bildlösungen von Hansen länger beschäftigt. An seinem Umgang mit Objekten wird klar, dass ein „Ding“ einen physischen Gegenstand bezeichnet, eine „Sache“ hingegen einen Abstraktionsgrad beschreibt.

Hans Hansen agiert seit über 60 Jahren auf seine ureigene Weise: Er setzt sich sowohl mit industriell produzierten als auch mit handwerklich hergestellten sowie mit direkt der Natur entnommenen Dingen auseinander. In ihrer Vereinfachung werden sie zu einer komplexen Sache. Auch wenn es simpel aussieht – seine Bild-Gegenstände definieren und reflektieren, was Menschsein zu einer bestimmten Zeit ausmacht. Und vielleicht

A Foreword

What are the things that reveal our world today? NASA considered this question carefully in 1977 when deciding how to present our planet to extraterrestrial civilizations. A gold-plated copper disc was placed in each of the Voyager 1 and Voyager 2 space probes, which are currently the most distant man-made objects in our solar system. One side of these "golden records" contains diagrams and images showing, for instance, the position of Earth in the solar system. The other side has sounds and pictures encoded in analogue form. Most of these images are photographs intended to represent Earth and life on Earth, and include a microscopic view of cell division, mushrooms in a forest, and children in a school. Various parties criticized the images for having been codified by a primarily white male authorship.[1]

Hans Hansen, too, depicts our world using things. Take, for instance, his photographs of compact discs, an easy, quick, and effective means of storing data in use since the 1990s, which are round, iridescent, and able to be decoded only when rotating. In place of a comprehensive—and thus impossible—representation, he also photographs other storage media such as film rolls and slides in an analytical manner. Hansen has sought out new ways of seeing since he began taking photos, considering not only the things he photographed but also the media in which they were represented. His working method takes objects and disassembles them, removes them from their everyday context, isolates them, places them in a new light, backlights them, makes them float, questions their attributes, dissects them, composes them, and combines them in complementary ways. In other words, he simplifies them, one might say. But simple isn't necessarily simple when things are being transformed into objects. This becomes apparent the longer one considers Hansen's ways of seeing. His way of working with objects makes it clear that a "thing" denotes a physical entity whereas an "object" suggests a degree of abstraction.

Hansen has pursued his unique approach for over sixty years: he works with industrially produced and handmade objects and things taken from nature. His simplifying approach reveals their complexity. Though they might appear very simple, his photos of objects reveal and reflect the defining characteristics of being human at a given point in time. Perhaps precisely these objects, items, entities, and things reveal the complexity of humankind's current degree of development. The word "current" is key here: our evolution is made manifest not through the things that we revere and endow with a special meaning, but

zeigen gerade diese Gegenstände, Dinge, Objekte und Sachen die Komplexität unseres aktuellen menschlichen Entwicklungsgrades. Das Wort „aktuell" ist hier entscheidend. Die Evolution wird eben gerade nicht an Dingen manifest, die wir mit besonderer Bedeutung aufladen oder verehren, sondern an jenen Dingen, mit denen wir tagtäglich umgehen und die uns oft gar nicht mehr auffallen. Dieser dienenden Haltung der Dinge folgt Hans Hansen, wenn er selbst versucht, als Autor unsichtbar zu bleiben. In der Welt der Werbung war das nicht schwer. Der Idee eines pluralen Bildbegriffs folgend verschaffen die Ausstellung und dieses Buch mit dem Titel *Still Life*[2] einem Lebenswerk die verdiente Sichtbarkeit.[3] Zugleich wollen wir einer Hierarchisierung von Bildern anhand ihrer Verwendungszwecke entgegentreten. Denn die Bilder von Hansen fordern zum Sehen, zum Erkennen und zum Nachdenken auf. Die Dinge offenbaren mehr als es zunächst scheint.

rather through the things we surround ourselves with on a daily basis and have ceased to truly see. By seeking to elide his authorial presence, Hansen aims to emulate the servile attitude of things. That wasn't difficult in the world of advertising. Building on a broad definition of the image, this exhibition and book, entitled *Still Life*,[2] gives his life's work the visibility it deserves.[3] At the same time, we want to counter the idea that images should be placed in a hierarchy depending on how they are used. After all, Hansen's photographs inspire us to see, recognize, and reflect. Things reveal more than is visible at first sight.

1 Die Frage muss offen bleiben, warum nur zwei Bilder eines Fotografen verwendet wurden, der in der Kunst- und Fotogeschichte einen Namen hat: Ansel Adams (1902–1984) wurde mit zwei Landschaftsbildern integriert. Vermutlich strebte man nach einer „dokumentarischen", vermeintlich autorlosen und damit „objektiven" Sicht der Welt, ein Konzept, das durch Fotografie, die einem erkennbaren Stilwillen folgt, gestört worden wäre.

2 Vgl. Irving Penn, Still Life, 2001, das sein Werk zwischen 1938 und 2000 zusammenfasst.

3 In diesem Zusammenhang gilt mein Dank meinem Bruder Moritz Hoffmann, der mich zum ersten Mal auf Hans Hansen aufmerksam machte.

1 The question remains as to why only two photographs were selected that had been taken by a photographer of some renown in the world of fine art photography: two landscapes by Ansel Adams (1902–1984) were included. Most likely a "documentary," supposedly authorless and thus "objective" view of the world was the aim—a concept that would have been tainted by photographs with a recognizable style.

2 Cf. Irving Penn, *Still Life* (2001), which gives an overview of the photographer's work from between 1938 and 2000.

3 Here I would like to thank my brother Moritz Hoffmann, who first brought Hans Hansen's work to my attention.

Visuelle Wahrnehmung und Erkenntnis

In der Geschichte der westlichen Kultur wurde der Sehsinn schon immer als der vornehmste unter den Sinnen betrachtet und Denken selbst oft im Sinne von Sehen aufgefasst. Schon im klassischen Denken der Griechen basierte Gewissheit auf Sehen und Sichtbarkeit. „Die Augen sind genauere Zeugen als die Ohren", schrieb Heraklit in einem seiner Fragmente.[1]
Platon betrachtete die Sehkraft als größtes Geschenk an die Menschheit[2] und vertrat die Ansicht, dass auch ethische Universalien dem ‚geistigen Auge' zugänglich seien. Auch Aristoteles hielt den Sehsinn für den edelsten aller Sinne, „weil er aufgrund der relativen Immaterialität seiner Erfahrungen dem intellektuellen Verstehen am nächsten kommt".[4]
Seit der Zeit der Griechen quellen philosophischen Schriften geradezu über von Augenmetaphern. Sie alle wollen uns verdeutlichen, dass Wissen gleich klares Sehvermögen und Licht eine Metapher für Wahrheit ist. Thomas von Aquin wendet den Begriff des Sehens sogar auf andere Bereiche der Sinneswahrnehmung sowie auf geistige Erkenntnis überhaupt an.
Sehr schön fasst Peter Sloterdijk die Bedeutung des Sehsinns für die Philosophie zusammen: „Die Augen sind die organischen Vorbilder der Philosophie – ihr Rätsel ist, dass sie nicht nur sehen können, sondern auch imstande sind, sich beim Sehen zu sehen. Das gibt ihnen eine Vorrangstellung unter den Erkenntnisorganen des Körpers. Ein guter Teil des philosophischen Denkens ist eigentlich nur Augenreflexion, Augendialektik, Sich-sehen-Sehen."[5] In der Renaissance wurden die fünf Sinne als ein hierarchisches System aufgefasst, mit dem Sehsinn an oberster und dem Tastsinn an unterster Stelle. Das Sinnessystem der Renaissance bezog sich dabei auf die Vorstellung eines kosmischen Körpers. Darin entsprach der Sehsinn dem Feuer und dem Licht, der Hörsinn der Luft, der Geruchssinn dem Dampf, der Geschmackssinn dem Wasser und der Tastsinn schließlich der Erde.[6]
Mit der Erfindung der perspektivischen Darstellung wurde das Auge zum Mittelpunkt aller Wahrnehmungswelten und nahm damit auch in der Vorstellung des Selbst eine zentrale Stellung ein. Die perspektivische Darstellung verwandelte sich in eine symbolische Form, welche Wahrnehmung nicht nur beschrieb, sondern sie auch bedingte.
Zweifellos hat unsere von Technologie geprägte Gegenwartskultur die Sinne noch stärker untergliedert und voneinander getrennt. Sehen und Hören gehören heute im sozialen Kontakt zu den bevorzugten Sinnen, wohingegen die drei anderen nur noch als archaische Sinnesrelikte betrachtet werden, die bestenfalls im Privatbereich eine Rolle spielen. Meistens werden sie deshalb von unserem kulturellen Kodex unterdrückt. Lediglich einzelnen nicht visuellen Sinneserfahrungen wie dem

Vision and Knowledge

In Western culture, sight has historically been regarded as the noblest of the senses, and thinking itself thought of in terms of seeing. Already in classical Greek thought, certainty was based on vision and visibility. "The eyes are more exact witnesses than the ears," wrote Heraclitus in one of his fragments.[1] Plato regarded vision as humanity's greatest gift,[2] and he insisted that ethical universals must be accessible to "the mind's eye."[3]
Aristotle, likewise, considered sight as the most noble of the senses "because it approximates the intellect most closely by virtue of the relative immateriality of its knowing."[4]
Since the Greeks, philosophical writings of all times have abounded with ocular metaphors to the point that knowledge has become analogous with clear vision and light is regarded as the metaphor for truth. Aquinas even applies the notion of sight to other sensory realms as well as to intellectual cognition.
The impact of the sense of vision on philosophy is well summed up by Peter Sloterdijk: "The eyes are the organic prototype of philosophy. Their enigma is that they not only can see but are also able to see themselves seeing. This gives them a prominence among the body's cognitive organs. A good part of philosophical thinking is actually only eye reflex, eye dialectic, seeing-oneself-see."[5] During the Renaissance, the five senses were understood to form a hierarchical system from the highest sense of vision down to touch. The Renaissance system of the senses was related to the image of the cosmic body; vision was correlated to fire and light, hearing to air, smell to vapor, taste to water, and touch to earth.[6]
The invention of perspectival representation made the eye the center point of the perceptual world as well as of the concept of the self. Perspectival representation itself turned into a symbolic form, one which not only describes but also conditions perception.
There is no doubt that our technological culture has ordered and separated the senses even more distinctly. Vision and hearing are now the privileged sociable senses, whereas the other three are considered as archaic sensory remnants with a merely private function, and they are usually suppressed by the code of culture. Only sensations such as the olfactory enjoyment of a meal, fragrance of flowers, and responses to temperature are allowed to draw collective awareness in our ocularcentric and obsessively hygienic code of culture.
The dominance of vision over the other senses—and the consequent bias in cognition—has been observed by many philosophers. A collection of philosophical essays entitled *Modernity and the Hegemony of Vision* argues that "beginning with the ancient Greeks, Western culture has been dominated by an ocularcentric paradigm, a vision-generated, vision-centered

olfaktorischen Genuss von Speisen, dem Wohlgeruch der Blumen oder Wärmeempfindungen gestatten wir trotz des Okularzentrismus und der Hygienebesessenheit unserer kulturellen Vorstellungen noch, in unser kollektives Bewusstsein vorzudringen.
Diese Vorrangstellung der visuellen Wahrnehmung gegenüber anderen Sinneswahrnehmungen – und die daraus folgende Einseitigkeit der Erkenntnisgewinnung – haben schon viele Philosophen festgestellt. Eine Sammlung philosophischer Essays mit dem Titel *Modernity and the Hegemony of Vision*[7] legt dar, dass „die westliche Kultur seit der griechischen Antike vom Paradigma des Okularzentrismus beherrscht wird, welcher seine Interpretation von Erkenntnis, Wahrheit und Wirklichkeit ganz auf visuelle Wahrnehmung stützt und sie danach ausrichtet".[8] Dieses lesenswerte Buch analysiert „die historischen Zusammenhänge von visueller Wahrnehmung und Erkenntnis, Ontologie, Macht und Ethik".[9]
Die Philosophen haben das okularzentrische Paradigma unseres Verhältnisses zur Welt und unseres Erkenntnisbegriffs – also die epistemologische Bevorzugung des Visuellen –aufgezeigt. Ebenso wichtig ist es nunmehr, die Rolle der visuellen Wahrnehmung und der anderen Sinne auch in der Theorie und Praxis der Architektur nochmals kritisch zu überprüfen. Wie jede Kunst befasst sich Architektur im Wesentlichen mit Fragen der menschlichen Existenz in Raum und Zeit; sie drückt aus und erzählt, wie es sich mit dem menschlichen Dasein in der Welt verhält. Architektur hat deshalb ein großes Interesse an metaphysischen Fragen wie jener des Selbst im Verhältnis zur Welt, der Innen- und Außenwelt, der Zeit und Zeitdauer sowie der Frage nach Leben und Tod. „Ästhetische und kulturelle Praktiken lassen sich von den wechselnden Erfahrungen in Raum und Zeit besonders leicht beeinflussen, gerade weil sie räumliche Konstruktionen und Artefakte aus der Kontinuität der menschlichen Erfahrung ableiten", schreibt David Harvey.[10] Architektur ist das bevorzugte Werkzeug, mit dem wir uns mit Raum und Zeit in Beziehung setzen und ihren Dimensionen ein menschliches Maß geben. Architektur domestiziert den grenzenlosen Raum und die unendliche Zeit in einer Weise, dass sie überhaupt erst vom Menschen ertragen, bewohnt und verstanden werden können. Aus dieser wechselseitigen Abhängigkeit von Raum und Zeit folgt, dass die Dialektik von Außen- und Innenraum mitsamt unseren physischen und spirituellen, materiellen und geistigen, bewussten und unbewussten Prioritäten bezüglich der Sinne und ihrer Wechselwirkung einen wesentlichen Einfluss auf die Natur der Künste und der Architektur nehmen.
David Michael Levin begründet die philosophische Kritik an der Dominanz des Auges folgendermaßen: „Ich glaube, es ist richtig, den Hegemonieanspruch des Visuellen kritisch zu hinterfragen – also den Okularzentrismus unserer Kultur. Und ich denke weiter, dass wir sehr kritisch untersuchen sollten, wie genau die visuelle Wahrnehmung eigentlich beschaffen ist, die heute in unserer Welt so vorherrschend ist. Wir benötigen dringend eine Diagnose der psychosozialen Pathologie des alltäglichen Sehens – und ein kritisches Verständnis unserer selbst als Sehende, oder genauer: als das Gesehene interpretierende Wesen."[11]
Levin betont die Eigendynamik und Aggressivität visueller Wahrnehmung und Erfahrung und verweist auf „die Geister patriarchalischer Gesetze", die in unserer okularzentrischen Kultur herumspuken:

> Der Machtwille im Sehen ist sehr ausgeprägt. Es gibt im Sehen einen starken Hang dazu, etwas ergreifen und festhalten zu wollen, den Wunsch, etwas zu vergegenständlichen und in seiner Gesamtheit zu überblicken. Eine Tendenz also,

interpretation of knowledge, truth, and reality."[7] This thought-provoking book analyzes "historical connections between vision and knowledge, vision and ontology, vision and power, vision and ethics."[8]
As the ocularcentric paradigm of our relation to the world and of our concept of knowledge—the epistemological privileging of vision—has been revealed by philosophers, it is also important to survey critically the role of vision in relation to the other senses in our understanding and practice of the art of architecture. Architecture, as with all art, is fundamentally confronted with questions of human existence in space and time; it expresses and relates man's being in the world. Architecture is deeply engaged in the metaphysical questions of the self and the world, interiority and exteriority, time and duration, life and death. "Aesthetic and cultural practices are peculiarly susceptible to the changing experience of space and time precisely because they entail the construction of spatial representations and artifacts out of the flow of human experience," writes David Harvey.[9] Architecture is our primary instrument in relating us with space and time, and giving these dimensions a human measure. It domesticates limitless space and endless time to be tolerated, inhabited, and understood by humankind. As a consequence of this interdependence of space and time, the dialectics of external and internal space, physical and spiritual, material and mental, unconscious and conscious priorities concerning the senses as well as their relative roles and interactions, have an essential impact on the nature of the arts and architecture.
David Michael Levin motivates the philosophical critique of the dominance of the eye with the following words: "I think it is appropriate to challenge the hegemony of vision—the ocularcentrism of our culture. And I think we need to examine very critically the character of vision that predominates today in our world. We urgently need a diagnosis of the psychosocial pathology of everyday seeing—and a critical understanding of ourselves, as visionary beings."[10]
Levin points out the autonomy-drive and aggressiveness of vision, and "the specters of patriarchal rule" that haunt our ocularcentric culture:

> The will to power is very strong in vision. There is a very strong tendency in vision to grasp and fixate, to reify and totalize: a tendency to dominate, secure, and control, which eventually, because it was so extensively promoted, assumed a certain uncontested hegemony over our culture and its philosophical discourse, establishing, in keeping with the instrumental rationality of our culture and the technological character of our society, an ocularcentric metaphysics of presence.[11]

I believe that many aspects of the pathology of everyday architecture today can likewise be understood through an analysis of the epistemology of the senses, and a critique of the ocular bias of our culture at large, and of architecture in particular. The inhumanity of contemporary architecture and cities can be understood as the consequence of the neglect of the body and the senses, and an imbalance in our sensory system. The growing experiences of alienation, detachment, and solitude in the technological world today, for instance, may be related to a certain pathology of the senses. It is thought-provoking that this sense of estrangement and detachment is often evoked by the technologically most advanced settings, such as hospitals and airports. The dominance of the eye and the suppression of the other senses tend to push us into detachment, isolation, and exteriority. The art of the eye has certainly produced imposing and thought-provoking structures, but it has not

zu dominieren, abzusichern und zu kontrollieren, die letztendlich, weil sie so weitreichend begünstigt wurde, eine gewisse unhinterfragte Hegemoniestellung in unserer Kultur und unserem philosophischen Diskurs einnehmen konnte. Dadurch gelang es ihr, in Übereinstimmung mit der instrumentellen Rationalität unserer Kultur und dem technologischen Charakter unserer Gesellschaft eine okularzentrische Metaphysik der Anwesenheit zu etablieren.

Ich glaube, dass in gleicher Weise viele pathologische Aspekte unserer heutigen Alltagsarchitektur mit Hilfe einer erkenntnistheoretischen Analyse der Sinne verstanden werden können – das heißt, durch eine Kritik der Augenzentriertheit unserer Kultur im Allgemeinen und unserer Architektur im Besonderen. Die Unmenschlichkeit zeitgenössischer Städte und Architektur lässt sich als Folge einer Vernachlässigung unseres Körpers und seiner Sinne verstehen, als Konsequenz der Unausgewogenheit unseres Wahrnehmungssystems. Zum Beispiel dürfte die zunehmende Erfahrung von Entfremdung, Distanz und Einsamkeit in der von Technik geprägten modernen Welt durchaus mit einer bestimmten Wahrnehmungspathologie zusammenhängen. Es lohnt sich, darüber nachzudenken, warum dieses Gefühl der Distanz und Entfremdung oftmals gerade von den technologisch fortschrittlichsten Umgebungen wie Krankenhäusern und Flughäfen hervorgerufen wird. Die Herrschaft des Auges und die Unterdrückung der anderen Sinne tendiert dazu, uns von unserer Umwelt zu isolieren und zu distanzieren. Sicherlich hat die Kunst des Auges eindrucksvolle und gedanklich herausfordernde Strukturen geschaffen, aber die menschliche Verwurzelung in der Welt hat sie nicht gefördert. Die Tatsache, dass die Moderne es im Allgemeinen nicht geschafft hat, die Oberflächlichkeit des Massengeschmacks und seine Wertmaßstäbe zu durchbrechen, lässt sich auf ihren einseitigen intellektuellen und visuellen Schwerpunkt zurückführen. Moderne Gestaltung ist überwiegend im Intellekt und im Auge zu Hause gewesen. Es ist ihr aber nicht gelungen, auch dem Körper und den anderen Sinnen sowie unseren Erinnerungen, Fantasien und Träumen eine Heimat zu geben.

Kritiker des Okularzentrismus

Die okularzentrische Tradition und die daraus resultierende, ganz auf einen Betrachter bezogene Erkenntnistheorie des westlichen Denkens stieß schon vor langer Zeit bei den Philosophen selbst auf Kritik. René Descartes zum Beispiel betrachtete den Sehsinn als den universellsten und vornehmsten aller Sinne. Er gründete daher seine objektivierende Philosophie auf einer Bevorzugung der visuellen Sinneserfahrung. Dennoch stellte er den Sehsinn dem Tastsinn gleich, einer Sinneserfahrung, die er für „sicherer und weniger fehleranfällig als den Sehsinn" hielt.[13]

Friedrich Nietzsche versuchte die Vormachtstellung des okularen Denkens zu untergraben, auch wenn er sich damit in offenen Widerspruch zu den Kernsätzen seines eigenen Denkens begab. Seine Kritik richtete sich gegen die zahlreichen Philosophen, die annahmen, dass „das Auge sich außerhalb von Zeit und Geschichte"[14] befände. Er bezichtigte sie sogar einer „tückischen und blinden Feindseligkeit gegen die Sinne".[15] Max Scheler schließlich bezeichnete diese Haltung ganz offen als „Leib-Hass".[16]

Den „Anti-Okularzentrismus" und seine entschiedene Kritik am okularzentrischen Denken des Westens, wie er sich im 20. Jahrhundert besonders bei französischen Intellektuellen herausbildete, hat Martin Jay sorgfältig zusammengefasst. Sein

facilitated human rootedness in the world. The fact that the modernist idiom has not generally been able to penetrate the surface of popular taste and values seems to be due to its one-sided intellectual and visual emphasis; modernist design at large has housed the intellect and the eye, but it has left the body and the other senses, as well as our memories, imagination, and dreams, homeless.

Critics of Ocularcentrism

The ocularcentric tradition and the consequent spectator theory of knowledge in Western thinking already had their critics among philosophers before today's concerns. René Descartes, for instance, regarded vision as the most universal and noble of the senses, and his objectifying philosophy is consequently grounded in the privileging of vision. However, he also equated vision with touch, a sense that he considered to be "more certain and less vulnerable to error than vision."[12]

Friedrich Nietzsche attempted to subvert the authority of ocular thinking in seeming contradiction with the general line of his thought. He criticized the "eye outside of time and history"[13] presumed by many philosophers. He even accused philosophers of a "treacherous and blind hostility towards the senses."[14] Max Scheler bluntly calls this attitude the "hatred of the body."[15]

The forcefully critical "anti-ocularcentric" view of Western ocularcentric perception and thinking, which developed in the twentieth-century French intellectual tradition, is thoroughly surveyed by Martin Jay in his book *Downcast Eyes: The Denigration of Vision in Twentieth-Century French Thought*.[16] The writer traces the development of the modern vision-centered culture through such diverse fields as the invention of the printing press, artificial illumination, photography, visual poetry, and the new experience of time. On the other hand, he analyzes the anti-ocular positions of many of the seminal French writers, such as Henri Bergson, Georges Bataille, Jean-Paul Sartre, Maurice Merleau-Ponty, Jacques Lacan, Louis Althusser, Guy Debord, Roland Barthes, Jacques Derrida, Luce Irigaray, Emmanuel Levinas, and Jean-François Lyotard.

Sartre was outspokenly hostile to the sense of vision to the point of ocularphobia; his oeuvre has been estimated to contain 7,000 references to "the look."[17] He was concerned with "the objectifying look of the other, and the 'medusa glance' [which] 'petrifies' everything that it comes in contact with."[18] In his view, space has taken over time in human consciousness as a consequence of ocularcentrism.[19] This reversal of the relative significance accorded to the notions of space and time has important repercussions on our understanding of physical and historical processes. The prevailing concepts of space and time and their interrelations form an essential paradigm for architecture, as Sigfried Giedion established in his seminal ideological history of modern architecture *Space, Time and Architecture*.[20]

Maurice Merleau-Ponty launched a ceaseless critique of the "Cartesian perspectivalist scopic regime" and "its privileging of an ahistorical, disinterested, disembodied subject entirely outside of the world."[21] His entire philosophical work focuses on perception in general, and vision in particular. But instead of the Cartesian eye of the outside spectator, Merleau-Ponty's sense of sight is an embodied vision that is an incarnate part of the "flesh of the world":[22] "Our body is both an object among objects and that which sees and touches them."[23] Merleau-Ponty saw an osmotic relation between the self and the world—they interpenetrate and mutually define each other—and he emphasized the simultaneity and interaction of the senses. "My perception is [therefore] not a sum of visual, tactile, and audible givens: I perceive in a total way with my whole being: I grasp

Überblick trägt den Titel *Der gesenkte Blick – die Abwertung des Visuellen im französischen Denken des zwanzigsten Jahrhunderts.*[17] Der Autor spürt der Entwicklung der modernen, ganz visuell ausgerichteten Kultur auf den unterschiedlichsten Gebieten nach. Die Beispiele reichen von der Erfindung der Druckerpresse, der künstlichen Beleuchtung und der Fotografie bis zu visueller Dichtung und einer grundsätzlich neuen Zeiterfahrung. Vor diesem Hintergrund analysiert Jay schließlich die anti-okularen Positionen vieler einflussreicher französischer Schriftsteller wie Henri Bergson, Georges Bataille, Jean-Paul Sartre, Maurice Merleau-Ponty, Jacques Lacan, Louis Althusser, Guy Debord, Roland Barthes, Jacques Derrida, Luce Irigaray, Emmanuel Levinas und Jean-François Lyotard.

Sartre nahm bei seiner Kritik am Sehsinn kein Blatt vor den Mund, seine Feindschaft grenzte geradezu an Okularphobie. Schätzungsweise 7000 Bezugnahmen und Verweise auf „den Blick" soll sein Werk enthalten.[18] Beispielsweise befasste er sich mit „dem objektivierenden Blick des Anderen" oder dem „Blick der Medusa", der alles versteinere, was mit ihm in Kontakt komme.[19] Aus seiner Sicht hatte der Okularzentrismus zur Folge, dass im menschlichen Bewusstsein der Raum von der Zeit Besitz ergreifen konnte.[20] Diese Umkehrung der relativen Bedeutung von Raum und Zeit hat beträchtliche Konsequenzen für unser Verständnis physikalischer und historischer Prozesse. So bildet die vorherrschende Vorstellung von Raum, Zeit und ihren Wechselwirkungen auch ein Grundparadigma der Architektur, wie Sigfried Giedion in seiner wegweisenden Ideologiegeschichte moderner Architektur, dem Buch *Raum, Zeit, Architektur,* nachgewiesen hat.

Auch Maurice Merleau-Ponty verfasste eine schier endlose Kritik des „skopischen Regimes samt seines kartesianischen Perspektivalismus" sowie „seiner Privilegierung eines ahistorischen, desinteressierten und körperlosen Subjekts außerhalb der Welt". Sein gesamtes philosophisches Werk befasst sich vorrangig mit Grundfragen der Wahrnehmung, wobei es sich besonders dem visuellen Wahrnehmungs- und Vorstellungsvermögen widmet. Anstelle des kartesianischen Auges, das die Welt von außen her betrachtet, konstatiert Merleau-Ponty einen Sehsinn, der als „leibhaftige" visuelle Wahrnehmung inkarnierter Teil des „Fleisches der Welt" ist.[23] „Unser Leib ist gleichermaßen Objekt unter Objekten wie dasjenige, das sie betrachtet und berührt."[24] Folglich ging Merleau-Ponty von einem osmotischen Verhältnis vom Selbst zur Welt aus – beide durchdringen und definieren einander –, und er betonte deshalb besonders das simultane Zusammenspiel der Sinne. Er schreibt: „Meine Wahrnehmung ist nicht nur die Summe visueller, taktiler und akustischer Gegebenheiten. Ich nehme auf eine allumfassende Weise wahr mit meinem gesamten Wesen: Ich erfasse die einzigartige Struktur eines Dings, seine einzigartige Wesenheit, die alle meine Sinne gleichzeitig anspricht."[25]

Martin Heidegger, Michel Foucault und Jacques Derrida haben alle die Auffassung vertreten, dass das Denken und die Kultur der Moderne nicht nur die historische Privilegierung des Sehens fortgeführt, sondern seine negative Tendenzen sogar noch verstärkt haben. Unabhängig voneinander betrachtete jeder von ihnen die Seh-Dominanz der Moderne als grundsätzlich verschieden von der früherer Zeiten. Dieser Hegemonieanspruch der visuellen Wahrnehmung wurde in unserer Zeit nochmals durch eine Vielzahl technologischer Erfindungen und die endlose Vervielfachung und Herstellung von Bildern untermauert – oder wie Italo Calvino es nennt: durch „einen unendlichen Bilderregen".[26] Denn „der Grundvorgang der Neuzeit", so schreibt Heidegger, „ist die Eroberung der Welt als Bild".[27] Seine philosophische Spekulation hat in unserer Zeit des massengefertigten und manipulierten Bildes längst reale Gestalt angenommen.

a unique structure of the thing, a unique way of being, which speaks to all my senses at once," he writes.[24]

Martin Heidegger, Michel Foucault, and Jacques Derrida have all argued that the thought and culture of modernity have not only continued the historical privileging of sight, but furthered its negative tendencies. Each, in their own separate ways, has regarded the sight-dominance of the modern era as distinctly different from that of earlier times. The hegemony of vision has been reinforced in our time by a multitude of technological inventions and the endless multiplication and production of images—"an unending rainfall of images," as Italo Calvino calls it.[25] "The fundamental event of the modern age is the conquest of the world as picture," writes Heidegger.[26] The philosopher's speculation has certainly materialised in our age of the fabricated, mass-produced, and manipulated image.

The technologically expanded and strengthened eye today penetrates deep into matter and space, and enables man to cast a simultaneous look on the opposite sides of the globe. The experiences of space and time have become fused into each other by speed (David Harvey uses the notion of "time-space compression"),[27] and as a consequence we are witnessing a distinct reversal of the two dimensions—a temporalization of space and a spatialization of time. The only sense that is fast enough to keep pace with the astounding increase of speed in the technological world is sight. But the world of the eye is causing us to live increasingly in a perpetual present, flattened by speed and simultaneity.

Visual images have become commodities, as Harvey points out: "A rush of images from different spaces almost simultaneously, collapsing the world's spaces into a series of images on a television screen [. . .] The image of places and spaces becomes as open to production and ephemeral use as any other [commodity]."[28]

The dramatic shattering of the inherited construction of reality in recent decades has undoubtedly resulted in a crisis of representation. We can even identify a certain panicked hysteria of representation in the arts of our time.

The Narcissistic and Nihilistic Eye

The hegemony of sight first brought forth glorious visions, in Heidegger's view, but it has turned increasingly nihilistic in modern times. Heidegger's observation of a nihilistic eye is particularly thought-provoking today; many of the architectural projects of the past twenty years, celebrated by the international architectural press, express both narcissism and nihilism.

The hegemonic eye seeks domination over all fields of cultural production, and it seems to weaken our capacity for empathy, compassion, and participation with the world. The narcissistic eye views architecture solely as a means of self-expression, and as an intellectual-artistic game detached from essential mental and societal connections, whereas the nihilistic eye deliberately advances sensory and mental detachment and alienation. Instead of reinforcing one's body-centered and integrated experience of the world, nihilistic architecture disengages and isolates the body, and instead of attempting to reconstruct cultural order, it makes a reading of collective signification impossible. The world becomes a hedonistic but meaningless visual journey. It is clear that only the distancing and detaching sense of vision is capable of a nihilistic attitude; it is impossible to think of a nihilistic sense of touch, for instance, because of the unavoidable nearness, intimacy, veracity, and identification that the sense of touch carries. A sadistic as well as a masochistic eye also exists, and their instruments in the fields of contemporary arts and architecture can also be identified.

Das technologisch erweiterte und aufgerüstete Auge dringt heute tief in Raum und Materie vor und befähigt den Menschen dazu, gleichzeitig auf beide Seiten des Globus zu blicken. Die Erfahrungen von Raum und Zeit sind durch schnelle Übertragungsprozesse derart miteinander verschmolzen (David Harvey gebraucht den Begriff der ‚Raum-Zeit-Kompression'[28]), dass wir eine wechselweise Umkehrung zweier Dimensionen beobachten können: eine Verzeitlichung des Raums und eine Verräumlichung der Zeit. Der einzige Sinn, der schnell genug ist, um mit dem erstaunlichen Geschwindigkeitszuwachs der technologischen Welt Schritt halten zu können, ist der Sehsinn. Doch diese Welt des Auges zwingt uns auch dazu, zunehmend in einer immerwährenden Gegenwart zu leben, die, von Geschwindigkeit und Gleichzeitigkeit niedergedrückt, bald nur noch Fläche ist.

Visuelle Bilder sind, wie Harvey zeigt, zu reinen Konsumgegenständen geworden: „Bilder, die uns aus den unterschiedlichsten Regionen beinahe gleichzeitig bestürmen, lassen die Räume der Welt kollabieren und zur bloßen Bilderserie auf dem Fernsehbildschirm werden [...]. Das Bild von Orten und Räumen ist der Produktion und dem flüchtigen Gebrauch nun ebenso zugänglich wie jede andere Ware."[29]

Zweifellos hat die dramatische Zerschlagung des überlieferten Wirklichkeitsmodells in den vergangenen Jahrzehnten zu einer Krise der Repräsentation geführt. Sogar in den zeitgenössischen Künsten können wir beobachten, wie sich eine gewisse panische Repräsentationshysterie breit gemacht hat.

Narzisstisches und nihilistisches Auge

Die Hegemonie des Sehens brachte laut Heidegger zunächst wunderbare Visionen der Zukunft hervor. Während der Moderne fiel sie jedoch zunehmend dem Nihilismus anheim. Heideggers Behauptung eines nihilistischen Auges scheint mir besonders interessant, weil viele Architekturprojekte der letzten 20 Jahre, die von der internationalen Kritik hoch gelobt und gefeiert wurden, Ausdruck von beidem sind: Sie sind narzisstisch und nihilistisch zugleich.

Das hegemoniale Auge strebt danach, alle Felder kultureller Produktion zu dominieren, und scheint unsere Fähigkeit der Empathie, des Mitgefühls und der Anteilnahme an der Welt zu schwächen. Das narzisstische Auge betrachtet Architektur lediglich als Mittel der Selbstdarstellung und als intellektuell-artistisches Spiel, losgelöst von allen wesentlichen seelisch-geistigen Verbindungen mit der Gesellschaft. Das nihilistische Auge hingegen befördert ganz gezielt jede Art von sensorischer und mentaler Ablösung und Entfremdung. Anstatt eine körperzentrierte und ganzheitliche Welterfahrung zu fördern, koppelt nihilistische Architektur unseren Körper von der Welt ab und isoliert ihn. Und anstatt den Wiederaufbau eines kulturellen Ordnungssystems anzugehen, verhindert sie jedes Erkennen einer kollektiven Bedeutung in ihren Gebäuden. So gerät die Welt zu einer hedonistischen visuellen Reise, die keinen Sinn mehr ergibt. Deutlich wird auch, dass allein der Sehsinn, da er Distanz und Bindungslosigkeit stärkt, einer nihilistische Haltung fähig ist. Es erscheint geradezu unmöglich, sich einen nihilistischen Tastsinn vorzustellen: Unweigerlich brächte dieser doch Nähe, Intimität, Wahrhaftigkeit und Selbsterfahrung mit sich. Darüber hinaus existieren auch ein sadistisches und ein masochistisches Auge. Auch deren Instrumentarium lässt sich auf dem Gebiet der zeitgenössischen Kunst und Architektur bestimmen.

Die gegenwärtige industrielle Massenproduktion visueller Bildweiten tendiert dazu, das Sehen jedweder emotionaler Teilnahme

The current industrial mass production of visual imagery tends to alienate vision from emotional involvement and identification, and to turn imagery into a mesmerizing flow without focus or participation. Michel de Certeau perceives the expansion of the ocular realm negatively indeed: "From television to newspapers, from advertising to all sorts of mercantile epiphanies, our society is characterised by a cancerous growth of vision, measuring everything by its ability to show or be shown, and transmuting communication into a visual journey."[29] The cancerous spread of superficial architectural imagery today, devoid of tectonic logic and a sense of materiality and empathy, is clearly part of this process.

Oral versus Visual Space

But man has not always been dominated by vision. In fact, a primordial dominance of hearing has only gradually been replaced by that of vision. Anthropological literature describes numerous cultures in which our private senses of smell, taste, and touch continue to have collective importance in behavior and communication. The roles of the senses in the utilization of collective and personal space in various cultures was the subject matter of Edward T. Hall's seminal book *The Hidden Dimension*, which, regrettably, seems to have been forgotten by architects.[30] Hall's proxemic studies of personal space offer important insights into instinctual and unconscious aspects of our relation to space and our unconscious use of space in behavioral communication. Hall's insight can serve as the basis for the design of intimate, bioculturally functional spaces.

Walter J. Ong analyzes the transition from oral to written culture and its impact on human consciousness and the sense of the collective in his book *Orality and Literacy*.[31] He points out that "the shift from oral to written speech was essentially a shift from sound to visual space,"[32] and that "print replaced the lingering hearing dominance in the world of thought and expression with the sight dominance which had its beginning in writing."[33] In Ong's view, "[t]his is an insistent world of cold, non-human facts."[34]

Ong analyzes the changes that the shift from the primordial oral culture to the culture of the written (and eventually the printed) word has caused on human consciousness, memory, and understanding of space. He argues that as hearing-dominance has yielded to sight-dominance, situational thinking has been replaced by abstract thinking. This fundamental change in the perception and understanding of the world seems irreversible to the writer: "Though words are grounded in oral speech, writing tyrannically locks them into a visual field forever [. . .] a literate person cannot fully recover a sense of what the word is to purely oral people."[35]

In fact, the unchallenged hegemony of the eye may be a fairly recent phenomenon regardless of its origins in Greek thought and optics. In Lucien Febvre's view: "The sixteenth century did not see first: it heard and smelled, it sniffed the air and caught sounds. It was only later that it seriously and actively became engaged in geometry, focusing attention on the world of forms with Kepler (1571–1630) and Desargues of Lyon (1593–1662). It was then that vision was unleashed in the world of science as it was in the world of physical sensations, and the world of beauty as well."[36] Robert Mandrou makes a parallel argument: "The hierarchy [of the senses] was not the same [as in the twentieth century] because the eye, which rules today, found itself in third place, behind hearing and touch, and far after them. The eye that organizes, classifies, and orders was not the favored organ of a time that preferred hearing."[37]

und Identifizierung zu entfremden. Sie verwandelt die Bilderwelt in einen hypnotisierenden Rausch, der weder Bezüge noch Anteilnahme kennt. Michel de Certeau schätzt deshalb die Ausdehnung des okularen Einflussbereichs sehr negativ ein: „Vom Fernsehen bis zur Zeitung, von der Werbung bis zu allen möglichen Arten merkantiler Epiphanien ist unsere Gesellschaft von einem krebsartigen Zuwachs des Visuellen gekennzeichnet, derart, dass alles und jedes allein daran bemessen wird, ob es etwas zeigen oder selbst gezeigt werden kann. Kommunikation ist damit zur visuellen Reise mutiert."[30] Die krebsartige Verbreitung einer oberflächlichen Bildsprache in der heutigen Architektur ist unübersehbarer Teil dieses Prozesses. Tektonische Logik, Materialsensibilität und Empathie werden für entbehrlich gehalten.

Oraler versus visueller Raum

Doch noch nicht immer war die menschliche Wahrnehmung vom Sehen dominiert. Es hat diese Vorrangstellung erst nach und nach vom Hören übernommen. Die anthropologische Literatur beschreibt eine große Anzahl von Kulturen, in welchen der individuelle Geruchs-, Geschmacks- und Tastsinn eine wichtige Rolle für das Verhalten und die Verständigung innerhalb der Gemeinschaft spielen. Die Rolle der Sinne im Umgang mit kollektiven und individuellen Räumen war denn auch das Thema von Edward T. Halls wegweisendem Buch *Die Sprache des Raumes,* welches bei Architekten leider zu Unrecht in Vergessenheit geraten ist.[31] Halls proxemische Untersuchungen zum individuellen Raum geben einen tiefen Einblick in unser von Instinkt und Unbewusstem gesteuertes Verhältnis zum Raum und zeigen, wie wir in unserem Kommunikationsverhalten unbewusst räumlich agieren. Die Studie Halls eignet sich deshalb als besonders gute Grundlage für die Gestaltung intimer und zugleich „biokulturell" funktionaler Räume.
Walter J. Ong analysiert in seinem Buch *Oralität und Literalität* den Übergang von der Rede- zur Schriftkultur und dessen Auswirkungen auf unser Kollektivverständnis.[32] Er kann nachweisen, dass „der Übergang von mündlicher zu geschriebener Sprache im Wesentlichen ein Übergang vom akustischen in den visuellen Raum war"[33] und dass „das Hören, das lange die Welt des Denkens und die Form des Ausdrucks dominierte, mit dem Buchdruck durch die Dominanz des Sehens ersetzt wurde, welche mit dem Schreiben ihren Anfang nahm".[34] Aus Ongs Sicht „ist dies eine Welt, die nur aus kalten, nichtmenschlichen Fakten besteht".[35]
Ong untersucht, inwieweit der Wechsel vom gesprochenen zum geschriebenen (und schließlich gedruckten) Wort innerhalb einer Kultur das menschliche Bewusstsein, die Erinnerung und das Raumverständnis verändert hat. Er beklagt, dass mit dem Wechsel von der Hör- zur Sehdominanz auch situatives Denken durch abstraktes ersetzt wurde. Diese grundlegende Veränderung unserer Wahrnehmung und unseres Verständnisses der Welt scheint für den Autor unumkehrbar zu sein: „Obwohl Worte auf mündlicher Rede basieren, werden sie durch die Tyrannei der Schrift für immer in einen visuellen Raum eingesperrt [...] ein Schriftkundiger kann ein Wort nicht in *der* Vollständigkeit seiner Bedeutung erfassen, die es in einer rein oralen Sprachgemeinschaft hat."[36]
Möglicherweise ist die heute so absolut erscheinende Hegemonie des Auges ein recht junges Phänomen, unabhängig von ihren Ursprüngen im griechischen Denken und in der Optik. So schreibt Lucien Febvre: „Das sechzehnte Jahrhundert sah zunächst nicht, sondern hörte und roch, es schnupperte die Luft und achtete auf Klänge und Geräusche. Erst später

The gradually growing hegemony of the eye seems to be parallel with the development of Western ego-consciousness and the gradually increasing separation of the self and the world; vision separates us from the world whereas the other senses unite us with it.
Artistic expression is engaged with preverbal meanings of the world, meanings that are incorporated and lived rather than simply intellectually understood. In my view, poetry has the capacity of bringing us momentarily back to the oral and enveloping world. The reoralized word of poetry brings us back to the center of an interior world. The poet speaks not only "on the threshold of being," as Gaston Bachelard notes,[38] but also on the threshold of language. Equally, the task of art and architecture in general is to reconstruct the experience of an undifferentiated interior world, in which we are not mere spectators, but to which we inseparably belong. In artistic works, existential understanding arises from our very encounter with the world and our being-in-the-world—it is not conceptualized or intellectualized.

Retinal Architecture and the Loss of Plasticity

It is evident that the architecture of traditional cultures is also essentially connected with the tacit wisdom of the body, instead of being visually and conceptually dominated. Construction in traditional cultures is guided by the body in the same way that a bird shapes its nest by movements of its body. Indigenous clay and mud architectures in various parts of the world seem to be born of the muscular and haptic senses more than the eye. We can even identify the transition of indigenous construction from the haptic realm into the control of vision as a loss of plasticity and intimacy, and of the sense of total fusion characteristic in the settings of indigenous cultures.
The dominance of the sense of vision pointed out in philosophical thought is equally evident in the development of Western architecture. Greek architecture, with its elaborate systems of optical corrections, was already ultimately refined for the pleasure of the eye. However, the privileging of sight does not necessarily imply a rejection of the other senses, as the haptic sensibility, materiality, and authoritative weight of Greek architecture prove; the eye invites and stimulates muscular and tactile sensations. The sense of sight may incorporate, and even reinforce, other sense modalities; the unconscious tactile ingredient in vision is particularly important and strongly present in historical architecture, but badly neglected in the architecture of our time.
Western architectural theory since Leon Battista Alberti has been primarily engaged with questions of visual perception, harmony, and proportion. Alberti's statement that "painting is nothing but the intersection of the visual pyramid following a given distance, a fixed center, and a certain lighting" outlines the perspectival paradigm which also became the instrument of architectural thinking.[39] Again, it has to be emphasized that the conscious focusing on the mechanics of vision did not automatically result in the decisive and deliberate rejection of other senses before our own era of the omnipresent visual image. The eye conquers its hegemonic role in architectural practice, both consciously and unconsciously, only gradually with the emergence of the idea of a bodiless observer. The observer becomes detached from an incarnate relation with the environment through the suppression of the other senses, in particular by means of technological extensions of the eye, and the proliferation of images. As Marx W. Wartofsky argues, "the human vision is itself an artifact, produced by other artifacts, namely pictures."[40]

beschäftigte es sich ernsthaft und nachdrücklich mit der Geometrie und konzentrierte sich in Person von Kepler (1571–1630) und Desargues von Lyon (1593–1662) ganz auf die Welt der Formen. Seinerzeit wurde das Visuelle in der Welt der Wissenschaft, der physischen Empfindungen und der Welt der Schönheit entfesselt."[37] Auch Robert Mandrou argumentiert ähnlich: „Die Hierarchie [der Sinne] war nicht dieselbe [wie im zwanzigsten Jahrhundert], weil das Sehen, das heute so bestimmend ist, noch an dritter Stelle weit hinter dem Hören sowie dem Tasten und Berühren rangierte. Das Auge, das organisiert, klassifiziert und ordnet, war nicht das favorisierte Organ in einer Zeit, welche das Hören bevorzugte."[38]

Der kontinuierlich wachsende Hegemonieanspruch des Auges scheint mit der Entwicklung des westlichen Ich-Bewusstseins und der zunehmenden Abspaltung des Selbst von der Welt einherzugehen; Sehen sondert uns von der Welt ab, wohingegen uns die anderen Sinne mit ihr vereinen.

Künstlerischer Ausdruck befasst sich mit präverbalen (noch nicht in Worte gefassten) Bedeutungen der Welt; Bedeutungen, die Teil von ihr sind und die erlebt statt einfach nur mit dem Intellekt verstanden werden. Aus meiner Sicht ist daher die Dichtkunst in der Lage, uns für einen Moment in eine Welt zurückzuversetzen, die von Mündlichkeit geprägt ist und uns ganz umfassen kann. Diese wieder vermündlichte Welt trägt uns in das Zentrum unserer Innenwelt zurück. „Der Dichter spricht an der Schwelle des Seins", meinte einmal Gaston Bachelard,[39] aber er spricht auch auf der Schwelle der Sprache. Ebenso haben auch Kunst und Architektur die Aufgabe, die Erfahrung einer noch undifferenzierten Innenwelt zu rekonstruieren, in der wir nicht nur Zuschauer, sondern unverzichtbarer Bestandteil sind. In künstlerischen Arbeiten entsteht existenzielles Verstehen aus der Begegnung der Welt mit dem In-der-Welt-Sein – und nicht aus konzeptueller oder intellektueller Anstrengung.

Retinale Architektur und der Verlust der Plastizität

Es ist kaum zu übersehen, wie eng die Architektur traditioneller Kulturen mit der stillen Weisheit des Körpers verbunden ist und wie wenig sie einer visuellen und begrifflichen Leitlinie folgt. In traditionellen Kulturen führt beim Bauen der Körper Regie, genauso wie ein Vogel sein Nest durch die Bewegungen seines Körpers formt. Indigene Ton- und Lehmarchitekturen in verschiedenen Teilen der Welt scheinen eher das Ergebnis von Muskelarbeit und haptischer Erfahrung zu sein als ein Produkt des Auges. Überdies zeigt das Beispiel der indigenen Bauweise, dass der Übergang von einer haptischen zu einer rein visuell gesteuerten Bauweise einen Verlust von Plastizität und Intimität bedeutet. Mehr noch: Er bringt sogar das Gefühl allumfassender Verbundenheit zum Verschwinden, das für indigene Kulturen so charakteristisch ist.

Die Dominanz des Visuellen, welche die philosophischen Denker aufgezeigt haben, war auch für die Entwicklung der westlichen Architektur bestimmend. Schon die griechische Architektur mit ihrem ausgeklügelten System optischer Korrekturen wurde vor allem deshalb so weit verfeinert, damit sie dem Auge gefiel. Dennoch geht die Privilegierung des Sehens nicht zwangsläufig mit der Unterdrückung anderer Sinne einher, wie die haptische Qualität, das Materialbewusstsein und die Respekt einflößende Schwere der griechischen Architektur belegen. Das Auge stimuliert Empfindungen des Tastsinns; der Sehsinn kann die anderen Sinne in sich aufnehmen und sie sogar verstärken. Besonders deutlich wird dies in der historischen Architektur, deren visuelles Erscheinungsbild unbewusst

The dominant sense of vision figures strongly in the writings of the Modernists. Statements by Le Corbusier—such as: "I exist in life only if I can see";[41] "I am and I remain an impenitent visual—everything is in the visual";[42] "One needs to see clearly in order to understand";[43] "I urge you to open your eyes. Do you open your eyes? Are you trained to open your eyes? Do you know how to open your eyes, do you open them often, always, well?";[44] "Man looks at the creation of architecture with his eyes, which are 5 feet 6 inches from the ground";[45] and, "Architecture is a plastic thing. I mean by 'plastic' what is seen and measured by the eyes"[46]—make the privileging of the eye in early modernist theory very clear. Further declarations by Walter Gropius—"He [the designer] has to adapt knowledge of the scientific facts of optics and thus obtain a theoretical ground that will guide the hand giving shape, and create an objective basis";[47] and by László Moholy-Nagy: "The hygiene of the optical, the health of the visible is slowly filtering through"[48]—confirm the central role of vision in Modernist thought.

Le Corbusier's famous credo, "Architecture is the masterly, correct, and magnificent play of masses brought together in light,"[49] unquestionably defines an architecture of the eye. Le Corbusier, however, was a great artistic talent with a moulding hand, and a tremendous sense of materiality, plasticity, and gravity, all of which prevented his architecture from turning into sensory reductivism. Regardless of Le Corbusier's Cartesian ocularcentric exclamations, the hand had a similar fetishistic role in his work as the eye. A vigorous element of tactility is present in Le Corbusier's sketches and paintings, and this haptic sensibility is incorporated into his regard for architecture. However, the reductive bias becomes devastating in his urbanistic projects.

In Mies van der Rohe's architecture a frontal perspectival perception predominates, but his unique sense of order, structure, weight, detail, and craft decisively enriches the visual paradigm. Moreover, an architectural work is great precisely because of the oppositional and contradictory intentions and allusions it succeeds in fusing together. A tension between conscious intentions and unconscious drives is necessary for a work in order to open up the emotional participation of the observer. "In every case one must achieve a simultaneous solution of opposites," as Alvar Aalto wrote.[50] The verbal statements of artists and architects should not usually be taken at their face value, as they often merely represent a conscious surface rationalization, or defense, that may well be in sharp contradiction with the deeper unconscious intentions giving the work its very life force.

With equal clarity, the visual paradigm is the prevailing condition in city planning, from the idealized town plans of the Renaissance to the Functionalist principles of zoning and planning that reflect the "hygiene of the optical." In particular, the contemporary city is increasingly the city of the eye, detached from the body by rapid motorized movement, or through the overall aerial grasp from an aeroplane. The processes of planning have favored the idealizing and disembodied Cartesian eye of control and detachment; city plans are highly idealized and schematized visions seen through *le regard surplombant* (the look from above), as defined by Jean Starobinski,[51] or through "the mind's eye" of Plato.

Until recently, architectural theory and criticism have been almost exclusively engaged with the mechanisms of vision and visual expression. The perception and experience of architectural form has most frequently been analyzed through the Gestalt laws of visual perception. Educational philosophy has likewise understood architecture primarily in terms of vision, emphasizing the construction of three-dimensional visual images in space.

auch taktile Elemente enthält. In der zeitgenössischen Architektur hingegen sind solche Phänomene kaum noch zu finden. Seit Leon Battista Alberti hat sich die westliche Architekturtheorie vorrangig mit Fragen der visuellen Wahrnehmung, Harmonie und Proportion beschäftigt. Albertis Diktum, dass „Malerei nichts anderes ist als der Querschnitt durch die Sehpyramide in einer bestimmten Entfernung bei einem bestimmten Augenpunkt und einer bestimmten Beleuchtung", umreißt das perspektivische Paradigma, das zum bevorzugten Denkinstrument auch in der Architektur wurde.[40] Dennoch muss noch einmal betont werden, dass die bewusste Fokussierung auf die Sehmechanik nicht automatisch zu einer rigorosen Unterdrückung anderer Sinne führen muss. Das gilt selbst für unser eigenes Zeitalter des omnipräsenten Bildes. Vielmehr erlangte das Auge, bewusst und unbewusst zugleich, seine Führungsrolle in der Architektur erst nach und nach mit dem Auftauchen der Vorstellung eines körperlosen Betrachters. Die Unterdrückung der anderen Sinne, besonders aber die technologischen Erweiterungen des Auges und die Bilderflut haben den Betrachter seine körperliche Beziehung zur Umgebung verlieren lassen. Oder wie Marx W. Wartofsky bemerkt: „Das menschliche visuelle Vorstellungsvermögen ist selbst schon ein Artefakt, das wiederum Produkt anderer Artefakte, nämlich von Bildern ist."[41]
Wie stark die Rolle des visuellen Wahrnehmungs- und Vorstellungsvermögens ist, machen auch die Schriften der Vertreter der Moderne deutlich. Wenn Le Corbusier etwa erklärte: „Ich existiere nur, wenn ich sehen kann";[42] „Ich bin und ich bleibe ein Sehender ohne Reue – alles liegt im Sichtbaren";[43] „Man muss klar sehen, um zu verstehen";[44] „Ich fordere dich auf, deine Augen zu öffnen. Hältst du die Augen offen? Hast du Übung darin, die Augen aufzumachen? Verstehst du es, sie richtig offenzuhalten, tust du es immer -und tust du es gut?";[45] „Der Mensch betrachtet die Dinge der Architektur mit seinen Augen, die sich 1,70 Meter über dem Boden befinden";[46] und „Architektur ist ein plastischer Gegenstand. Mit ‚plastisch' meine ich das, was mit den Augen gesehen und bemessen werden kann"[47] – wird klar, wie sehr die Theorie der frühen Moderne das Auge privilegierte und ins Zentrum seines Denkens stellte. Dies bestätigen auch Walter Gropius – der feststellte: „Er [der Gestalter] muss sich Kenntnis von den wissenschaftlichen Tatsachen der Optik aneignen, d.h. eine theoretische Grundlage, welche die gestaltende Hand leitet und eine objektive Basis schafft"[48] – und László Moholy-Nagy, der meinte: „Langsam sickert die Hygiene des Optischen, das Gesunde des Gesehenen durch."[49]
Le Corbusiers berühmtes Credo „Architektur ist das weise, korrekte und großartige Spiel der unter dem Licht versammelten Baukörper"[50] kann fraglos als Definition einer Architektur des Auges gelten. Le Corbusier hatte jedoch auch ein großes Talent als Künstler, der mit der Hand formen konnte und ein enormes Gespür für Material, Form und Gewicht besaß – Eigenschaften also, die verhinderten, dass seine Architektur einem sinnlichen Reduktionismus verfiel. Ungeachtet der okularzentrischen Ansichten Le Corbusiers spielte die Hand eine ähnlich fetischistische Rolle in seinem Werk wie das Auge. Besonders in seinen Skizzen und Malereien finden sich stark taktile Elemente, deren Sinn für das Haptische sicherlich seine Sichtweise der Architektur beeinflusst hat. Im Gegensatz dazu zeigen seine städtebaulichen Projekte eine verheerende Tendenz zum Reduktivismus.
Mies van der Rohes Architektur basiert überwiegend auf einer frontalperspektivischen Wahrnehmung, deren visuelles Paradigma jedoch durch Mies' einzigartigen Sinn für Ordnung, Struktur und Gewicht sowie sein feines Gespür für handwerkliche Details bereichert wird. Außerdem zeichnet sich große

An Architecture of Visual Images

The ocular bias has never been more apparent in the art of architecture than in the past half century, as a type of architecture, aimed at a striking and memorable visual image, has predominated. Instead of an existentially grounded plastic and spatial experience, architecture has adopted the psychological strategy of advertising and instant persuasion; buildings have turned into image products detached from existential depth and sincerity.
David Harvey relates "the loss of temporality and the search for instantaneous impact" in contemporary expression to the loss of experiential depth. Fredric Jameson uses the notion of "contrived depthlessness" to describe the contemporary cultural condition and "its fixation with appearances, surfaces, and instant impacts that have no sustaining power over time."[53] As a consequence of the current deluge of images, architecture of our time often appears as mere retinal art, thus completing an epistemological cycle that began in Greek thought and architecture. But the change goes beyond mere visual dominance; instead of being a situational bodily encounter, architecture has become an art of the printed image fixed by the hurried eye of the camera. In our culture of pictures, the gaze itself flattens into a picture and loses its plasticity. Instead of experiencing our being in the world, we behold it from outside as spectators of images projected on the surface of the retina. David Michael Levin uses the term "frontal ontology" to describe the prevailing frontal, fixated, and focused vision.[54]
Susan Sontag has made perceptive remarks on the role of the photographed image in our perception of the world. She writes, for instance, of a "mentality which looks at the world as a set of potential photographs,"[55] and argues that "the reality has come to seem more and more what we are shown by camera,"[56] and that "the omnipresence of photographs has an incalculable effect on our ethical sensibility. By furnishing this already crowded world with a duplicate one of images, photography makes us feel that the world is more available than it really is."[57]

Excerpt from, Juhani Pallasmaa, *The Eyes of the Skin: Architecture and the Senses* (Atara Press, 2013).

1 Heraclitus, Fragment 101a, as quoted in David Michael Levin, ed., *Modernity and the Hegemony of Vision* (Berkeley and Los Angeles: University of California Press, 1993), 1.
2 Plato, *Timaeus*, 47b, as quoted in Martin Jay, *Downcast Eyes: The Denigration of Vision in Twentieth-Century French Thought* (Berkeley and Los Angeles: University of California Press, 1994), 27.
3 Georgia Warnke, "Ocularcentrism and Social Criticism," in Levin, *Modernity and the Hegemony of Vision*, 287.
4 Thomas R. Flynn, "Foucault and the Eclipse of Vision," in Levin, *Modernity and the Hegemony of Vision*, 274.
5 Peter Sloterdijk, *Critique of Cynical Reason*, trans. Michael Eldred, as quoted in Jay, *Downcast Eyes*, 21.
6 As referred to in Steven Pack, "Discovering (Through) the Dark Interstice of Touch," in *History and Theory Graduate Studio 1992–1994* (Montreal: McGill School of Architecture, 1994).
7 Levin, *Modernity and the Hegemony of Vision*, 2.
8 Ibid., 3.
9 David Harvey, *The Condition of Postmodernity* (Cambridge: Blackwell, 1992), 327.
10 David Michael Levin, "Decline and Fall—Ocularcentrism in Heidegger's Reading of the History of Metaphysics," in Levin, *Modernity and the Hegemony of Vision*, 205.
11 Ibid., 212.
12 Dalia Judovitz, "Vision, Representation, and Technology in Descartes," in Levin, *Modernity and the Hegemony of Vision*, 71.
13 Levin, *Modernity and the Hegemony of Vision*, 4.
14 Friedrich Nietzsche, *The Will to Power*, Book II, trans. Walter Kaufmann (New York: Random House, 1968), p. 253, n. 461.
15 Max Scheler, *Vom Umsturz der Werte: Abhandlungen und Aufsätze*, as quoted in David Michael Levin, *The Body's Recollection of Being* (London et al.: Routledge & Kegan Paul, 1985), 57.
16 Jay, *Downcast Eyes*.
17 Martin Jay, "Sartre, Merleau-Ponty, and the Search for a New Ontology of Sight," in Levin, *Modernity and the Hegemony of Vision*, 149.
18 As referenced in Richard Kearney, "Jean-Paul Sartre," in Richard Kearney, *Modern Movements in European Philosophy* (Manchester: Manchester University Press, 1994), 63.
19 Jay, *Downcast Eyes*, 149.

Architektur gerade dadurch aus, dass es ihr gelingt, gegensätzliche oder gar sich widersprechende Absichten und Anspielungen in sich zu vereinigen. Gerade dieses Spannungsverhältnis zwischen bewusster Intention und eher unbewussten Beweggründen ist notwendig, um dem Betrachter eine emotionale Beteiligung zu ermöglichen. „In jedem Fall muss man eine simultane Auflösung der Gegensätze erreichen", wie Alvar Aalto schrieb.[51] Doch verbale Erklärungen von Künstlern und Architekten sollten auch nicht immer für bare Münze genommen werden. Oft genug sind sie nur mäßig rational begründet – oder sie dienen der Verteidigung und widersprechen dann mitunter den tieferen und unbewussten Absichten, die dem Werk seine eigentliche Lebenskraft verleihen.

Mit derselben Klarheit lässt sich das Paradigma des Visuellen auch als entscheidende Voraussetzung der Stadtplanung identifizieren. Sein Einfluss reicht von den Plänen der Idealstädte der Renaissance bis zu den Flächennutzungsplänen der Funktionalisten, welche eine „Hygiene des Optischen" widerspiegeln. Besonders die Stadt von heute wird mehr und mehr zu einer Stadt des Auges, die sich vom Körper losgelöst hat. Die Ursachen hierfür sind einerseits die rasende Geschwindigkeit motorisierter Bewegungen und andererseits die totale und lückenlose Erfassung der Stadt von oben, wie sie etwa aus einem Flugzeug möglich ist. In den Planungsprozessen wird diese körperlose kartesianische Idealperspektive bevorzugt, da sie Kontrolle und Distanz gleichermaßen ermöglicht. Infolgedessen sind Stadtplanungen meist hochgradig idealisierte und schematisierte Visionen eines *regard surplombant* („Über-Blicks"), wie ihn Jean Starobinski definiert,[52] oder auch eines „geistigen Auges" im Sinne Platos.

Bis in die jüngste Zeit hinein haben sich Architekturtheorie und Architekturkritik mit Sehmechanismen und visuellen Ausdrucksformen befasst. Wie architektonische Formen wahrgenommen und erfahren werden können, wurde meist mit Hilfe von Wahrnehmungsgesetzen analysiert, die auf der Gestalt basieren. Und schließlich hat auch die Bildungstheorie Architektur überwiegend mit Begriffen visueller Wahrnehmung interpretiert und sie mit dreidimensionalen Bildern verglichen, die in den Raum hineingebaut sind.

Eine Architektur der Bilder

Niemals ist die Tendenz zum einseitig Visuellen deutlicher geworden als im letzten halben Jahrhundert, seitdem eine Architektur dominiert, die ganz auf ein markantes und einprägsames Erscheinungsbild anlegt ist. Anstatt Räume und Formen zu schaffen, die sich in ihrer Gestaltung von existenziellen Grunderfahrungen leiten lassen, hat die Architektur die psychologischen Strategien der Werbung übernommen und möchte wie diese nur eins: überzeugen. Gebäude sind so zu Image-Produkten geworden, ohne jede existenzielle Tiefe und Ernsthaftigkeit. David Harvey führt „den Verlust an zeitlicher Tiefe und die Suche nach augenblicklicher Wirkung" in unseren gegenwärtigen Ausdrucksformen auf den Verlust von Erfahrungstiefe zurück.[53] „Künstliche Tiefenlosigkeit" nennt es Fredric Jameson, wenn er die Grundbedingung der zeitgenössischen Kultur und „ihre Fixierung auf äußere Erscheinungsbilder, Oberflächen und Soforteffekte" beschreibt, „die keinen nachhaltigen Einfluss auf die Zeit haben"[54].

Als Konsequenz der gegenwärtigen Bilder erscheint die Architektur unserer Zeit oft nur noch als bloße Retinalkunst, die in ihrer epistemologischen Entwicklung eine Art Kreis beschreibt, der mit dem Denken und Bauen der Griechen begonnen hat. Doch die Veränderung geht weit über die visuelle Dominanz

20 Sigfried Giedion, *Space, Time and Architecture: The Growth of a New Tradition*, 5th ed. (Cambridge: Harvard University Press, 1997).
21 Martin Jay, "Scopic Regimes of Modernity," in Hal Foster, ed., *Vision and Visuality* (Seattle: Bay Press, 1988), 10.
22 Merleau-Ponty describes the notion of the flesh in his essay "The Intertwining—The Chiasm," in Claude Lefort, ed., *The Visible and the Invisible* (Evanston: Northwestern University Press, 1992): "My body is made of the same flesh as the world [...] this flesh of my body is shared by the world" (p. 248); and, "The flesh (of the world or my own) is [...] a texture that returns to itself and conforms to itself" (p. 146). The notion derives from Merleau-Ponty's dialectical principle of the intertwining of the world and the self. He also speaks of the "ontology of the flesh" as the ultimate conclusion of his initial phenomenology of perception. This ontology implies that meaning is both within and without, subjective and objective, spiritual and material. See Richard Kearney, "Maurice Merleau-Ponty," in Kearney, *Modern Movements in European Philosophy*, 73–90.
23 As quoted in Hubert L. Dreyfus and Patricia Allen Dreyfus, "Translators' Introduction," in Maurice Merleau-Ponty, *Sense and Non-Sense* (Evanston: Northwestern University Press, 1964), XII.
24 Maurice Merleau-Ponty, "The Film and the New Psychology," in ibid., 48.
25 Italo Calvino, *Six Memos for the Next Millenium* (New York: Vintage Books, 1988), 57.
26 Martin Heidegger, "The Age of the World Picture," in Martin Heidegger, *The Question Concerning Technology and Other Essays* (New York: Harper & Row, 1977), 134.
27 Harvey, *The Condition of Postmodernity*, 261–307.
28 Ibid., 293.
29 As quoted in ibid., 293.
30 Edward T. Hall, *The Hidden Dimension* (New York: Doubleday, 1969).
31 Walter J. Ong, *Orality and Literacy: The Technologizing of the Word*, (London and New York: Routledge, 1991).
32 Ibid., 117.
33 Ibid., 121.
34 Ibid., 122.
35 Ibid., 12.
36 As quoted in Jay, *Downcast Eyes*, 34.
37 As quoted in ibid., 34–35.
38 Gaston Bachelard, *The Poetics of Space* (Boston: Beacon Press, 1969), XII.
39 Leon Battista Alberti, as quoted in Levin, *Modernity and the Hegemony of Vision*, 64.
40 As quoted in Jay, *Downcast Eyes*, 5.
41 Le Corbusier, *Precisions* (Cambridge: MIT Press, 1991), 7.
42 Pierre-Alain Croset, "Eyes Which See," *Casabella* 531–532 (1987), 115.
43 Le Corbusier, *Precisions*, 231.
44 Ibid., 227.
45 Le Corbusier, *Towards a New Architecture* (London: Architectural Press and New York: Frederick A. Praeger, 1959), 164.
46 Ibid., 191.
47 Walter Gropius, *Architektur* (Frankfurt am Main: Fischer, 1956), 15–25.
48 As quoted in Susan Sontag, *On Photography* (New York: Penguin, 1986), 96.
49 Le Corbusier, *Towards a New Architecture*, 31.
50 Alvar Aalto, "Taide ja tekniikka" [Art and Technology] (1955), in Alvar Aalto and Göran Schildt, eds., *Alvar Aalto: Luonnoksia* [Sketches], trans. Juhani Pallasmaa (Helsinki: Otava, 1972), 87.
51 As quoted in Jay, *Downcast Eyes*, 19.
52 Harvey, *The Condition of Postmodernity*, 58.
53 Fredric Jameson, as quoted in ibid., 58.
54 Levin, *Modernity and the Hegemony of Vision*, 203.
55 Sontag, *On Photography*, 7.
56 Ibid., 16.
57 Ibid., 24.

hinaus. Anstatt Orte für körperliche Begegnungen zu schaffen, ist Architektur zu einer Kunst des gedruckten und vervielfältigten Bildes geworden, welches das Kameraauge in großer Eile festgehalten hat. In unserer Bilderkultur scheint sogar der Blick selbst zum Bild zu verflachen und all seine Plastizität zu verlieren. Anstatt unser In-der-Welt-Sein tatsächlich zu erfahren, betachten wir es von außen und sind nur Zuschauer, denen Bilder auf die Netzhaut projiziert werden. David Michael Levin verwendet deshalb den Begriff der „Frontalontologie“, um die vorherrschende Form einer frontalen, fixierten und fokussierten Sehweise zu beschreiben.[55]

Auch Susan Sontag hat einige sehr scharfsinnige Bemerkungen zur Rolle des fotografischen Bildes in unserer Wahrnehmung der Welt gemacht. So schreibt sie zum Beispiel über eine „Mentalität, welche die Welt als ein Sortiment potentieller fotografischer Aufnahmen begreift“,[56] und stellt fest, dass „die Wirklichkeit mehr und mehr als das erscheint, was wir von ihr durch eine Kamera gezeigt bekommen.“[57] Und weiter: „Die Allgegenwart von Fotografien hat eine unberechenbare Auswirkung auf unsere Fähigkeit, ehtisch zu empfinden. Indem die Fotografie, die ohnehin unübersichtlich gewordene Welt abbildet und so mit einem Duplikat ihrer selbst ausstattet, lässt sie uns die Welt verfügbarer erscheinen, als sie in Wirklichkeit ist.“[58]

Auszug aus: Juhani Pallasmaa, *Die Augen der Haut. Architektur und die Sinne*, übersetzt von Andreas Wutz, Atara Press, 2013

1 Heraklit, Fragment 101a, zitiert in: *Modernity and the Hegemony of Vision*, hrsg. v. David Michael Levin, Berkeley und Los Angeles 1993, S. 1
2 Plato, *Timaeus*, 47b, zitiert in: Martin Jay, *Downcast Eyes – The Denigration of Vision in Twentieth-Century French Thought*, Berkeley und Los Angeles 1994, S. 27
3 Georgia Warnke, „Ocularcentrism and Social Criticism“, in: Levin 1993 (wie Anm. 1), S. 287
4 Thomas R. Flynn, „Foucault and the Eclipse of Vision“, in: Levin 1993 (wie Anm. 1), S. 274
5 Peter Sloterdijk, *Kritik der zynischen Vernunft*, Frankfurt a. M. 1983, Bd. 1, S. 277–278
6 Siehe Hinweis in: Steven Pack, „Discovering (Through) the Dark Interstice of Touch“, *History and Theory Graduate Studio 1992–1994*, Montreal 1994
7 Levin 1993 (wie Anm. 1)
8 Ebd., S. 2
9 Ebd., S. 3
10 David Harvey, *The Condition of Postmodernity*, Cambridge 1992, S. 327
11 David Michael Levin, „Decline and Fall – Ocularcentrism in Heidegger's Reading of the History of Metaphysics“, in: Levin 1993 (wie Anm. 1), S. 205
12 Ebd., S. 212
13 Dalia Judovitz, „Vision, Representation, and Technology in Descartes“, in: Levin 1993 (wie Anm. 1), S. 71.
14 Levin 1993 (wie Anm. 1), S. 4
15 Friedrich Nietzsche, „Nachgelassene Fragmente“, in: *Nachlaß 1887–1889*, hrsg. v. Giorgio Colli und Mazzino Montinari, München 1999, S. 318
16 Max Scheler, *Vom Umsturz der Werte*, Leipzig 1919, S. 136
17 Martin Jay, *Downcast Eyes – The Denigration of Vision in Twentieth-Century French Thought* (1994)
18 Martin Jay, „A New Ontology of Sight“, in: Levin 1993 (wie Anm. 1), S. 149
19 Zitiert in: Richard Kearney, „Jean-Paul Sartre“, in: Kearney, *Modern Movements in European Philosophy*, Berkeley und Los Angeles 1994, S. 63
20 Jay 1994 (wie Anm. 2), S. 149
21 Sigfried Giedion, *Space, Time and Architecture: The Growth of a New Tradition*, 5., durchgesehene und erweiterte Auflage, Cambridge , MA 1997. Deutsche Übersetzung: *Raum, Zeit, Architektur: Die Entstehung einer neuen Tradition*, Basel 1992
22 Martin Jay, „Scopic Regimes of Modernity“, in: *Vision and Visuality*, hrsg. v. Hal Foster, Seattle 1988, S. 10
23 Merleau-Ponty beschreibt den Begriff des Fleisches in „The Intertwining – The Chiasm“, in: *The Visible and the Invisible*, hrsg. von Claude Lefort, Evanston 1992 (4. Aufl.): „Mein Leib ist aus demselben Fleisch gemacht wie die Welt [...] dieses Fleisch meines Leibs ist Teil der Welt“; und „Das Fleisch (der Welt und mein eigenes) ist [...] eine Struktur, die auf sich selbst zurückgeht und mit sich selbst übereinstimmt“ (S. 146). Der Begriff resultiert aus Merleau-Pontys dialektischem Prinzip der Verflechtung der Welt mit dem Selbst. Er spricht auch von einer „Ontologie des Fleisches“ als Schlussfolgerung aus der in seiner Frühzeit verfassten „Phänomenologie der Wahrnehmung“. Diese Ontologie besagt, dass Bedeutung gleichermaßen innen wie außen gewonnen wird und Bedeutung gleichermaßen subjektiv wie objektiv und ebenso geistig wie materiell ist. Siehe Richard Kearney, „Maurice Merleau-Ponty“, in: Kearney 1994 (wie Anm. 19), S. 73–90
24 Zitiert in: Hubert L. Dreyfus und Patricia Allen Dreyfus, „Translators' Introduction“, in: Maurice Merleau-Ponty, *Sense and Non-Sense*, Evanston 1964, S. XII
25 Maurice Merleau-Ponty, „The Film and the New Psychology“, in: ebd., S. 48
26 Italo Calvino, *Six Memos for the Next Millennium*, New York 1988, S. 57
27 Martin Heidegger, „Die Zeit des Weltbildes“ (1938), in: „Holzwege“, Bd. 5 der *Gesamtausgabe*, Frankfurt a.M. 1977
28 Harvey 1992 (wie Anm. 10), S. 261–307
29 Ebd., S. 293
30 Zitiert in: ebd., S. 293
31 Edward Hall, *The Hidden Dimension*, New York 1969. Deutsche Übersetzung: *Die Sprache des Raumes*, Düsseldorf 1976
32 Walter J. Ong, *Orality and Literacy – The Technologizing of the World*, London und New York 1991. Deutsche Übersetzung: *Oralität und Literalität. Die Technologisierung des Wortes*, Opladen 1987
33 Ebd., S. 117
34 Ebd., S. 121
35 Ebd., S. 122
36 Ebd., S. 12
37 Zitiert in: Jay 1994 (wie Anm. 2), S. 34
38 Zitiert in: ebd., S. 34–35
39 Gaston Bachelard, *The Poetics of Space*, Boston 1969, S. XII. Deutsche Übersetzung: *Die Poetik des Raumes*, München 1960, S. 10
40 Leon Battista Alberti, zitiert in: Levin (1993), S. 64
41 Zitiert in: Jay 1994 (wie Anm. 2), S. 5
42 Le Corbusier, *Precisions*, Cambridge, MA 1991, S. 7
43 Pierre-Alain Croset, „Eyes Which See“, in: *Casabella*, 531–532 (1987), S. 115
44 Le Corbusier 1991 (wie Anm. 42), S. 231
45 Ebd., S. 227
46 Le Corbusier, *Towards a New Architecture*, London und New York 1959, S. 164
47 Ebd., S. 191
48 Walter Gropius, *Architektur: Wege zu einer optischen Kultur*, Frankfurt a. M. und Hamburg 1959, S. 20
49 Zitiert in: Susan Sontag, *On Photography*, New York 1986, S. 96
50 Le Corbusier 1959 (wie Anm. 46), S. 31
51 Alvar Aalto, „Taide ja tekniikka“ (Kunst und Technologie), in: *Alvar Aalto: Luonnoksia* (Skizzen), hrsg. v. Alvar Aalto und Göran Schildt, Helsinki 1972, S. 87
52 Zitiert in: Jay 1994 (wie Anm. 2), S. 19
53 Harvey 1992 (wie Anm. 10), S. 58
54 Frederic Jameson, zitiert in: ebd., S. 58
55 Levin 1993 (wie Anm. 1), S. 203
56 Sontag 1986 (wie Anm. 49), S. 7
57 Ebd., S. 16
58 Ebd., S. 24

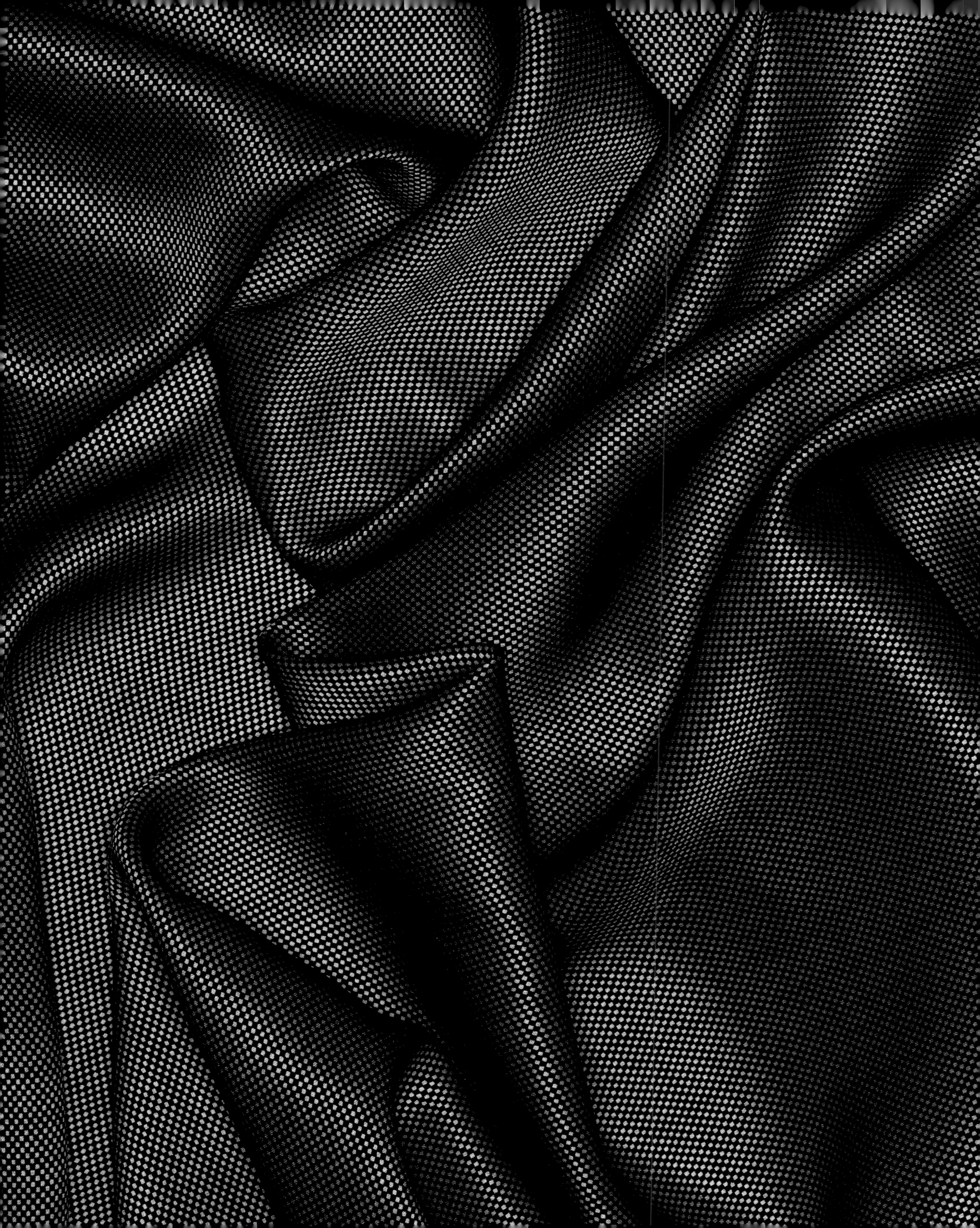

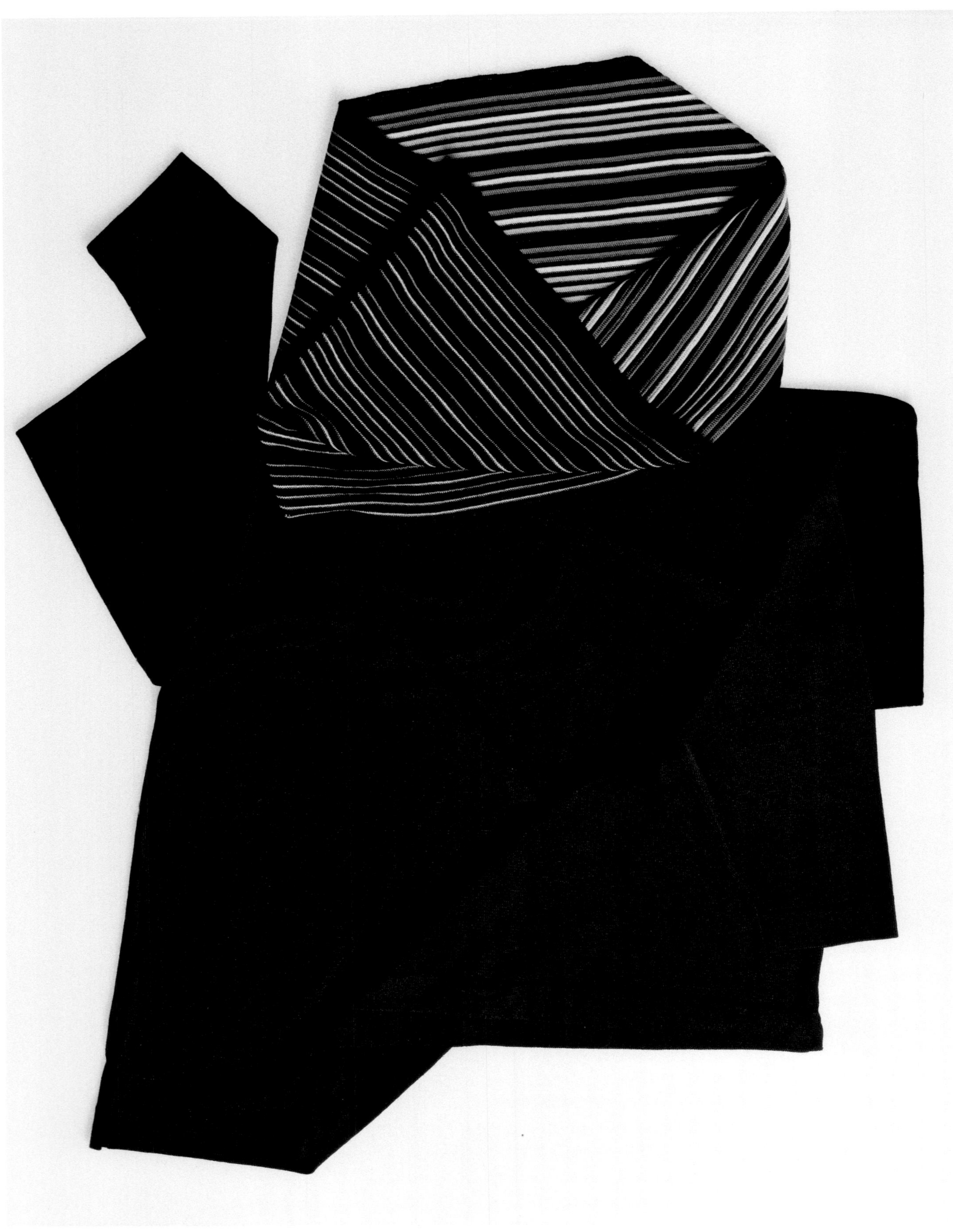

 Motiv für/ Motif for Lauton Mode, Pullover / Sweater, 1991

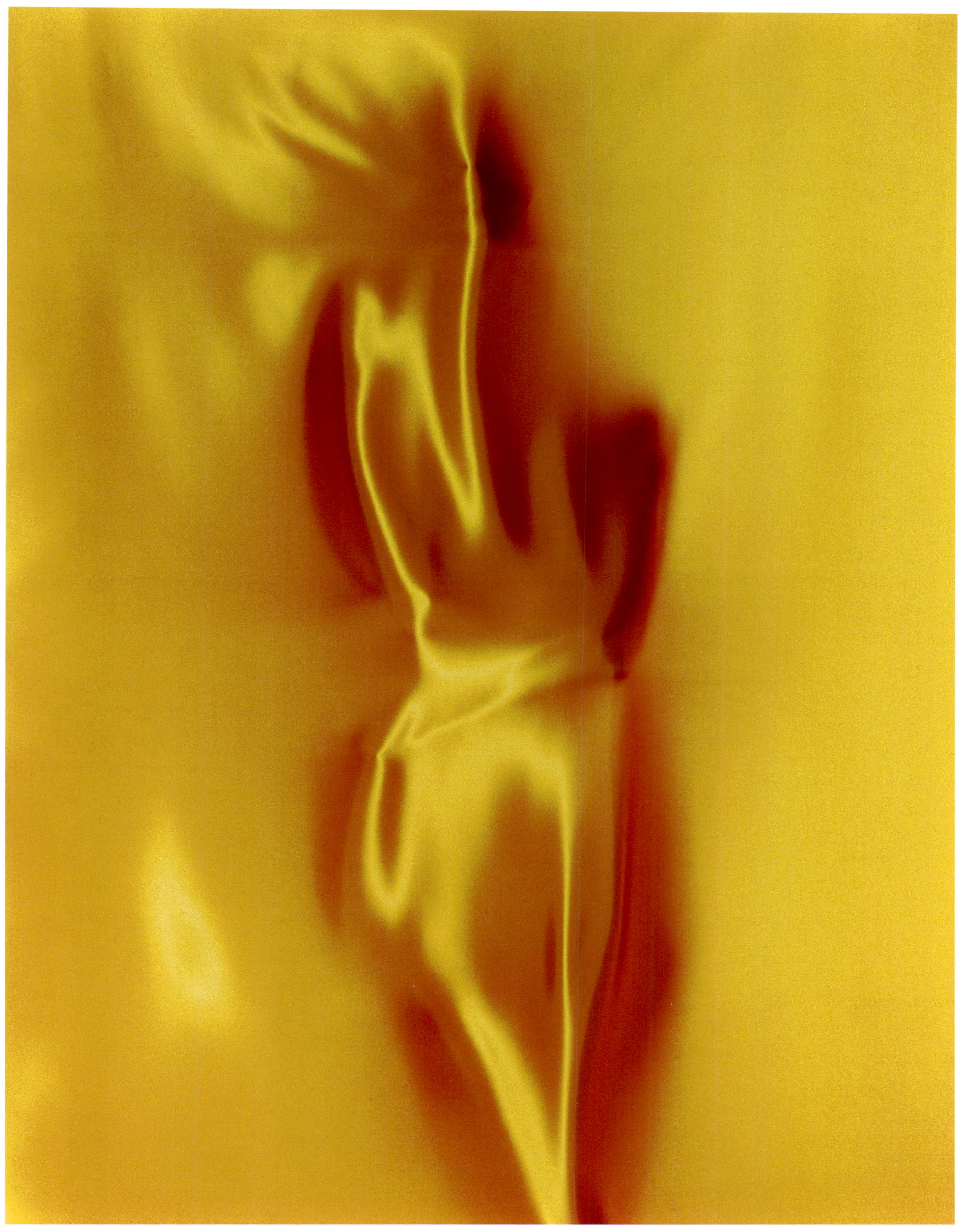

Motiv für / Motif for Akzo, Viskose / Rayon, 1990

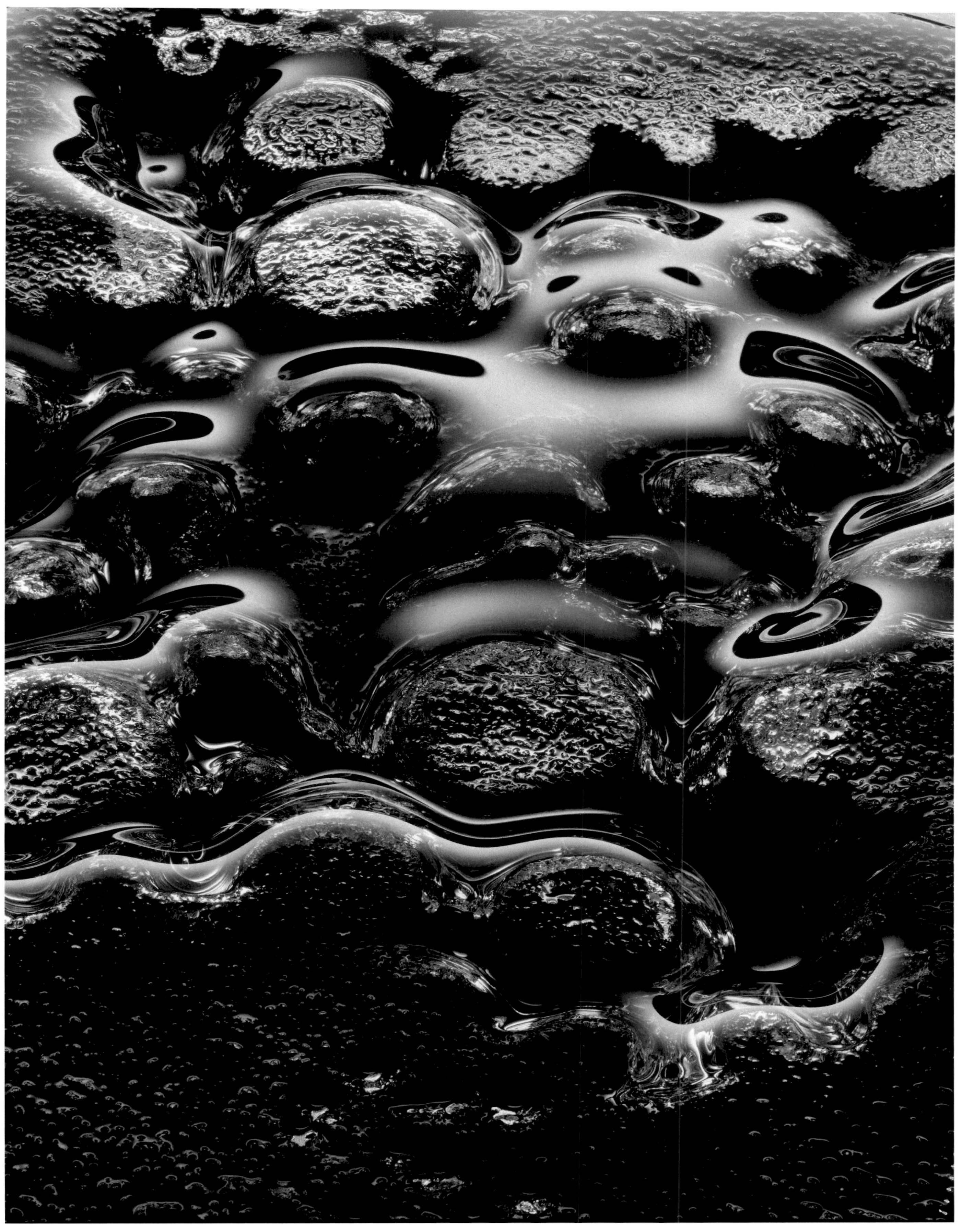

Glasschale / Glass Bowl Tapio Wirkkala, 2004

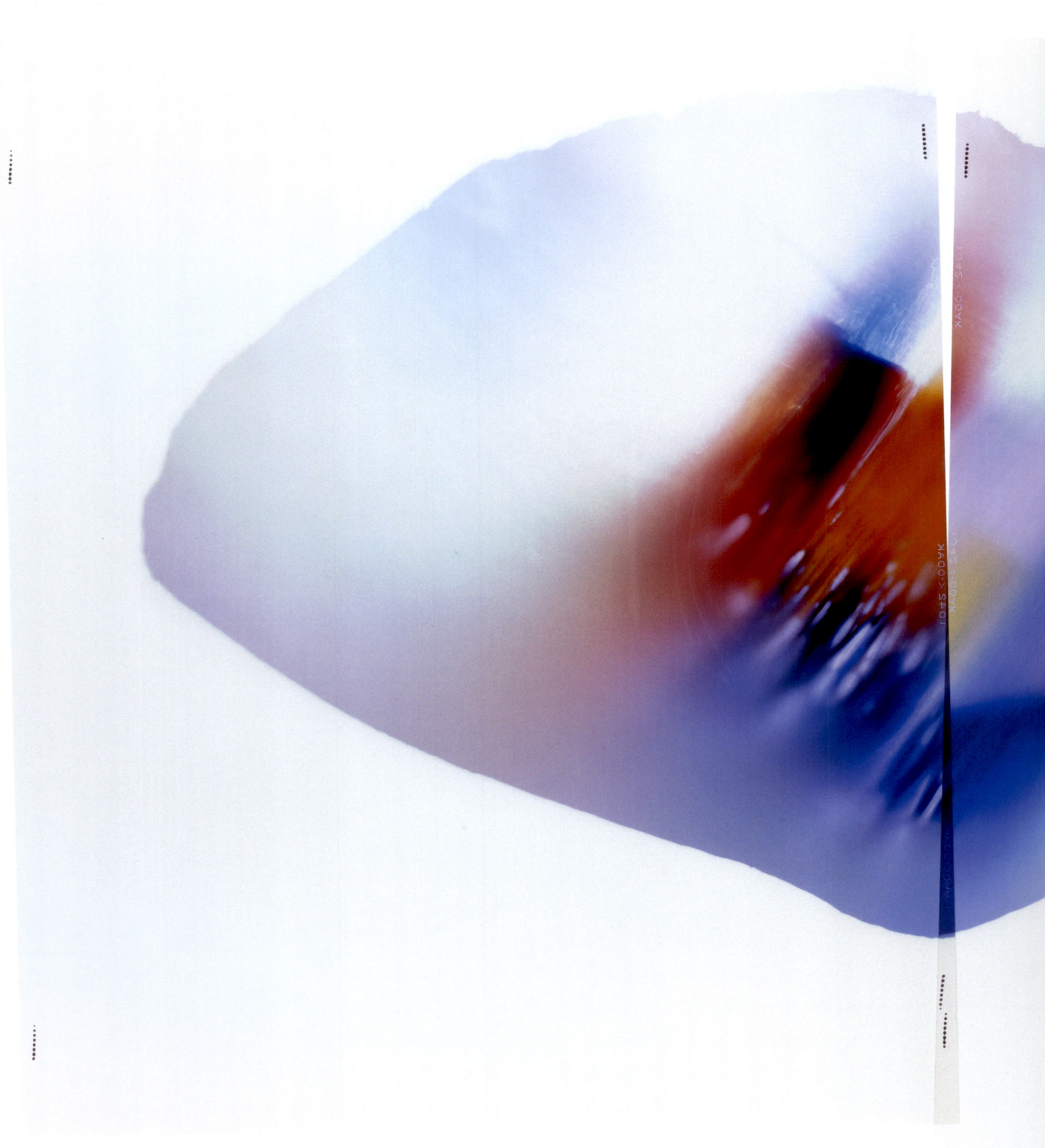

Glasschale / Glass Bowl Toots Zynsky, 1989

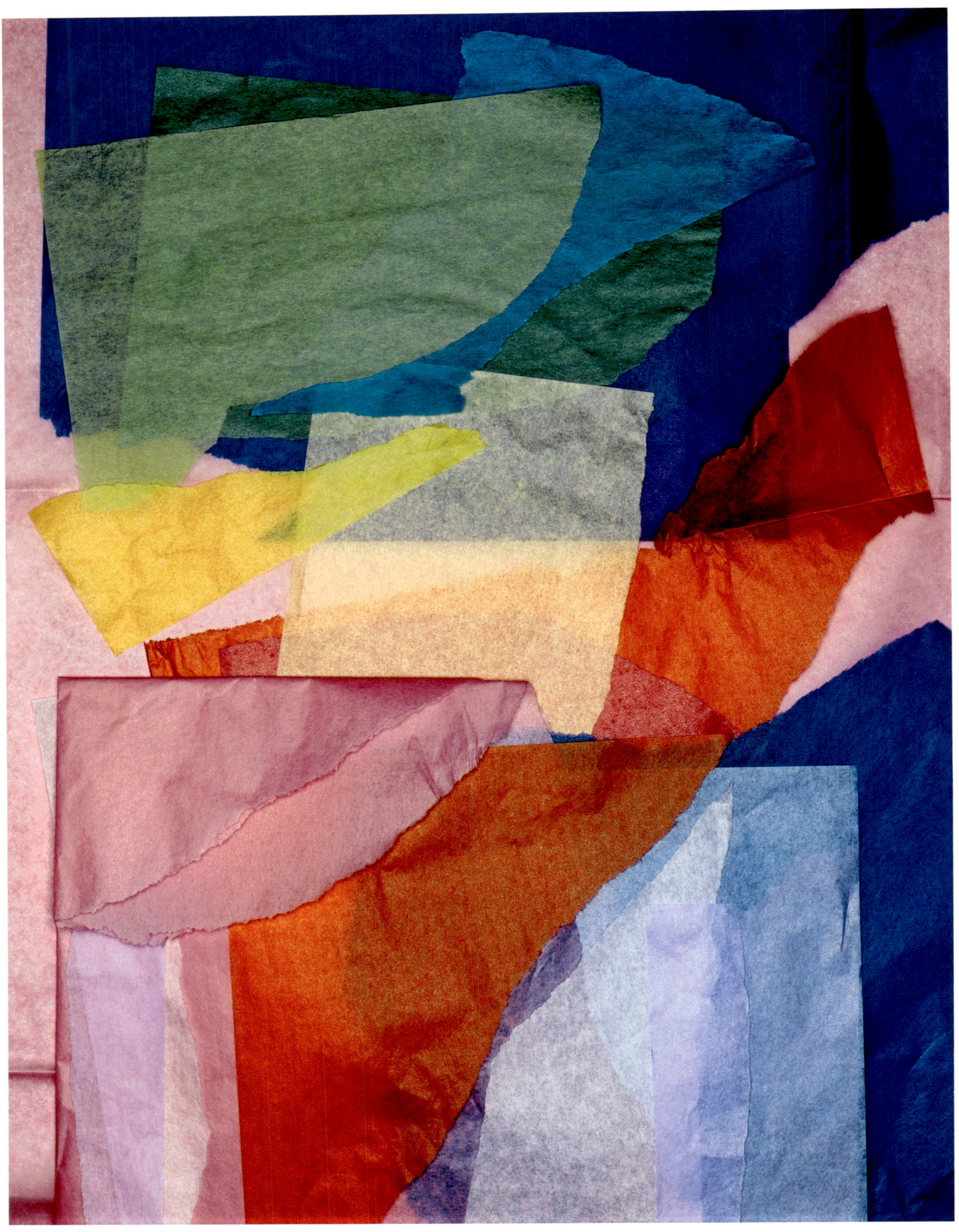

 Seidenpapiere / Tissue Paper, 1986

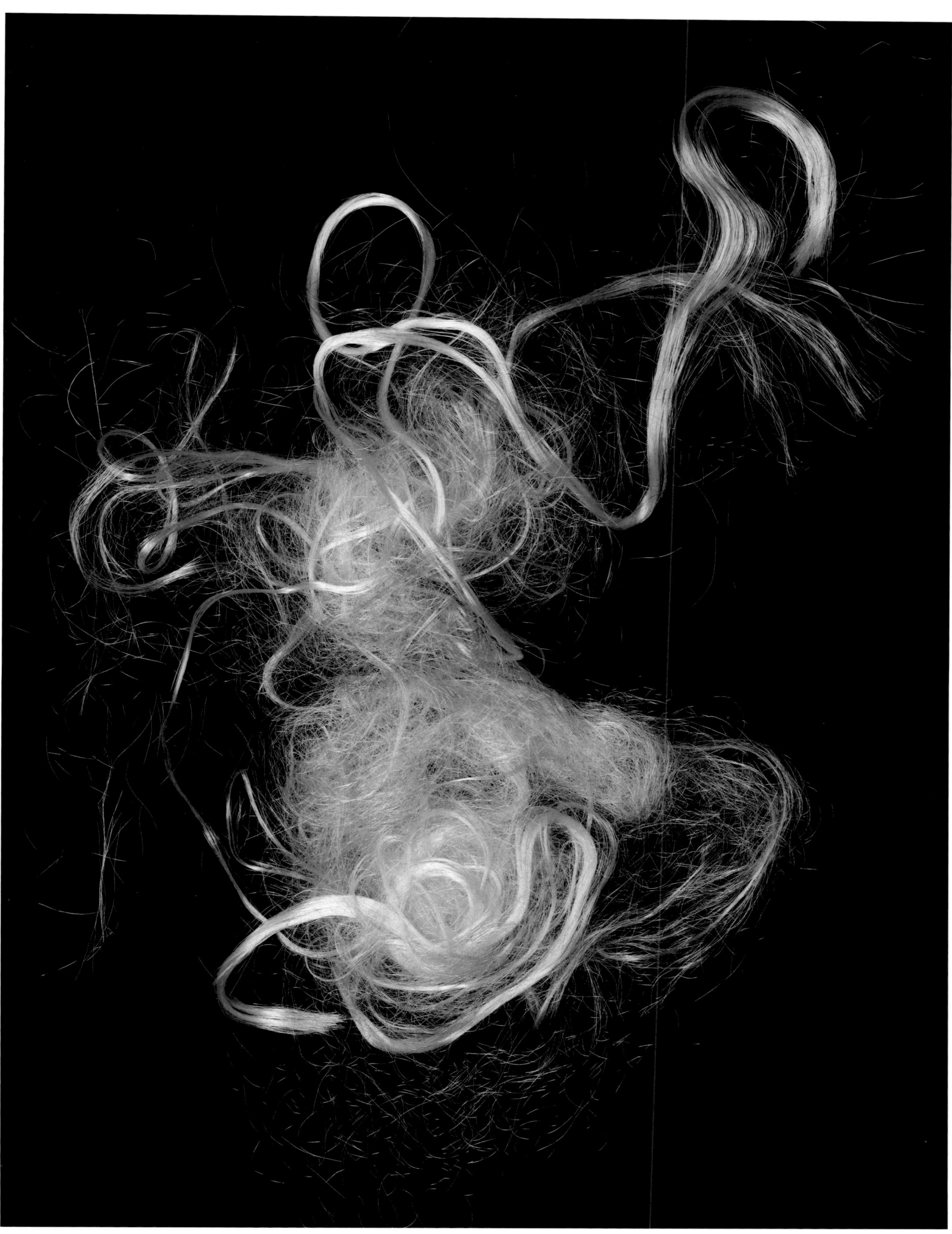

Motiv für ein Projekt von Studierenden der UdK / Motif for a Student Project at UdK Berlin, 2010

Motiv für / Motif for Ernst Gamperl, Gefäße / Pots, 2014

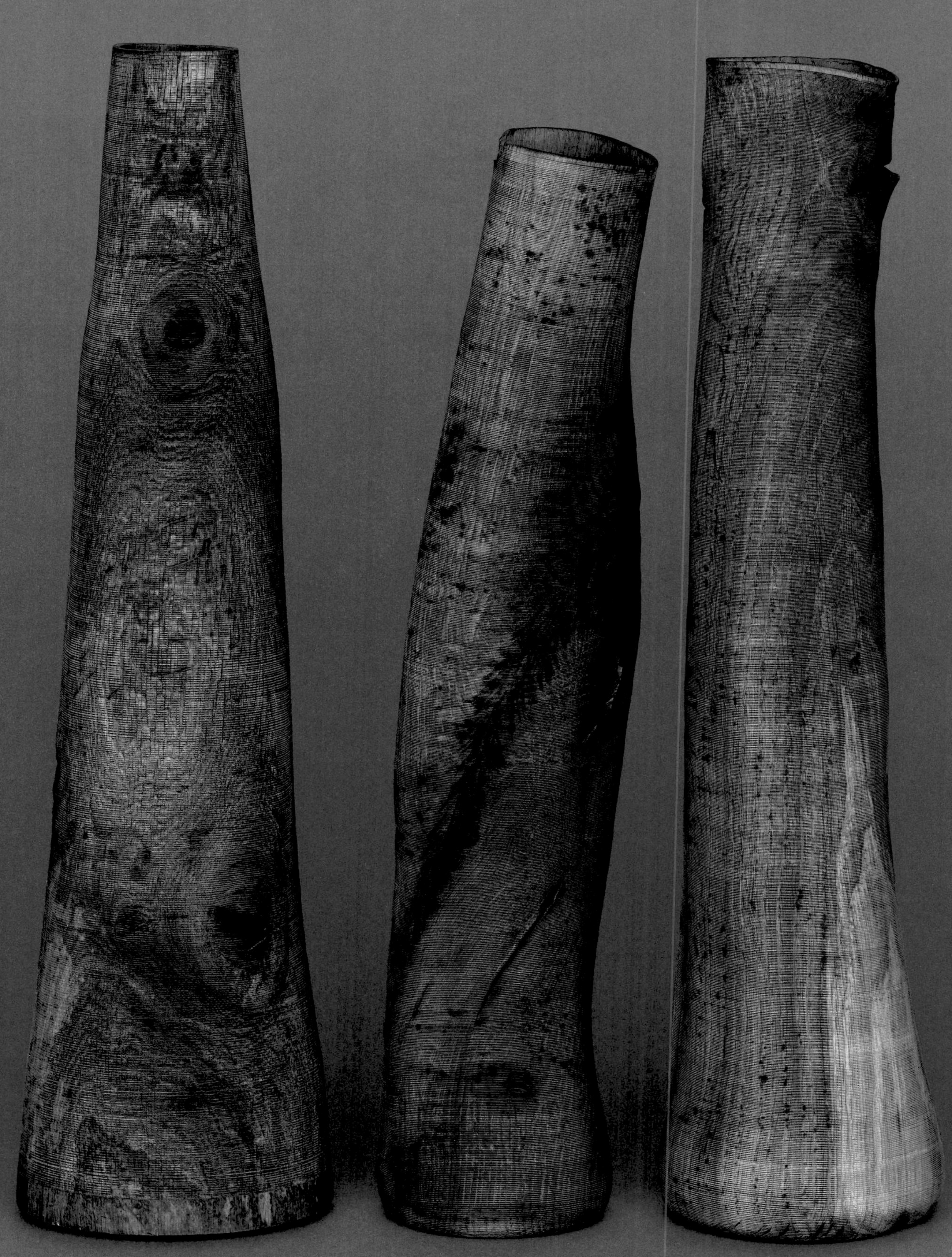

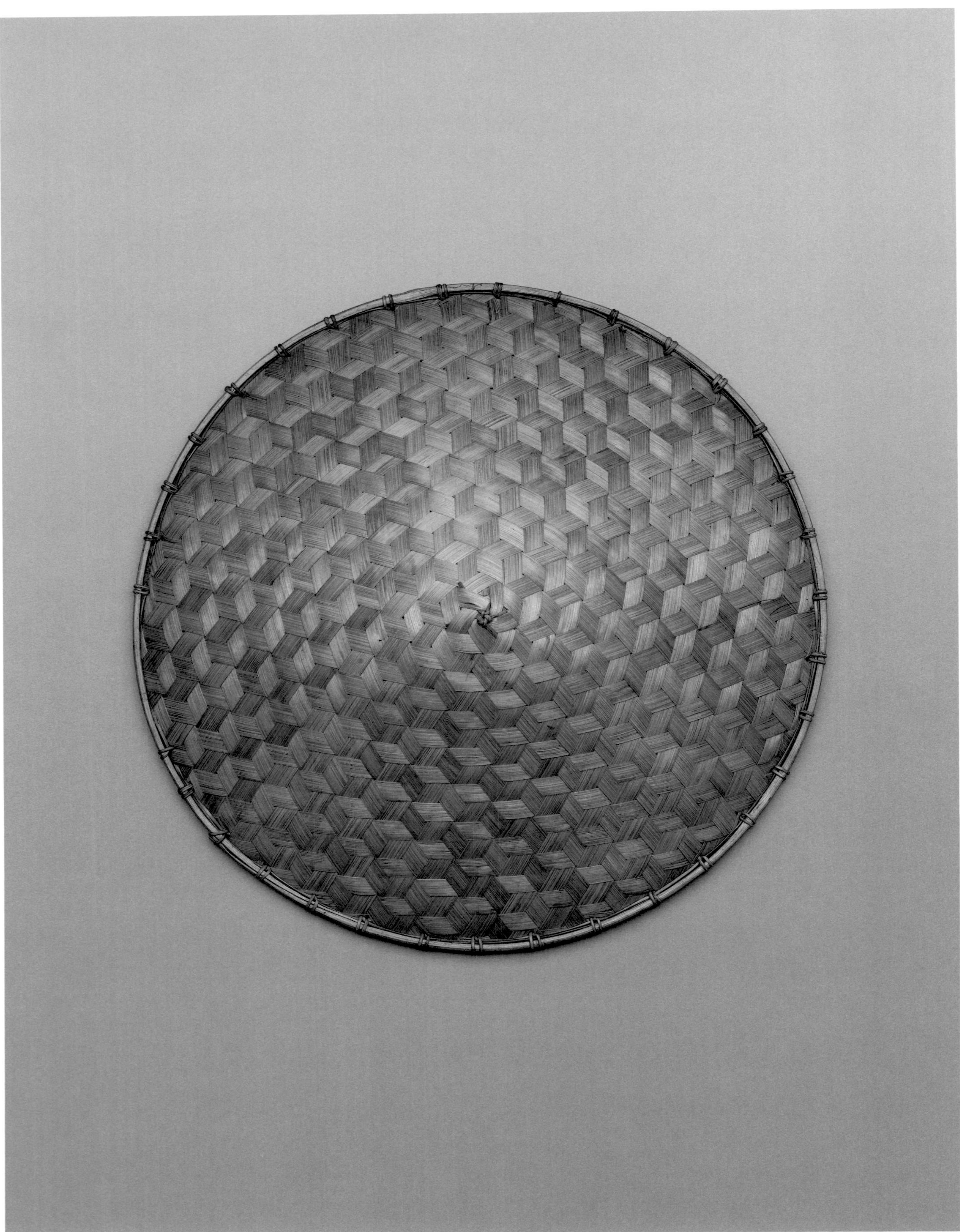

 Hutaufsicht / Hat from Above, 2014

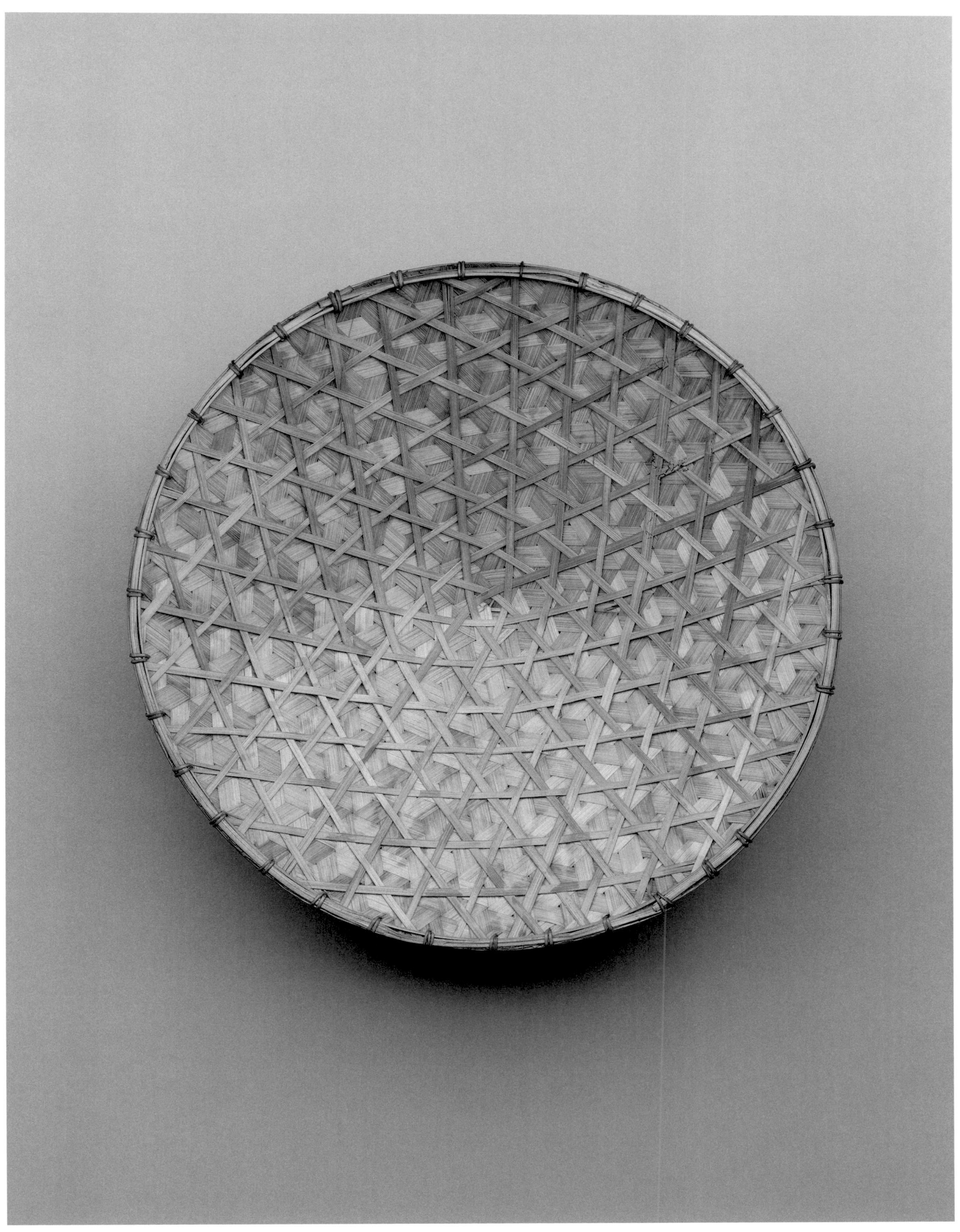

Hutuntersicht / Hat from Below, 2014

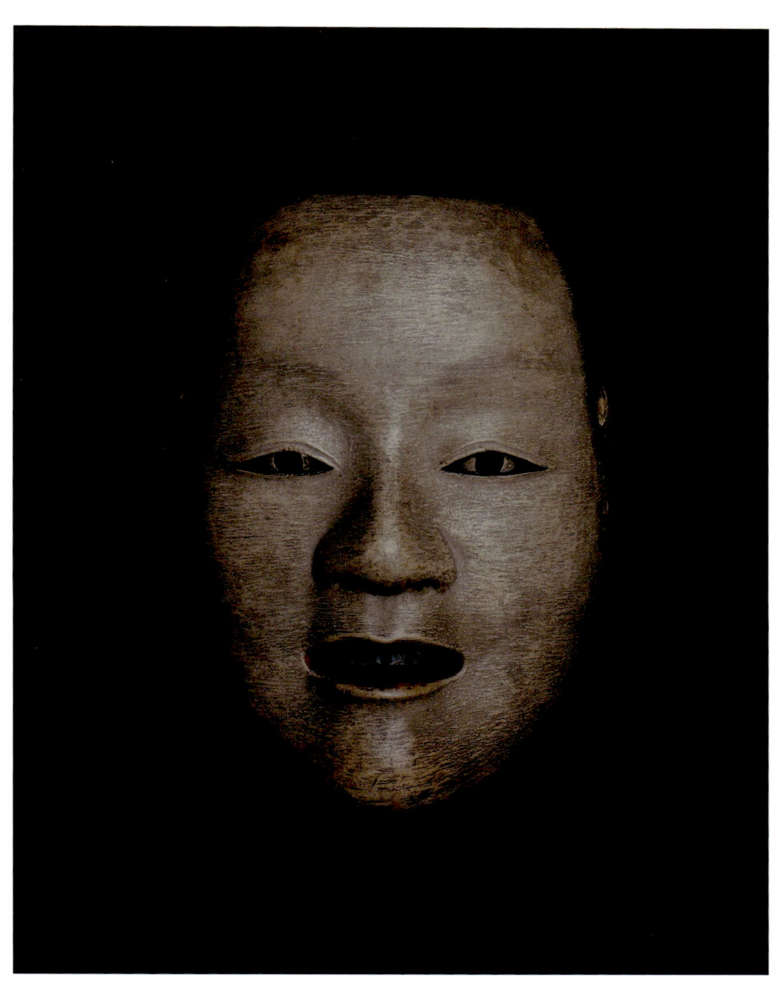
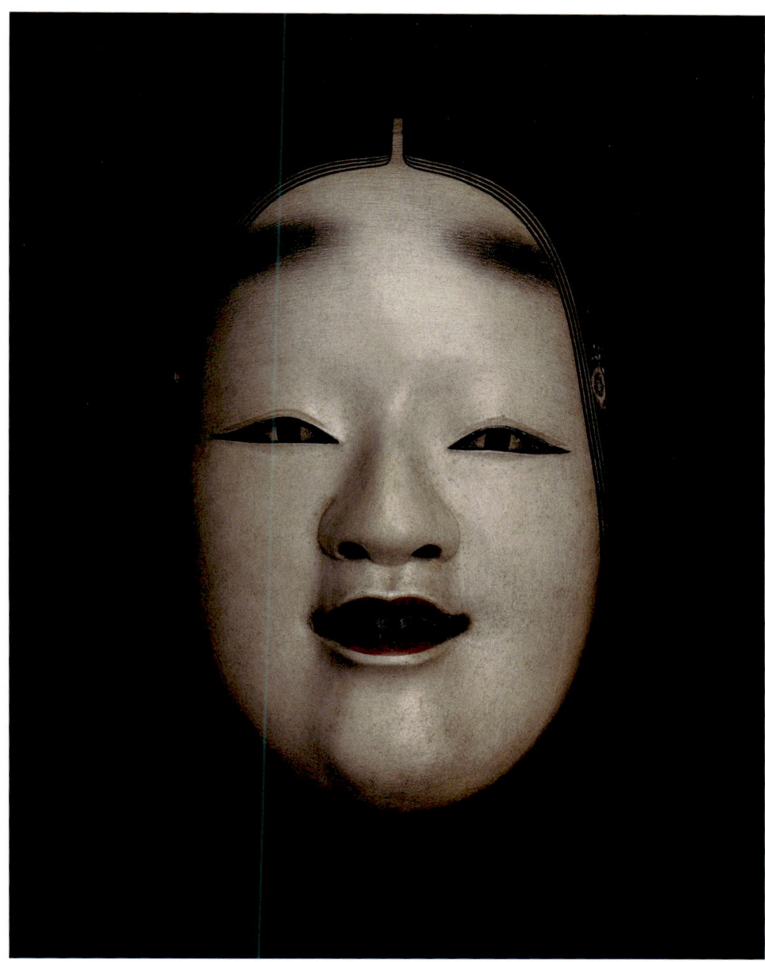
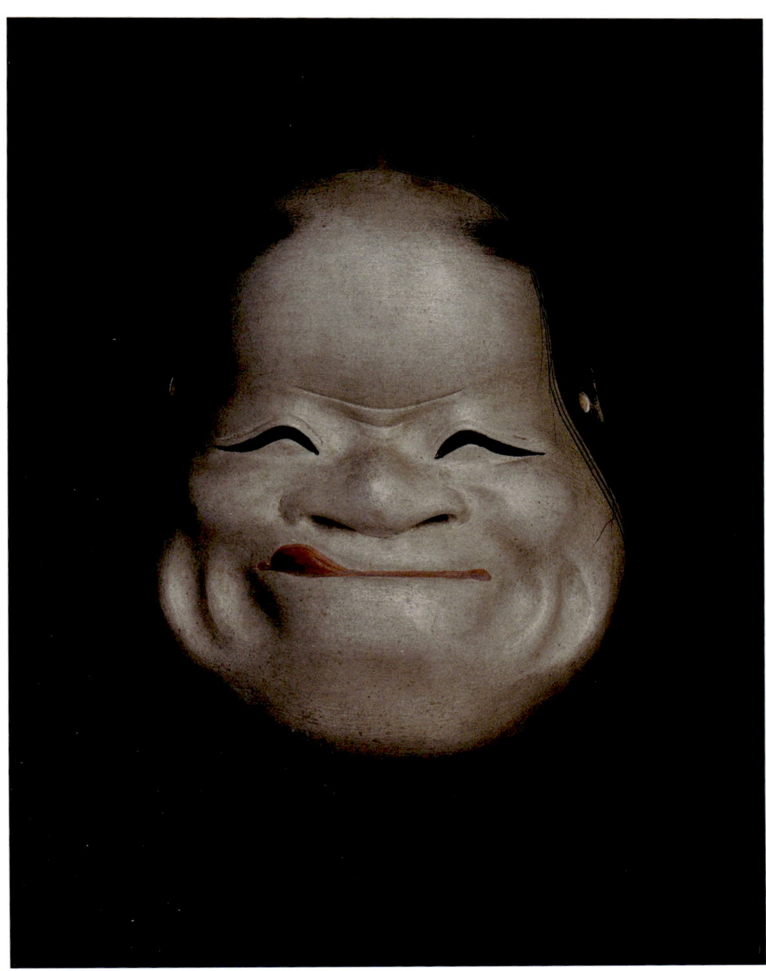
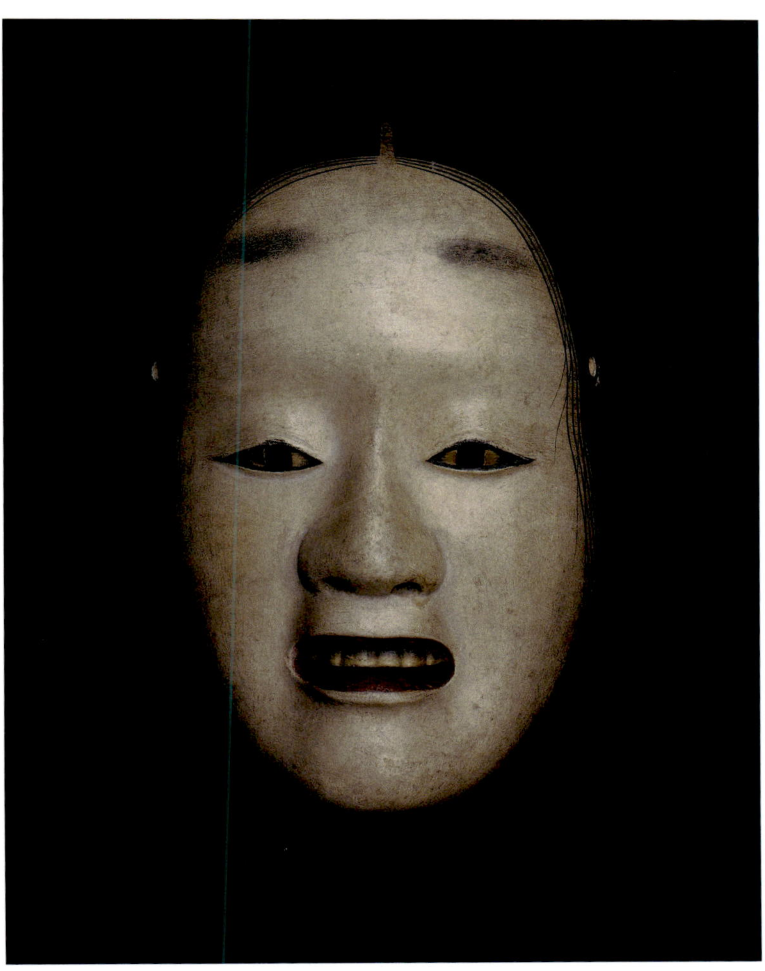

Motiv für / Motif for Museum Folkwang, Noh Masken / Noh Masks (1–4), 2007

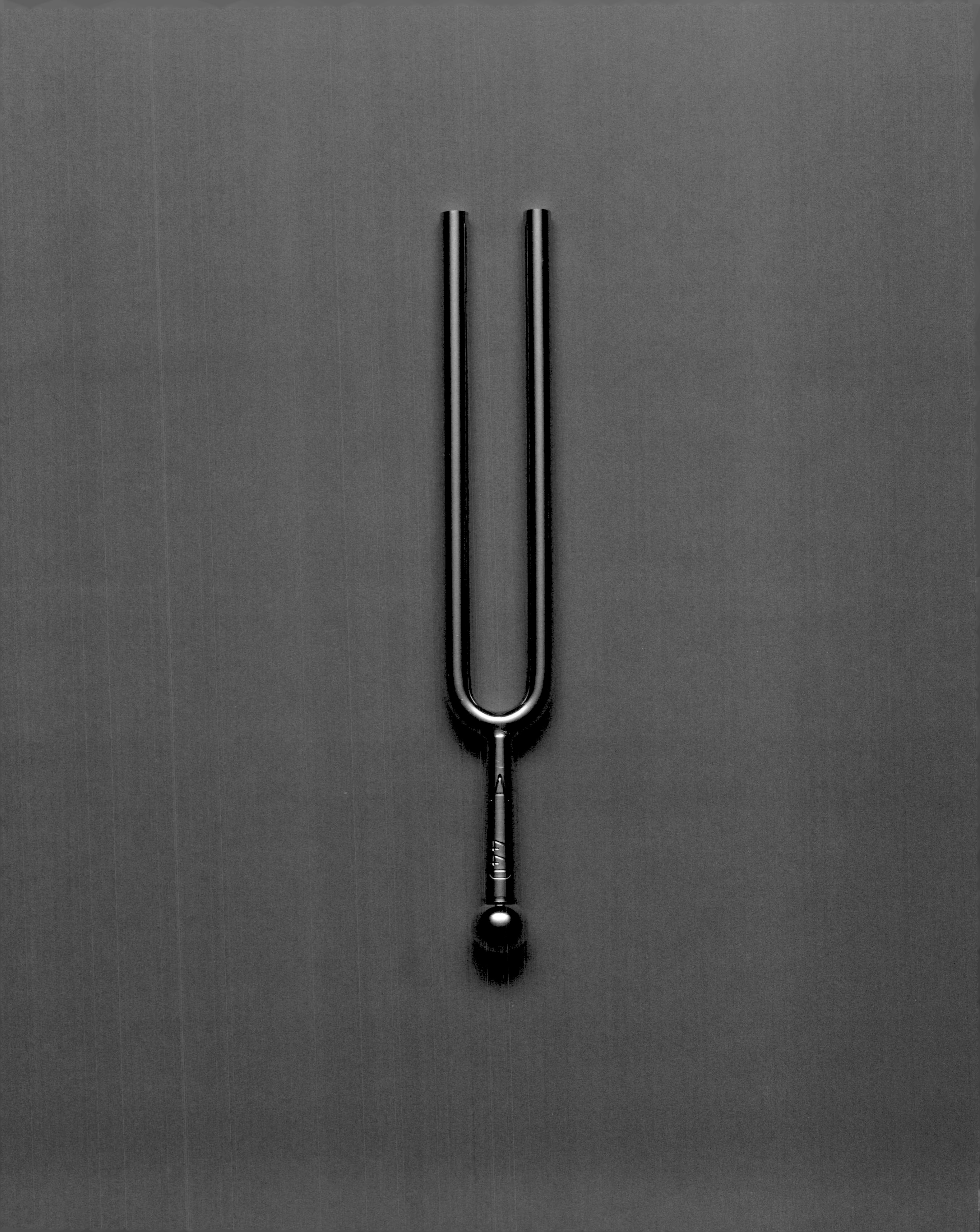

Einfach ist ein Fach, das alles enthält, alles in einem, die Vielfalt in der Einfalt. In diesem einen Fach ist alles schick, so geschickt ineinander gefügt, dass man mit dem einen auch das andere hat. Das Funktionale schickt sich ins Moralische und das Schöne ins Praktische. Was einfach ist, ist einfach gut, in jeder Hinsicht. Darum ist es das Allerschwierigste, eher ein Glücken als ein Zuwegebringen.
Meistens muss man vieles aus diesem einen Fach herauswerfen, um wenigstens für den Rest eine einfache Lösung zu finden. Dann aber ist nicht mehr alles in einem Fach, das Komplizierte vom Einfachen ausgeschlossen. Das eine Fach ist offen, ein Zwischenraum. Es wirft ein Licht, einen Hoffnungsschimmer auf alles, was noch nicht klar und einfach ist, wie ein schlichter Löffel ein Versprechen auf eine gute Küche und eine kluge Lebensweise ist. Einfach ist das, was alles Andere zu sich einlädt in den Laden, das nur ein Fach hat.
Das Einfache ist also alles andere als einfach. Es muss in sich selbst Gegensätze auflösen wie die von einfach und kompliziert, mühsam und leicht oder arm und reich. Das gelingt der Einfachheit mit der ihr eigenen Eleganz. Genau genommen ist ‚einfach' kein Ding, sondern eine elegante Bewegung, die zu einer guten Lösung führt. Der starre Gegensatz wird in Bewegung aufgelöst. Die Lösung selbst ist Bewegung. Der Gegensatz wiegt schwer, schwierig. Die Bewegung muss die Mühsal mit ihm in Mühelosigkeit verwandeln. Das erfordert Eleganz. Wenn das gelingt, ist die Lösung leicht. Warum war man nicht schon vorher darauf gekommen? Die Lösung bringt das Komplizierte nicht zum Verschwinden, sie hebt es auf als leicht gewordenes Gewicht, indem sie es umräumt und aufräumt und dadurch durchsichtig und einsichtig macht. Alles fügt sich nun wie von selbst. Nichts muss in die Ecke gekehrt werden. Keine Gewalt vonnöten. Alles passt, sogar das Unschickliche. Freiheit. Das Leben ist leicht geworden.
Wenn es kompliziert wird, müssen Fachleute her. Sie wissen, was zu tun ist. Das Feld des Wissens und Machens ist in Fachgebiete aufgeteilt. Gewöhnlich hält sich jeder auf seinem Gebiet auf, verteidigt es gegen Eindringlinge und spricht eine komplizierte Sprache, um zu unterstreichen, wie kompliziert sein Gegenstand ist. Die Einfachheit überquert mit Eleganz die Zäune zwischen den Fächern. Für eine Weile versammelt und vereint sie alles in einem Fach. Wissen und Machen fügen sich neu ineinander, bis wieder neue Territorien entstehen. Einfachheit ist ein Ereignis. Es bleibt nicht. Die Lösung, die elegante Bewegung, vergeht. Vorübergehend aber herrscht allgemeine Verständlichkeit. Vorübergehend kann auch der Laie mitreden. Seine Naivität und Unbefangenheit sind Voraussetzungen für die Einfachheit. Dem Fachmann bleibt es nicht erspart, sie immer wieder zurückzugewinnen. Natürlich muss sich die Einfachheit am Ende in der Sache bewähren.
Darum gehört Mut zur Einfachheit: im Ernstfall den Experten zu widersprechen und das Risiko der Blamage auf sich zu nehmen. Ihre Verständlichkeit setzt sie allgemeiner Kritik aus. Sie verschanzt sich nicht. Sie macht sich angreifbar, ein offener Zwischenraum, eine elegante Bewegung, ein Augenblick.

Simplicity is a piece of cake: one bite gives you a taste of all the various ingredients. Functionality fits neatly into morality, beauty into practicality. Simply being is simply good, whichever way you look at it. But it's not all that straightforward—more a case of getting lucky than of pulling something off.
More often than not, you have to give things a stir in order to cook up a simple solution. Things no longer appear neat and orderly—they've grown complicated and unruly. A space between has been opened up, a glimmer of hope shines through the chink and lights up everything that remains to be sorted and simplified. But things don't need to be fancy: A simple spoon is proof of culinary delights and a smart lifestyle. A piece of cake—but one that leaves the taste of more on your tongue.
So simple things are not as straightforward as they seem. Simplicity deals in opposites: easy and difficult, rich and poor, hard work and easy as pie. Simple things are elegant, and that's why they succeed. To take things to the letter, "simple" is less of a thing and more of an elegant movement towards a decent solution—a movement that topples unbending opposites. The answer is in the movement itself. Opposites are heavy, awkward. They must be transformed by movement, effort translated into effortlessness. This requires elegance. Once that is there, the answer seems obvious. Why didn't we think of that before? The answer doesn't just dissolve complication: It lifts it up and lessens the burden by rearranging it, straightening things so that they appear clear as day. As if by magic, everything falls into place. Nothing needs to be swept into a corner. No need for violence. Everything, even the awkward things, fits. Freedom. Life has become a breeze.
When things get complicated, it's time to call in the experts. They know what needs doing. The world of knowing and doing is neatly portioned up into areas of expertise. As tradition has it, people are staunch defenders of their own little bit of turf, purposefully speaking in tongues to make it even clearer just how exceedingly complex their property is. Simplicity elegantly transcends these borders, bringing everything together and establishing unity for a while. Knowing shakes hands with doing and new territories are formed. Simplicity is an event. It is fleeting. The solution, the elegant movement, disappears. But, for a split-second, universal understanding takes charge. For a split-second, even fools become wise men. Their naivety and naturalness are essential for simplicity. It is the experts who are constantly seeking to regain simplicity. But, of course, it's within the thing itself that simplicity must stand the test of time. That's why simplicity takes courage: standing up to the experts and risking humiliation in the process. The fact that simplicity is so accessible makes it open to criticism from all sides. It doesn't hide behind walls. It's an open space, a vulnerable one, an elegant movement, a split second.
Simple means poor, needy. Simplicity requires bravery and humility. It resists cockiness and calls for courage. Humility, after all, stems from the ability to judge and the power to decide.
It has to equip itself with knowledge to be strong in the face of widely held opinions. At the same time, it has the measure of

Einfach so Simply the Way It Is Hannes Böhringer

Einfach heißt arm, dürftig. Die Einfachheit bedarf des Mutes und der Bescheidenheit. Die hält den Übermut zurück und braucht selber Mut. Denn Bescheidenheit ist ursprünglich Unterscheidungsfähigkeit, Urteilskraft. Sie muss sich bilden und stärken gegen gerade herrschende Meinungen. Zugleich schätzt sie sich selbst ein in ihren Vorlieben und Abneigungen, in ihrer eigenen Begrenztheit. Das macht sie bescheiden. Die Einfachheit hat den Mut, sich über Fächergrenzen hinwegzusetzen und ist bescheiden genug, sich mit einem Fach zu begnügen. Doch das enthält für sie alles, alles in einem. Die Bescheidenheit ist hochgemut.

Das Einfache ist arm und reich zugleich, reich durch Reduktion. Die Einfachheit hebt in sich das Komplizierte auf und bringt es als Reichtum und Vielfalt hervor. Einfach ist die mathematische Formel, in der sich die Mannigfaltigkeit der Erscheinungen verdichtet, oder das Gedicht, das in einem Satz eine Bedeutungsfülle anstimmt, die Wort und Welt klingen lässt.

Einfachheit und Eleganz galten immer schon als klassisch. Mit ihnen versuchten die Edlen, die Adeligen, und die, welche zu ihren gehören wollten, die Gebildeten und die Reichen, sich von den anderen abzugrenzen. Doch in armen Häusern ist wahre Einfachheit so edel und selten wie in reichen. Sie ist klassenlos: ein Fach, ebenso preiswert wie teuer. Zur sozialen Unterscheidung muss die Einfachheit gegen ihre Natur auffällig gemacht werden. Das verdirbt sie. Am liebsten verrät sie sich erst auf den zweiten Blick. Ihr liegt nicht die Angeberei, sie ist bescheiden, aber gastfreundlich: einladend. Das Besondere an ihr ist, nichts Besonderes zu sein, allgemein, geradezu gewöhnlich. Ihr größtes Paradox: Sie ist einfach da, fast natürlich, und fällt nicht auf, aber ihr Zauber wirkt. Ein Löffel, ein Lächeln, eine Handbewegung, ein Wort, das nachklingt, einfach so, grundlos, obwohl man viele Gründe im Einzelnen nennen könnte. Und alles fügt sich, schickt sich. Eintracht, alles in Ordnung, zwanglos und lässig. Große Kunst, die das schafft. Keine Verschönerung vonnöten, Schönheit in sich selbst, einfach so.

itself, its likes and dislikes, its limits. That's what makes it modest. Simplicity is brave enough to travel beyond borders and disciplines, but grounded enough to be content with just one field. One field, though, that contains the entire world. Humility always looks on the bright side.

What is simple is both rich and poor—its riches lie in reduction. Simplicity feeds on complication, transforming it into wealth and diversity. A mathematic equation is simple when it condenses multiple variations into one. A poem is simple when it strikes a chord with a certain line and lets the world and the word sound out.

Simplicity and elegance have always been seen as classical. They were the tools of aristocrats and noble men—and those who aspired to be them—along with the educated and the rich, a means of distinguishing them from the rest. Yet true simplicity is just as rare a jewel in poor houses as in rich ones. Simplicity knows no class, its value cannot be counted in coins. In the name of social differentiation, simplicity has to be made conspicuous against its nature, and is ruined in the process. If it could have its way, simplicity wait a while before unmasking itself. It is not pretentious, but modest, hospitable, welcoming. The unusual thing about it is that it is *not* unusual at all—it is common, almost par for the course. Simplicity is a paradox: It is simply there, part of the furniture, doesn't raise any eyebrows and yet is somehow magical. A spoon, a smile, the motion of a hand, a word that leaves a lingering impression just *because*, without reason—although you could name many individual reasons for it. Everything fits neatly into place. Order and harmony, free and easy. Achieving this is a form of art. No embellishment necessary, beauty in and of itself, simply the way it is.

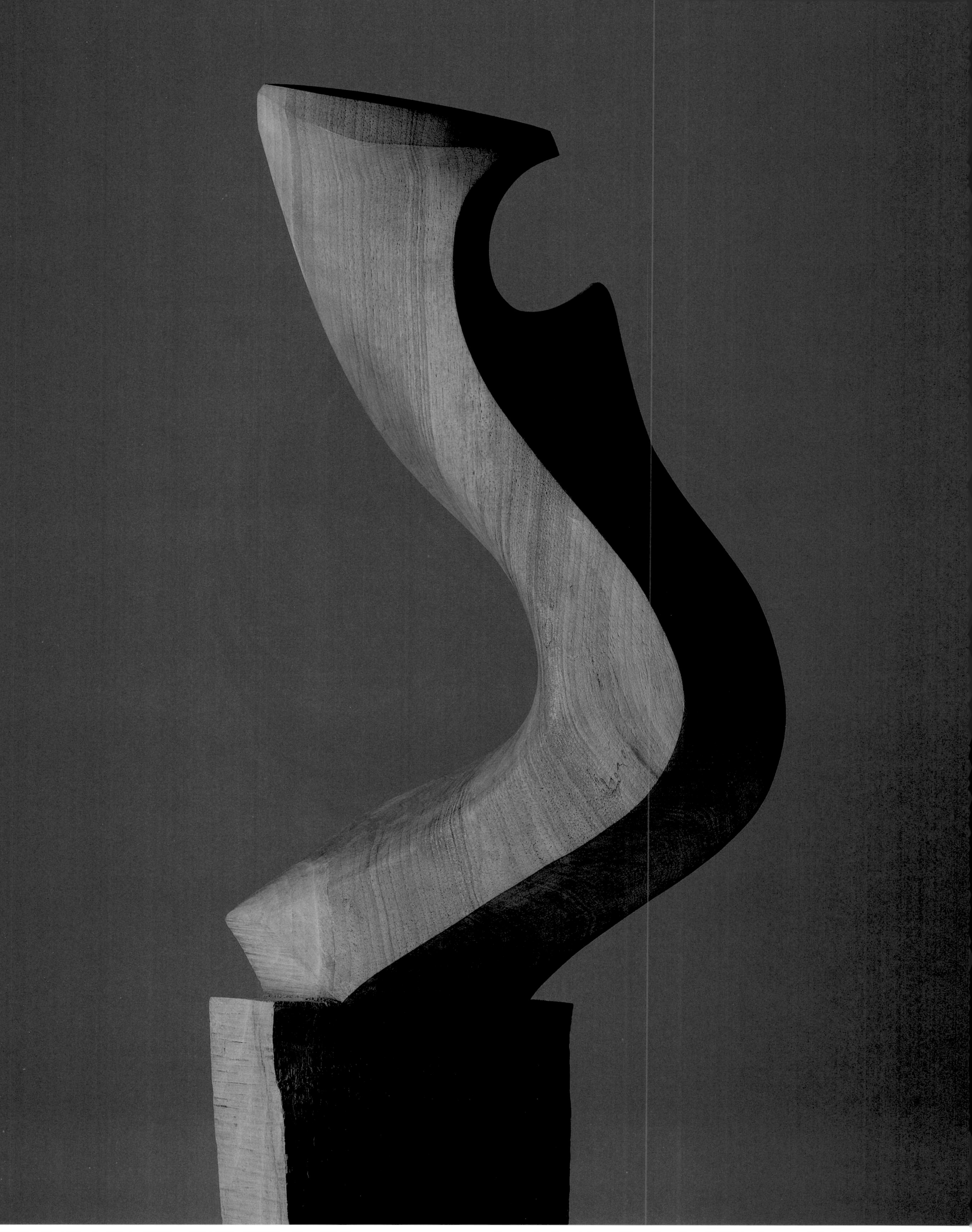

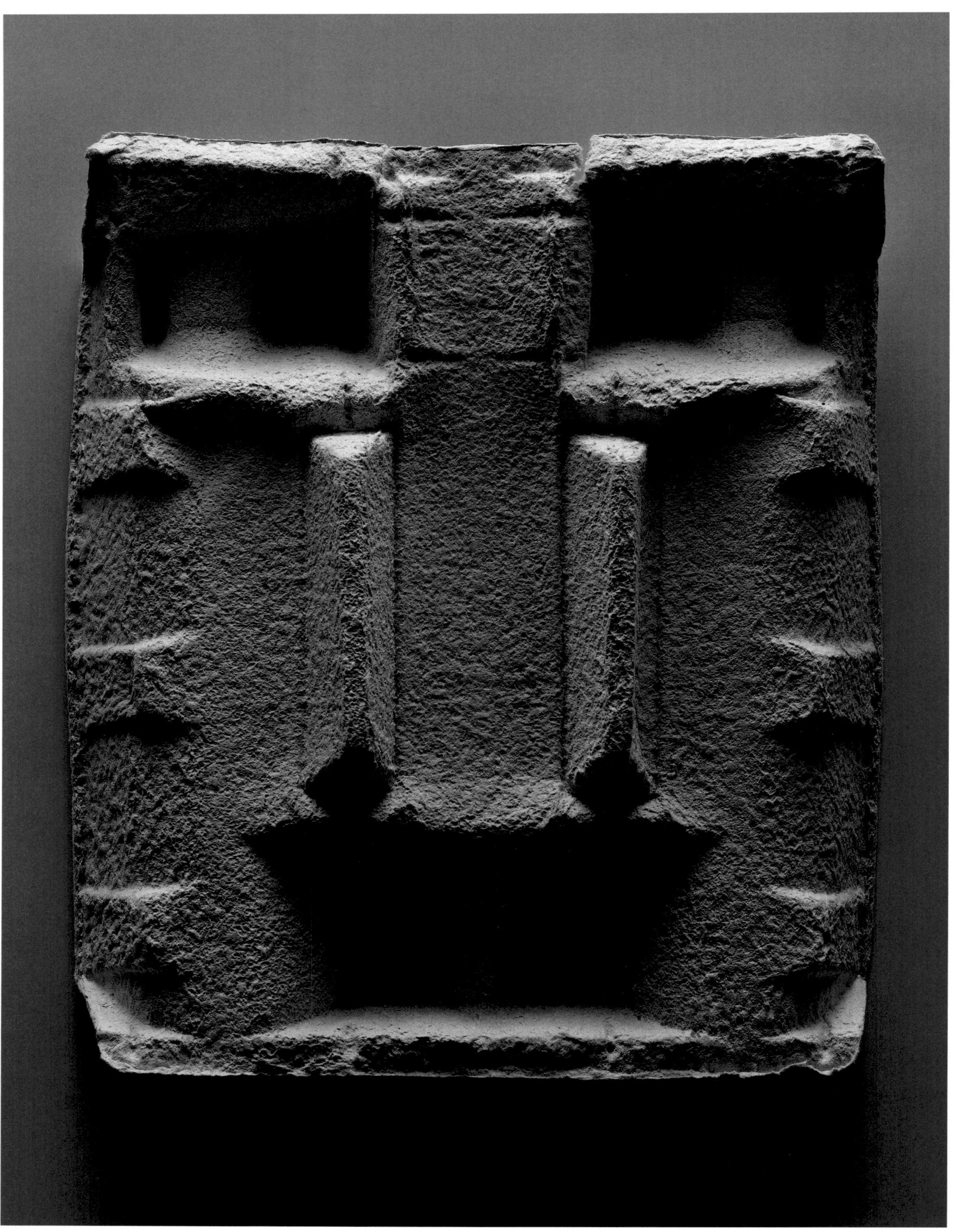

 Maske / Mask, 2016

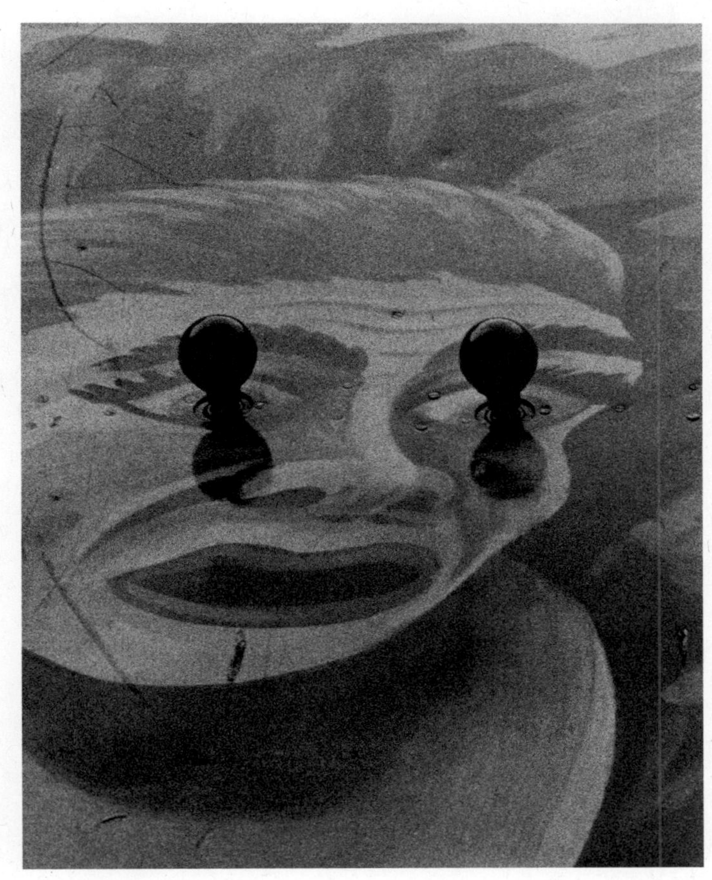

Kirmes / Fair, 1957

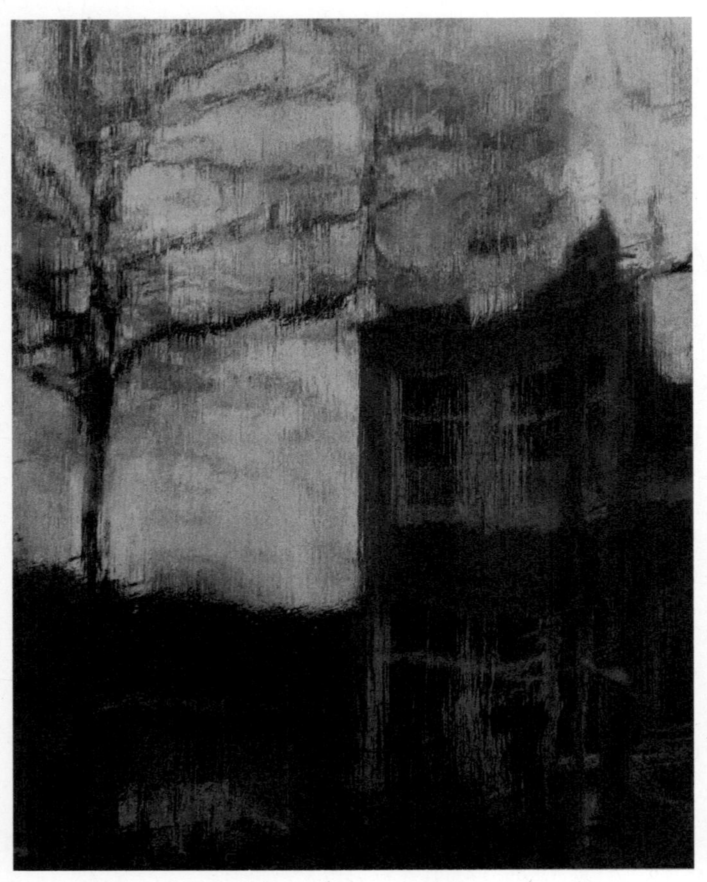

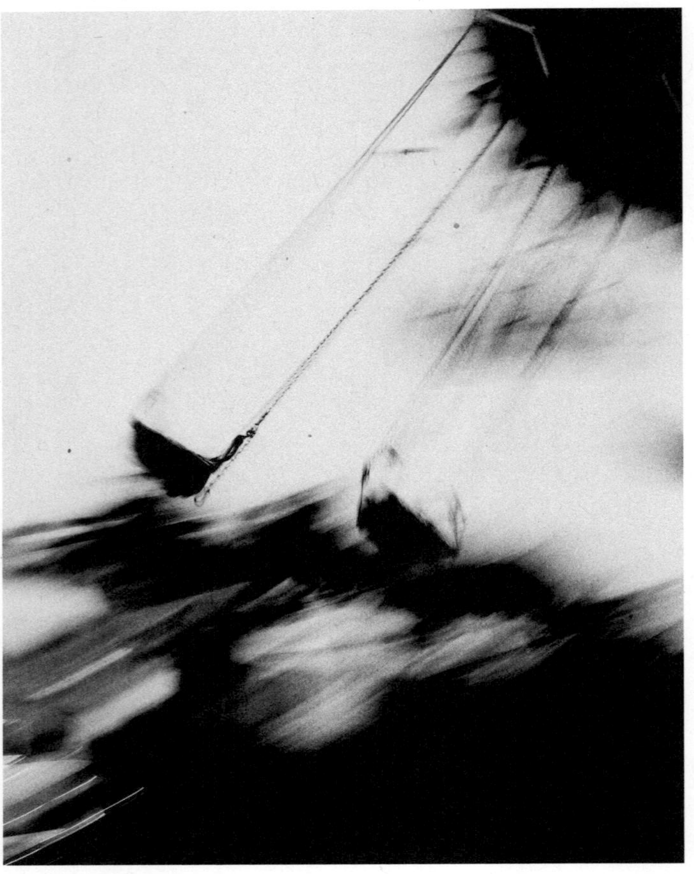

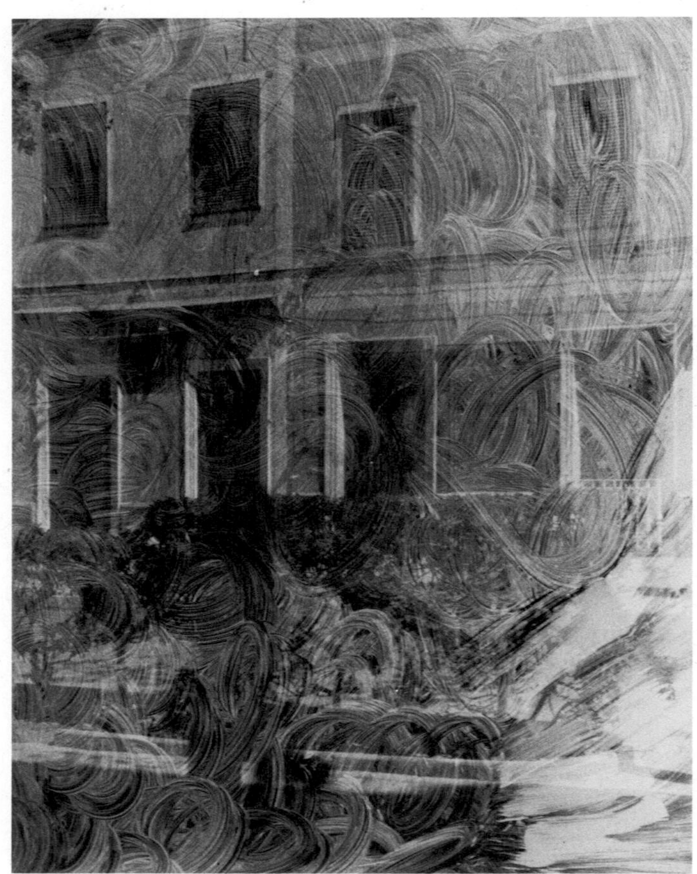

 Spiegelung / Reflection, 1959   Kirmes / Fair, 1960   Fensterscheibe / Windowpane, 1958

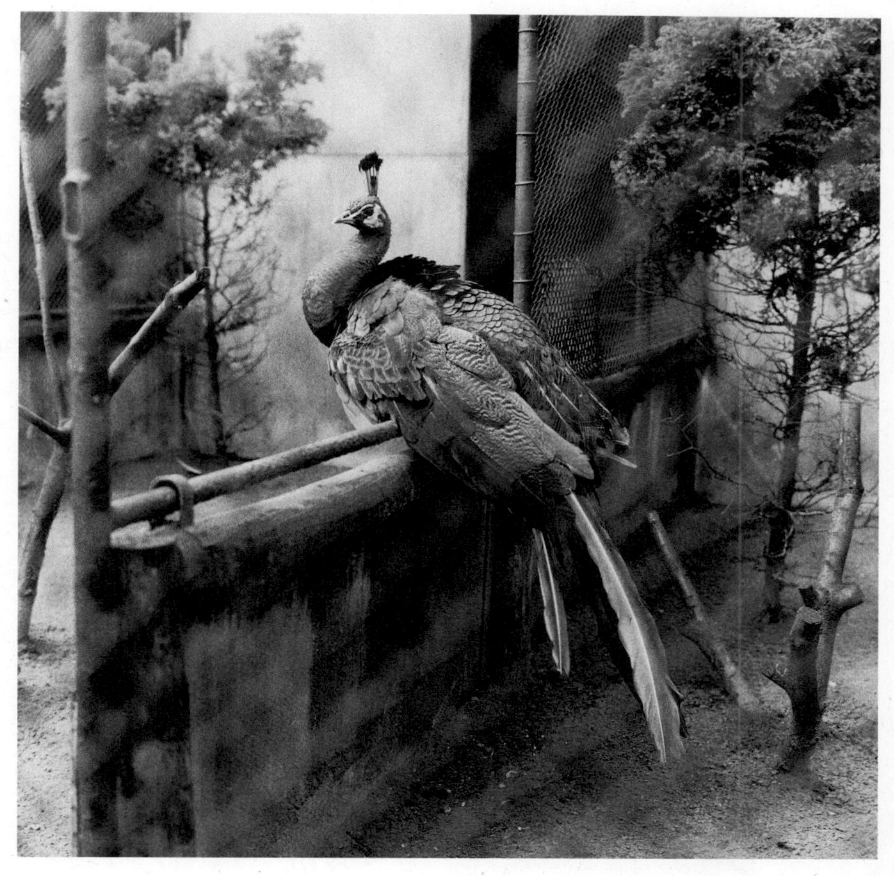

Pfau / Peacock, 1957

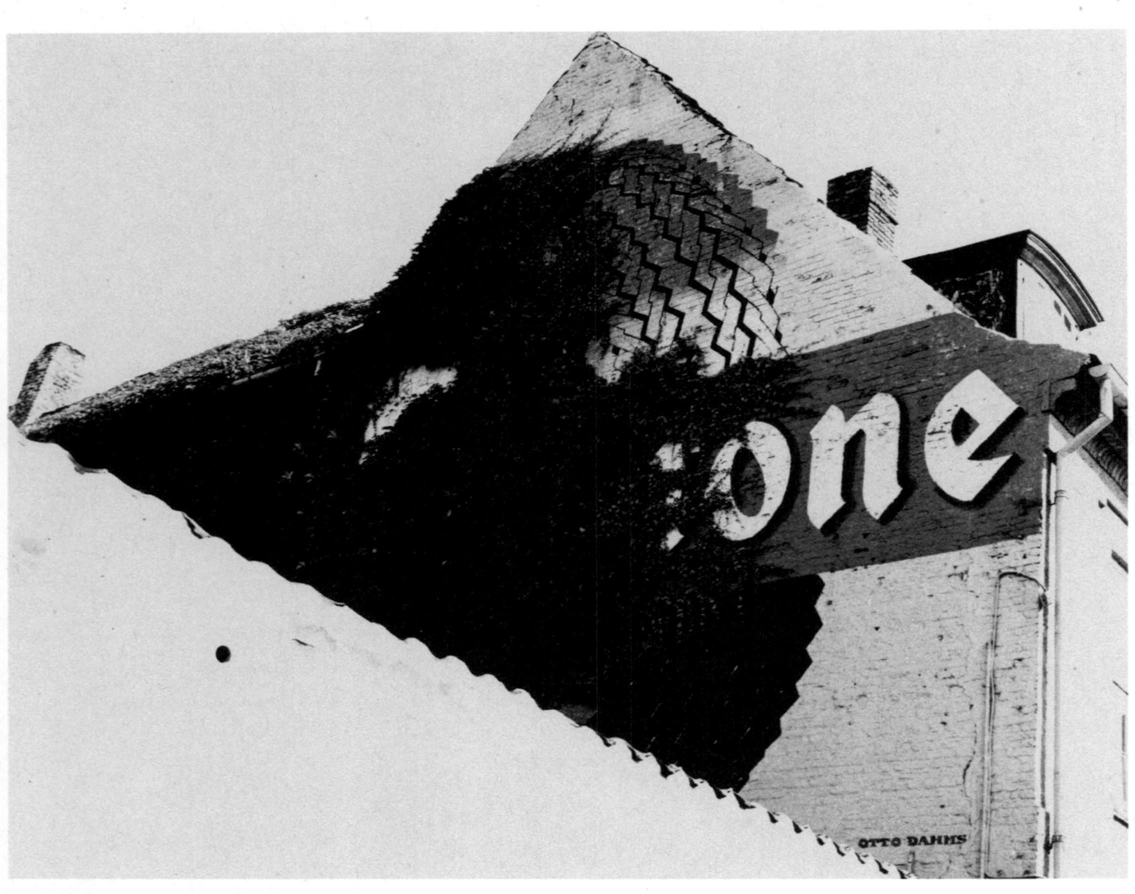

Hauswand / Building Walls (1–4), Dänemark / Denmark, 1957

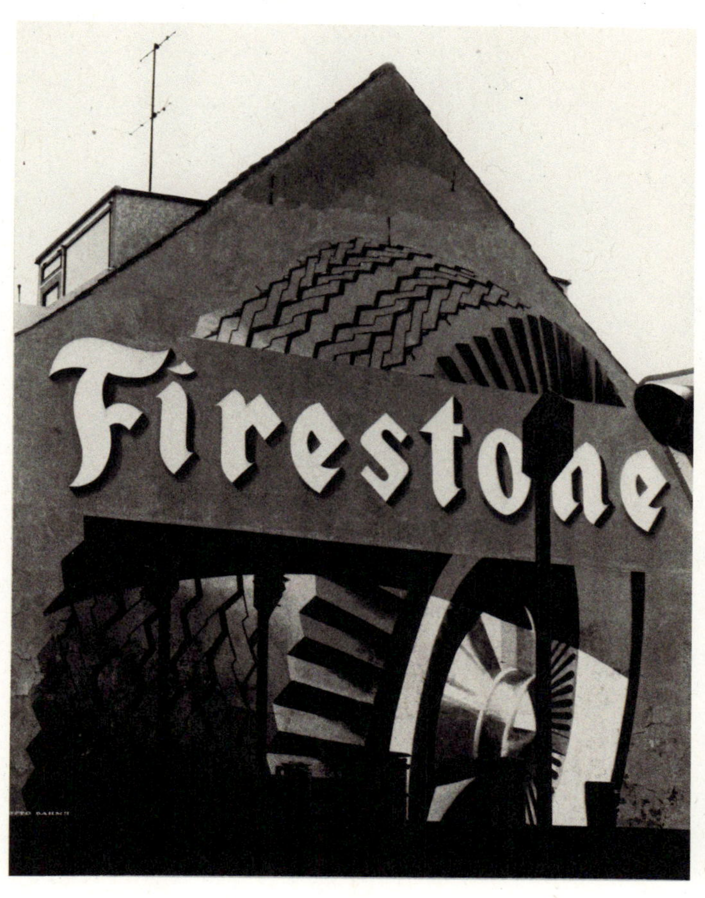
Firestone

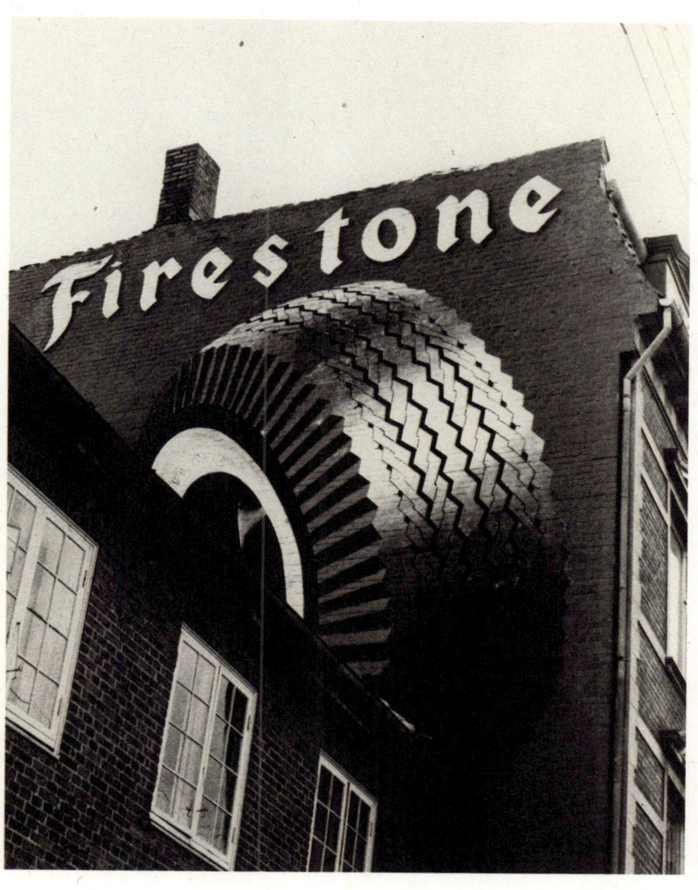
Firestone

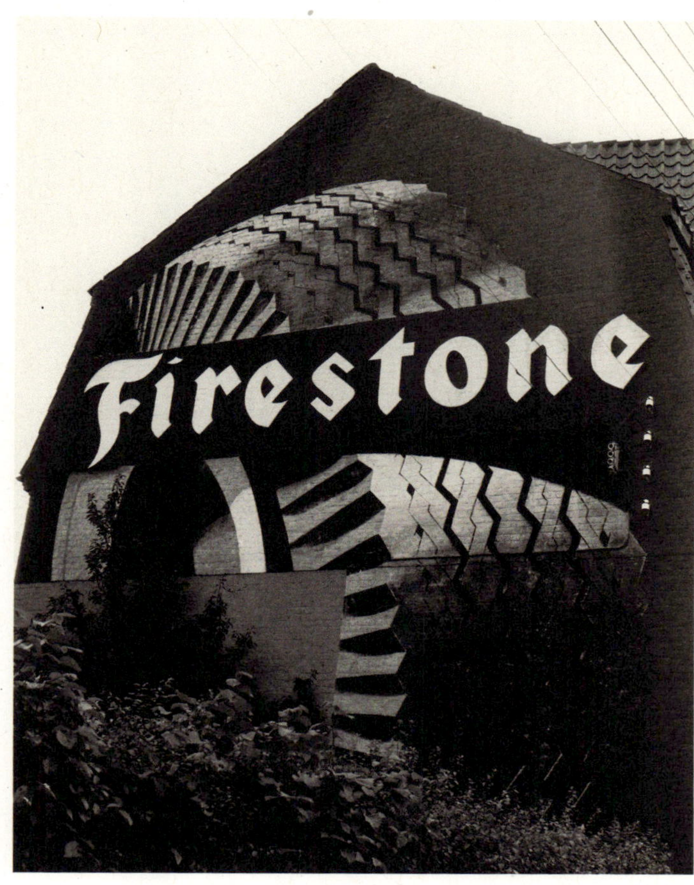
Firestone

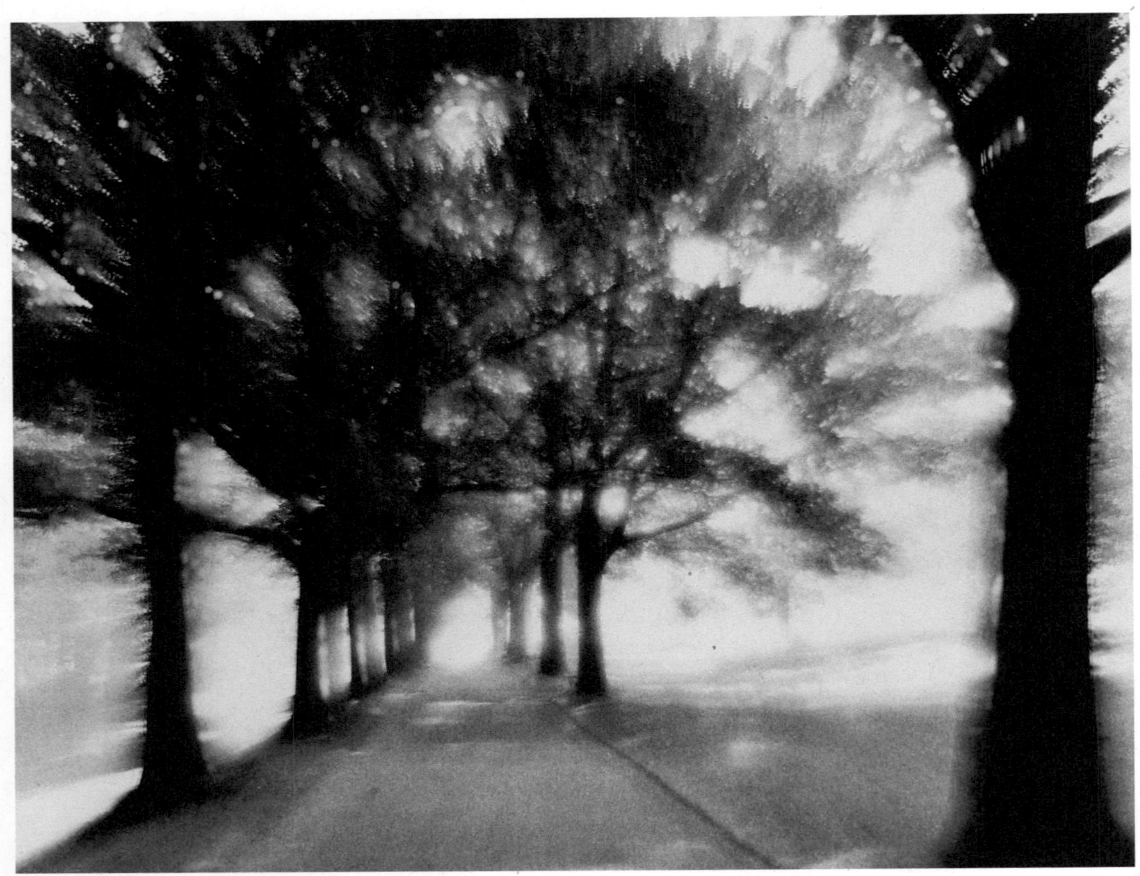

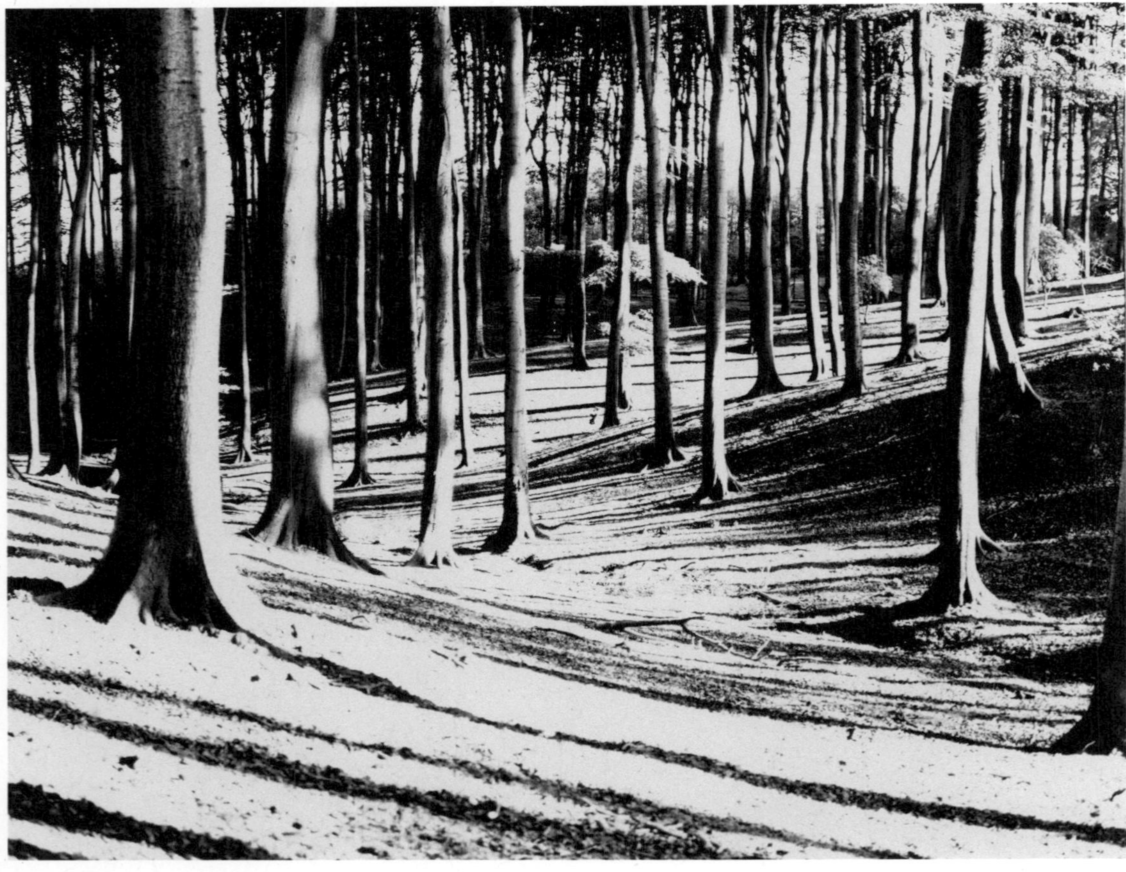

Experiment (Mehrfachbelichtung) / Experiment (Multiple Exposure), 1957

Grafenberger Wald / Grafenberg Forest, 1961

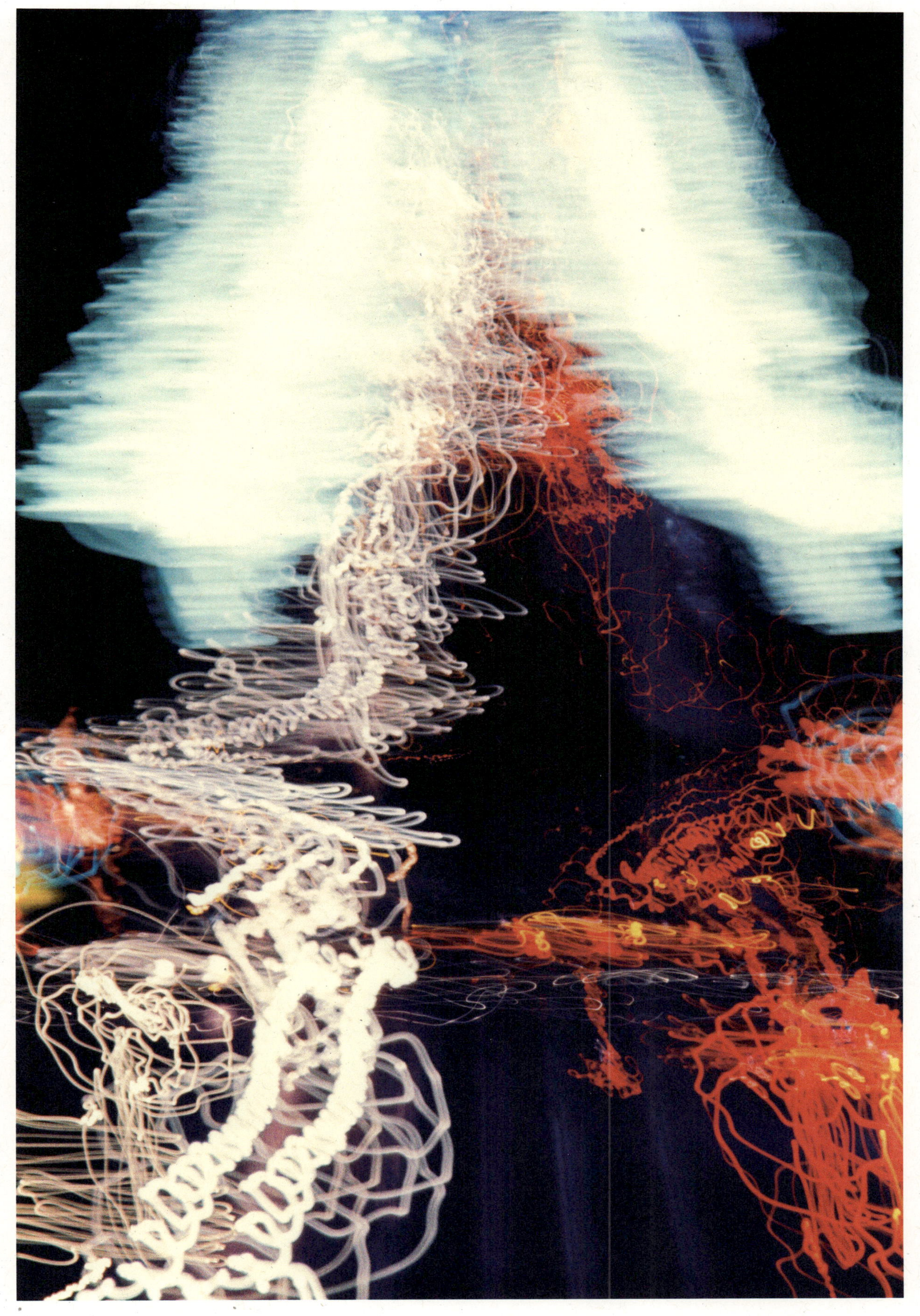

München / Munich, 1963

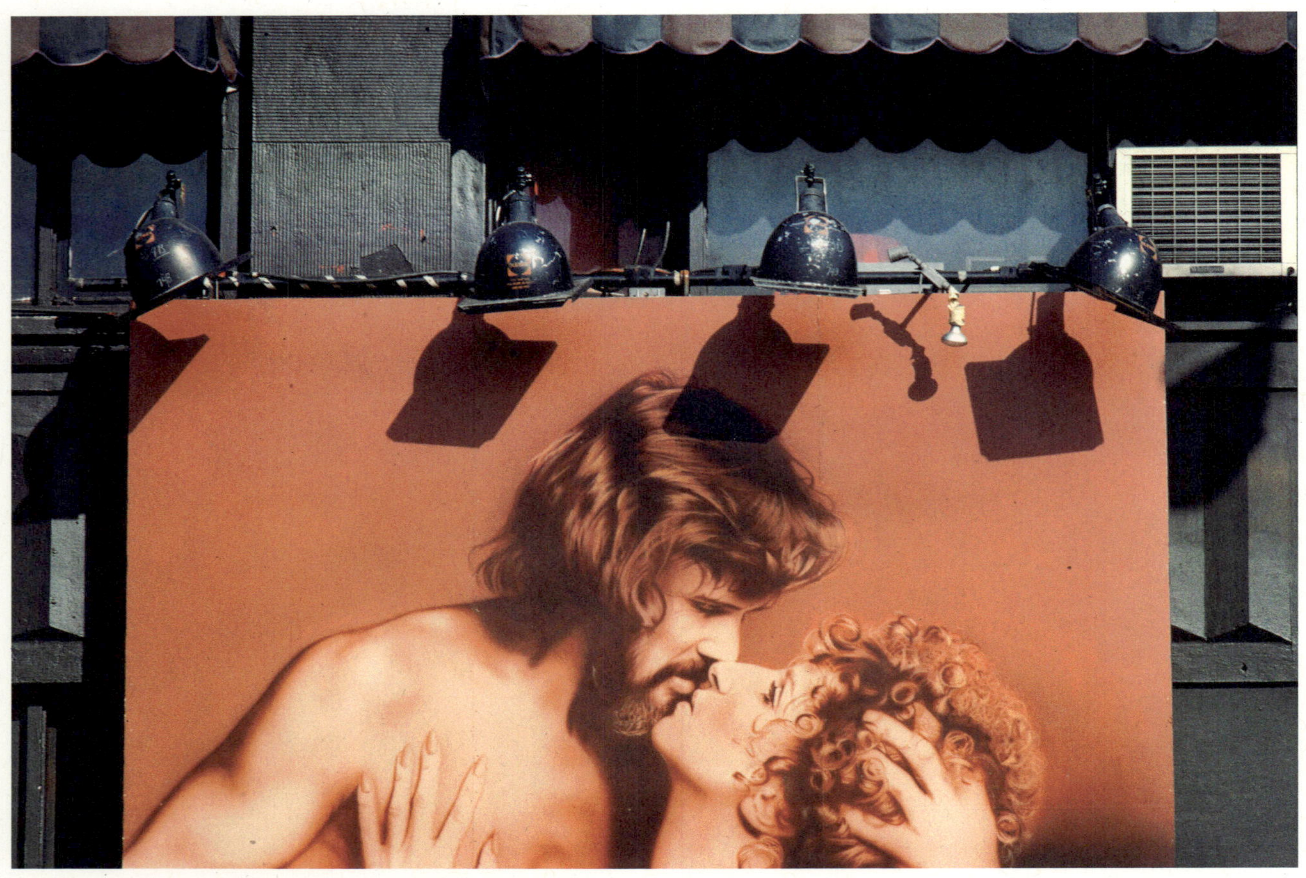

Los Angeles, 1976

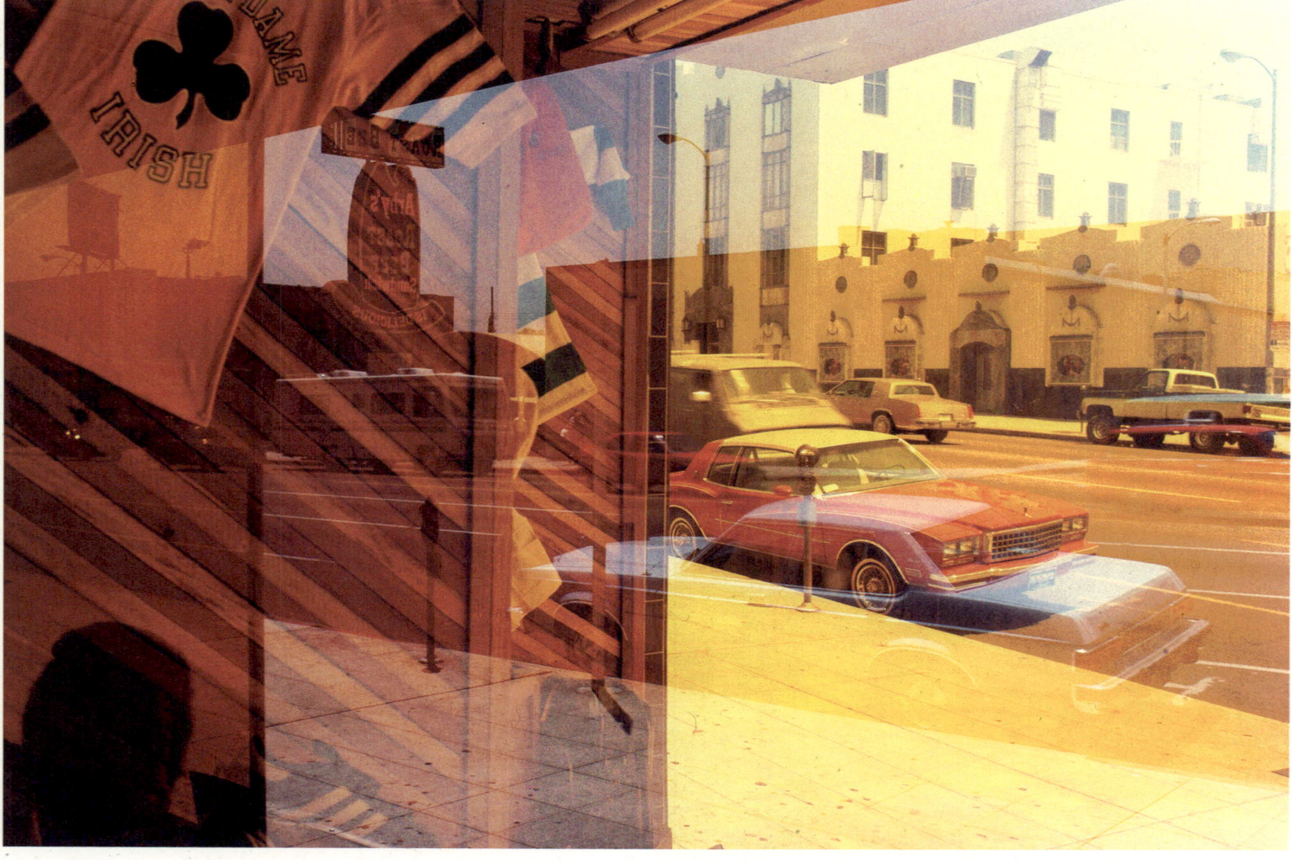

Los Angeles, 1974

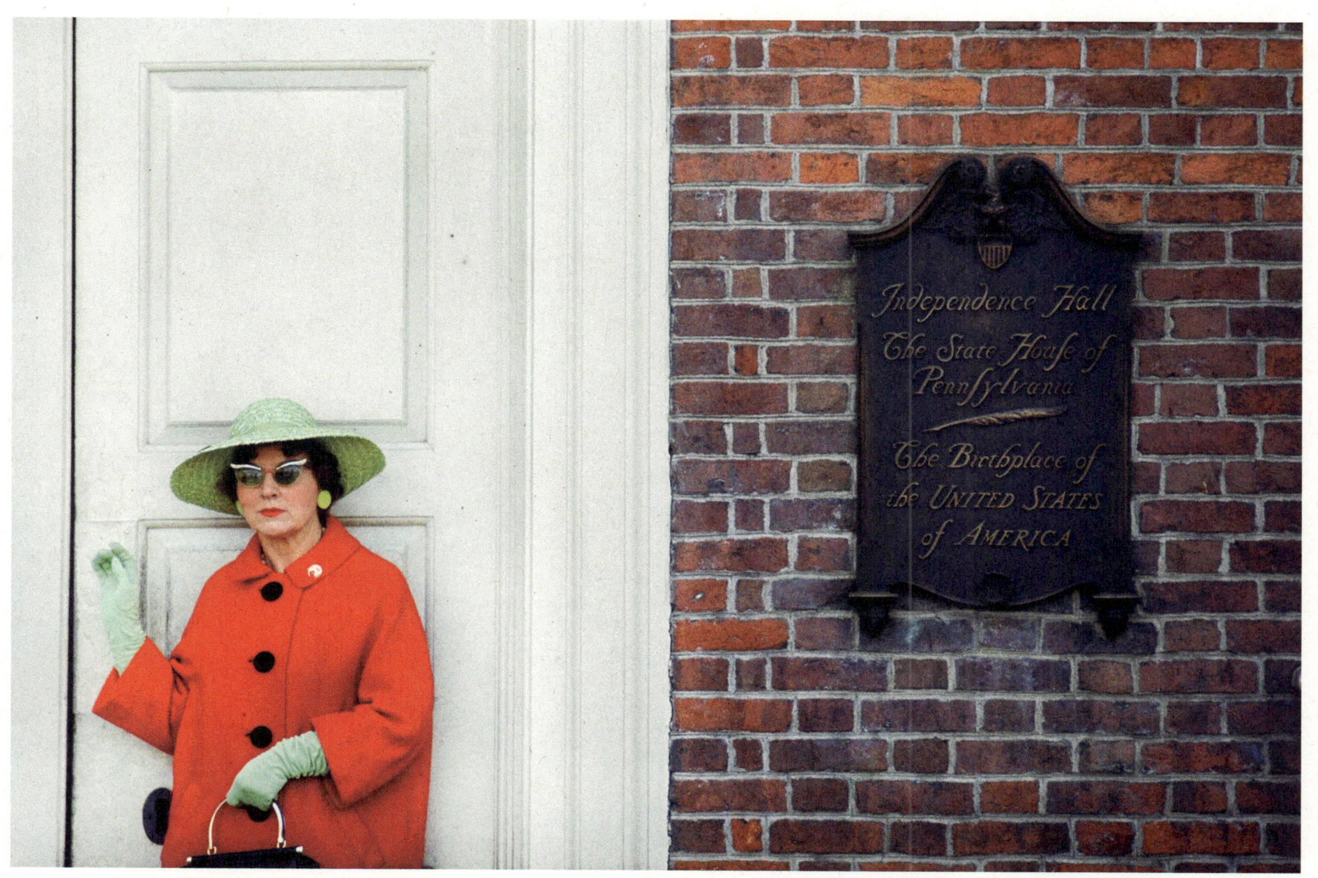

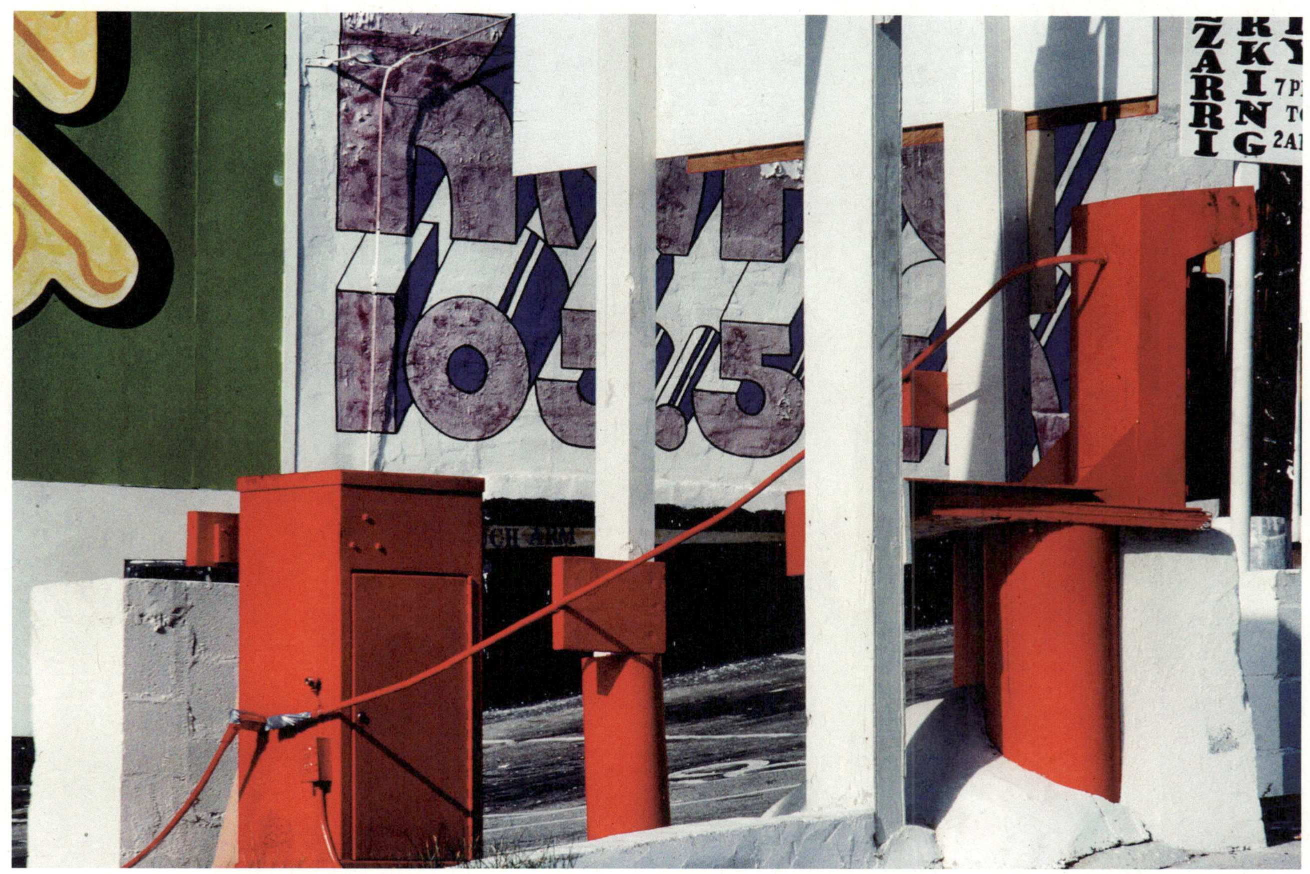

Los Angeles, 1974 Philadelphia, 1964

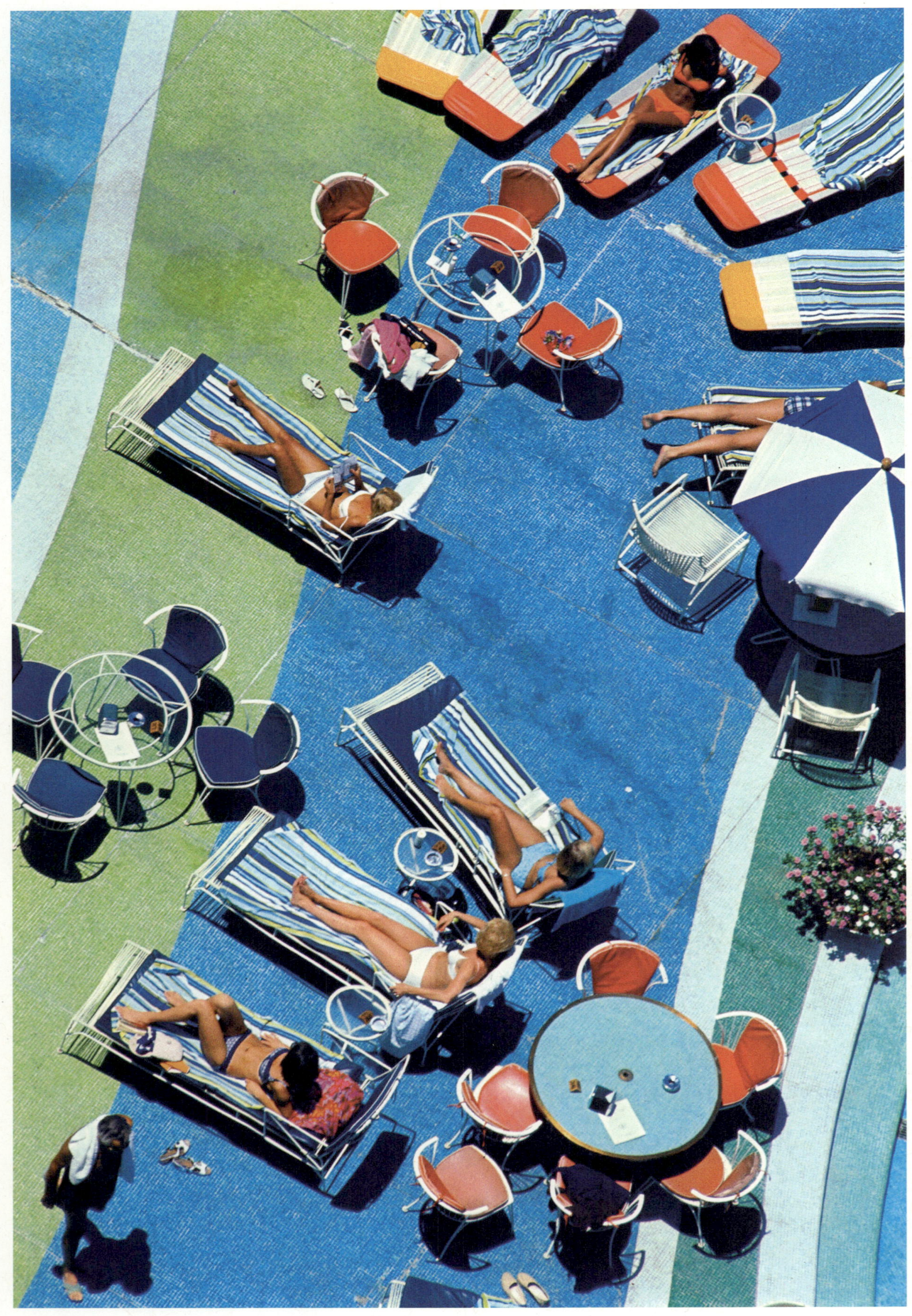

 Beirut, 1964

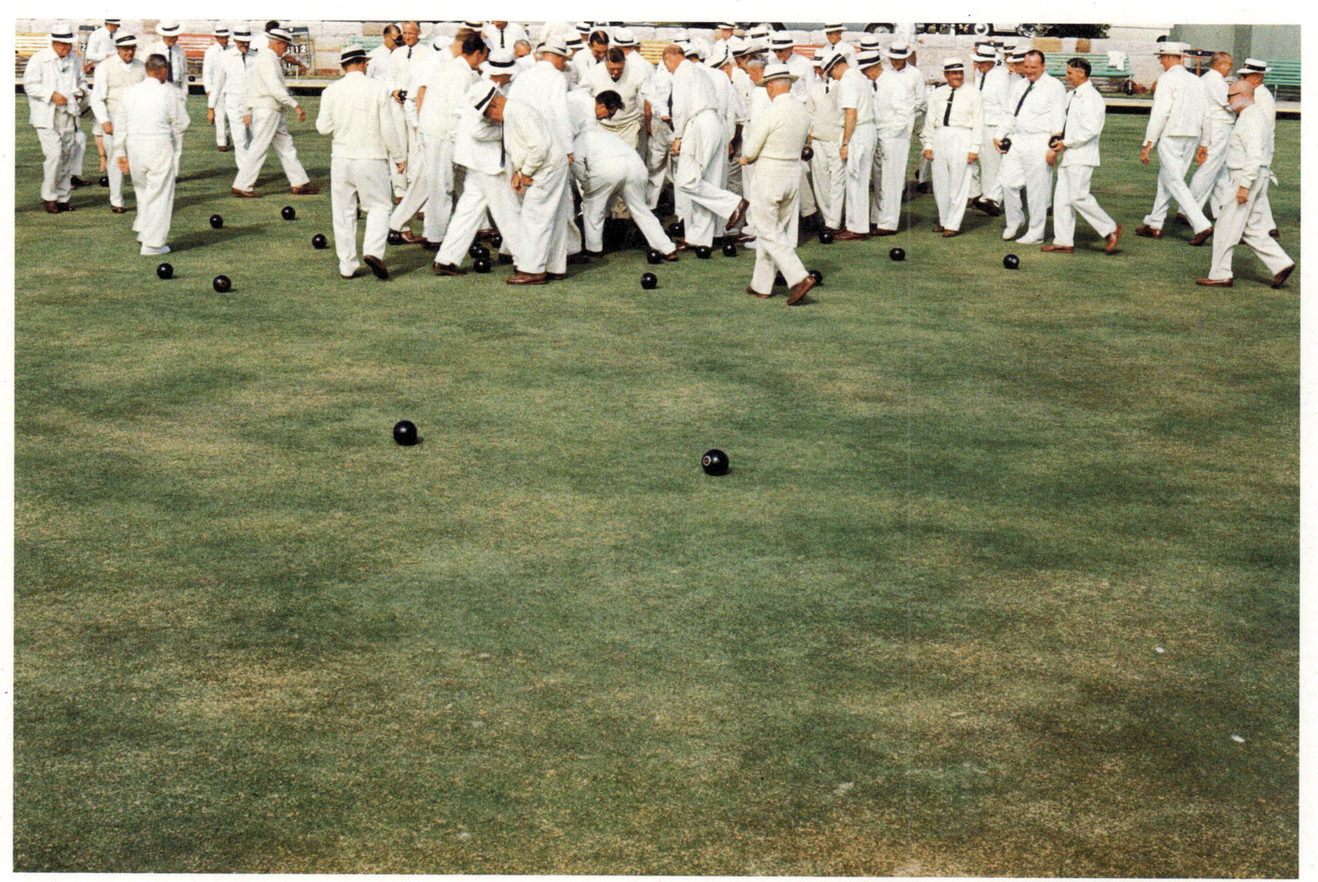

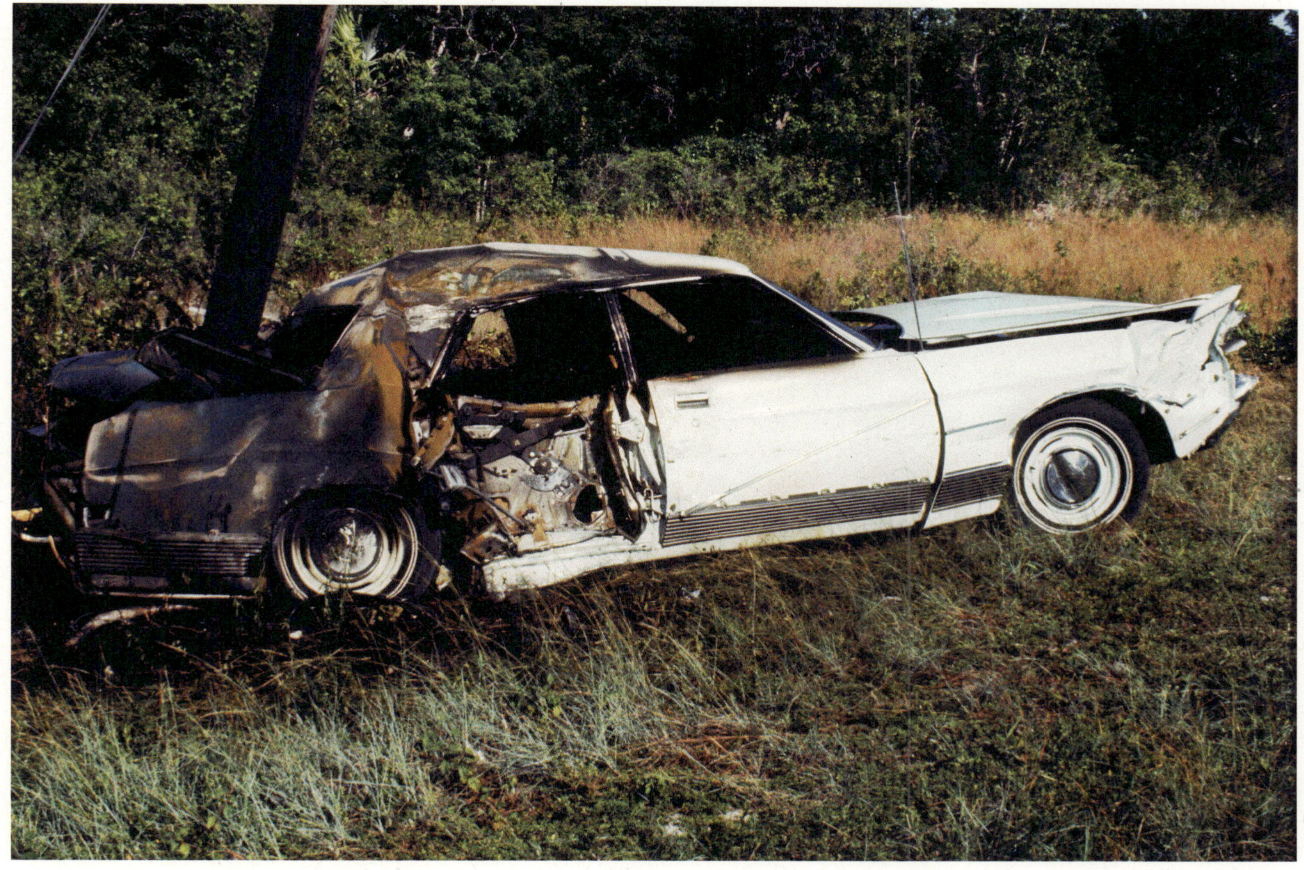

Sydney, 1964 Utah, 1974

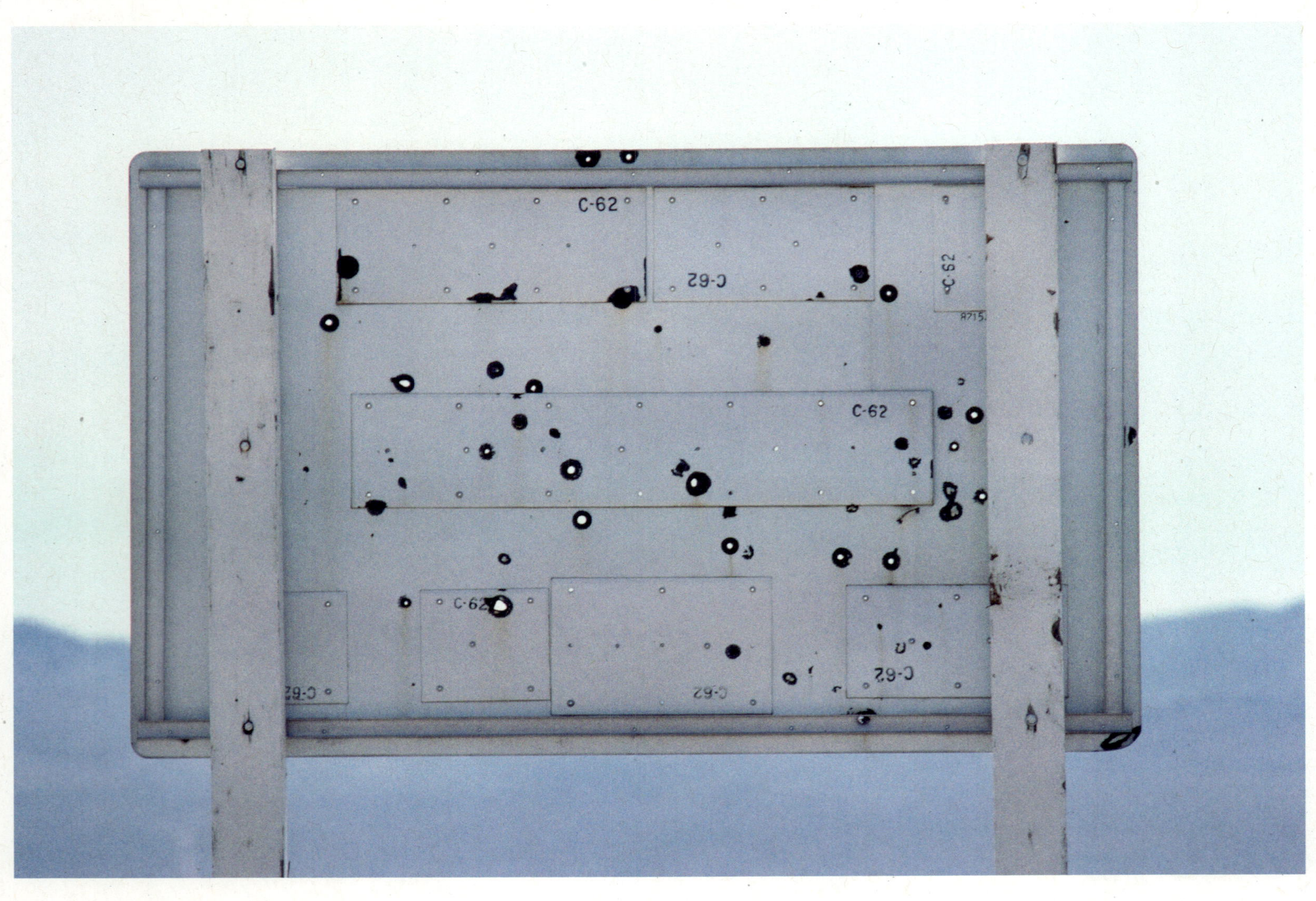

Nevada, 1974

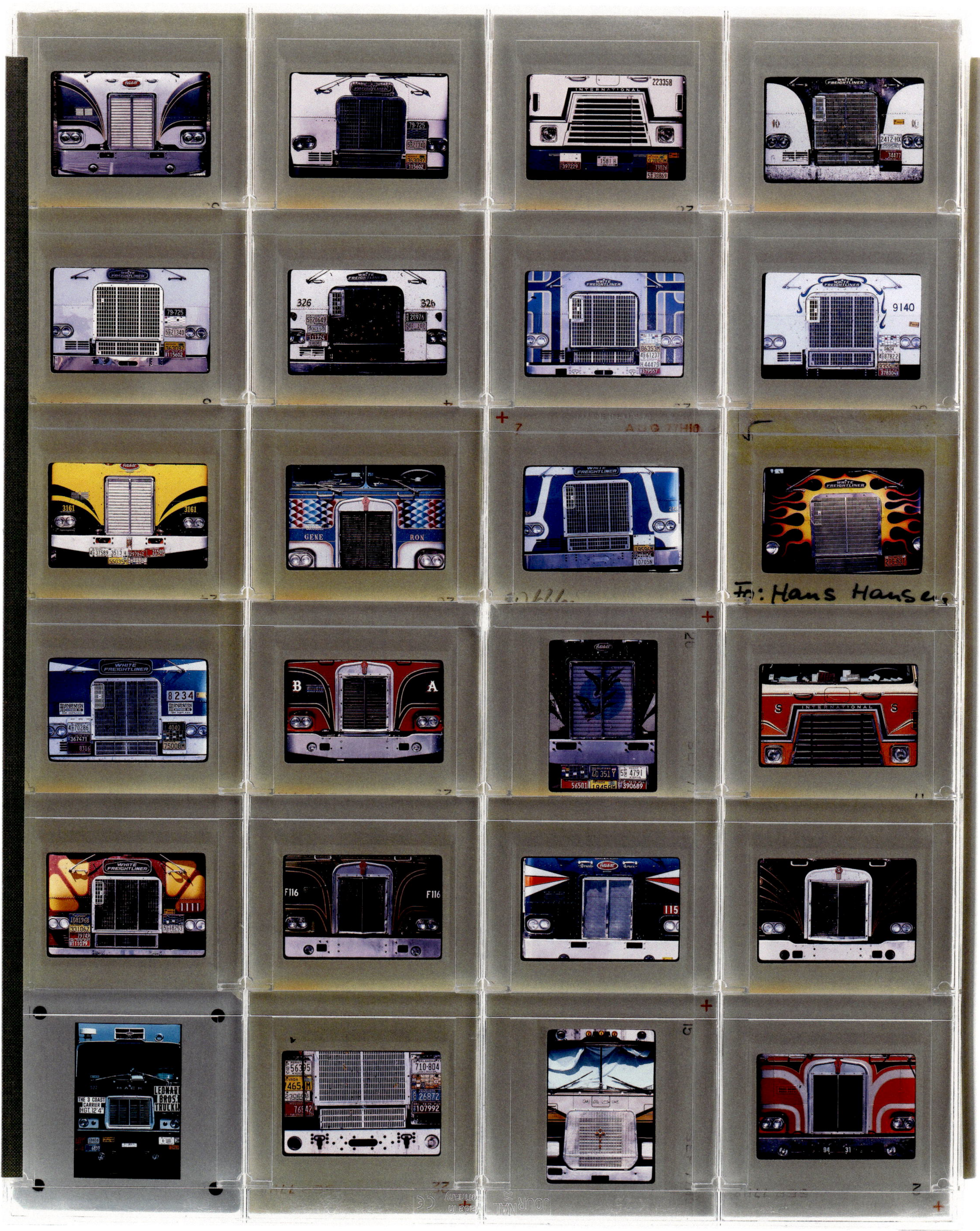

US Trucks, 1970

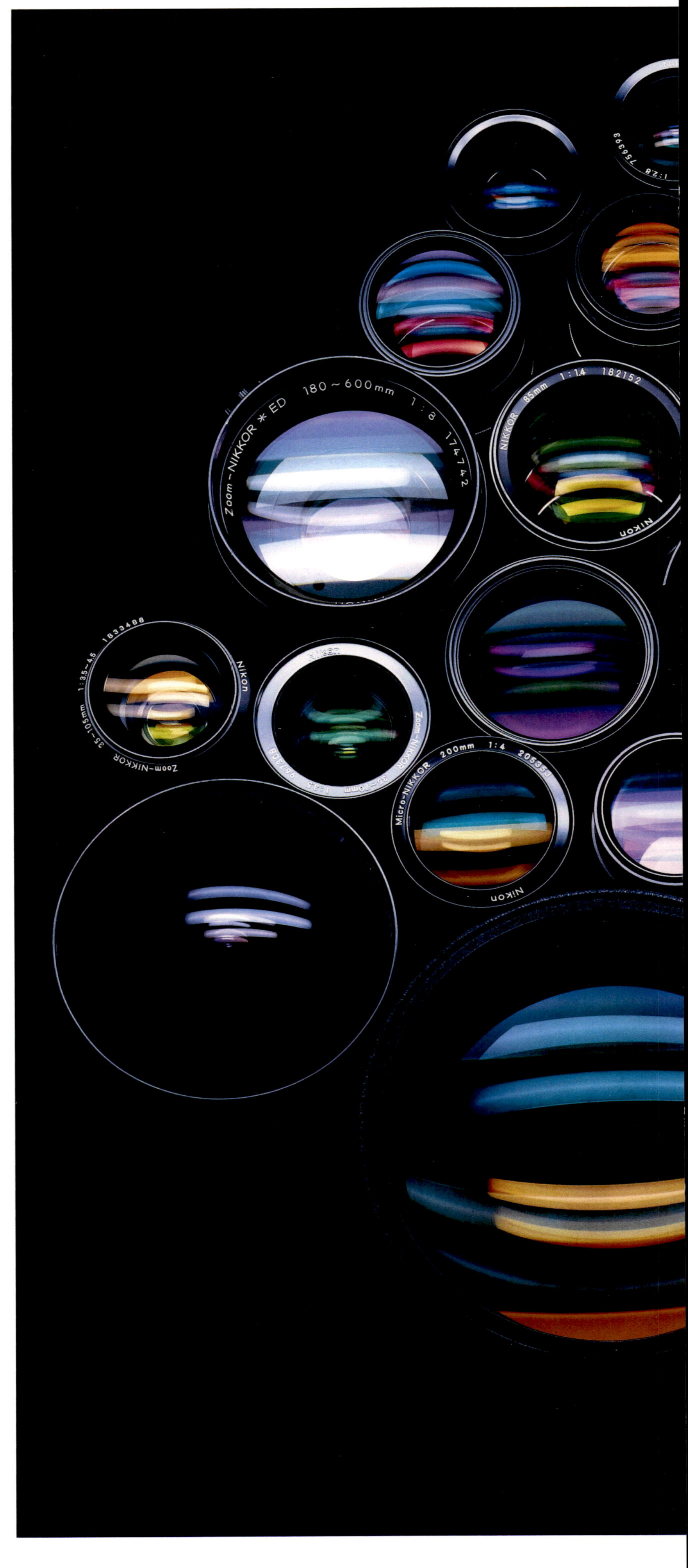

Zoom-NIKKOR ✱ ED 180~600mm 1:8 174742
NIKKOR 85mm 1:1.4 182152
Nikon
Zoom-NIKKOR 35-105mm 1:3.5-4.5
Nikon
Micro-NIKKOR 200mm 1:4
Nikon

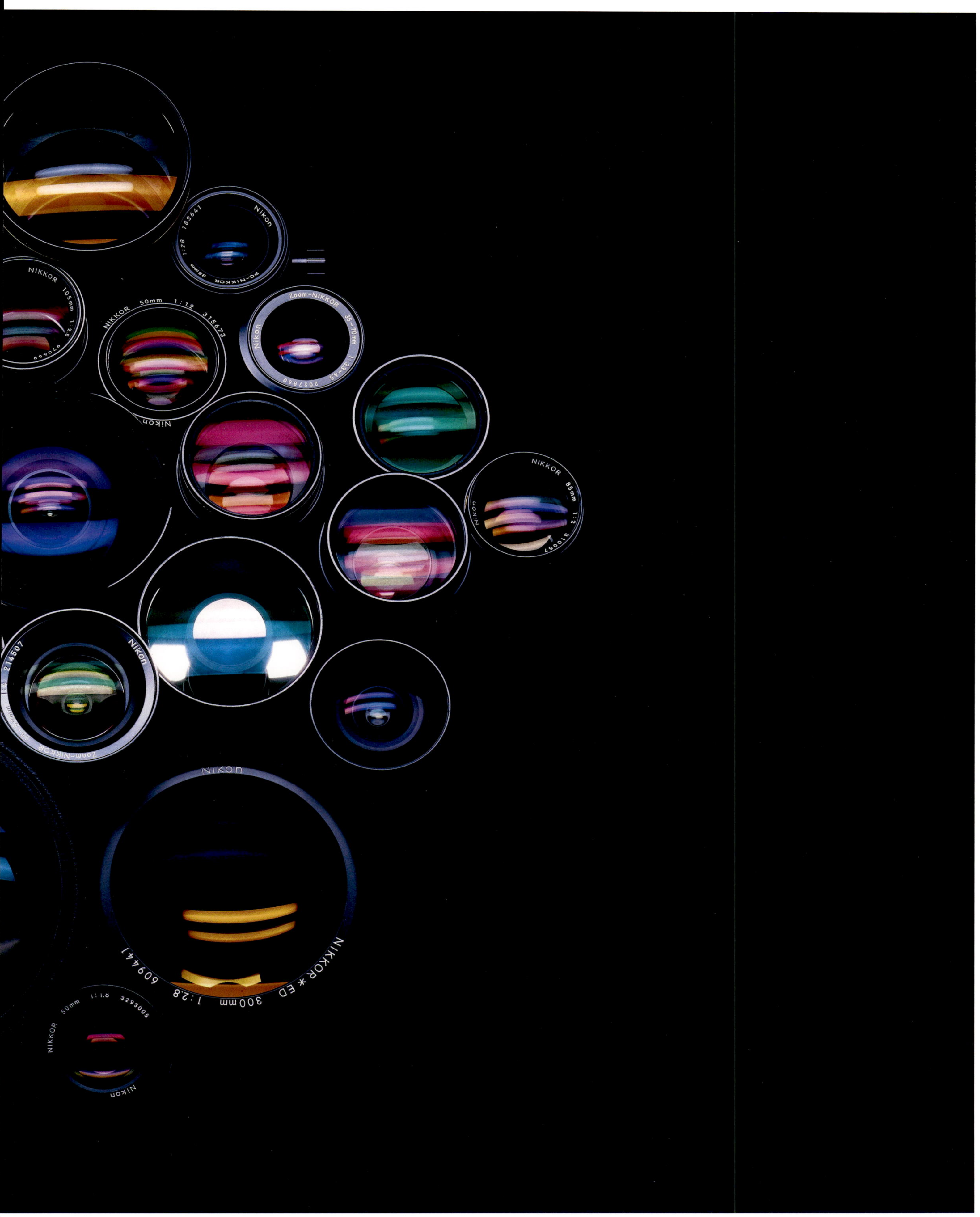

Motiv für Nikon-Objektive / Motif for Nikon Lenses, 1985

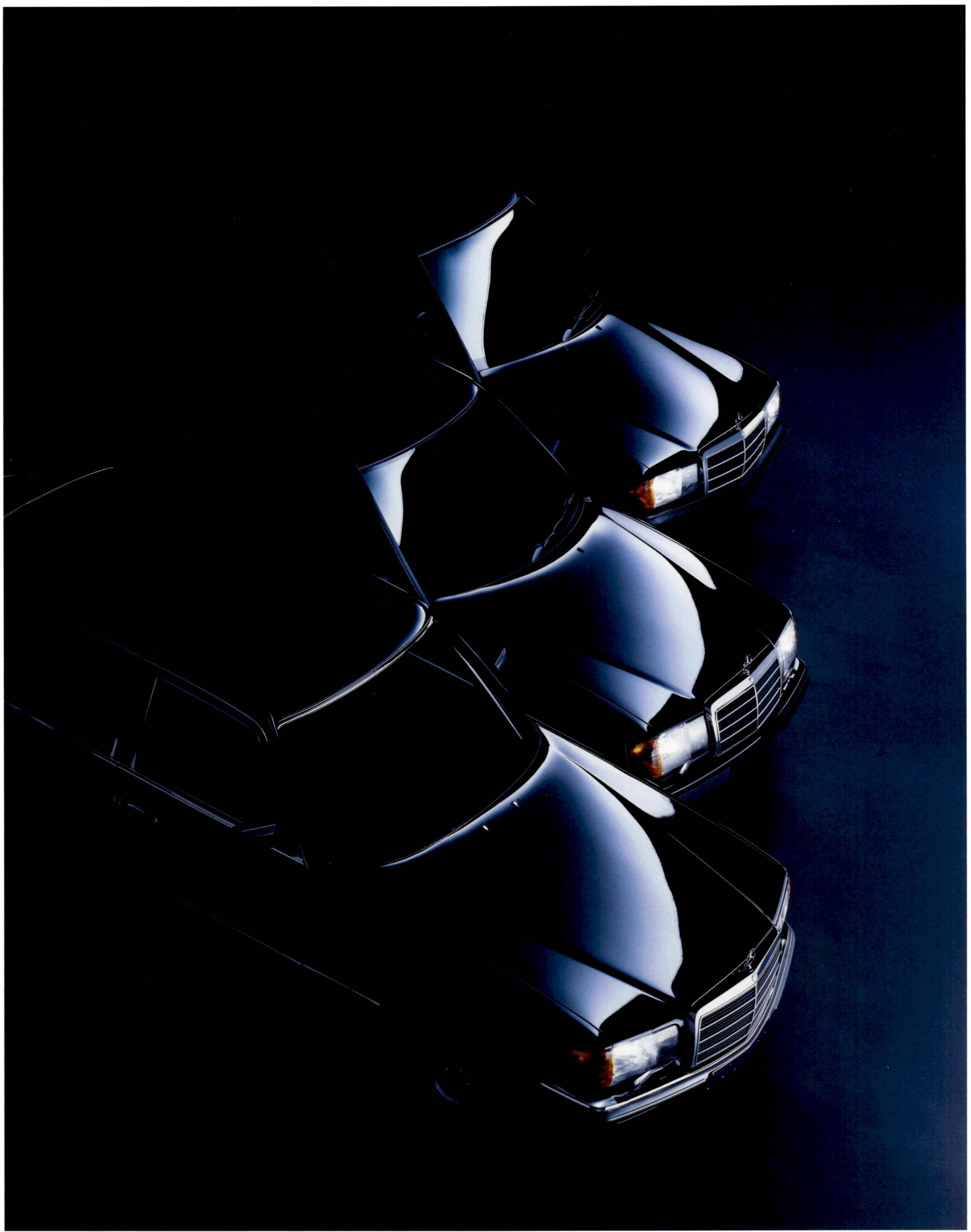

 Motiv für / Motif for Daimler-Benz, 3 S-Klasse Limousinen / 3 S-Class Sedans, 1984

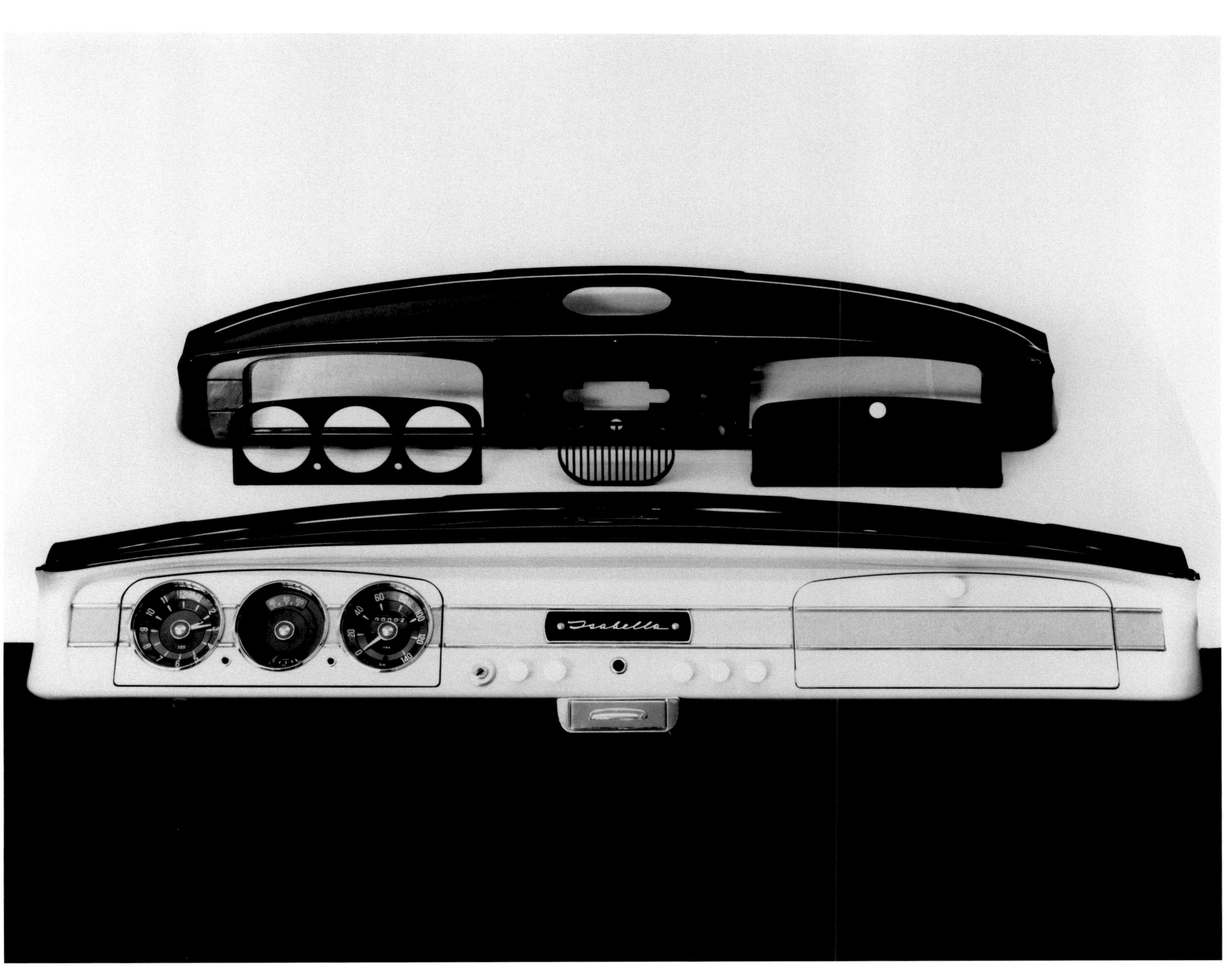

Motiv für / Motif for Möller Werke, Autoteile aus Kunststoff / Plastic Car Parts, 1960

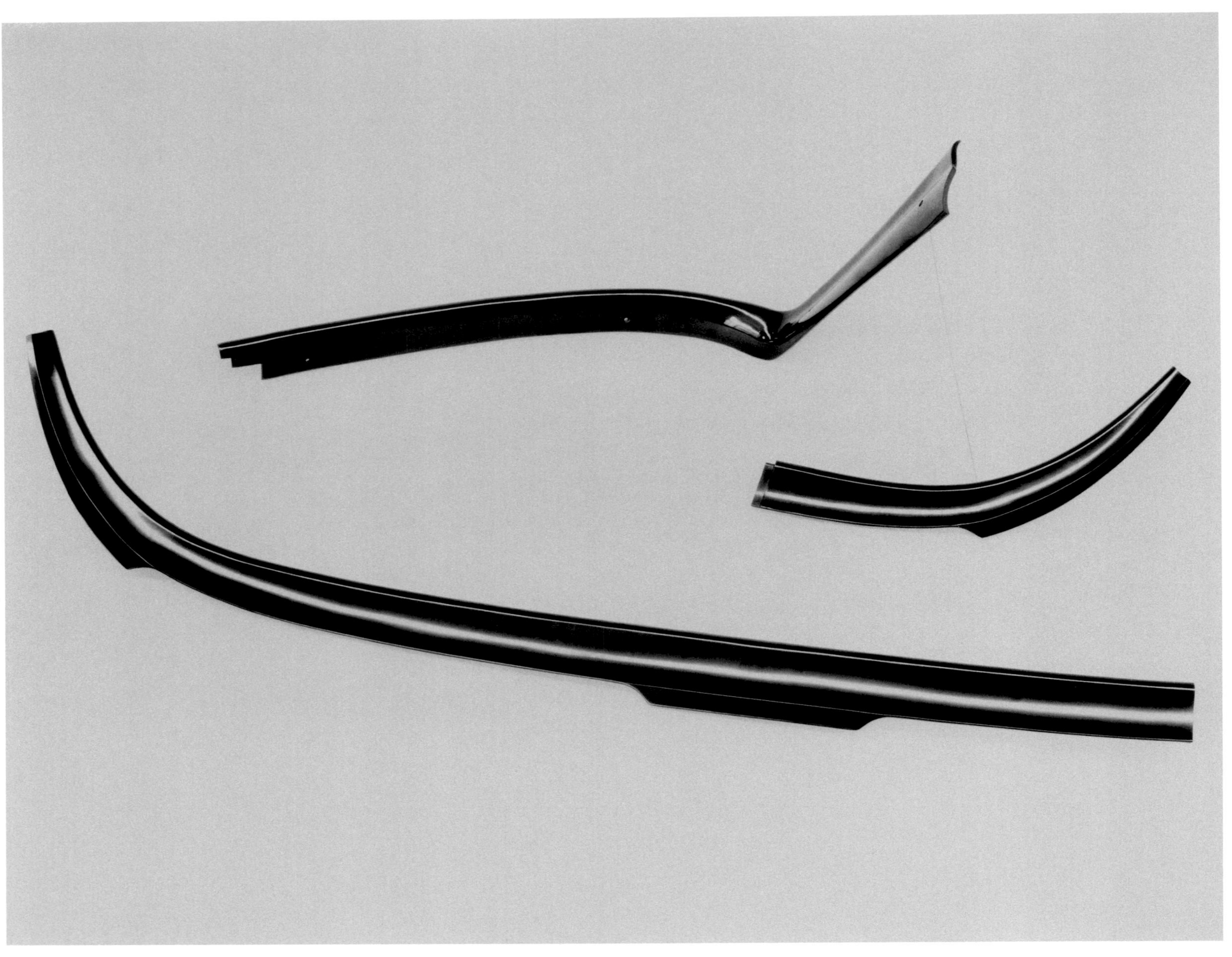

Motiv für / Motif for Möller Werke, Autoteile aus Kunststoff / Plastic Car Parts, 1960

Motiv für / Motif for VW, Passat graviert mit den Namen von 134.525 Mitarbeitern / Passat Inscribed with the Names of 134,525 Employees, 1988

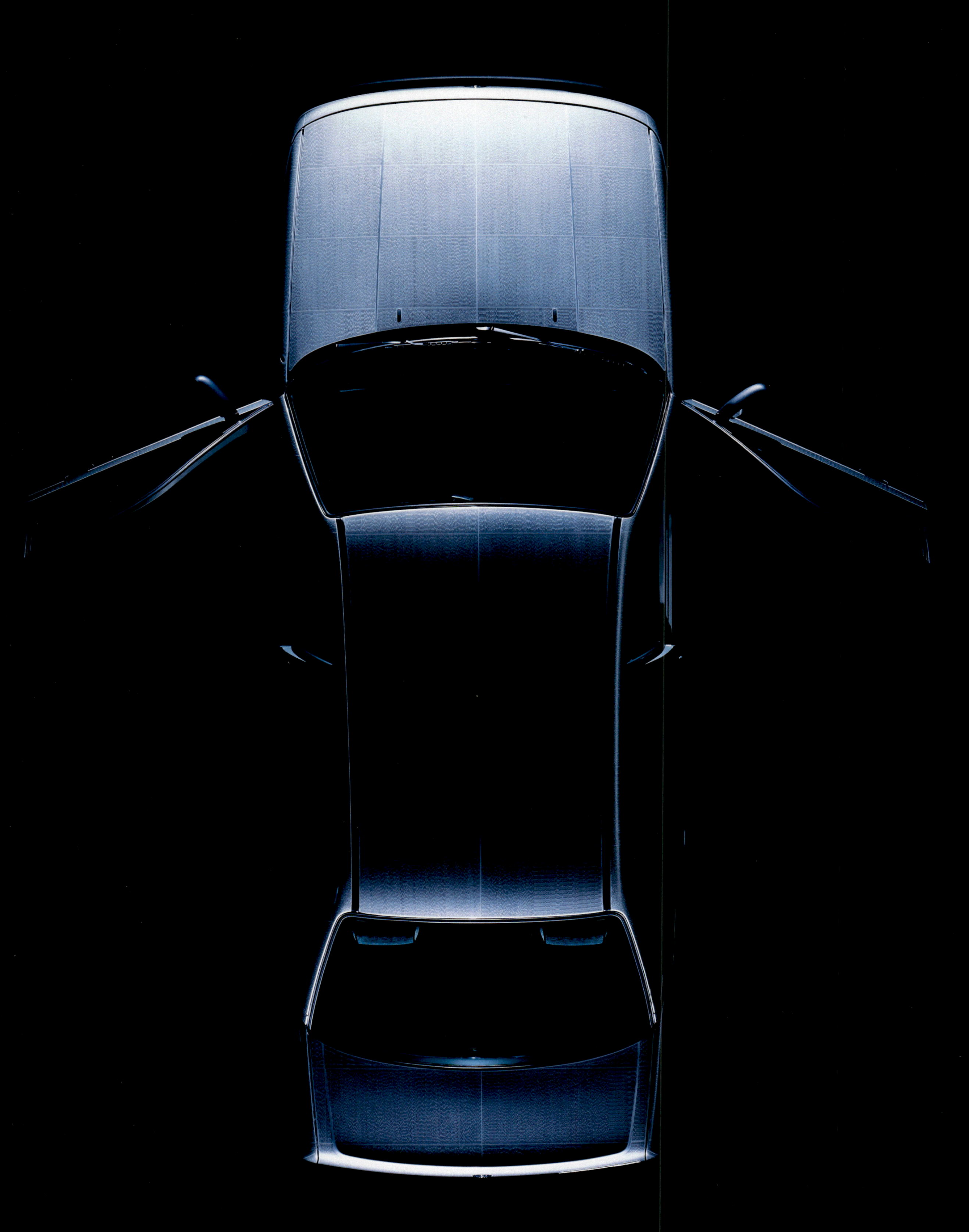

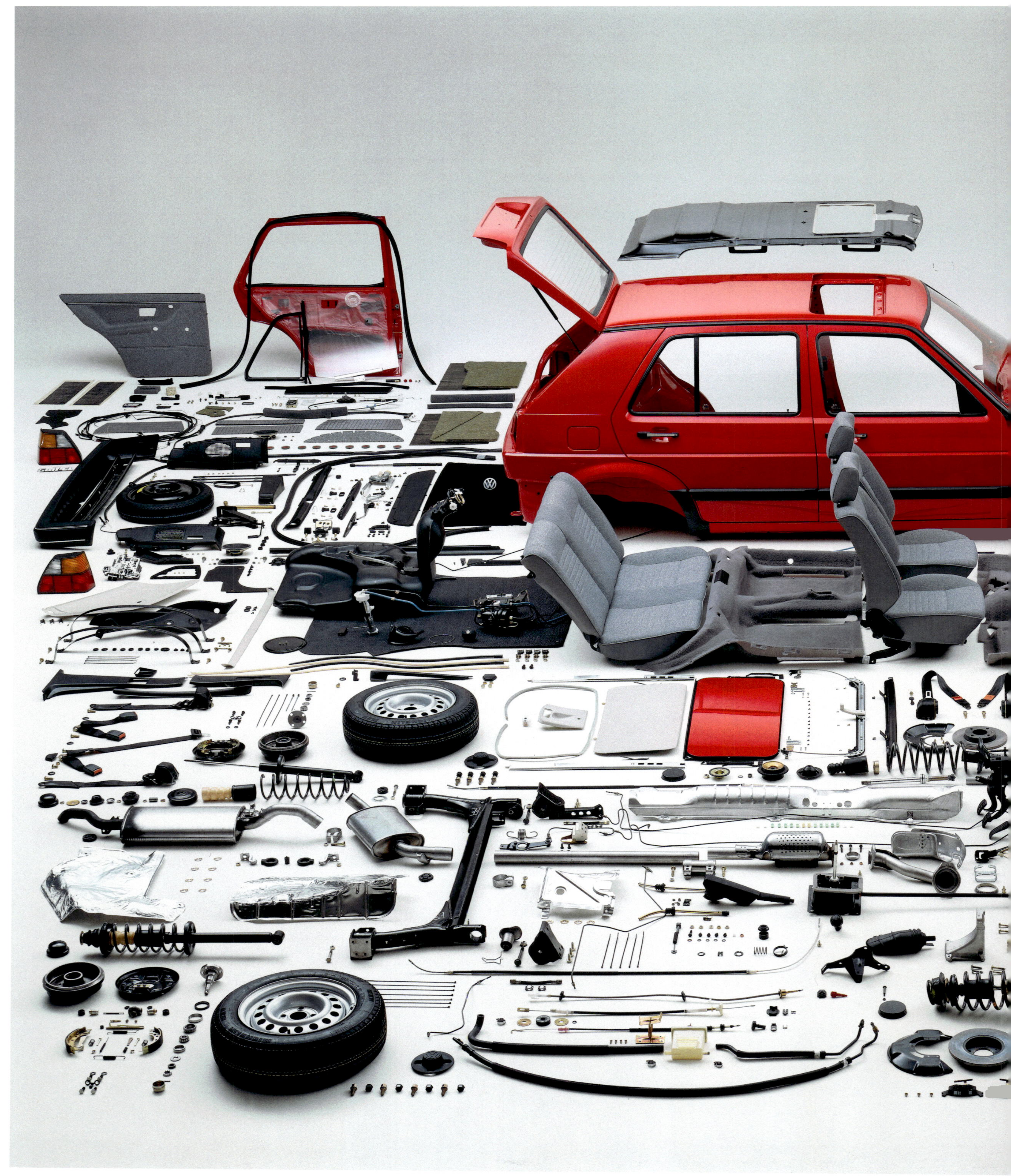

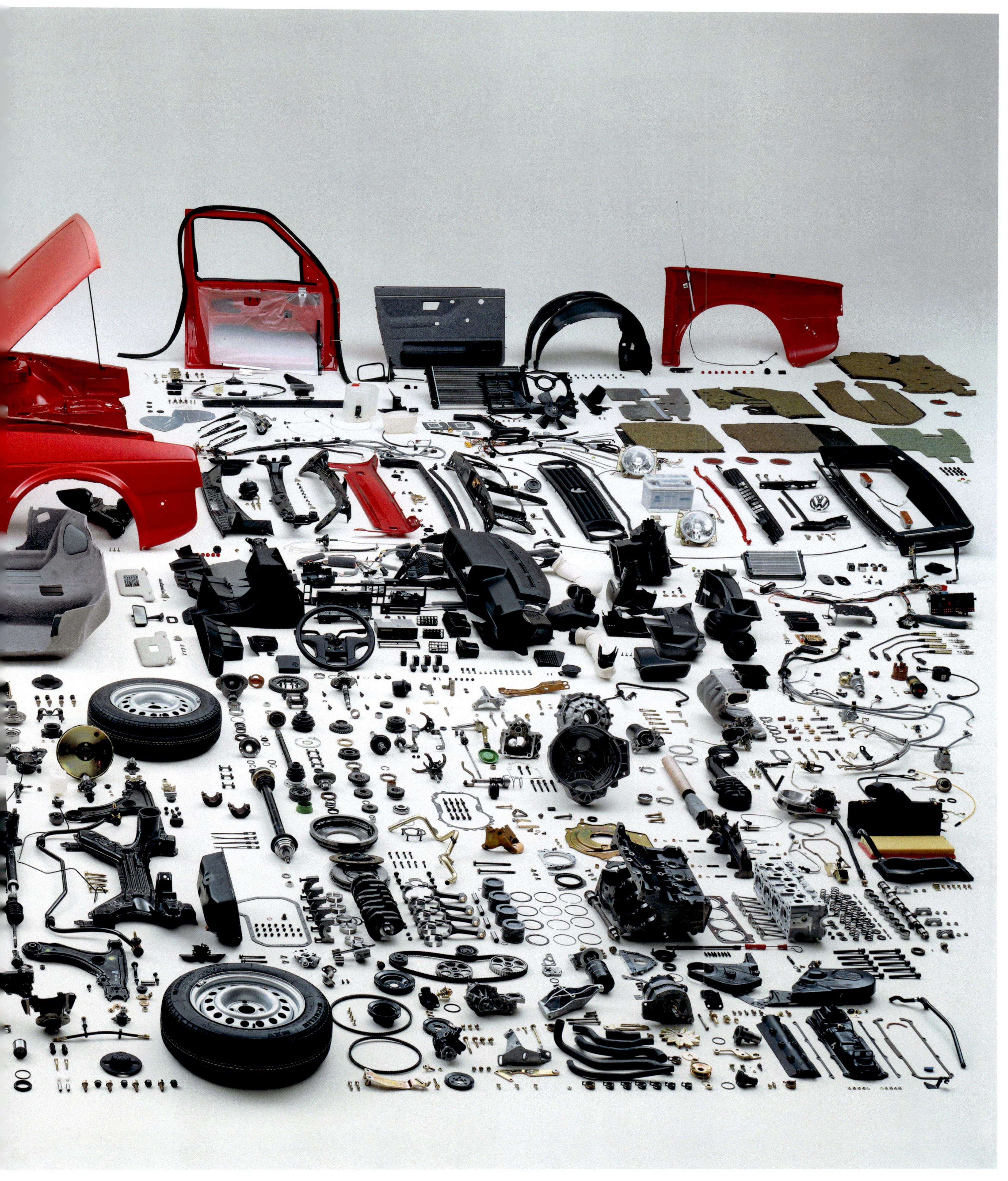

Motiv für / Motif for VW, zerlegter VW Golf II / Disassembled VW Golf II, 1988

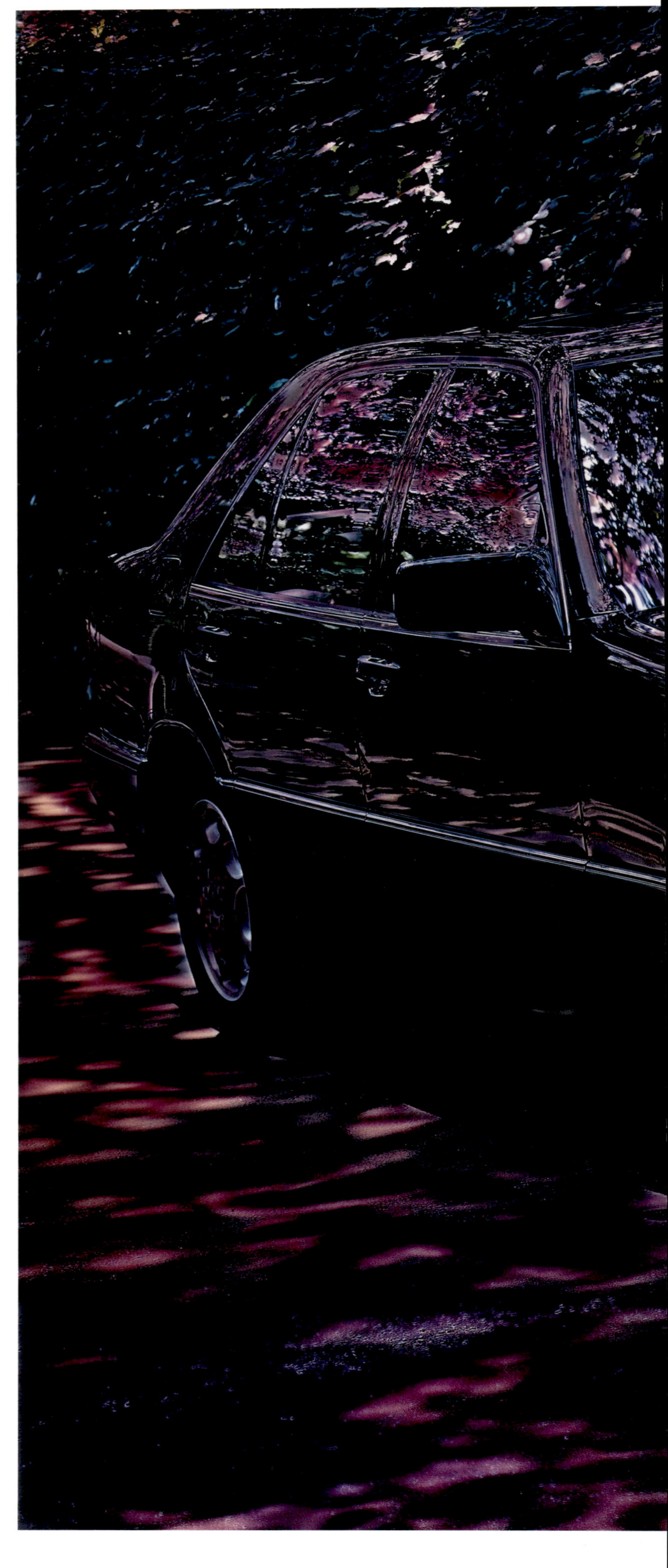

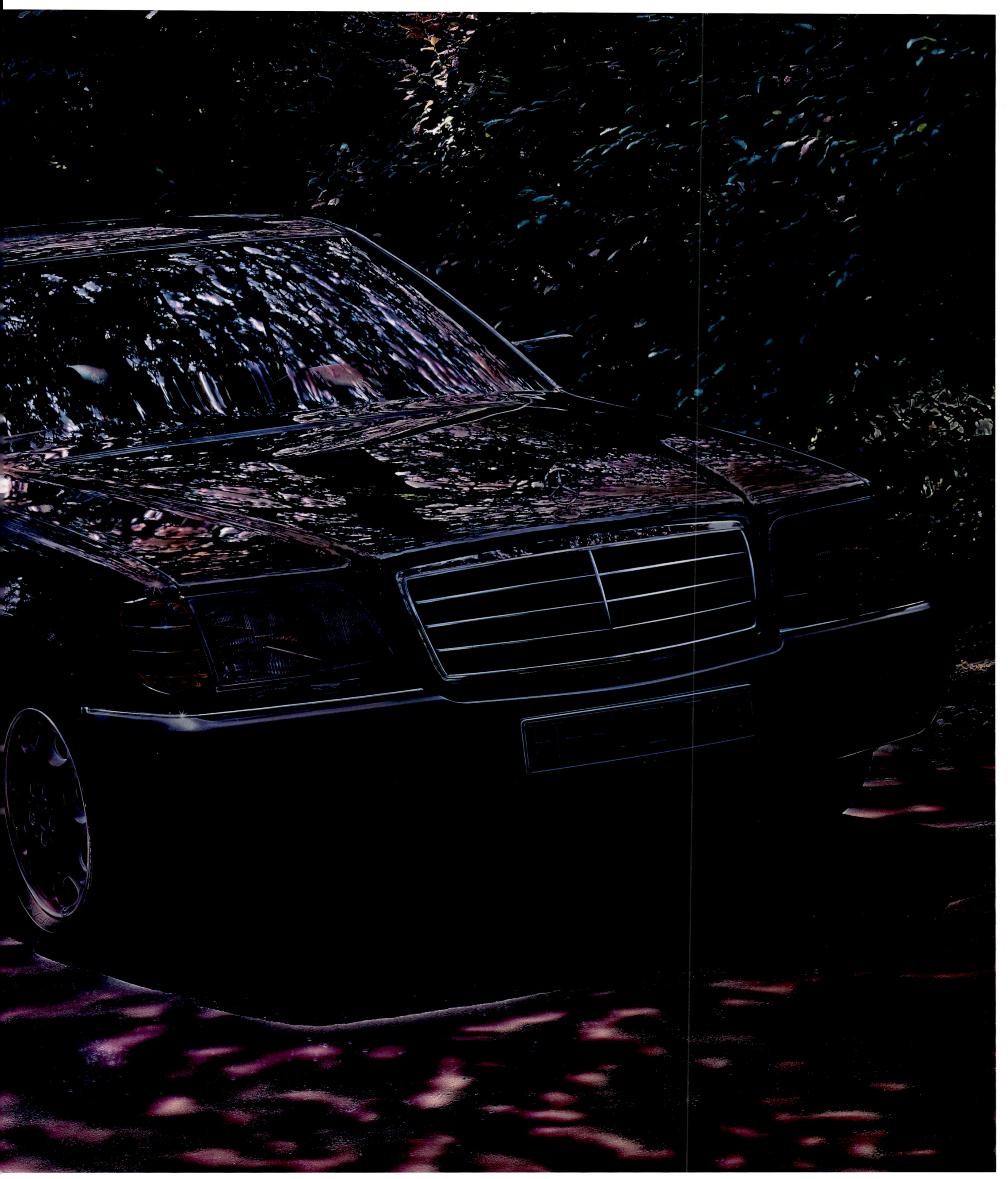

Motiv für / Motif for Daimler-Benz, S-Klasse / S-Class, 1991

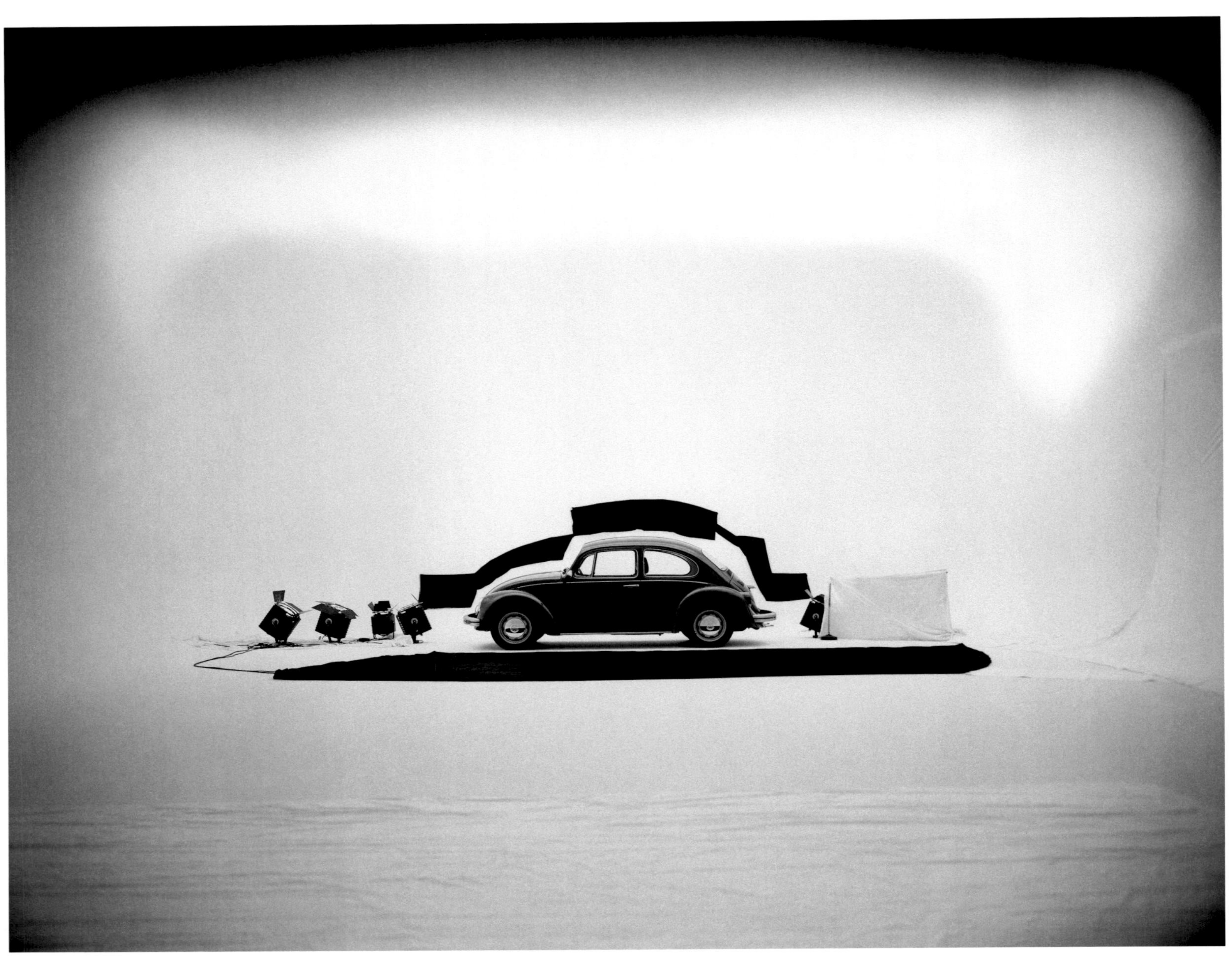

 Studio bei Volkswagen mit VW Käfer/ Studio at Volkswagen with VW Beetle, 1974

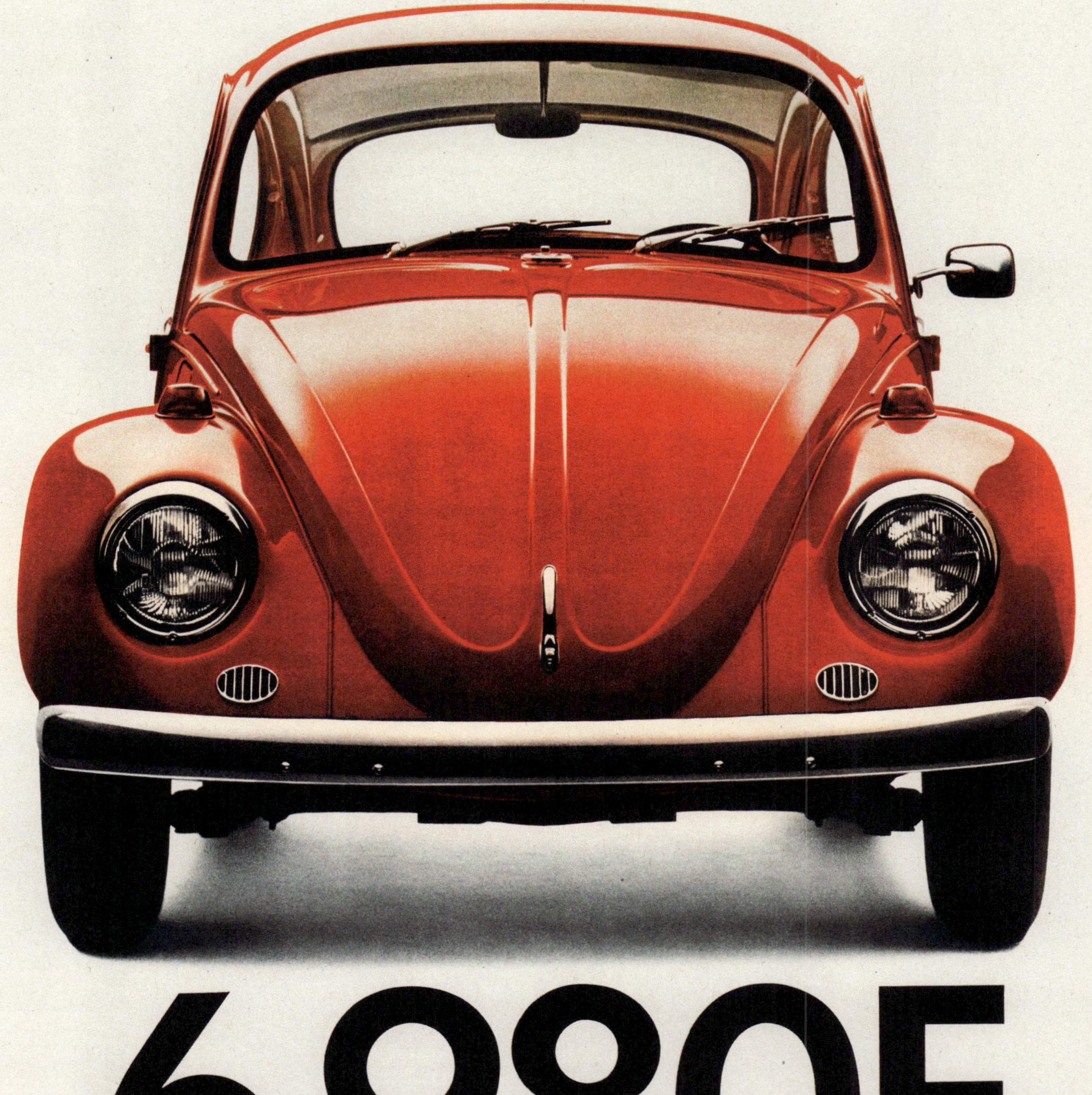

Anzeige für VW Käfer / Advertisement for VW Beetle, 1969

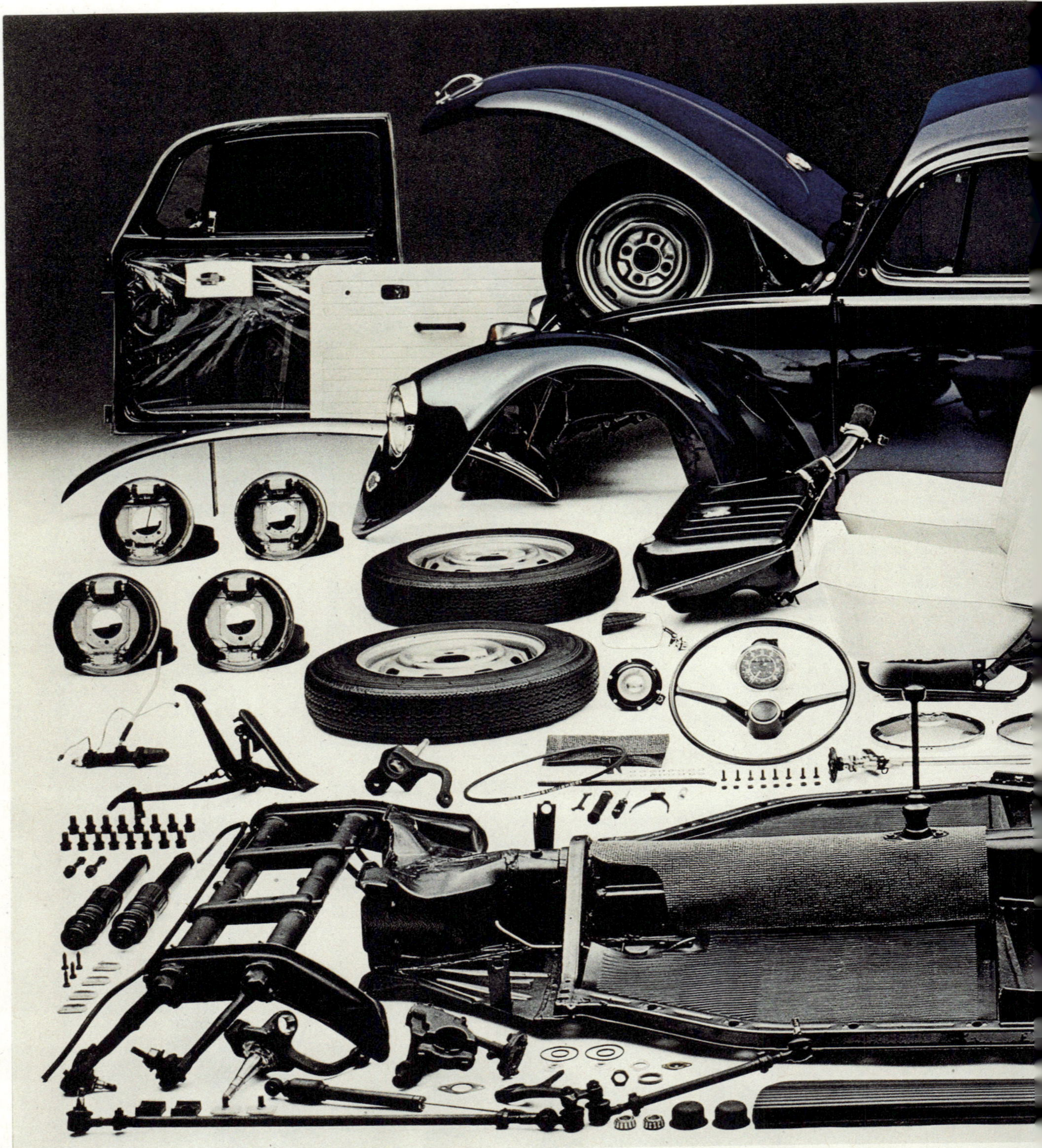

Macht zusamm

Zusammengebaut ist das ein VW 1200.

Wir haben ihn auseinandergenommen, damit Sie besser sehen können, daß auch unser billigster Wagen ein solide und reichhaltig ausgestattetes Auto ist. Picken wir ein paar Beispiele heraus:

Die Sitze haben einen luftdurchlässigen und unverwüstlichen Kunstlederbezug. Die Türen und das Dach sind innen mit abwaschbare Kunststoff verkleidet. Auf der (völlig dichter Bodenplatte liegen Gummimatten. Der Fu raum ist mit Teppich ausgekleidet.

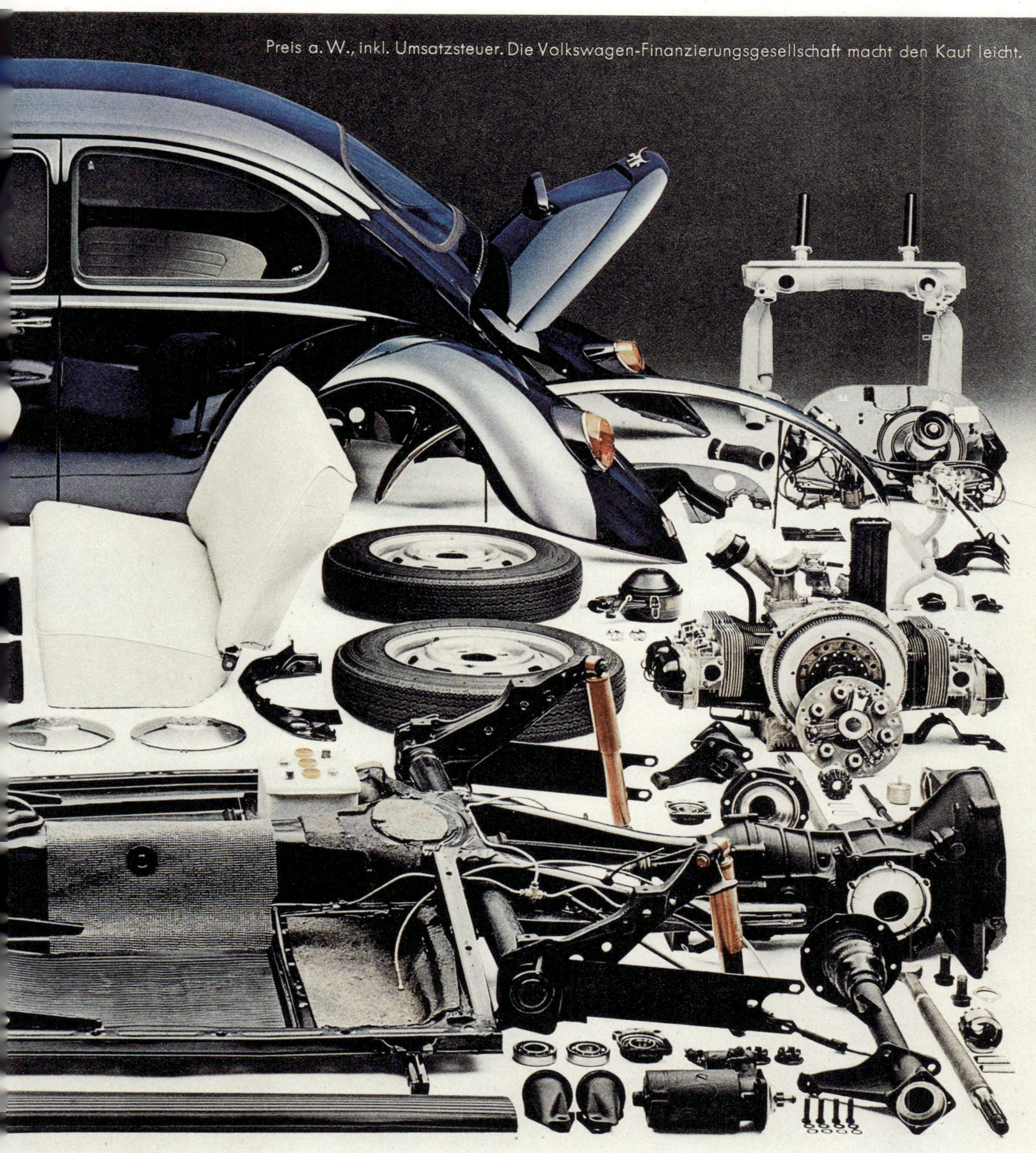

en 4525 Mark.

Der Wagen hat eine pneumatische Scheibenwaschanlage, eine Fondheizung und Ausstellfenster vorn. Die Sicherheitslenksäule ist ebenso selbstverständlich wie die Sicherheitstürgriffe, die Warnblinkanlage und die Schraubanschlüsse für jede Art von Sicherheitsgurt. Stoßstangen, Radkappen und Scheinwerferringe sind verchromt.

Sie sehen also, daß man für weniger als 5000 Mark eine ganze Menge Auto bekommen kann. Für eine Probefahrt bauen wir es Ihnen gern zusammen.

Anzeige für / Advertisement for VW, zerlegter Käfer / Disassembled Beetle, 1968

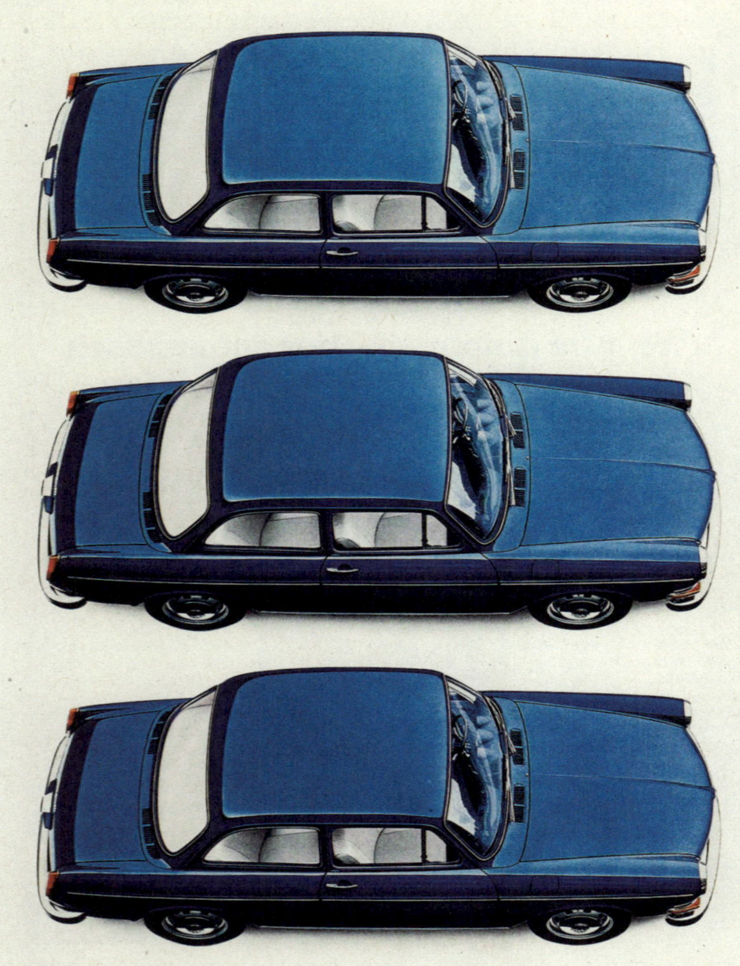

Dieser Wagen kostet komplett 6.695 Mark.

Und was heißt „komplett" beim VW 1600?

Für 6.695 Mark bekommen Sie bei uns ein Auto mit einem fortschrittlichen Fahrwerk, zu dem eine Schräglenker-Hinterachse gehört.

Mit einem Zweikreis-Bremssystem, das auch dann funktioniert, wenn ein Bremskreis völlig ausfällt.

Mit Sicherheitsfaktoren, wie einem stoßverzehrenden Vorder- und Hinterwagen. Einer Sicherheits-Lenksäule. Versenkten Türinnengriffen und Sicherheitstürschlössern.

Und mit Kleinigkeiten wie: Einem komplett mit Teppich ausgekleideten Fußraum. Verkleideten Seitenholmen. Einzelsitzen vorn, die 49fach verstellbar sind. Einem Aschenbecher, der nicht quietscht, weil er auf Kunststoffrollen läuft.

Das ist natürlich nicht alles, was wir unter komplett verstehen. Aber es wird Ihnen ein Bild davon geben.

Ohne Vergaser 7.180 Mark.

Wie kann ein Auto ohne Vergaser laufen?

Besser, wenn es sich um einen VW 1600 mit electronischer Benzineinspritzung handelt.

Der VW 1600 ist der erste Wagen seiner Preisklasse mit electronischer Benzineinspritzung. Und er ist einer der wenigen Wagen aller Klassen, der diesen technischen Fortschritt überhaupt hat.

Er hat keinen Vergaser. Statt dessen wird Benzin direkt in das Ansaugrohr gespritzt. Dank der electronischen Steuerung immer in der richtigen Menge und im richtigen Augenblick.

Dabei werden Drehzahl, Motortemperatur, Saugrohrdruck und verschiedene andere Faktoren dauernd gemessen.

Ein Computer berechnet nach diesen Werten blitzschnell die jeweils richtige Benzindosis. So wird nie ein Tropfen zuviel eingespritzt.

Dieser Motor ist so modern, wie es ein Motor nur sein kann.

Ohne Kupplung 7.495 Mark.

Wenn Ihr linker Fuß keine Gymnastik braucht, werden Sie die Kupplung, die wir beim VW 1600 Automatic weggelassen haben, nicht vermissen.

Wir haben diese Automatic speziell für europäische Fahrbedingungen entwickelt. Und sie bewährt sich gut.

Sie brauchen nur den gewünschten Fahrbereich zu wählen und aufs Gaspedal zu treten. Die Automatic tut den Rest.

Und wenn Sie das Gaspedal voll durchdrücken, um zu überholen, bietet Ihnen der Kickdown zusätzliche Sicherheitsreserven. Der Wagen beschleunigt dann besonders rasant.

Ein automatisches Getriebe schont den Motor, denn es wählt für jede Fahrgeschwindigkeit den richtigen Gang im richtigen Moment. So gut kann das selbst der beste Fahrer nicht.

Es kostet 800 Mark mehr. Aber das macht sich bezahlt. Für den Fahrer und für den Wagen.

Der VW 1600 mit Automatic bietet noch mehr Luxus. Aber er ist kein Luxus.

Alle Preise a. W. inkl. Umsatzsteuer. Die Volkswagen-Finanzierungsgesellschaft macht den Kauf leicht.

QUICK 73

Anzeige für / Advertisement for VW, VW 1600, 1965

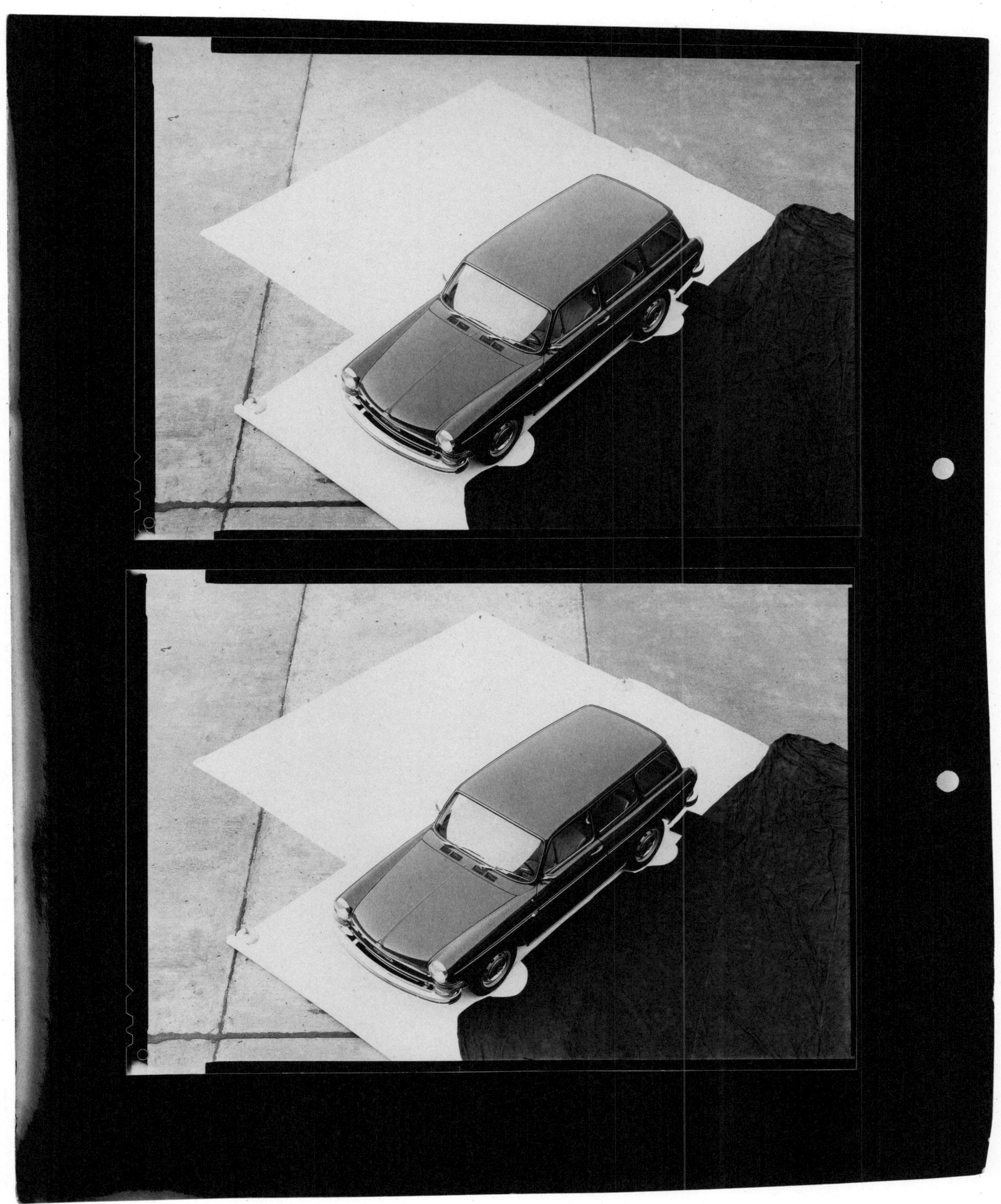

Kontaktbogen für / Contact Sheet for VW 1600, 1965

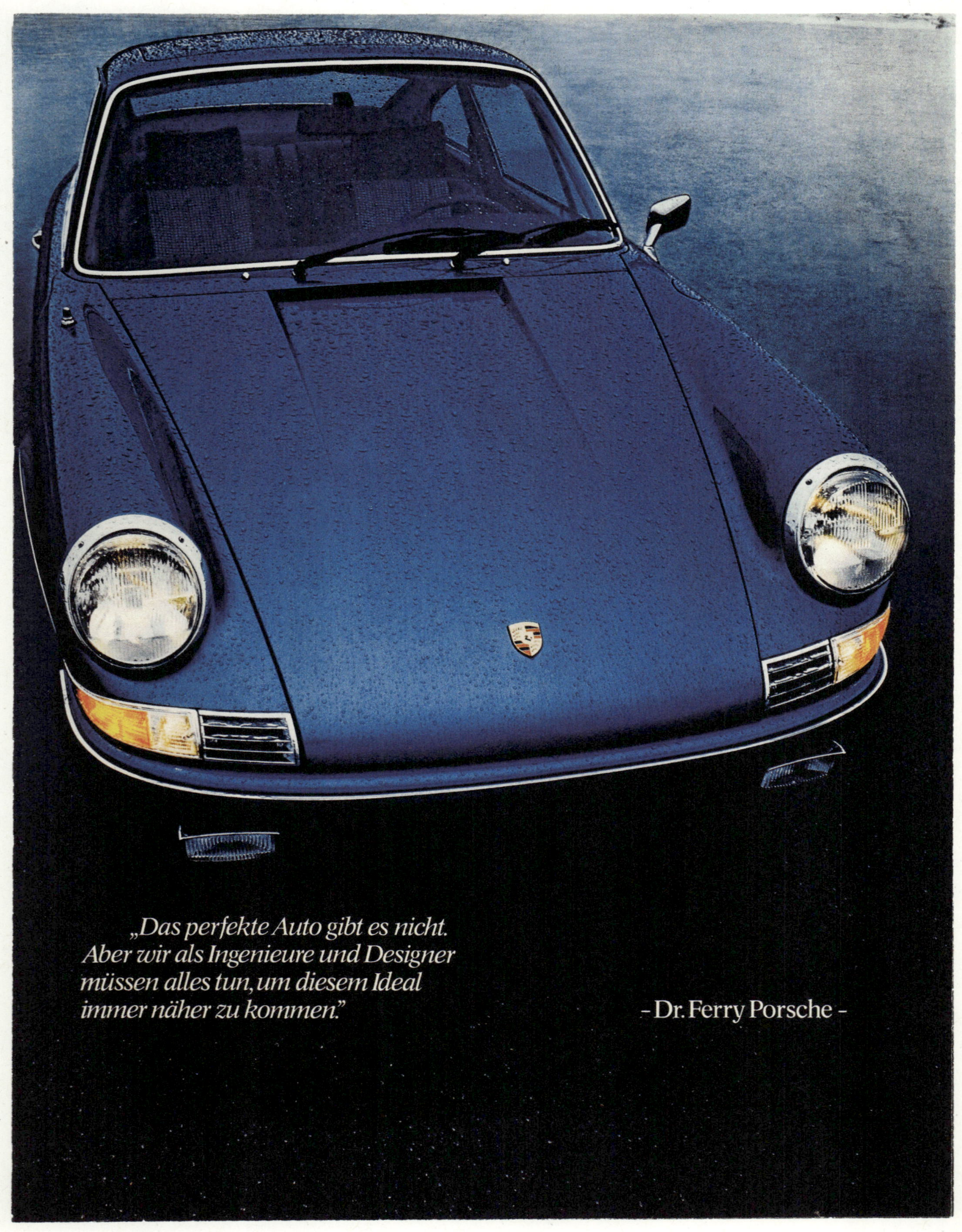

Anzeige für / Advertisement for Porsche, Porsche 911, 1972

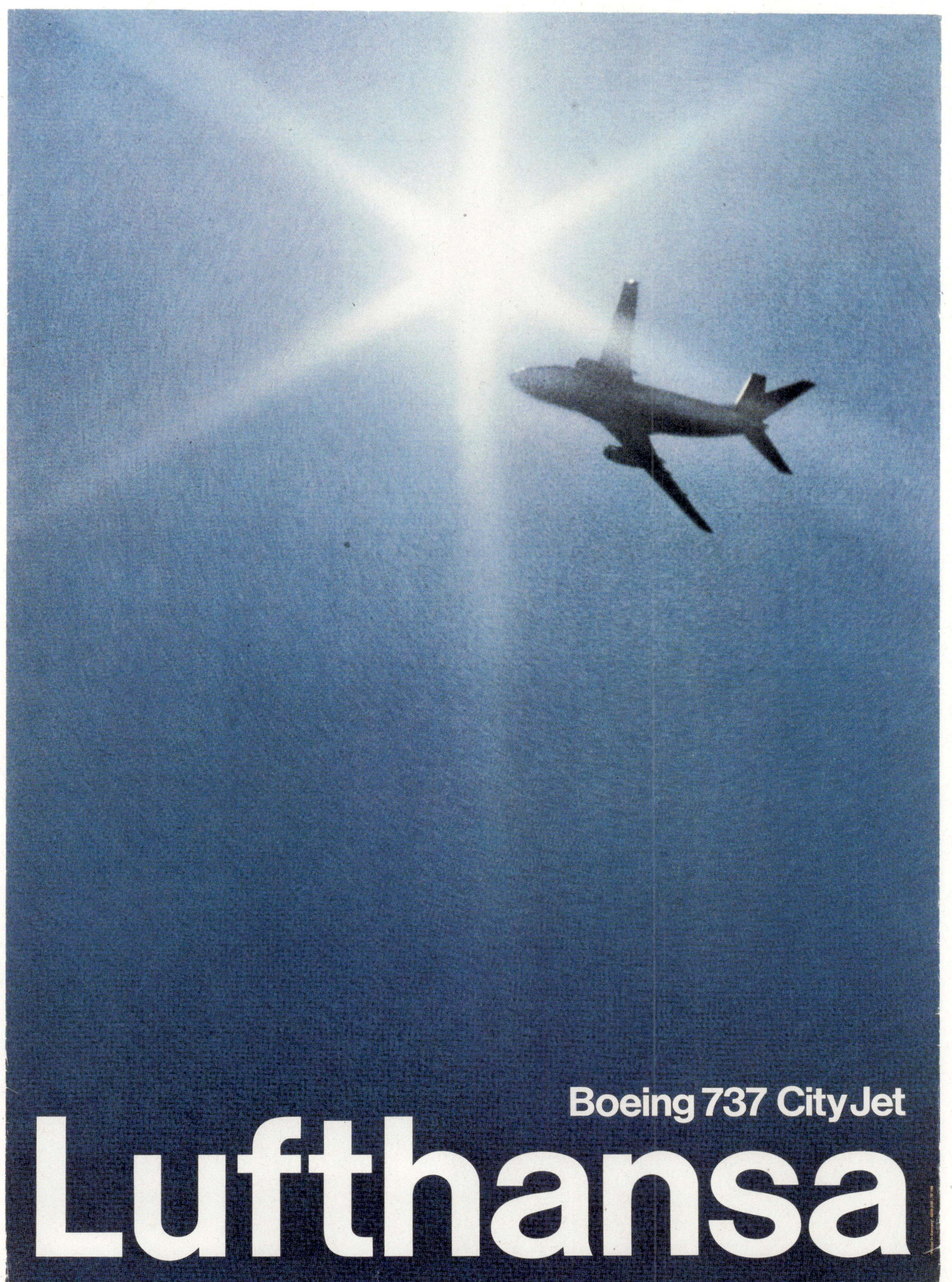

Poster für / for Lufthansa, Boeing 737, 1967

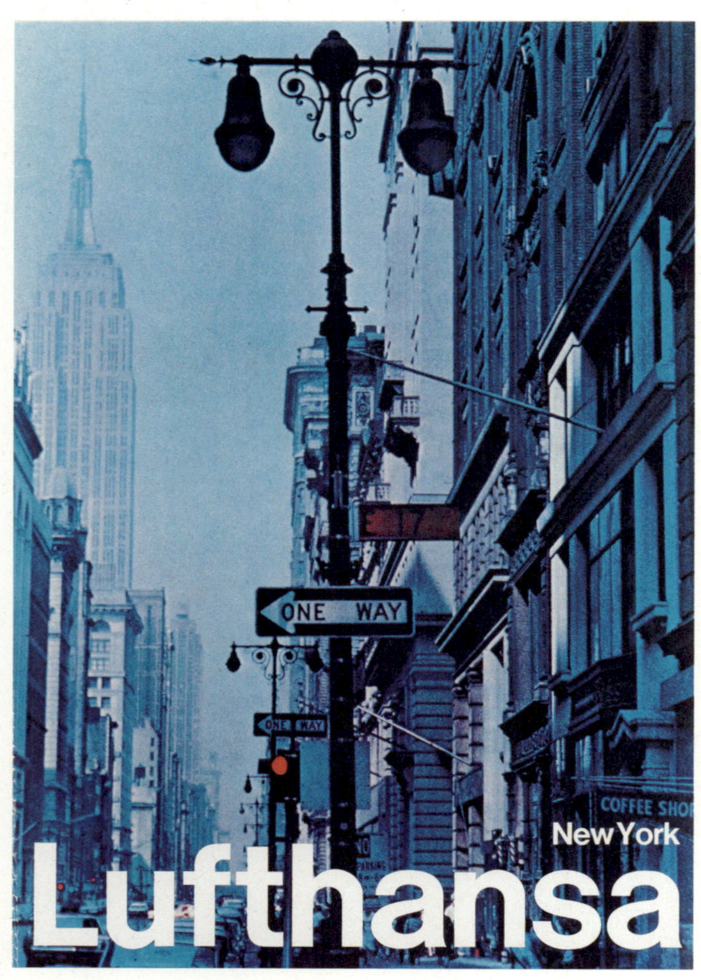

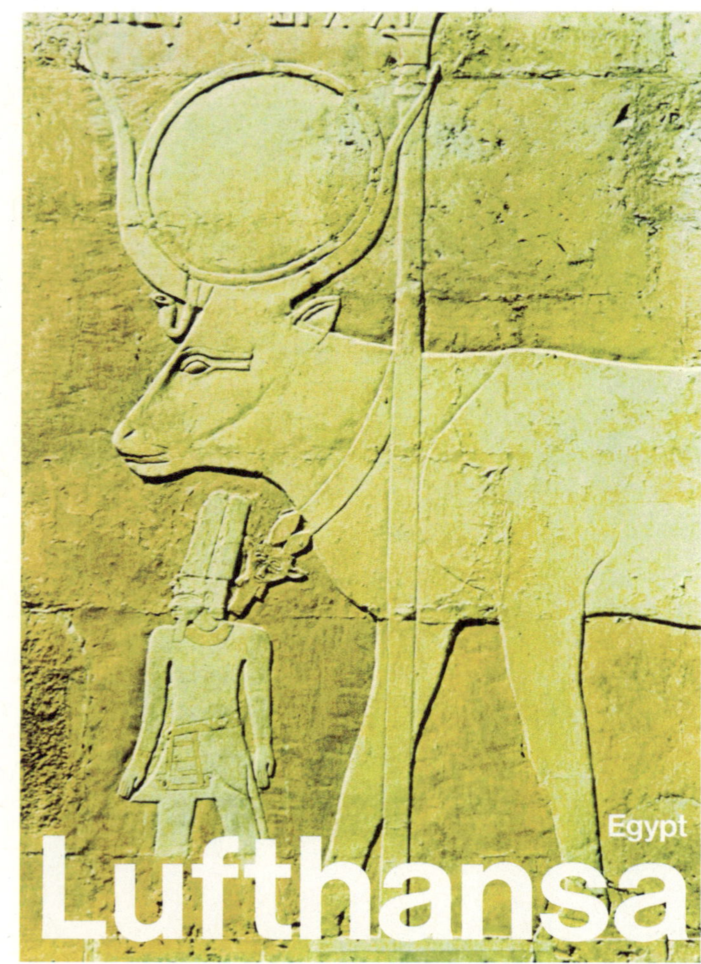

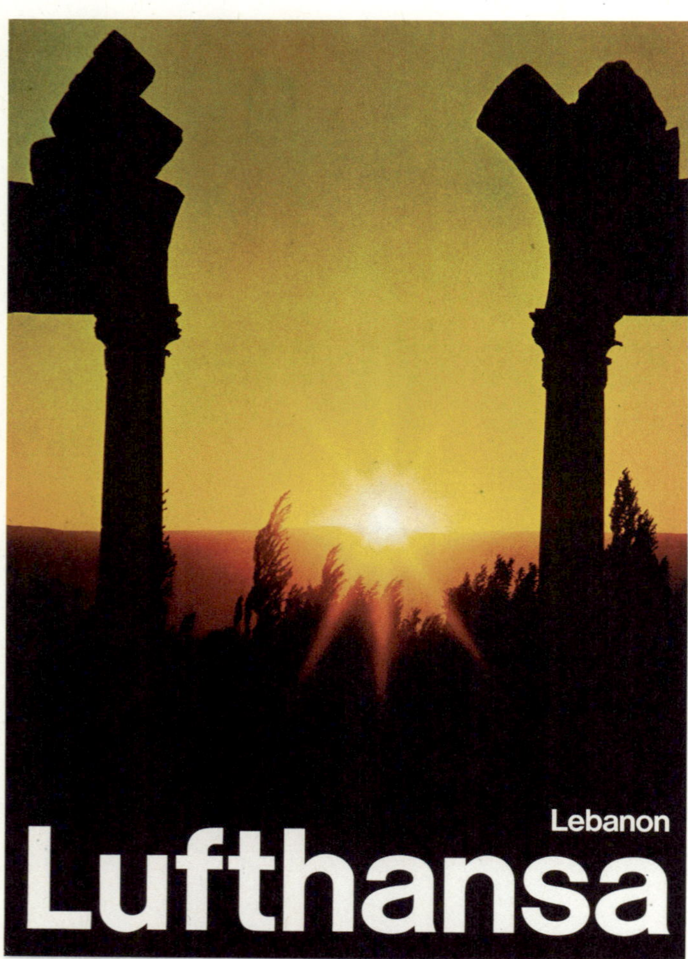

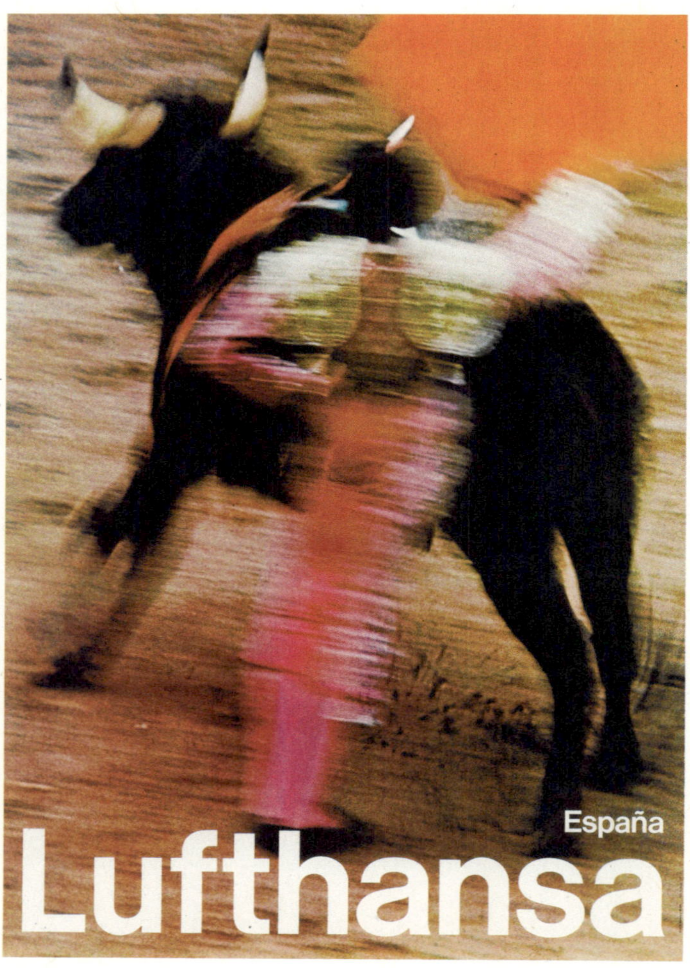

Poster für / Posters for Lufthansa, 1960er Jahre / 1960s

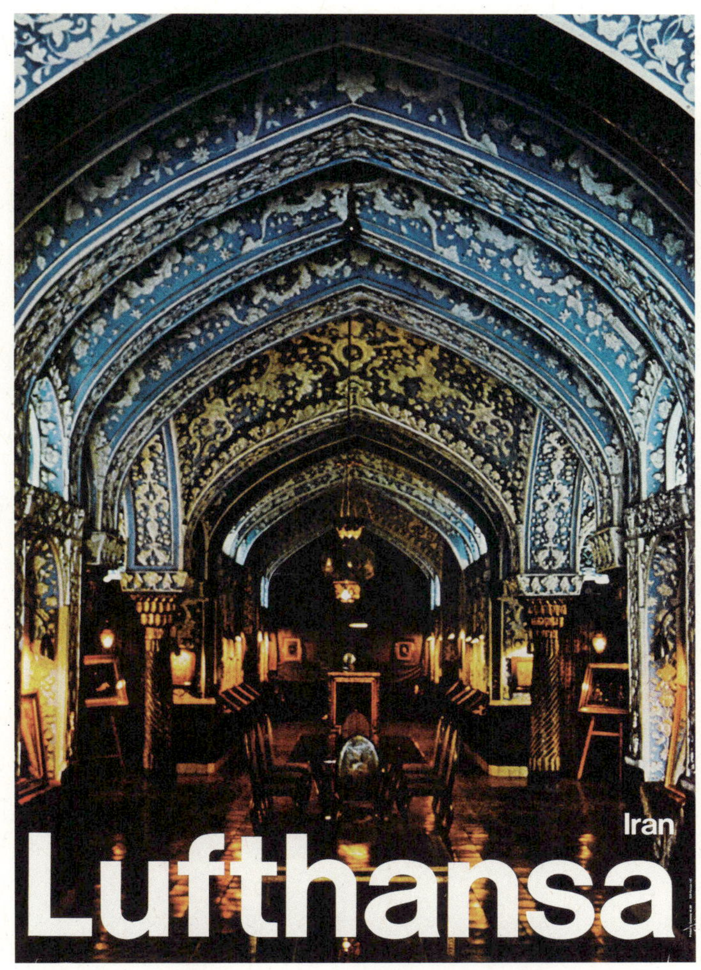
Iran
Lufthansa

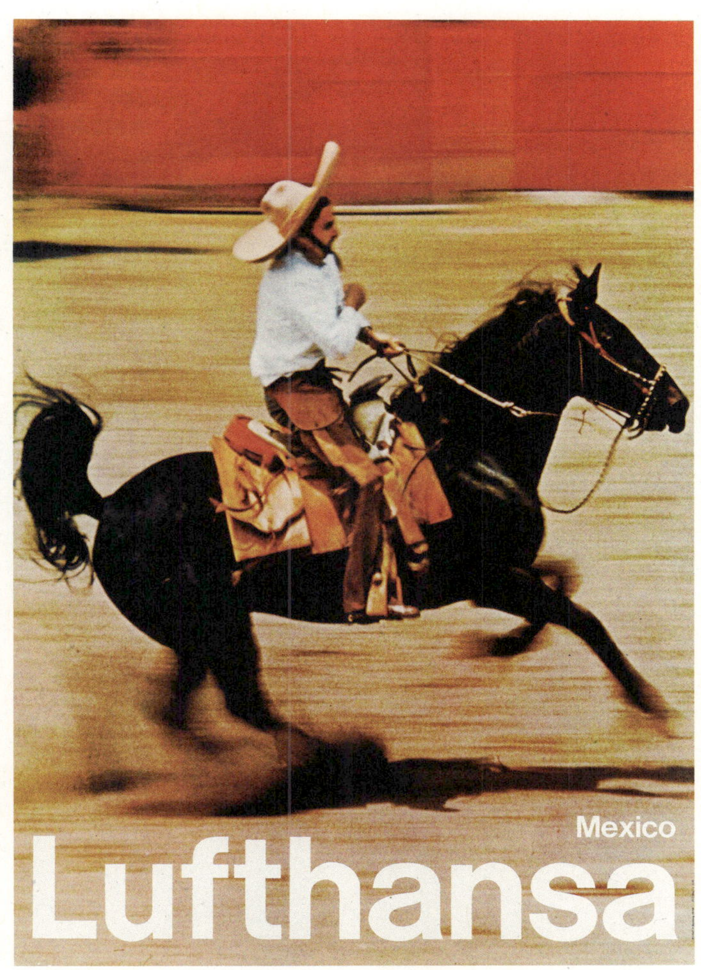
Mexico
Lufthansa

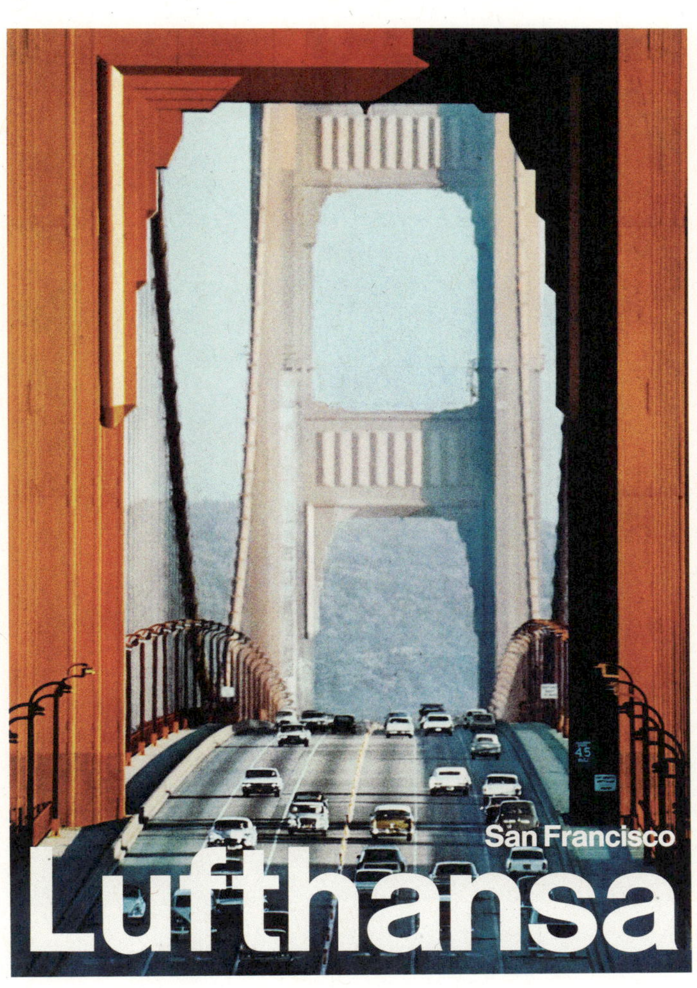
San Francisco
Lufthansa

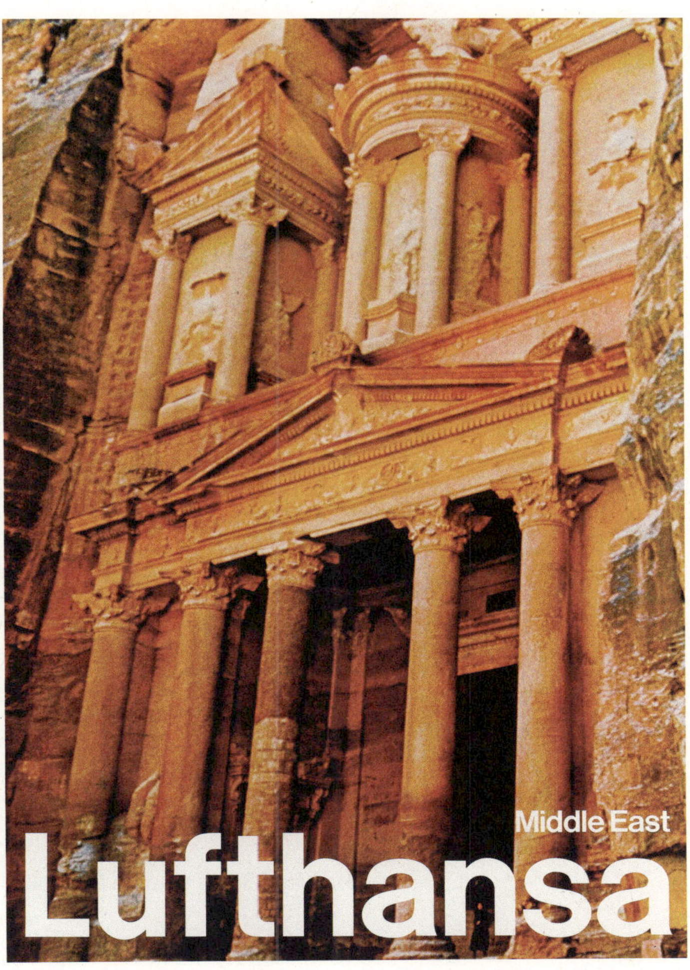
Middle East
Lufthansa

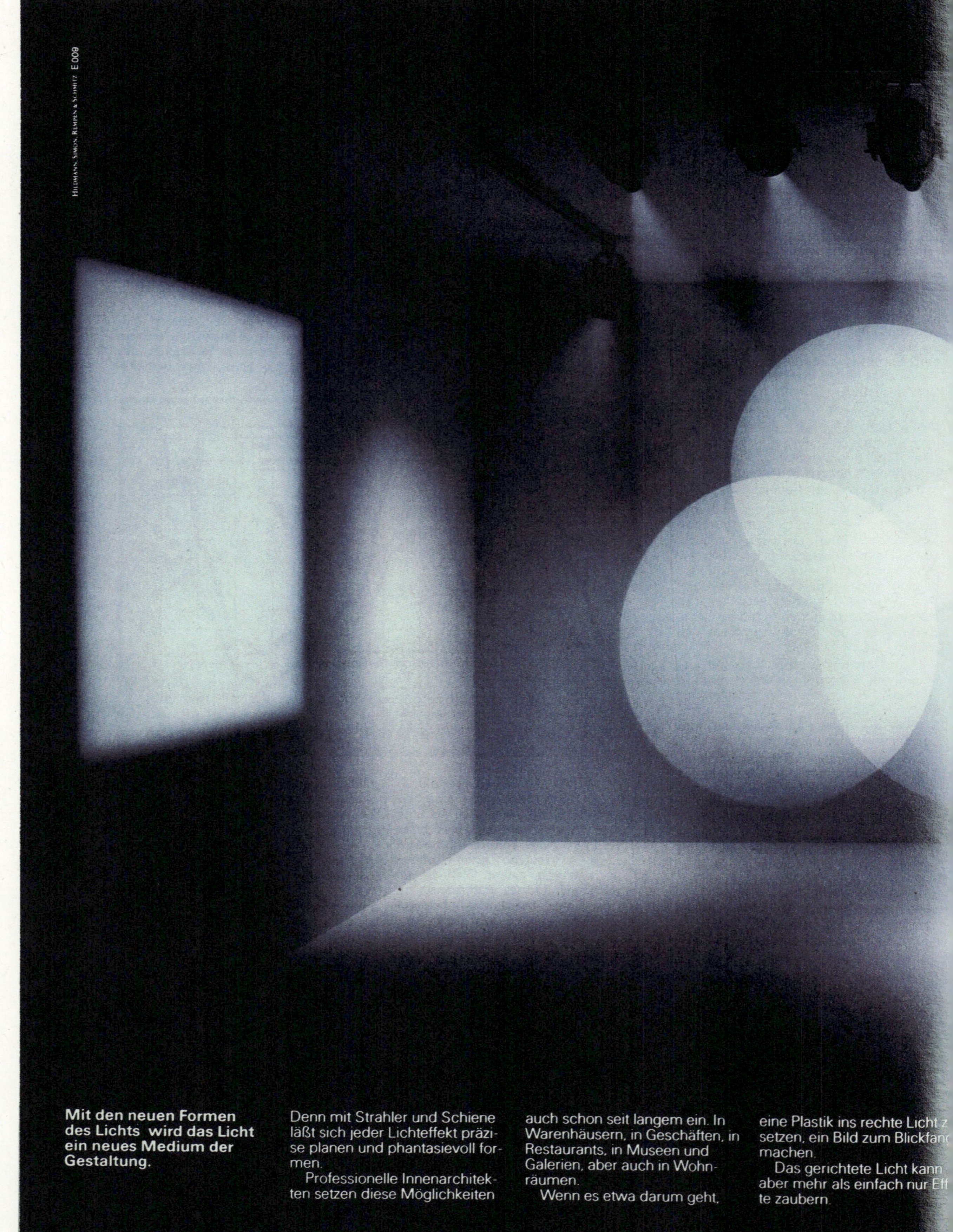
Hildmann, Simon, Rempen & Schmitz E 009
Mit den neuen Formen des Lichts wird das Licht ein neues Medium der Gestaltung.
Denn mit Strahler und Schiene läßt sich jeder Lichteffekt präzise planen und phantasievoll formen.
Professionelle Innenarchitekten setzen diese Möglichkeiten auch schon seit langem ein. In Warenhäusern, in Geschäften, in Restaurants, in Museen und Galerien, aber auch in Wohnräumen.
Wenn es etwa darum geht, eine Plastik ins rechte Licht z
setzen, ein Bild zum Blickfan
machen.
Das gerichtete Licht kann aber mehr als einfach nur Eff
te zaubern.

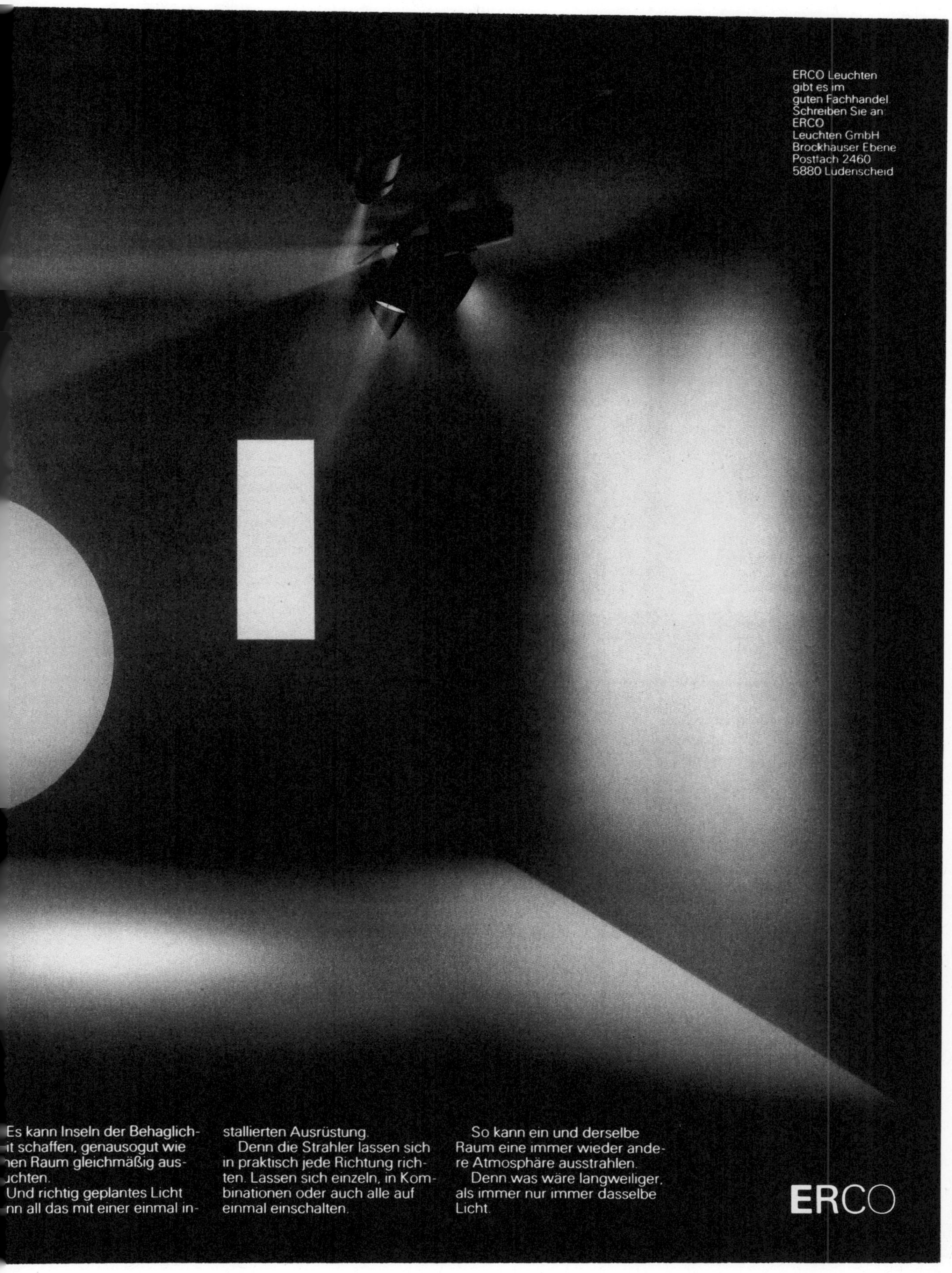

Anzeige für Erco-Leuchten / Advertisement for Erco Lighting, 1988

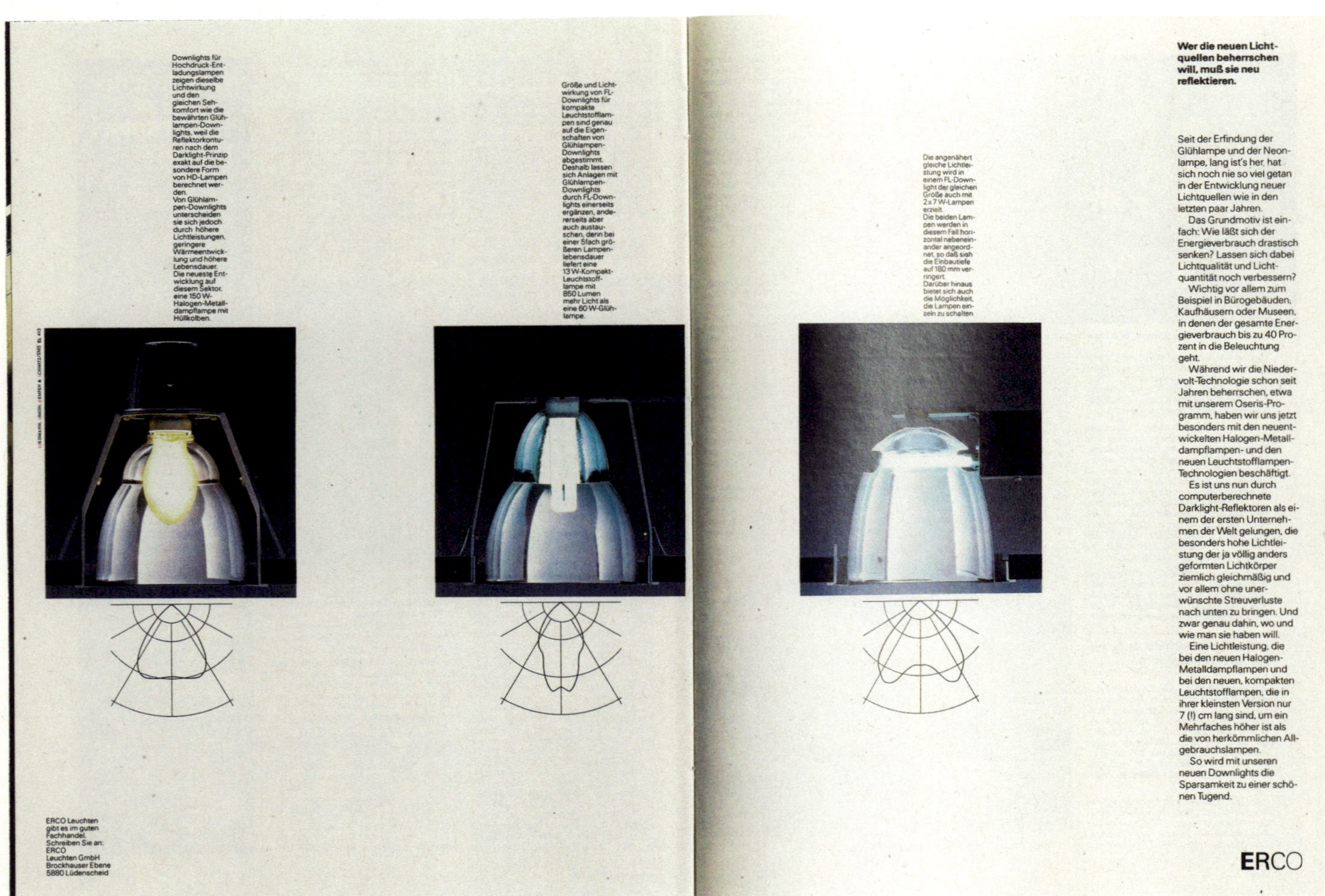

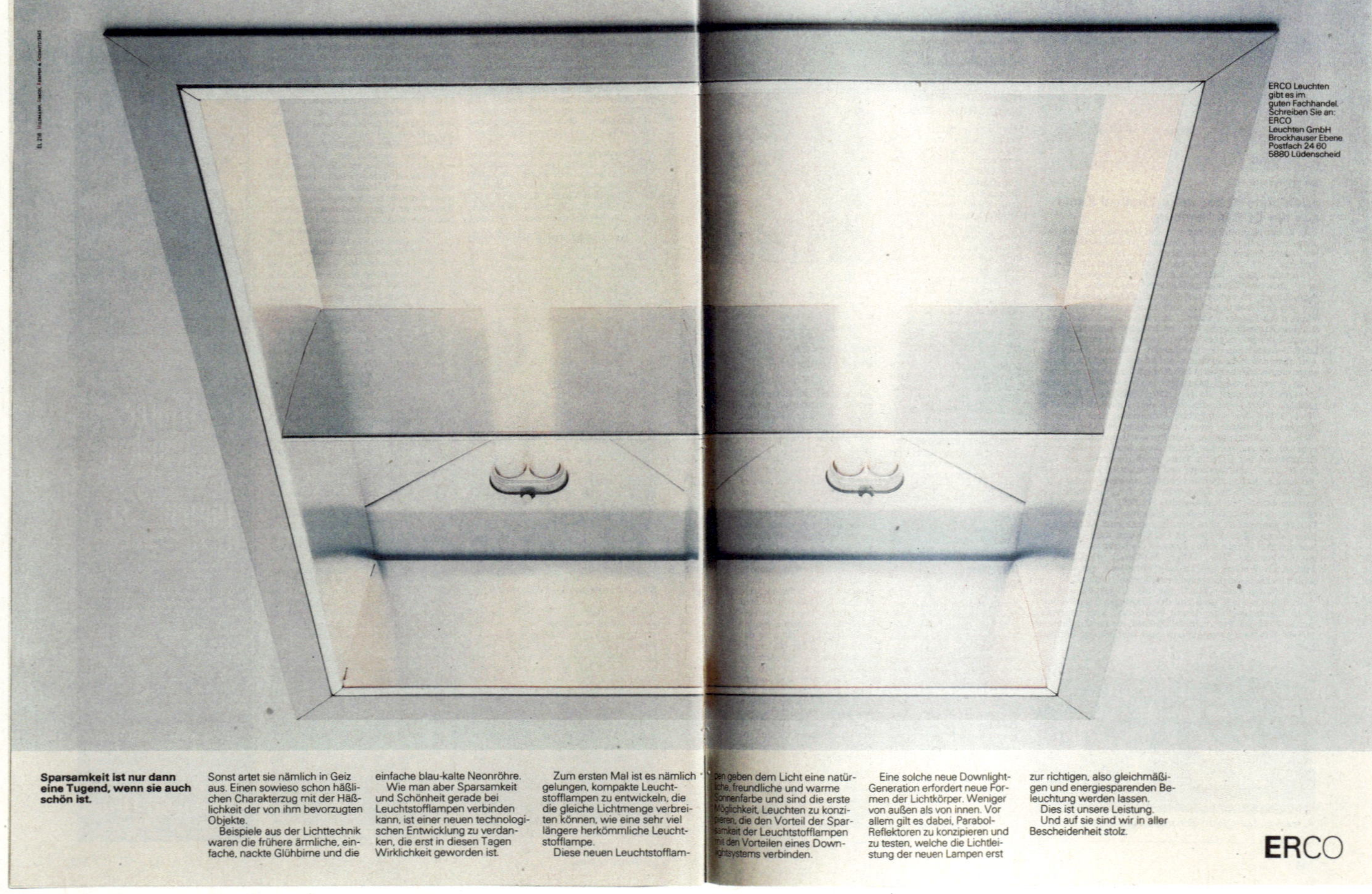

Anzeigen für Erco-Leuchten / Advertisements for Erco Lighting, 1985, 1990

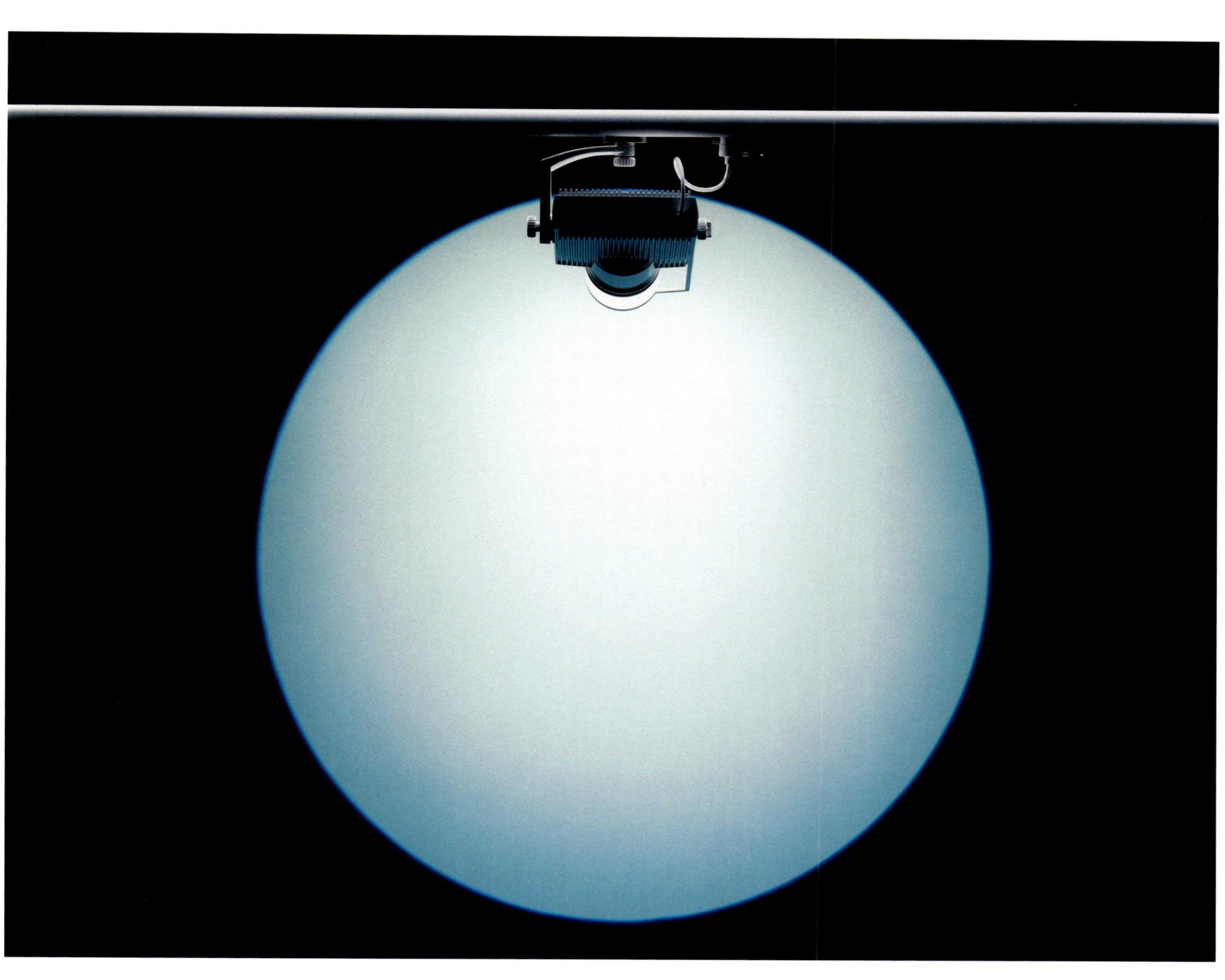

Motiv für Erco-Leuchten / Motif for Erco Lighting, 1990

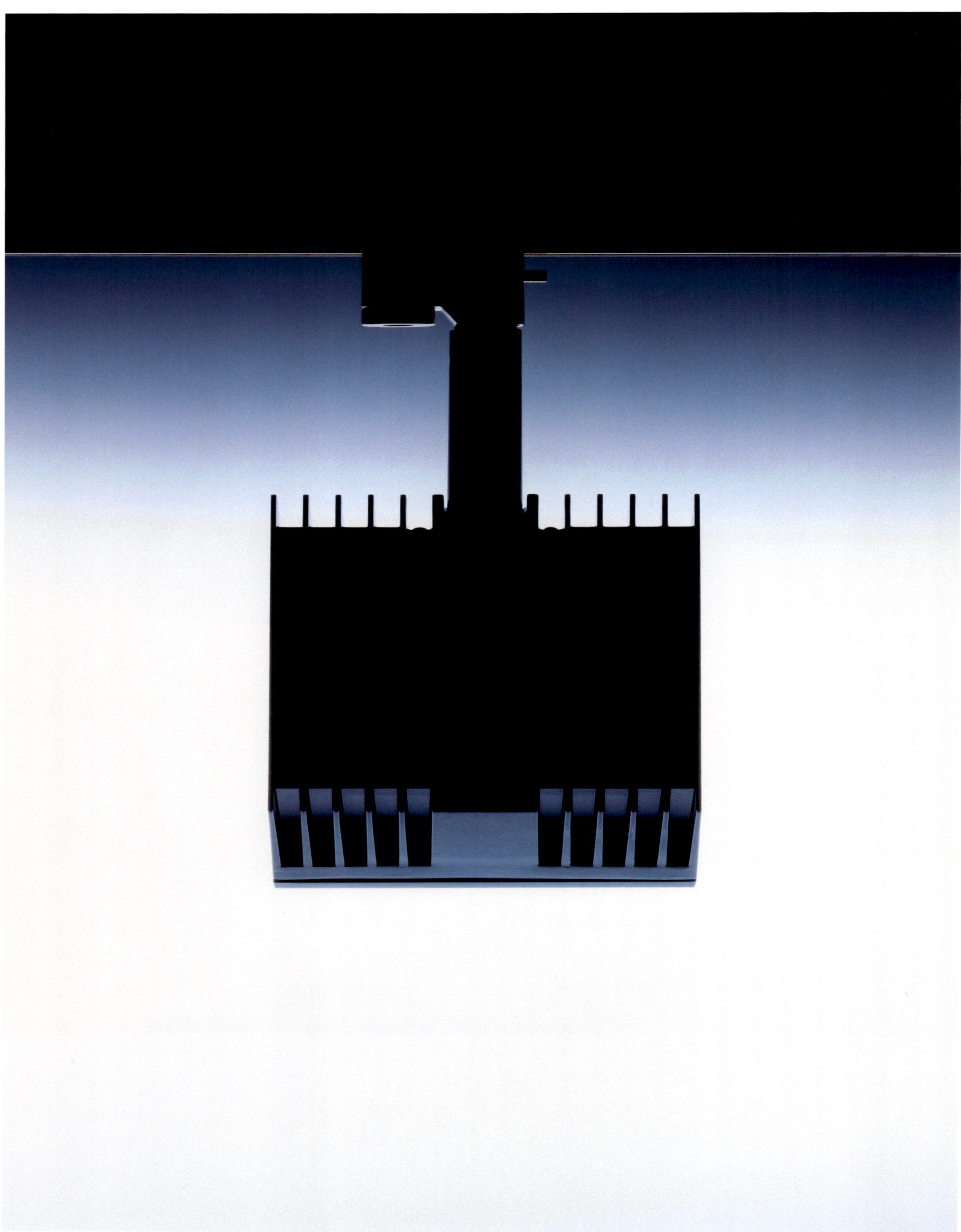

 Motiv für Erco-Leuchten, Strahler verso / Motif for Erco Lighting, Back of Spotlight, 1988

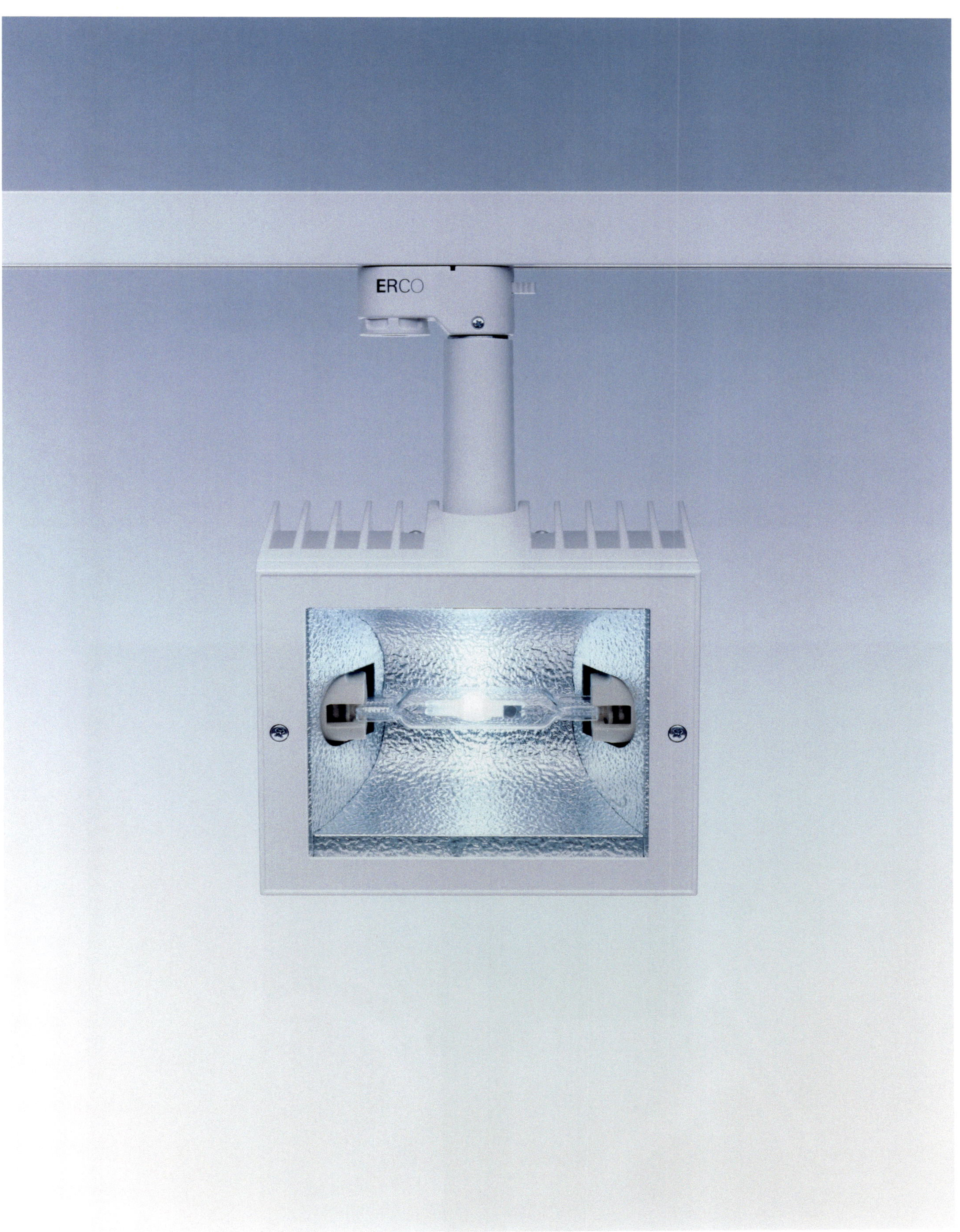

Motiv für Erco-Leuchten, Strahler recto / Motif for Erco Lighting, Front of Spotlight, 1988

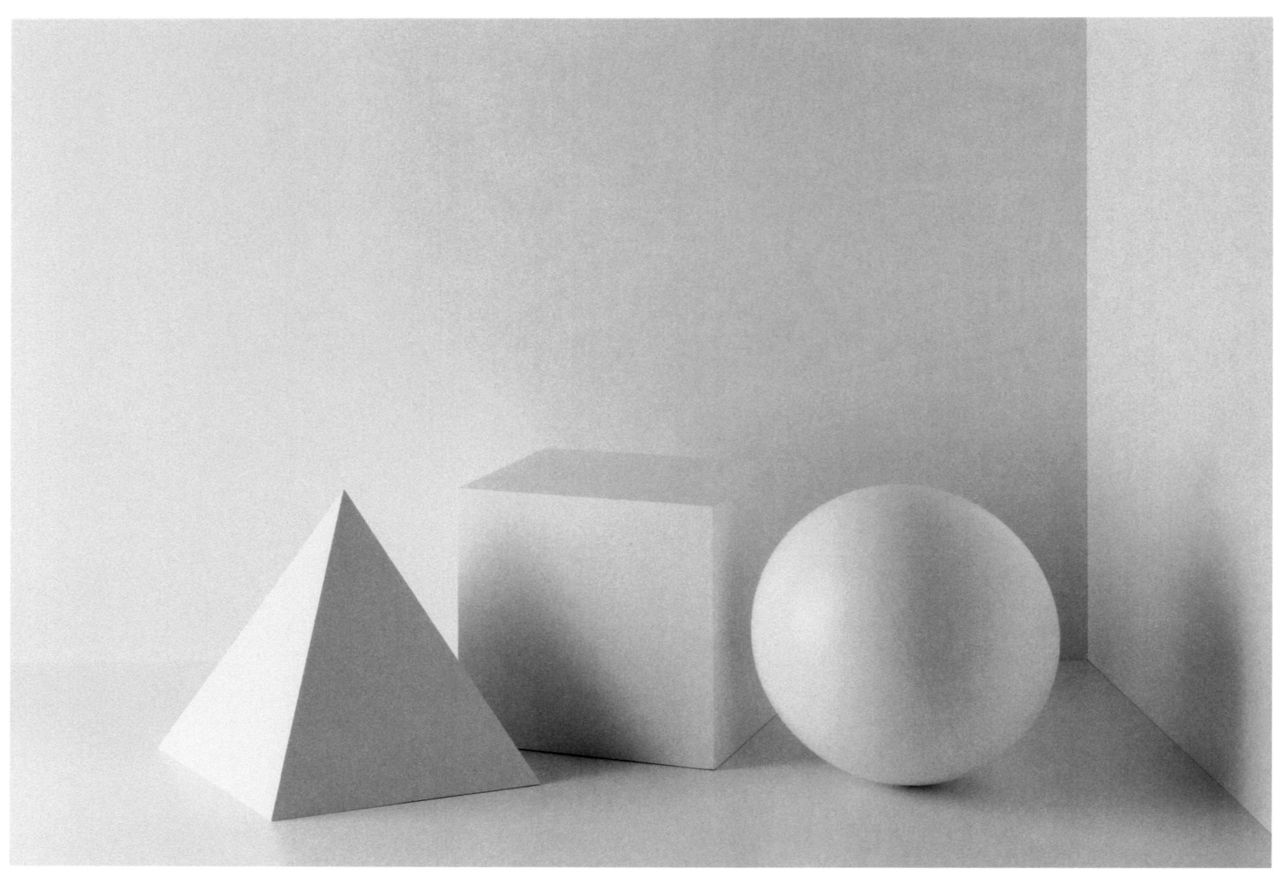

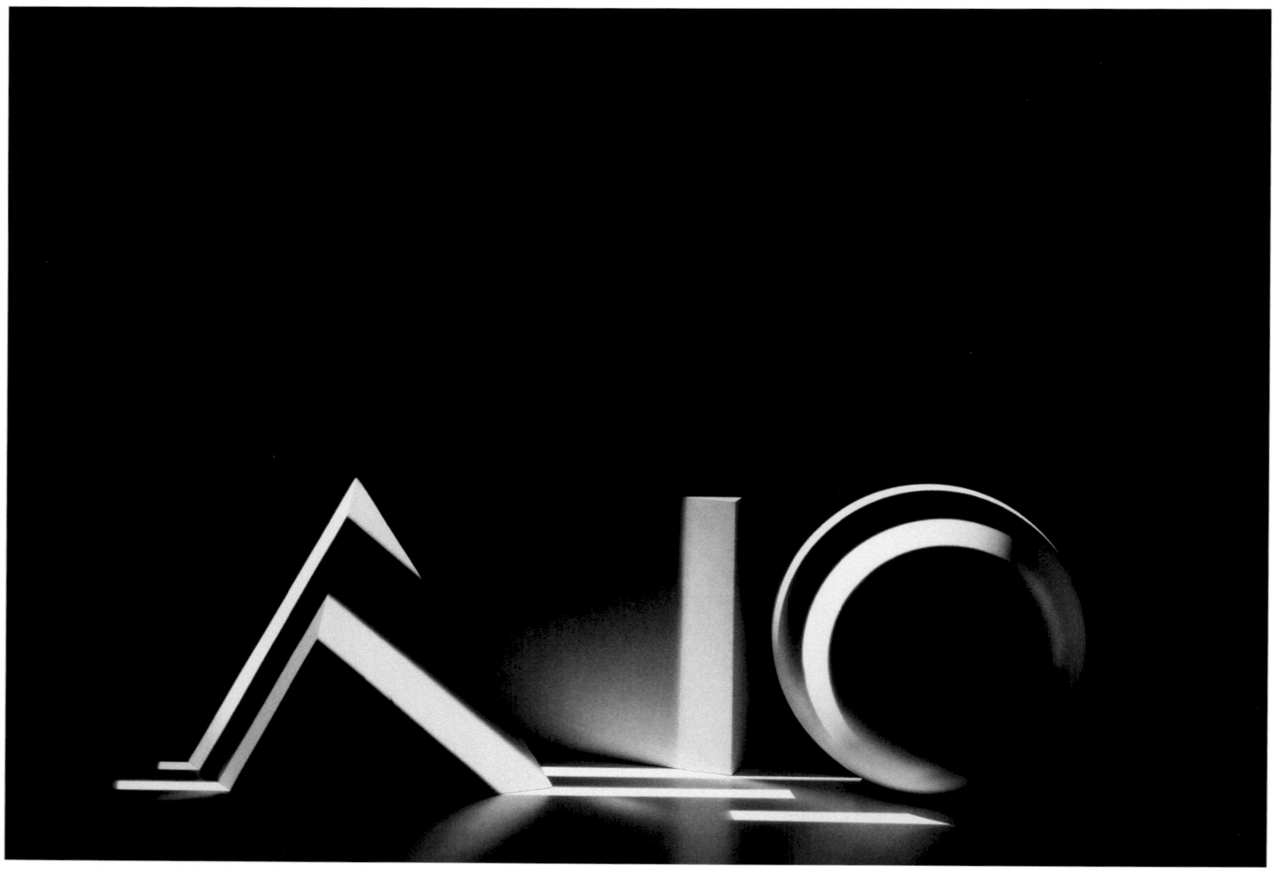

Motiv für Erco-Leuchten, geometrische Formen / Motif for Erco Lighting, Geometrical Forms (1–4), 1983

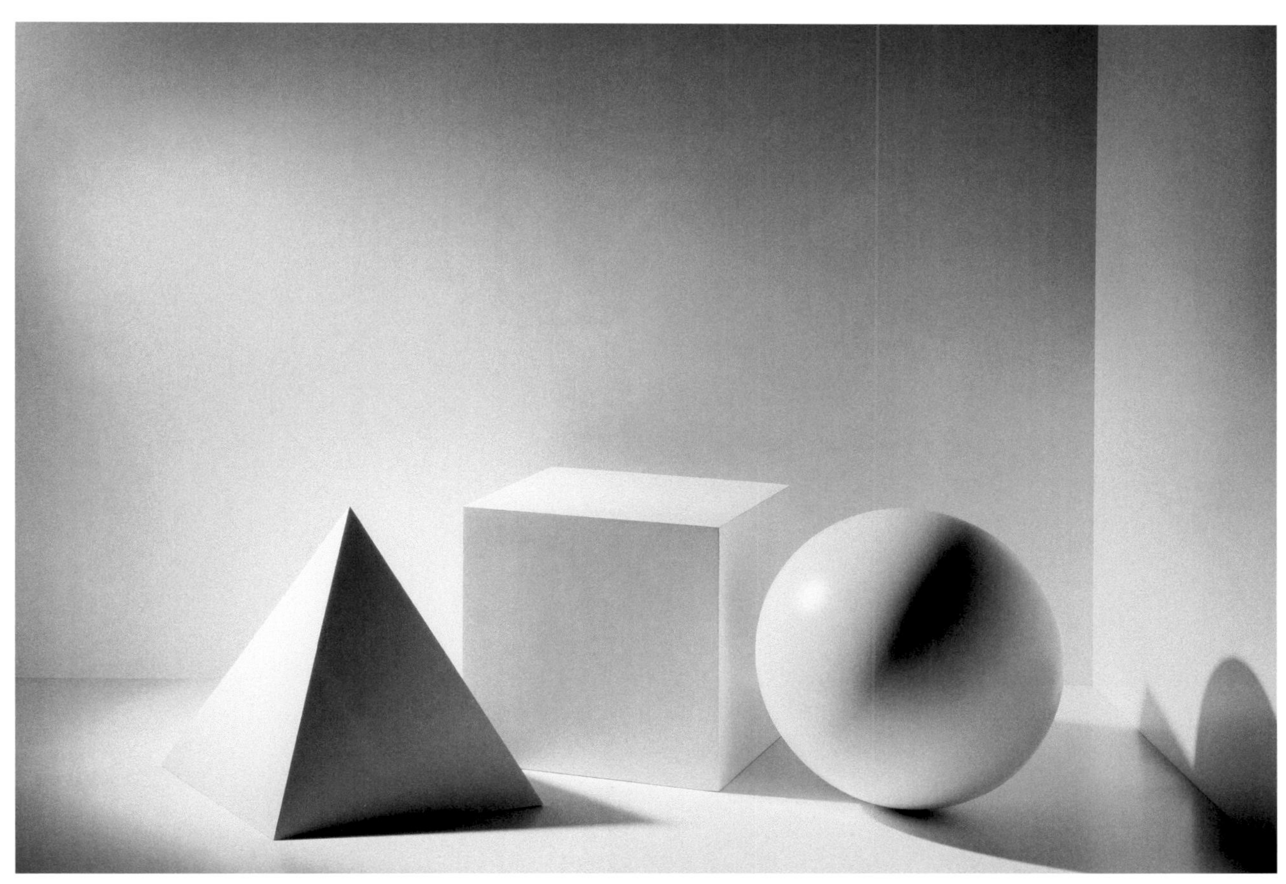

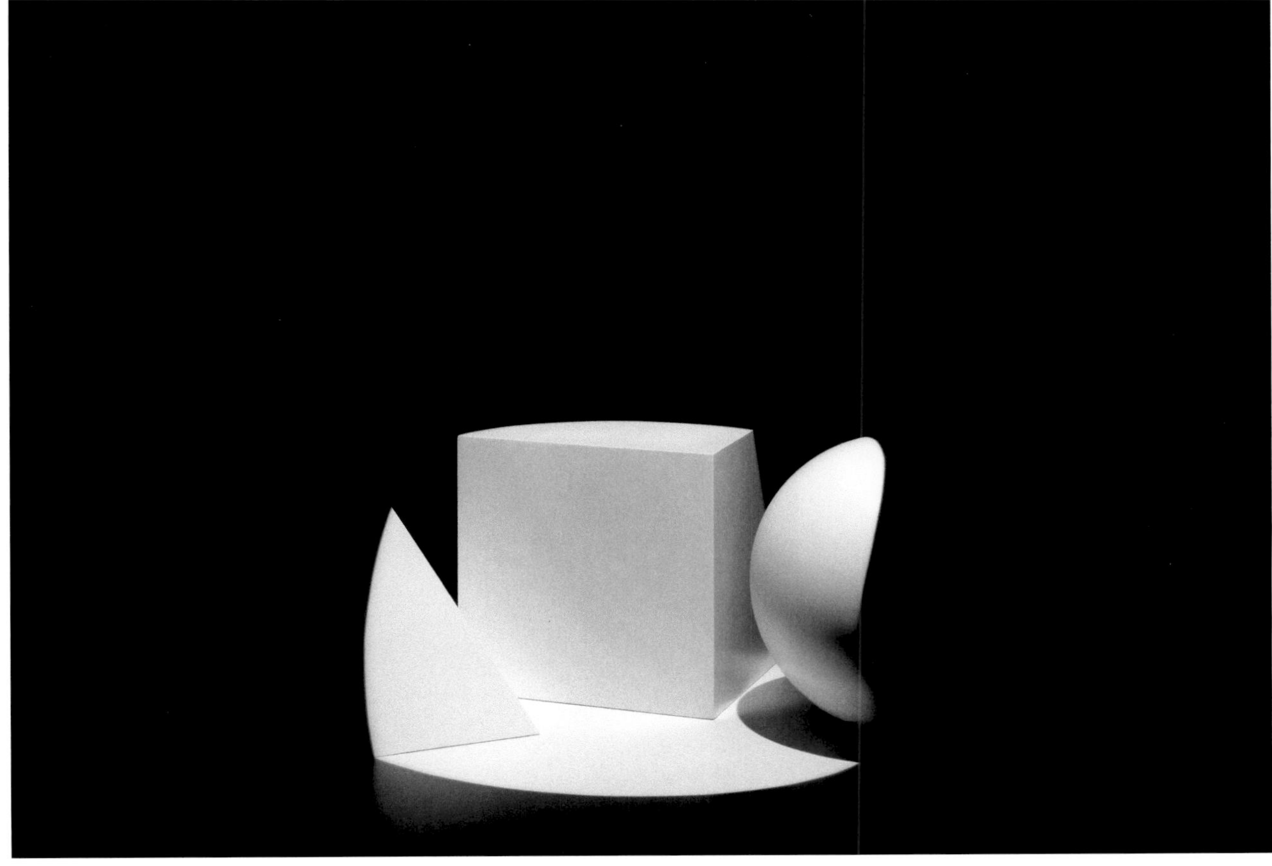

Motiv für Erco-Leuchten, Raum / Motif for Erco Lighting, Room, 1986 →

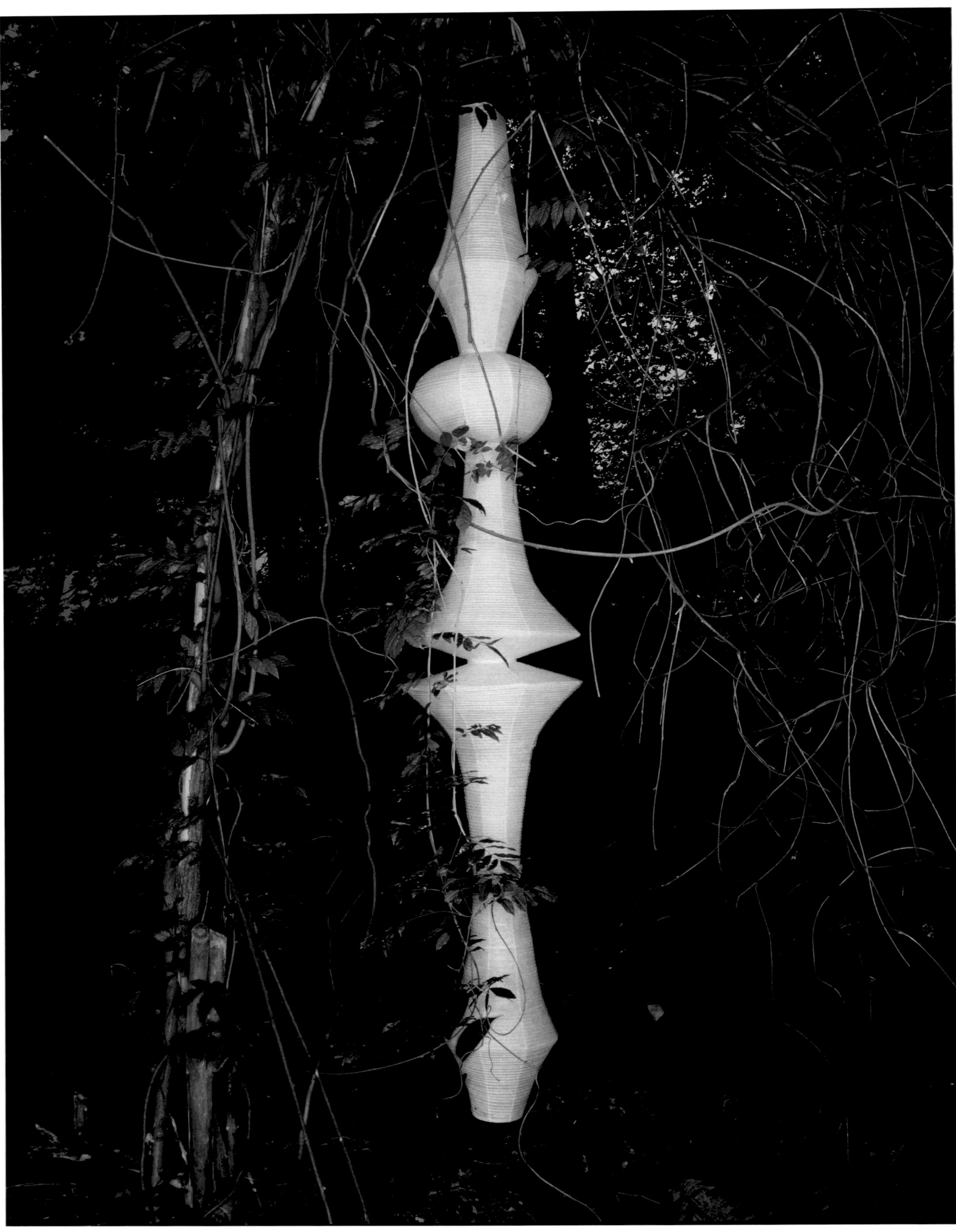

 Papierleuchten / Paper Lanterns, Isamu Noguchi (1, 2), 2003

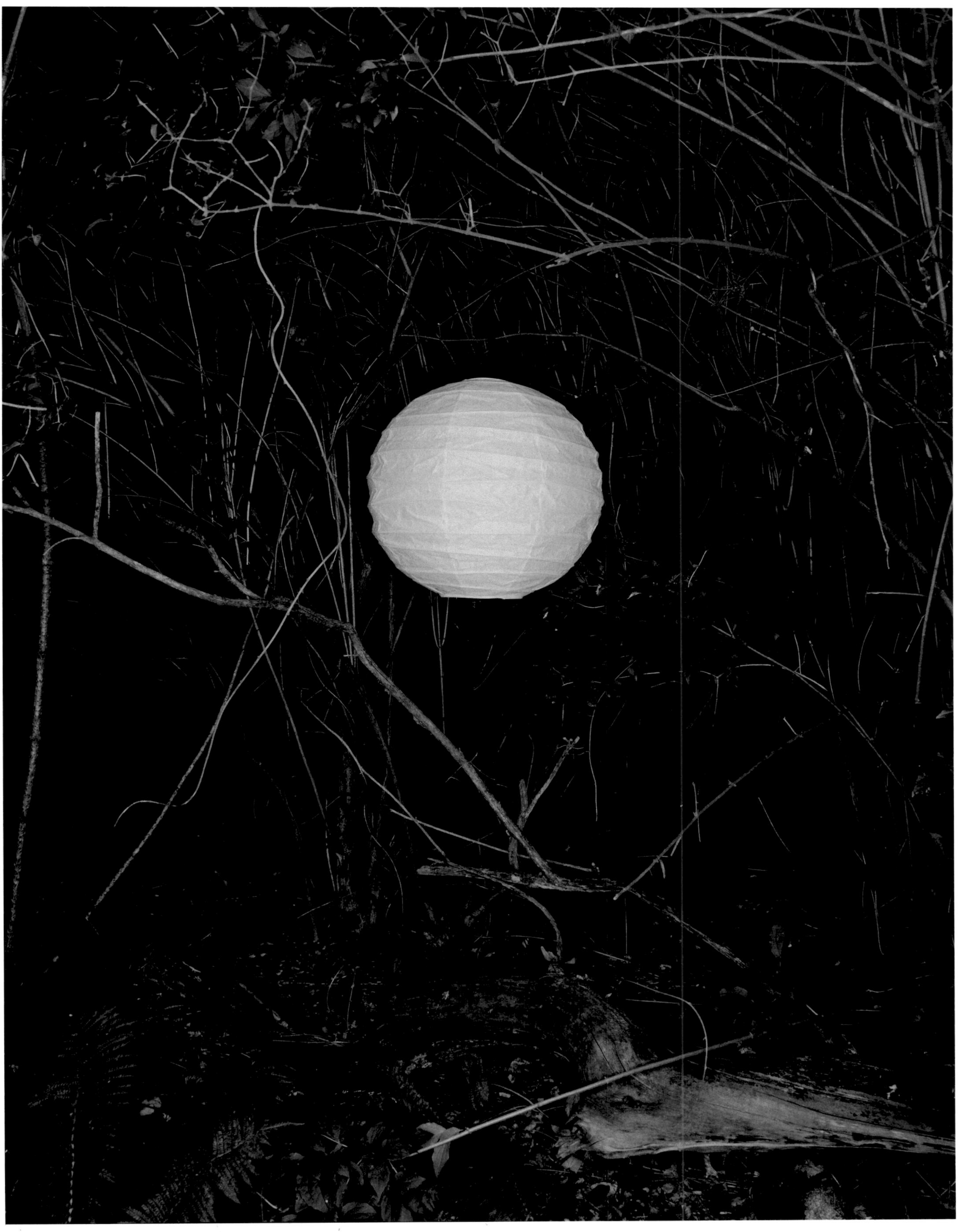

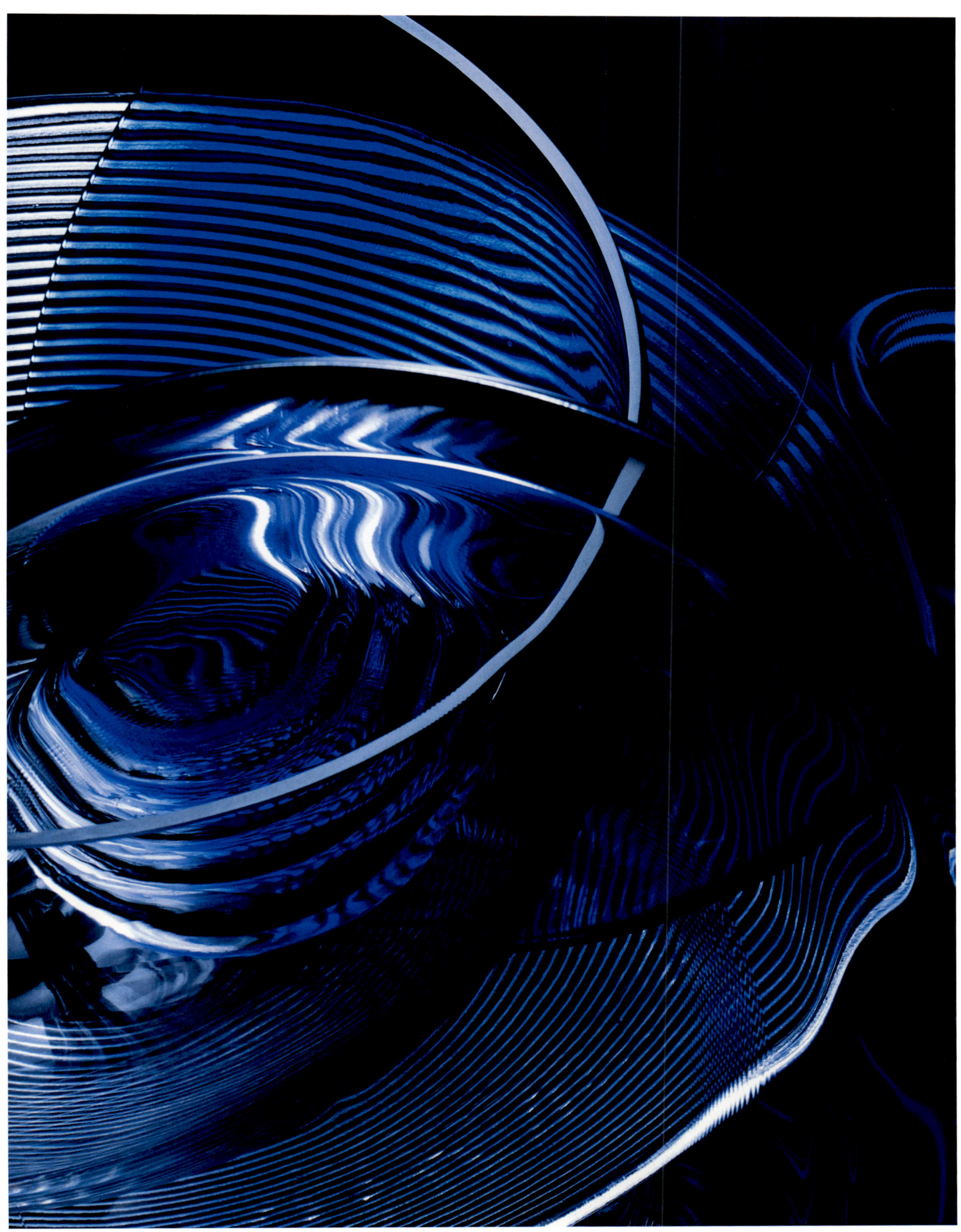

Motiv für / Motif for Dibbern, Glasschalen / Glass Bowls, 1987

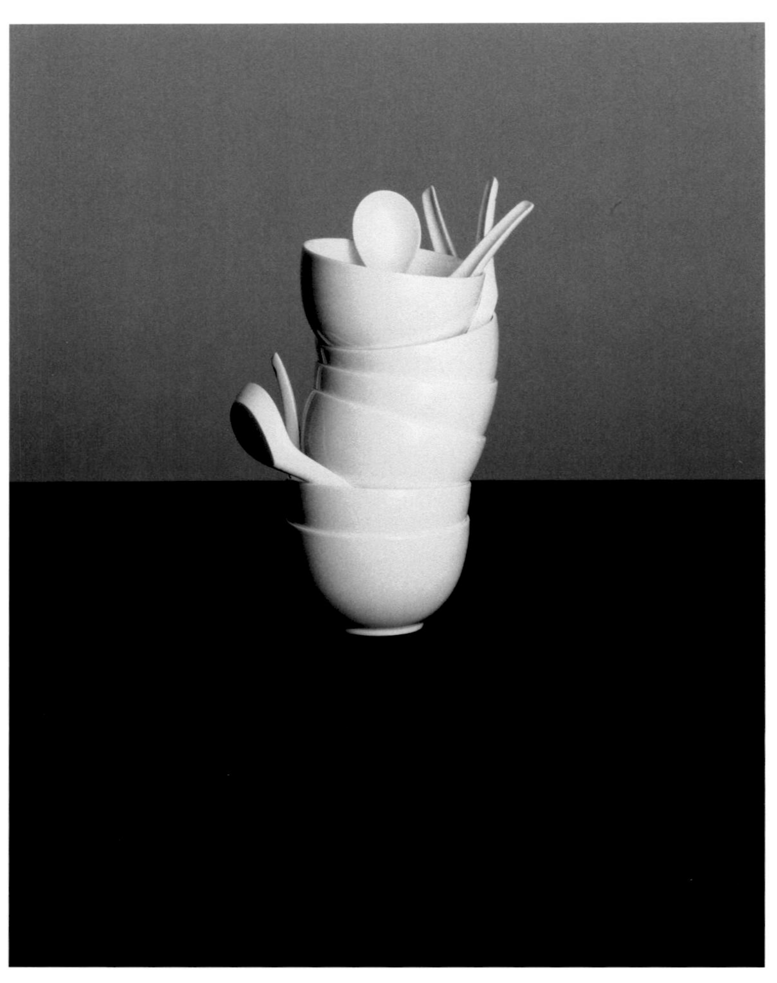

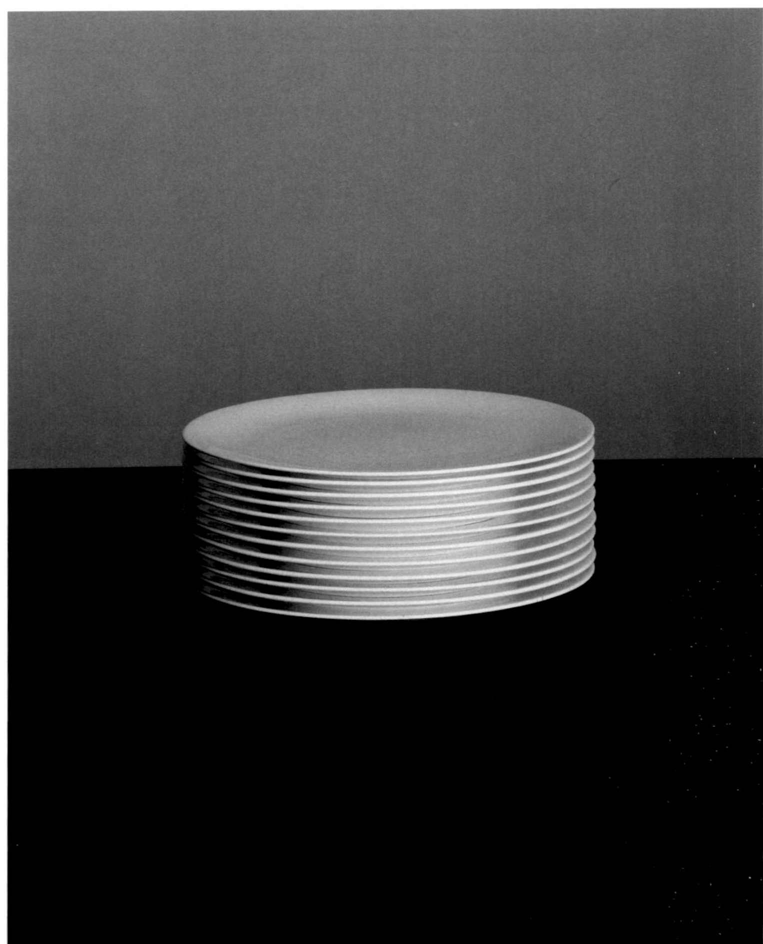

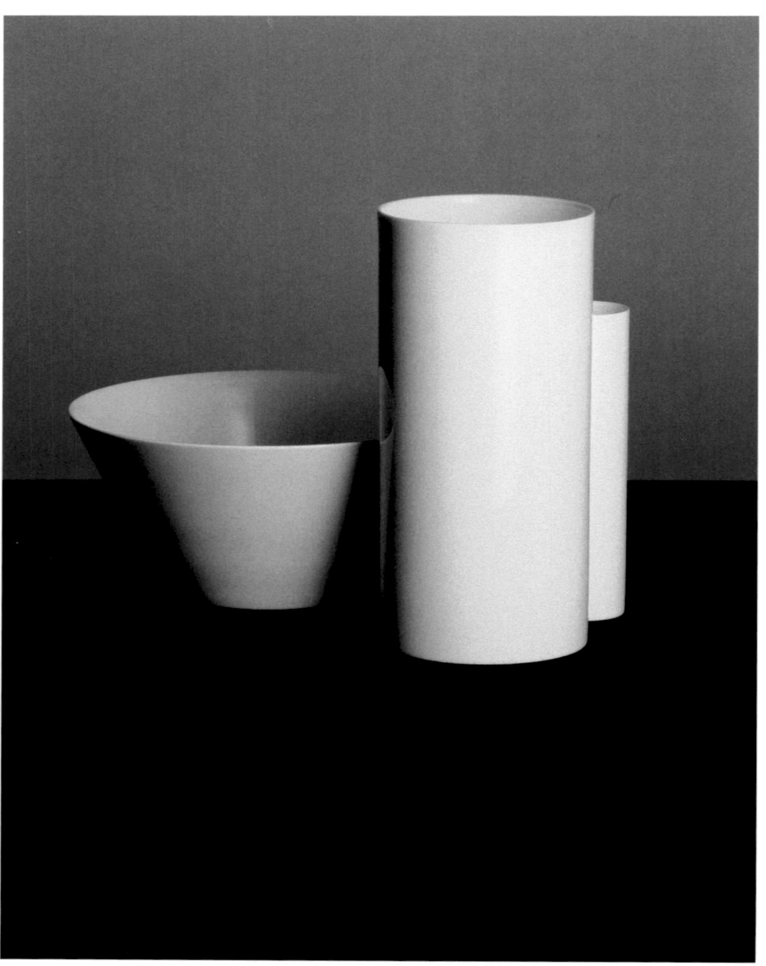

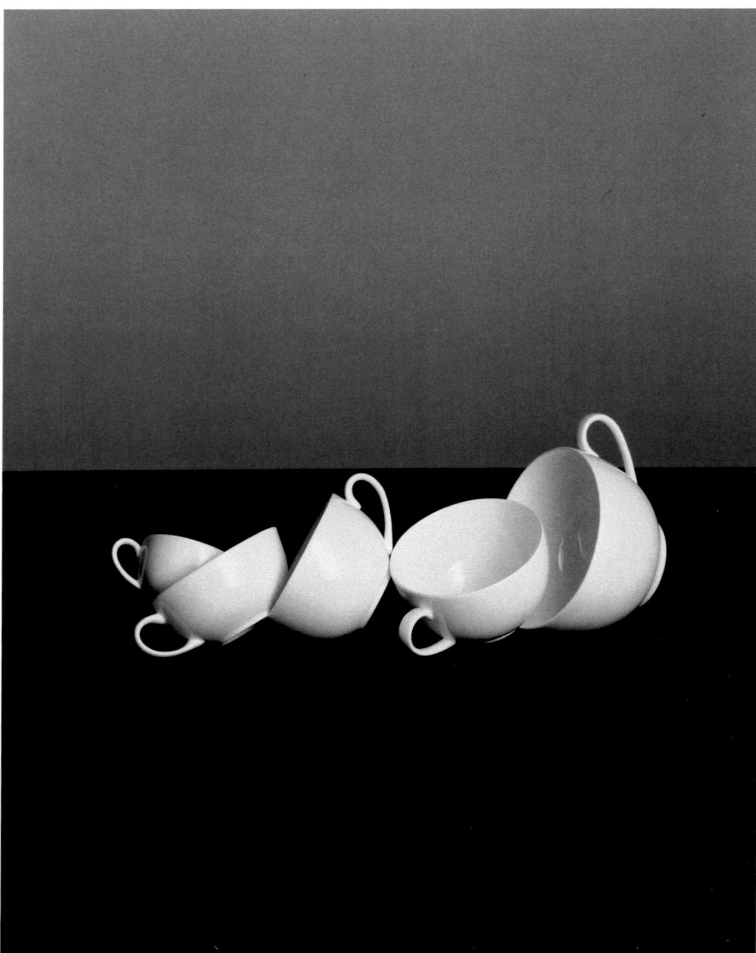

 Motive für / Motifs for Dibbern, Katalog / Catalogue (1–4), 2004

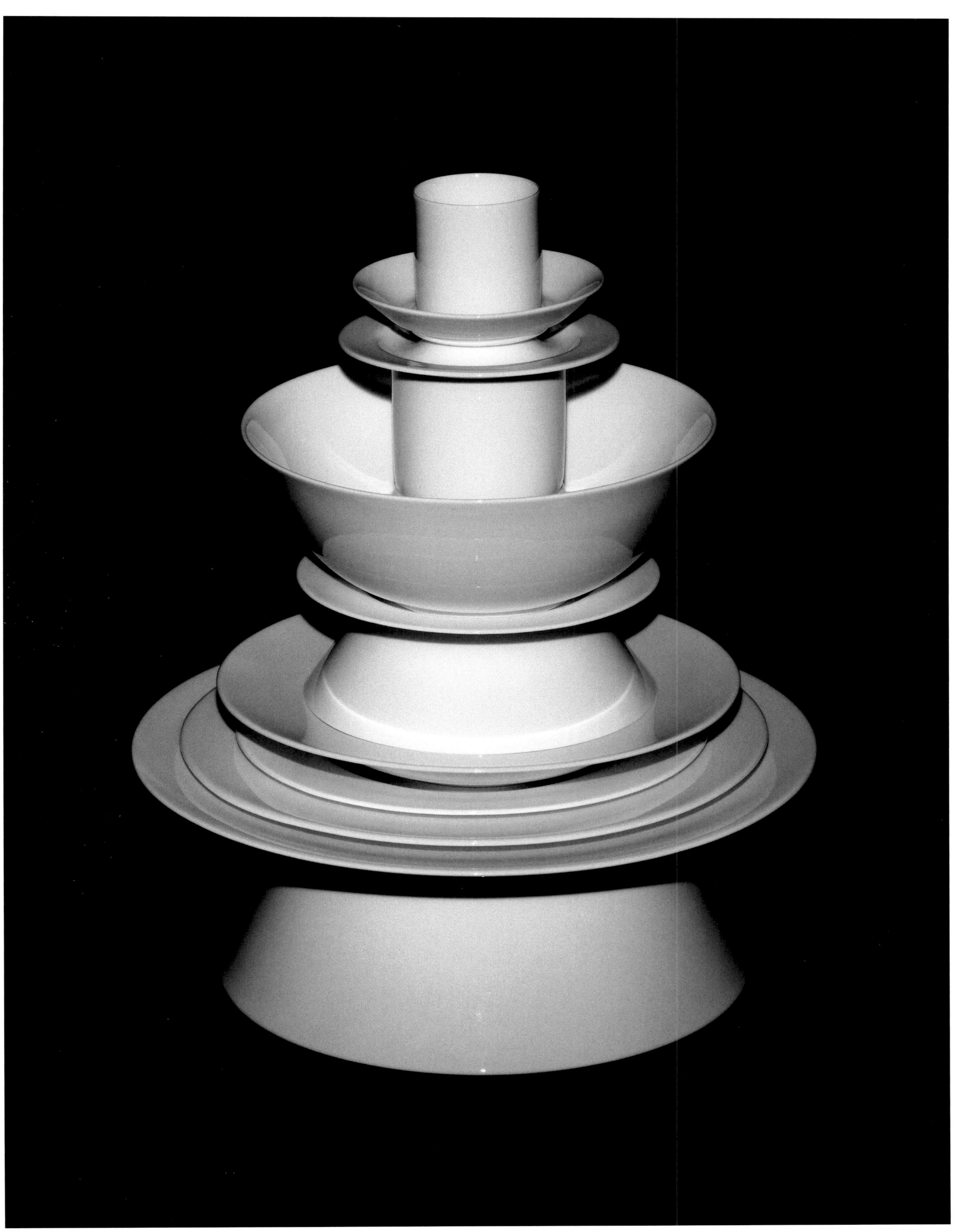

Motiv für / Motif for Dibbern, Anzeigenmotiv / Advertisement, 1999

Motiv für / Motif for Dibbern, Solid Color Jubiläum / Anniversary, 2016

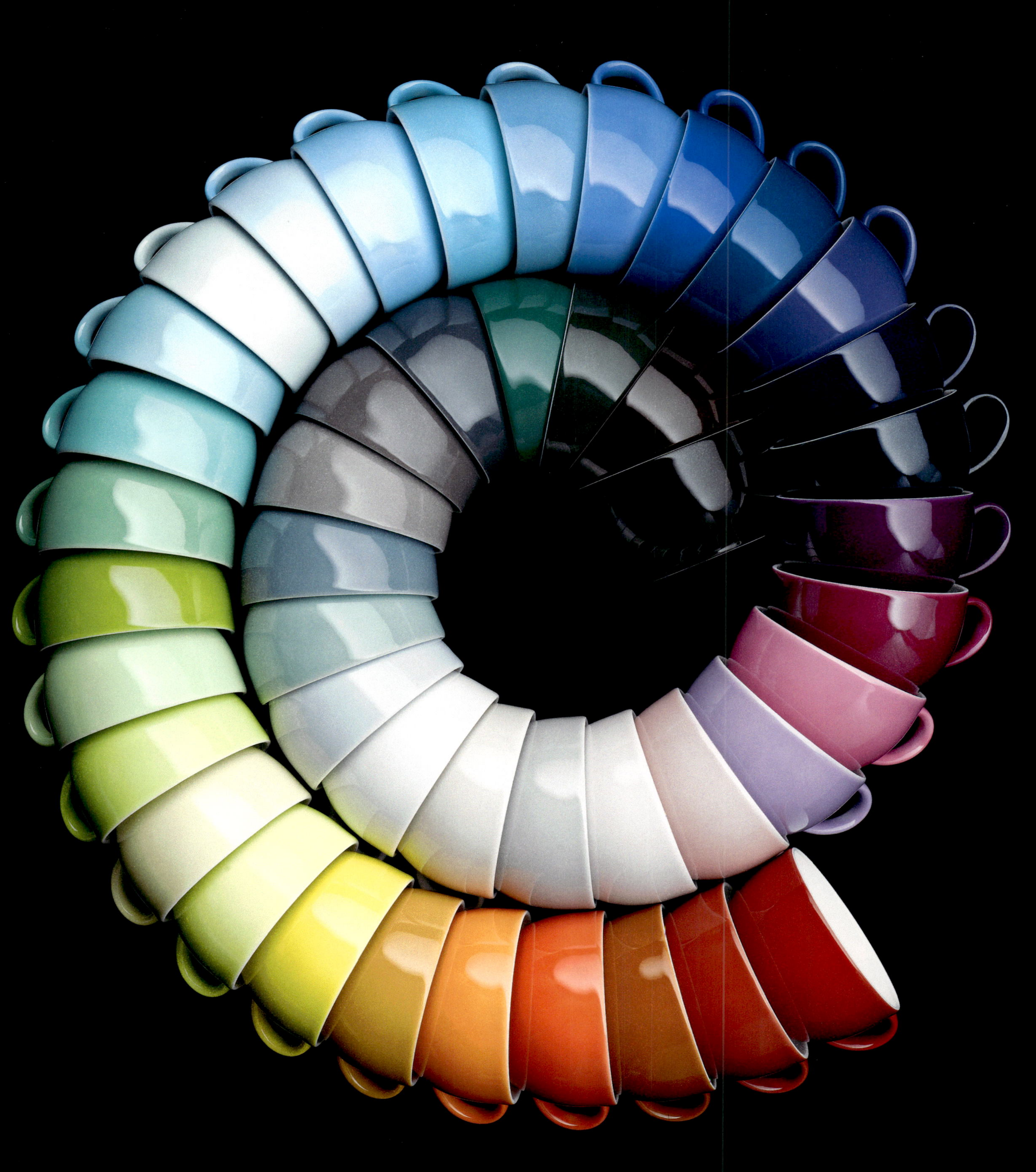

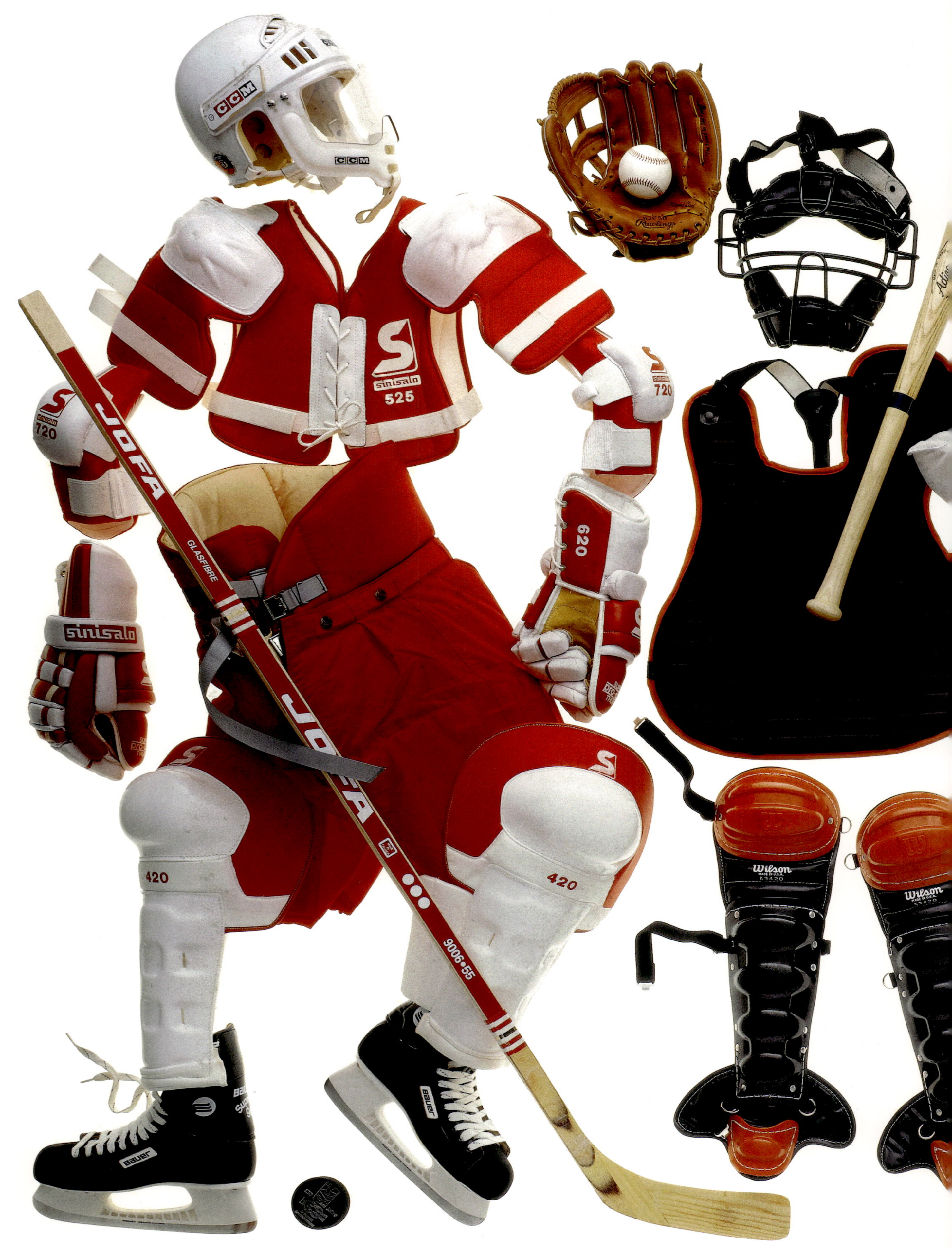

 Motive für / Motifs for Gruner + Jahr, Redaktion *Stern*, Sportausrüstung / Sport Equipment (1–4), 1978

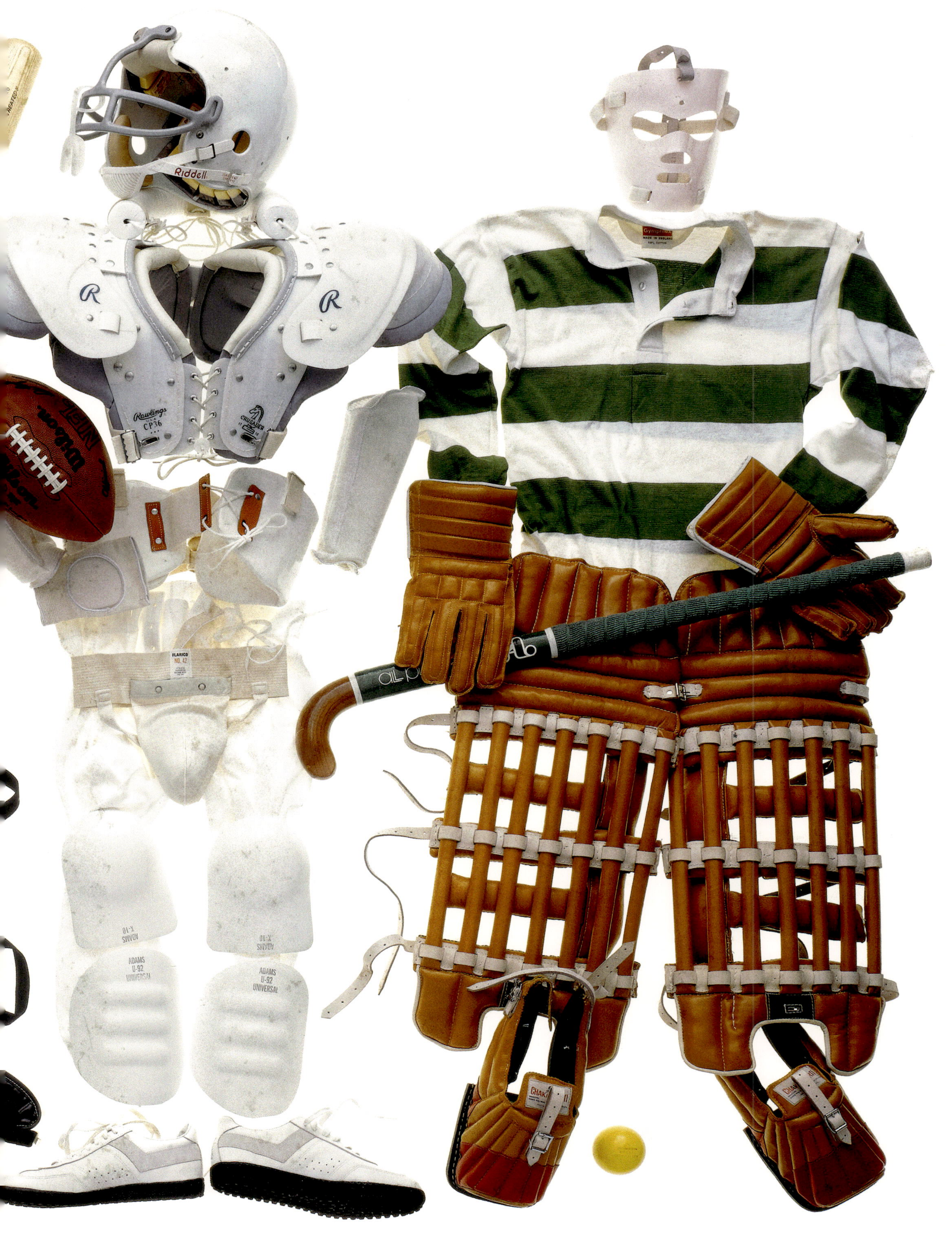
Riddell
Rawlings
CP36
ADAMS
U-92
UNIVERSAL
ADAMS
U-92
UNIVERSAL

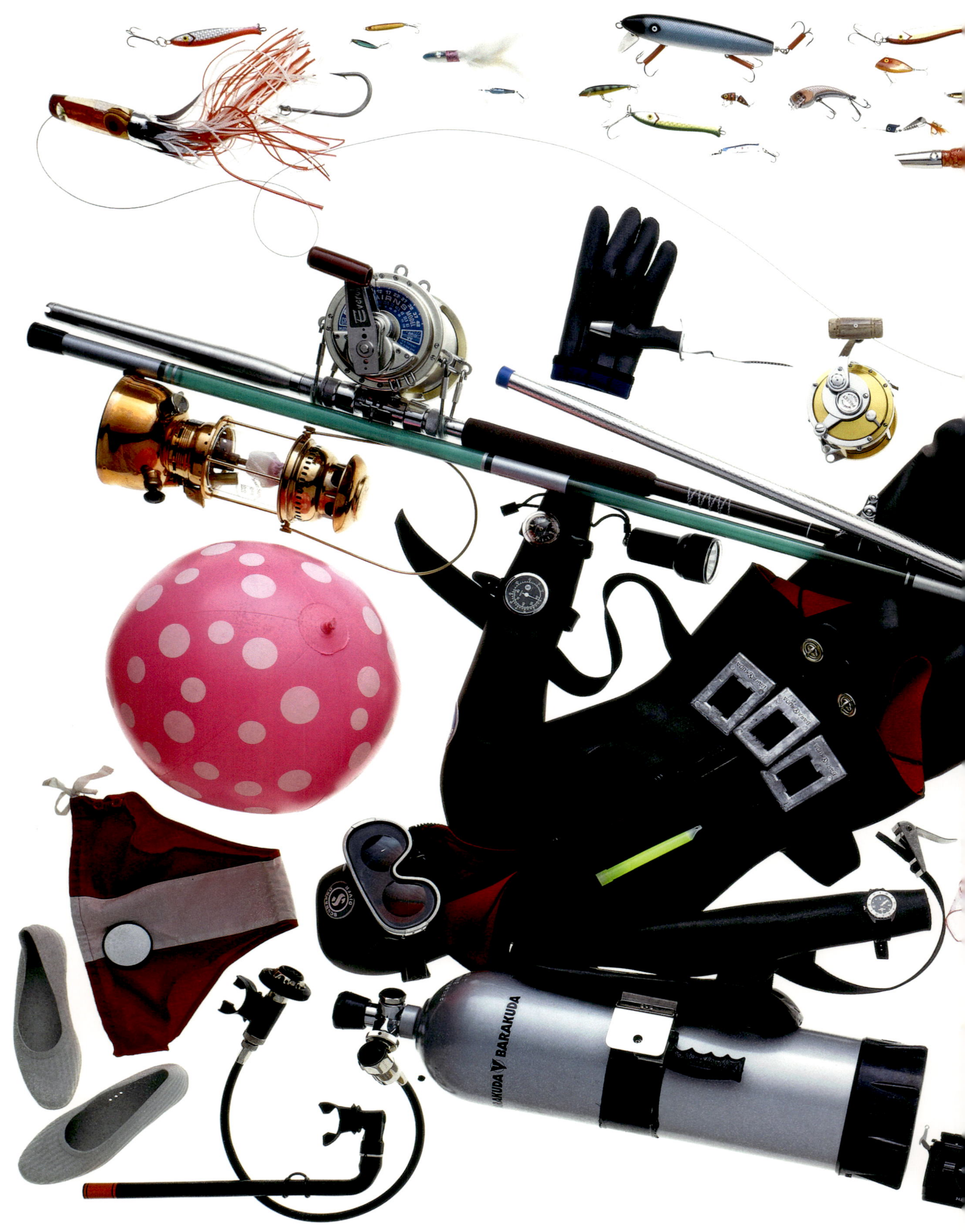
BARAKUDA

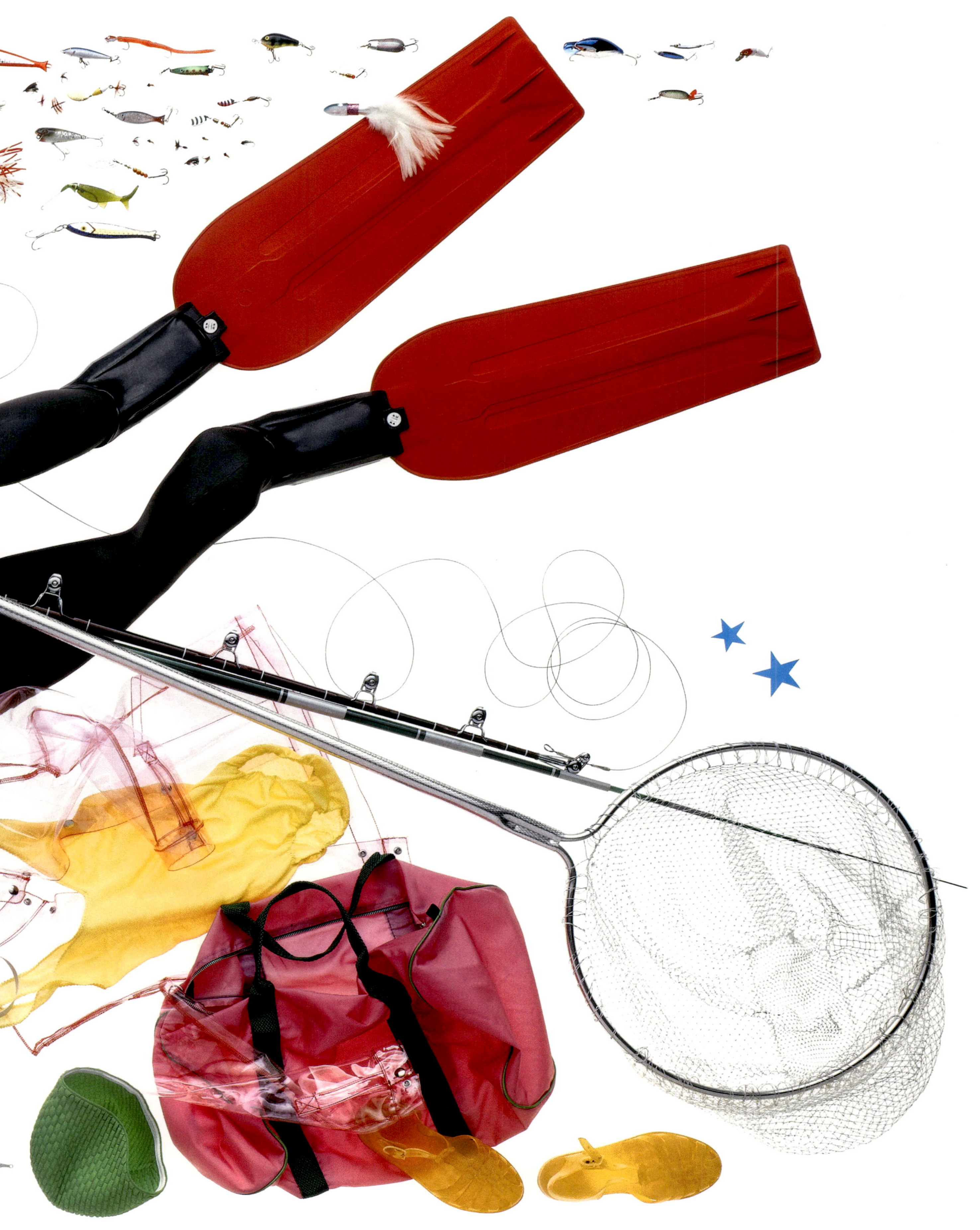

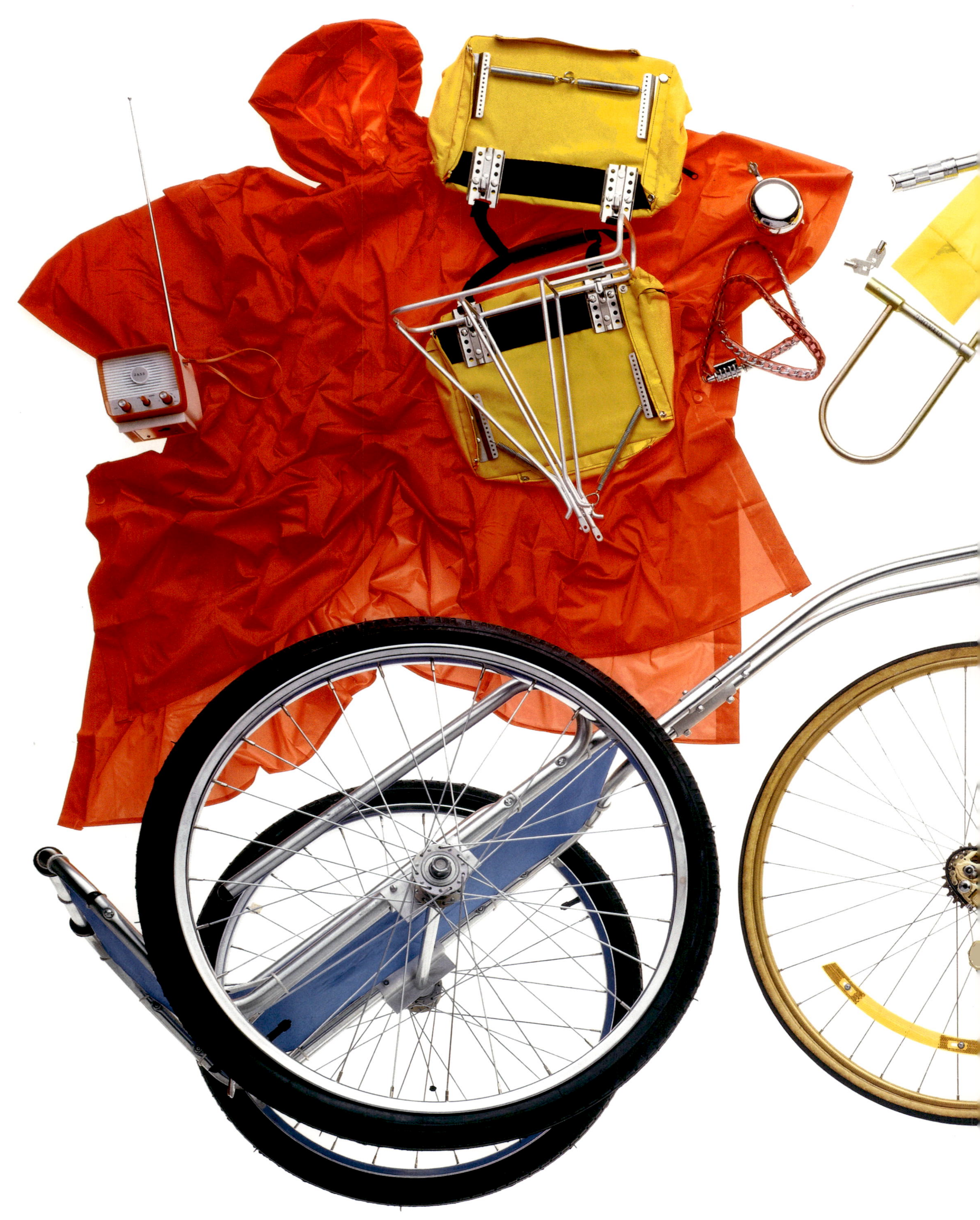

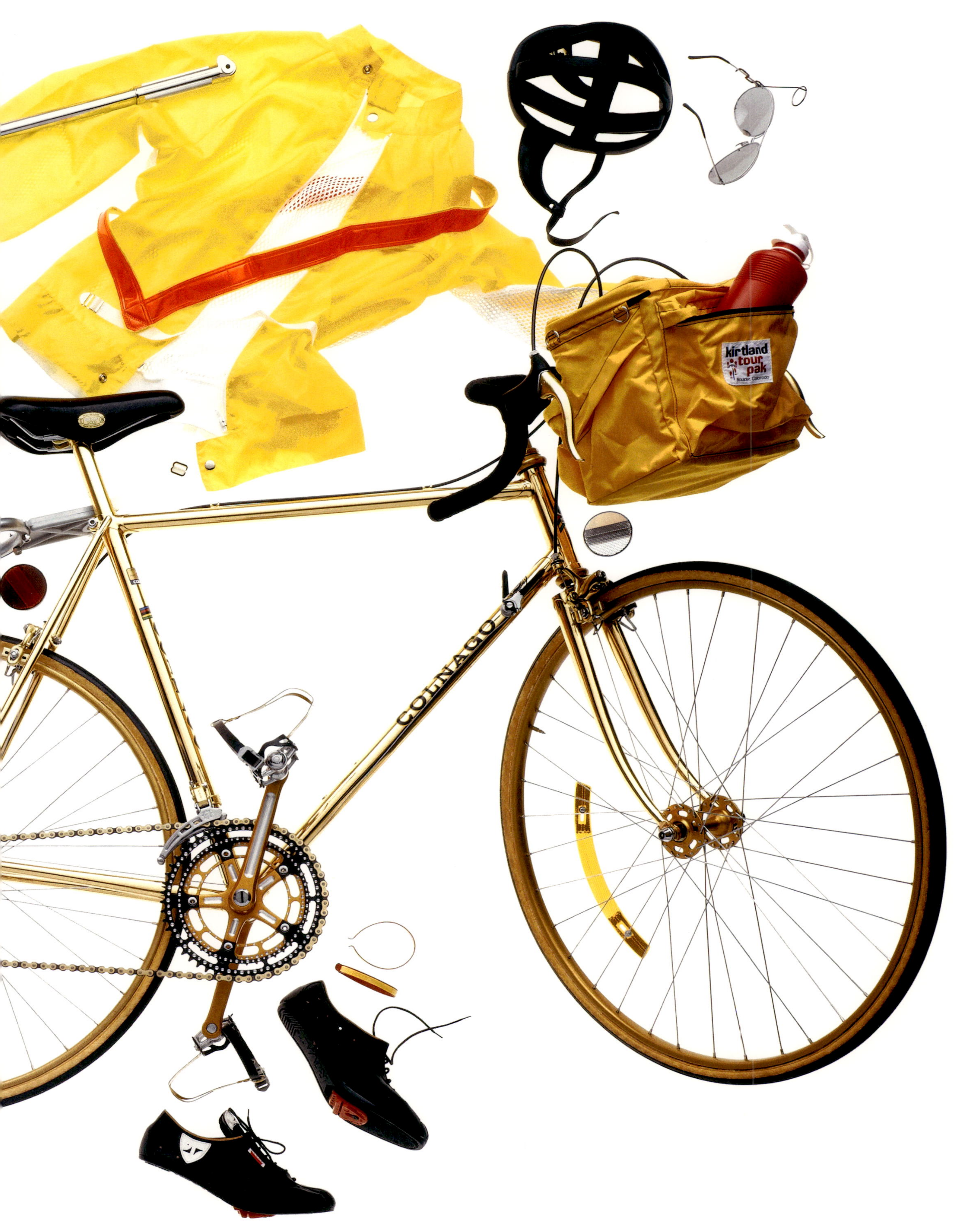
kirtland
tour
pak
Boulder, Colorado
COLNAGO

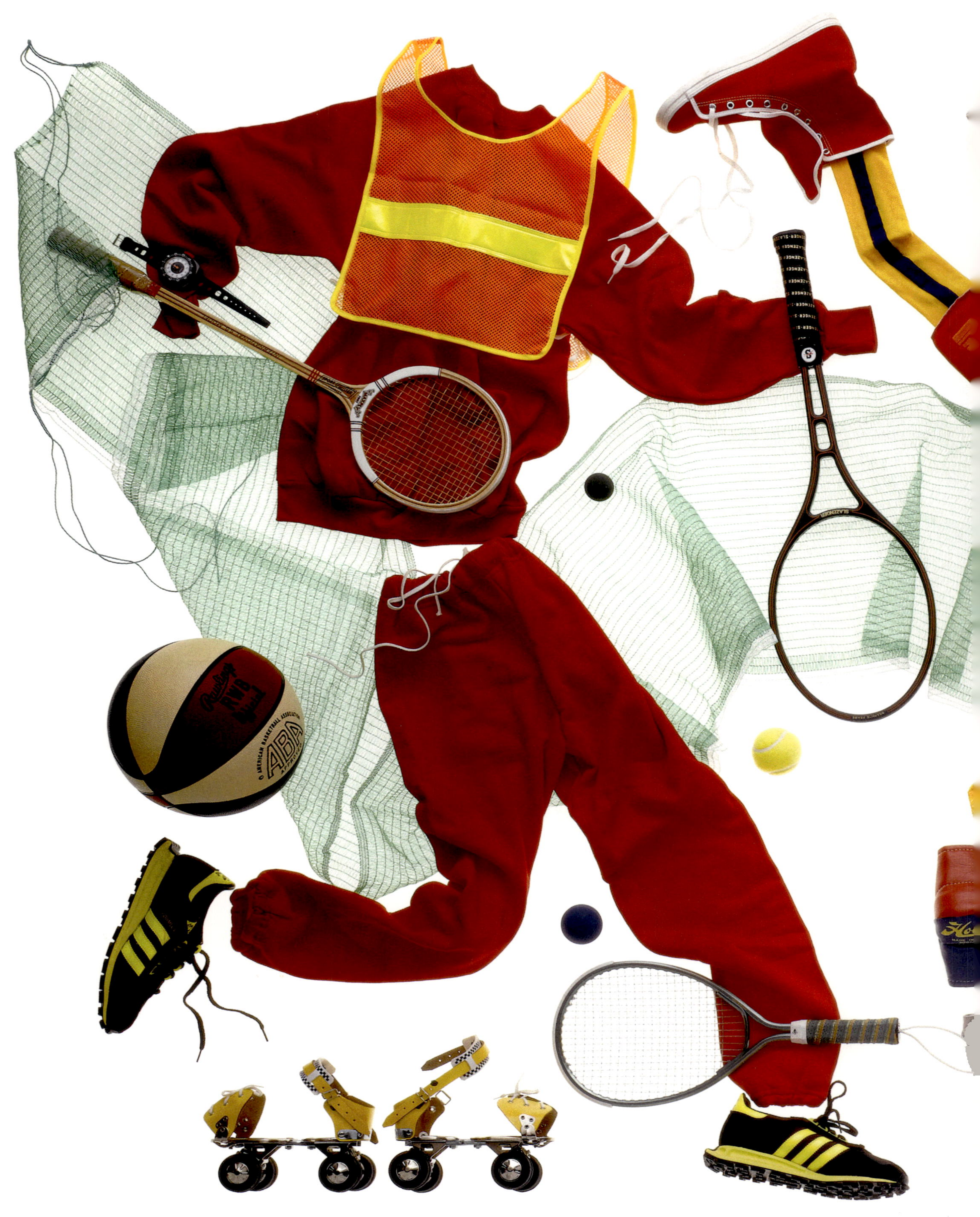
Rawlings
RWB
AMERICAN BASKETBALL ASSOCIATION
ABA

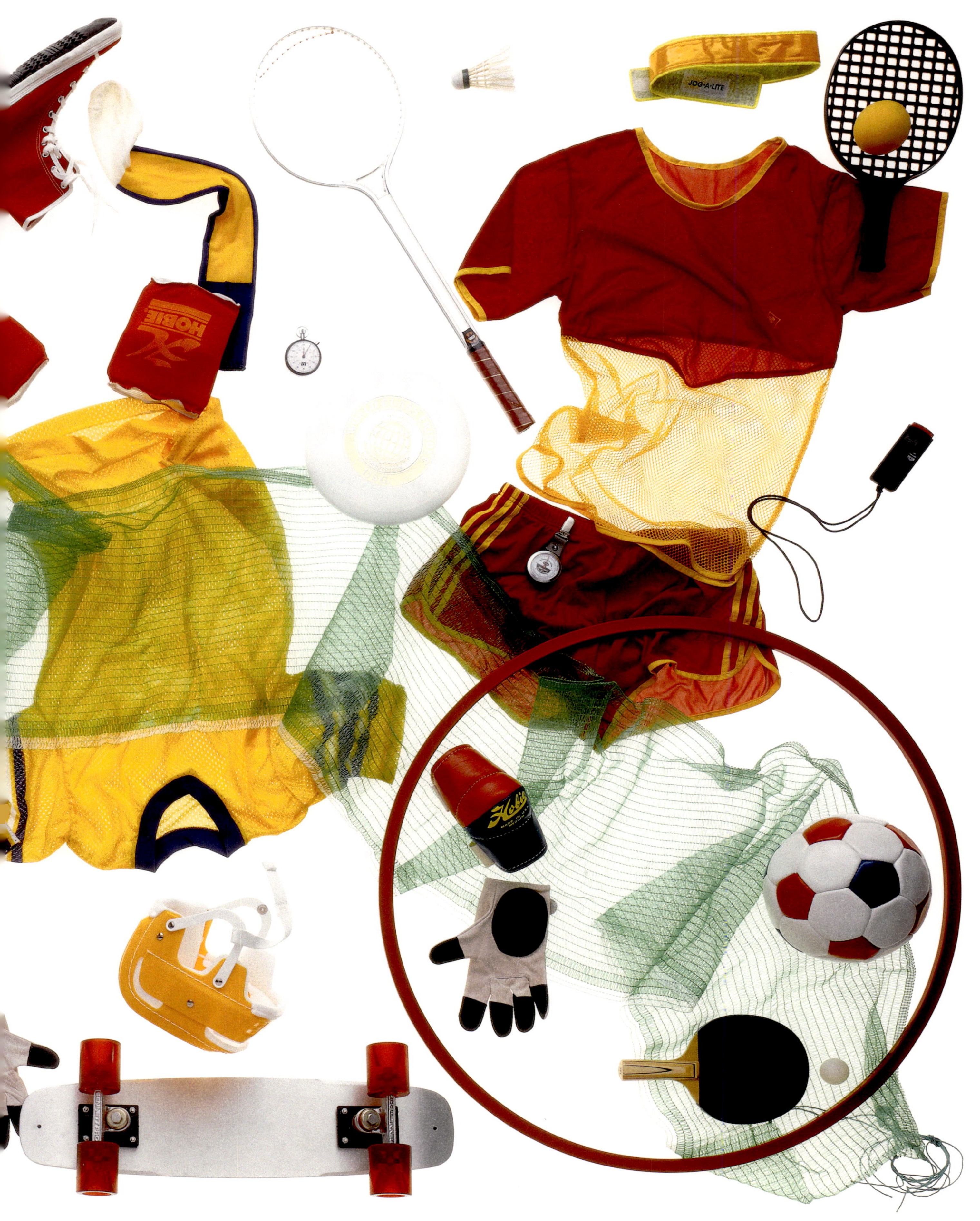
JOG-A-LITE
HOBIE
Hobie

Motiv für / Motif for Kodak / Lintas, Hemd / Shirt, 1980

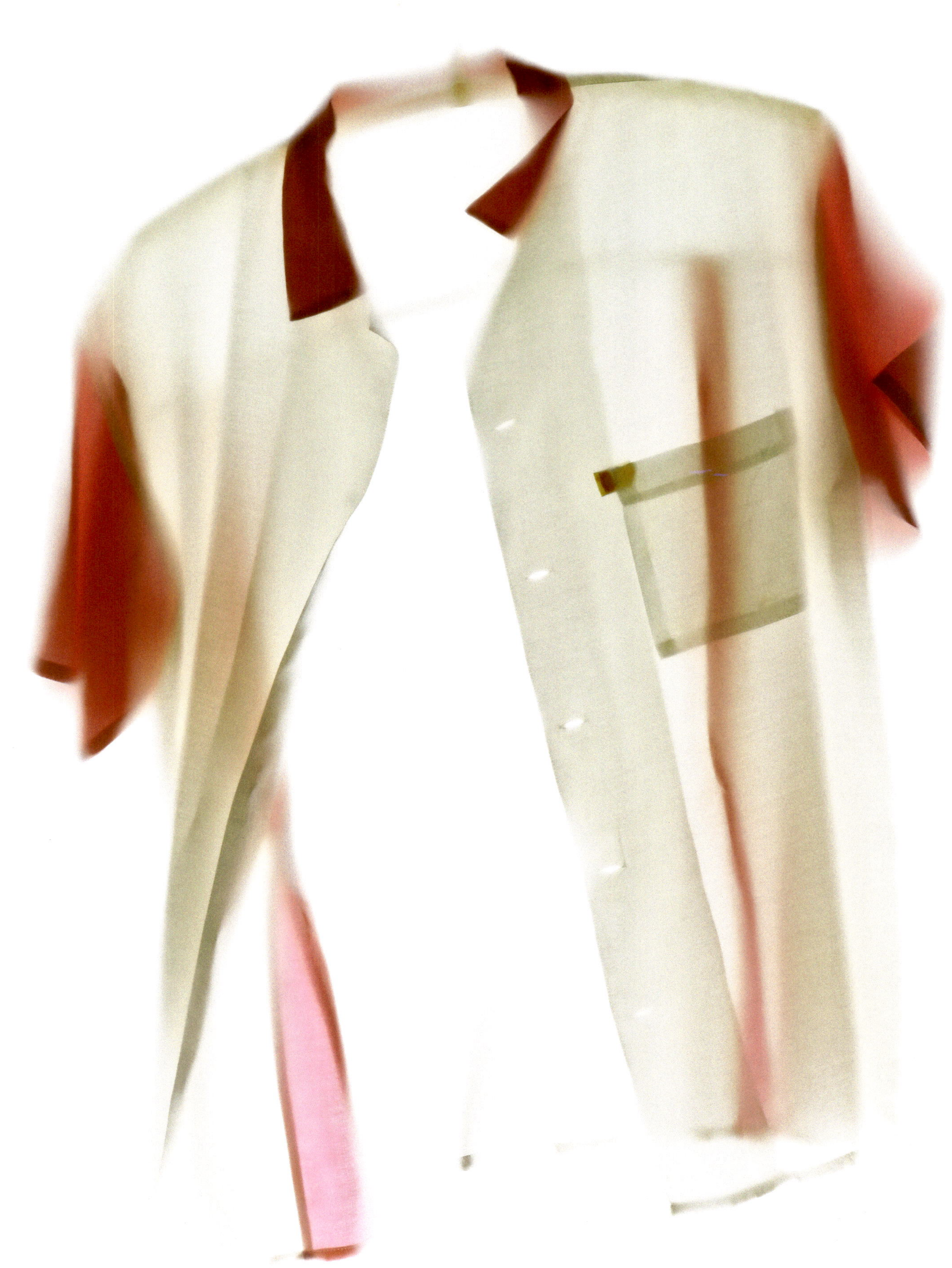

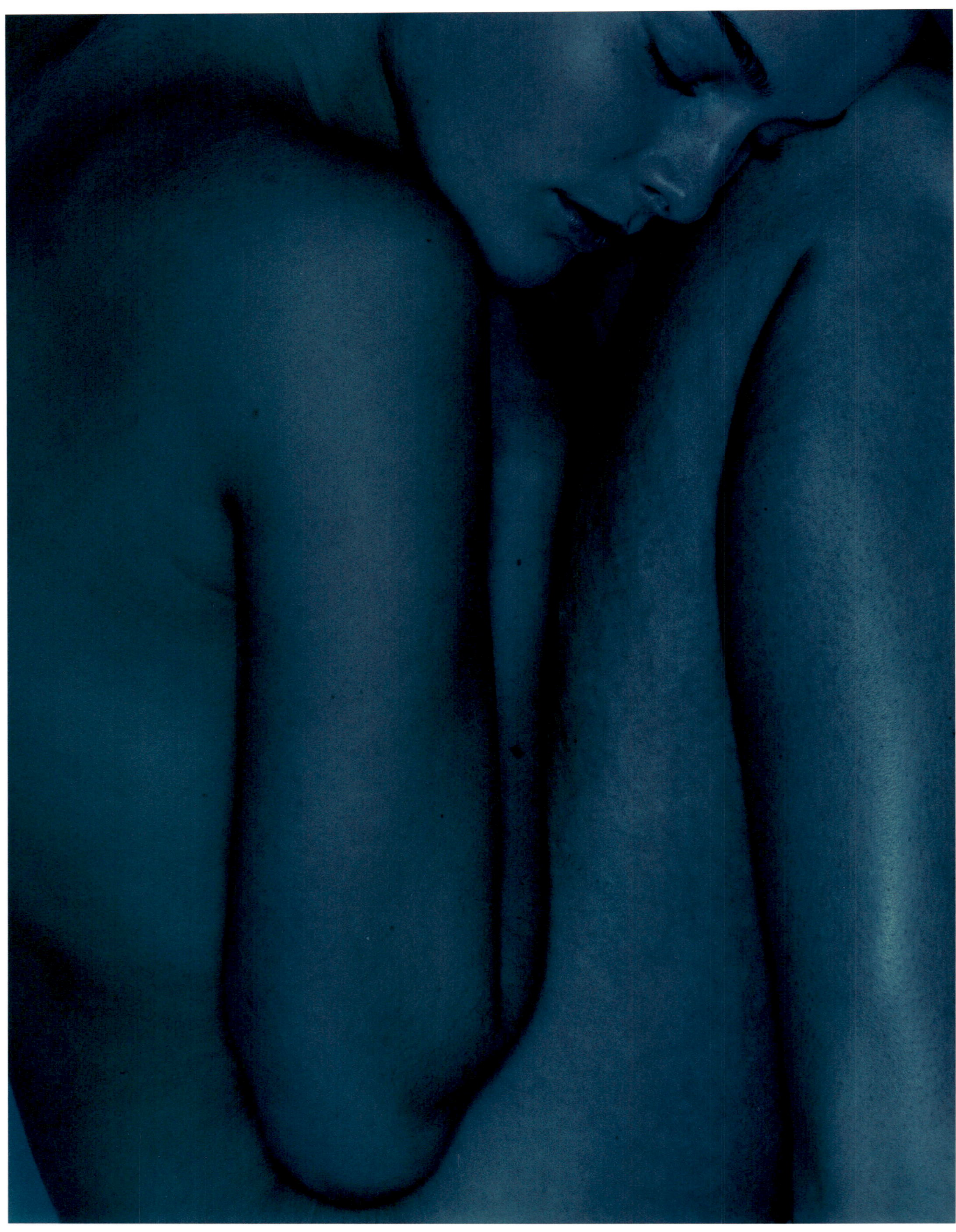

 Motiv für / Motif for Gruner + Jahr, Redaktion *Stern,* Haut / Skin, 1998 Glas / Glass Massimo Micheluzzi, 2013

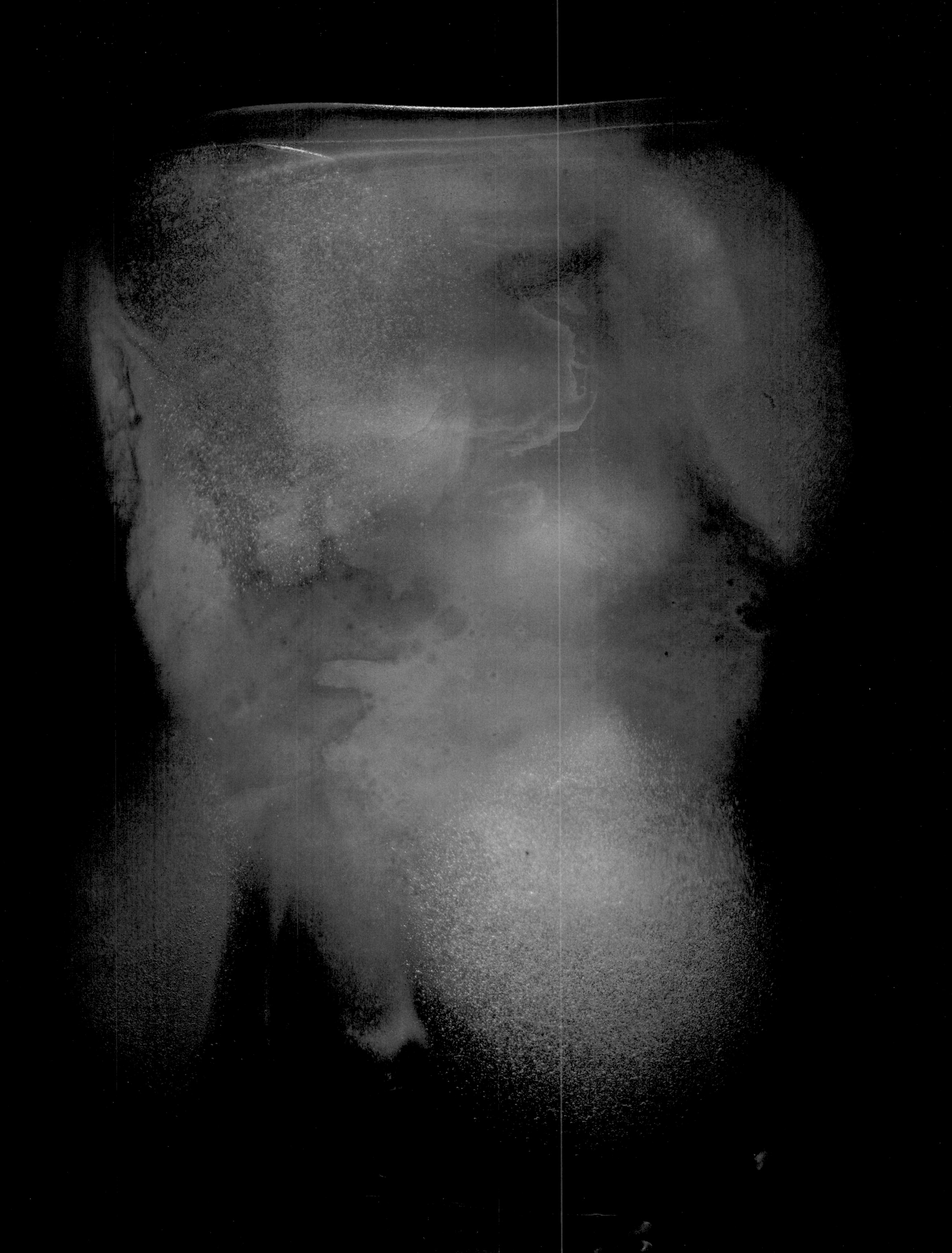

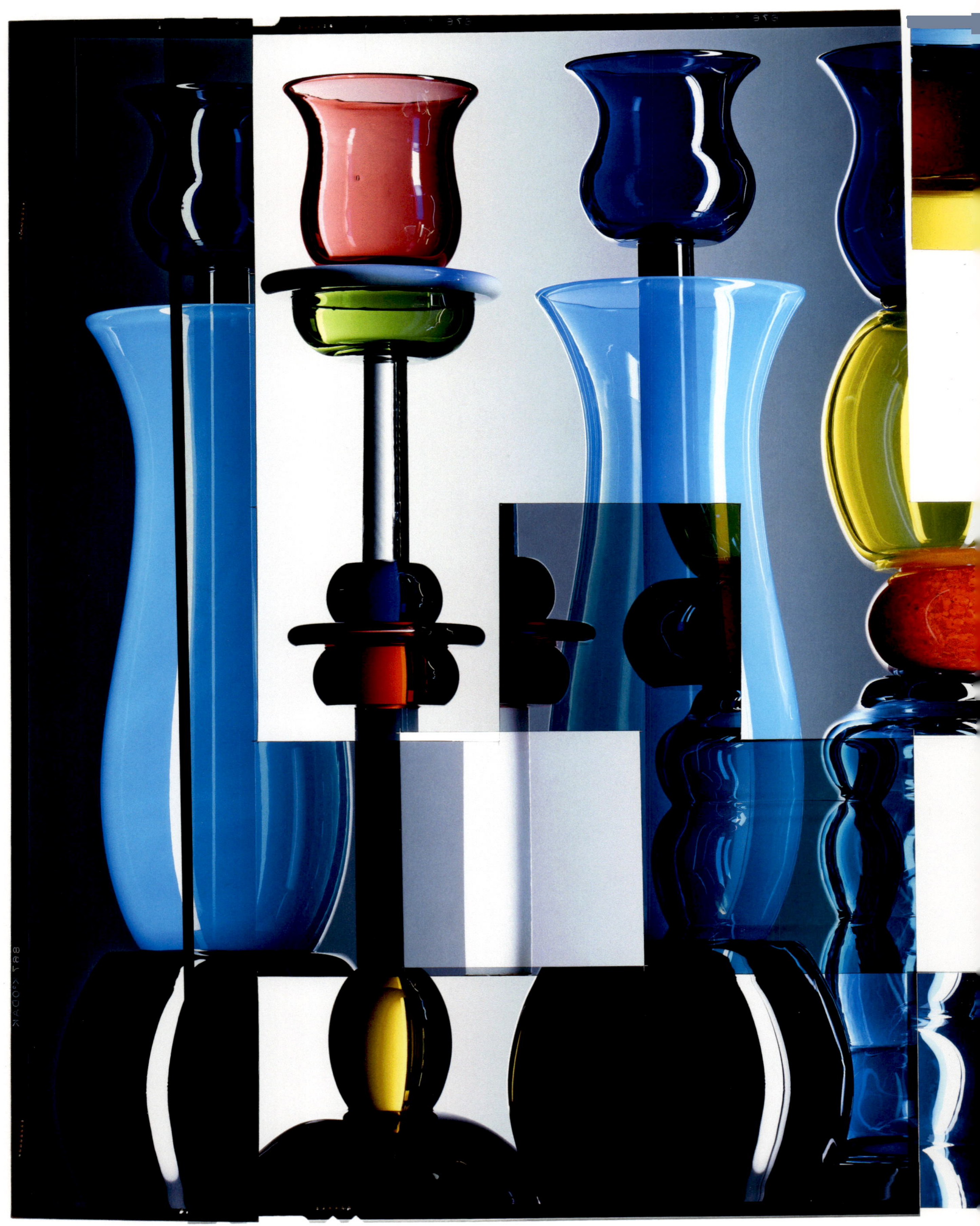

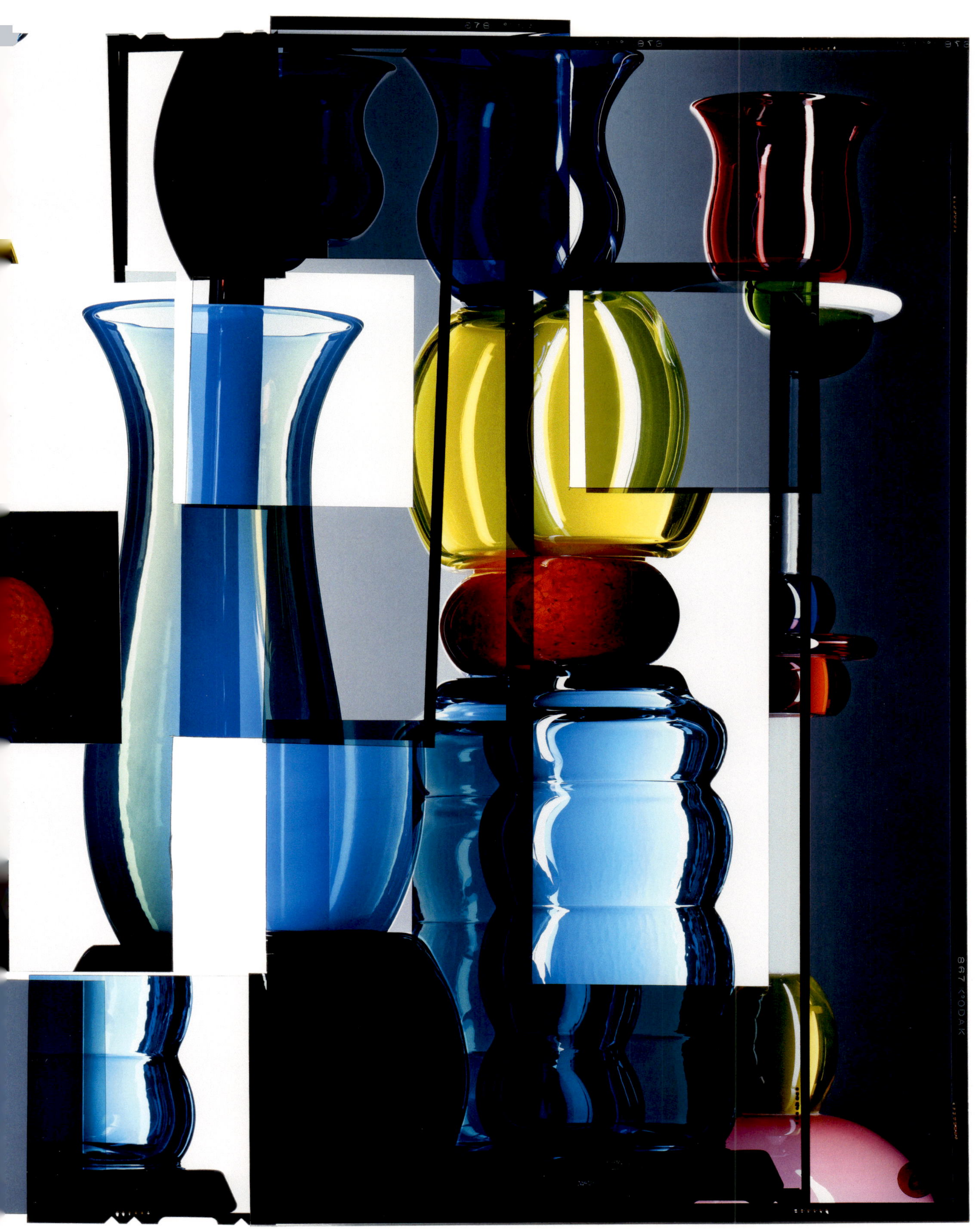

Glas / Glass Ettore Sottsass, 1988/2010

 Motiv für / Motif for Design Zentrum NRW, Farbkasten / Paintbox, 1998

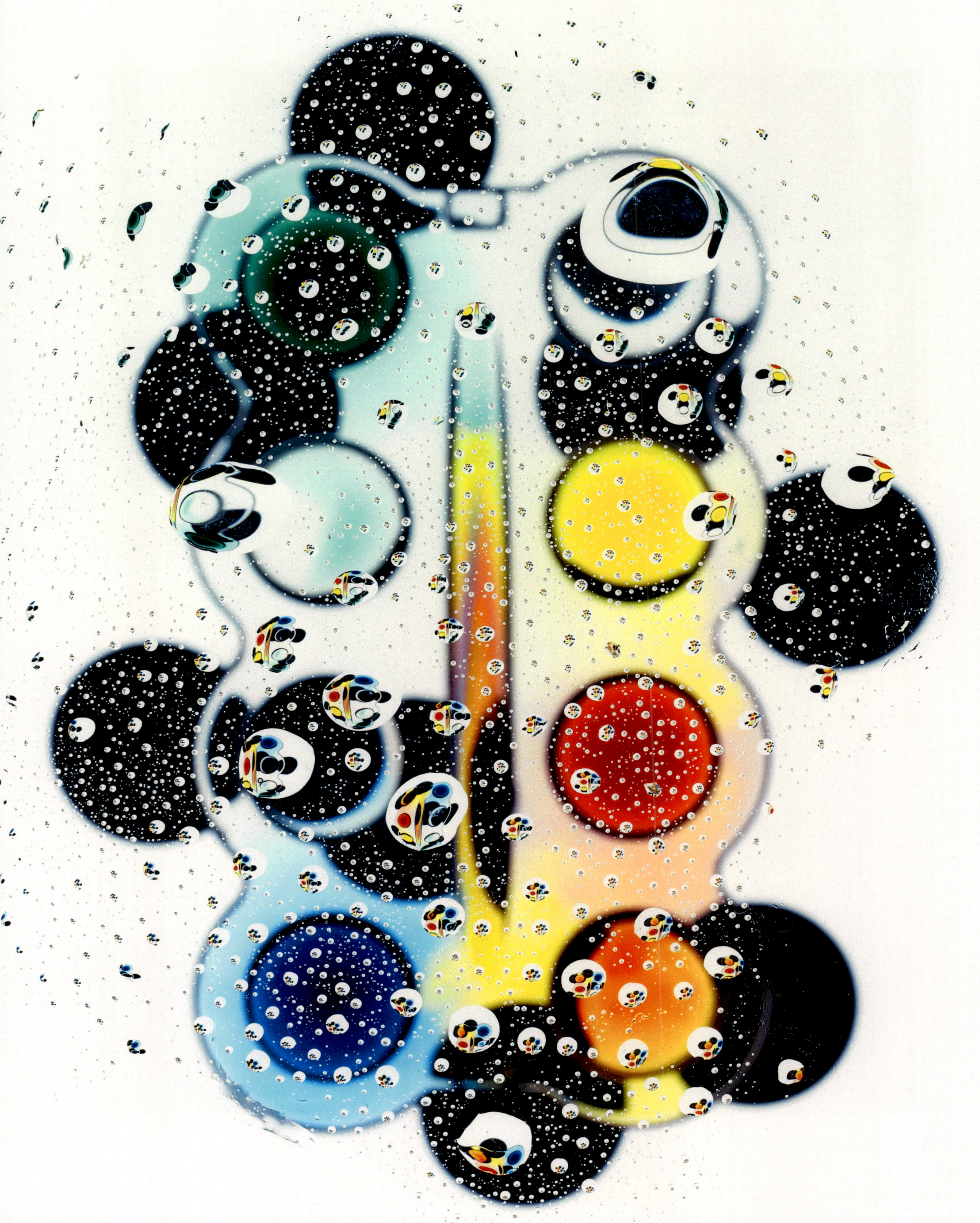

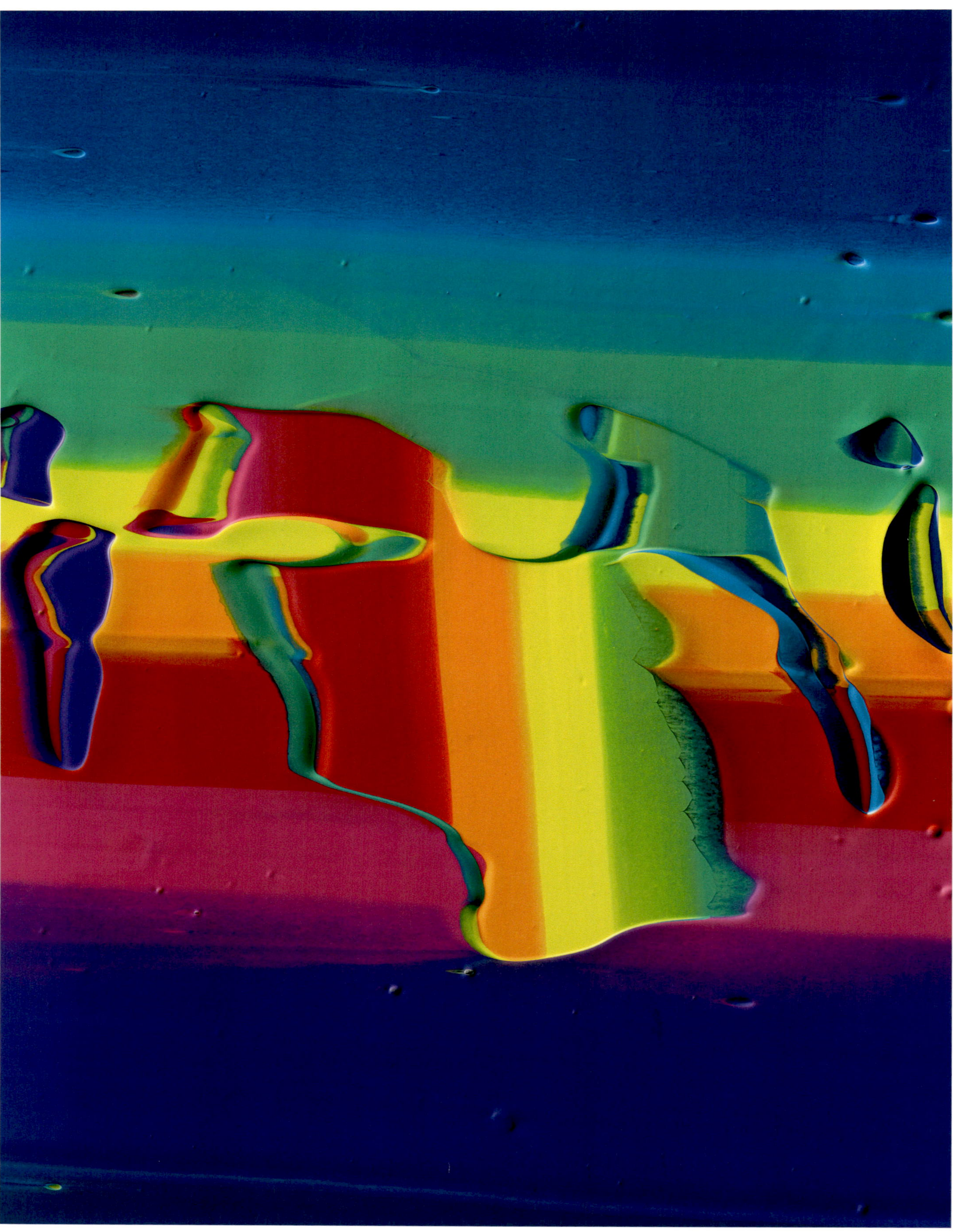

 Motiv für / Motif for Marabu, Farben / Colors, 2014

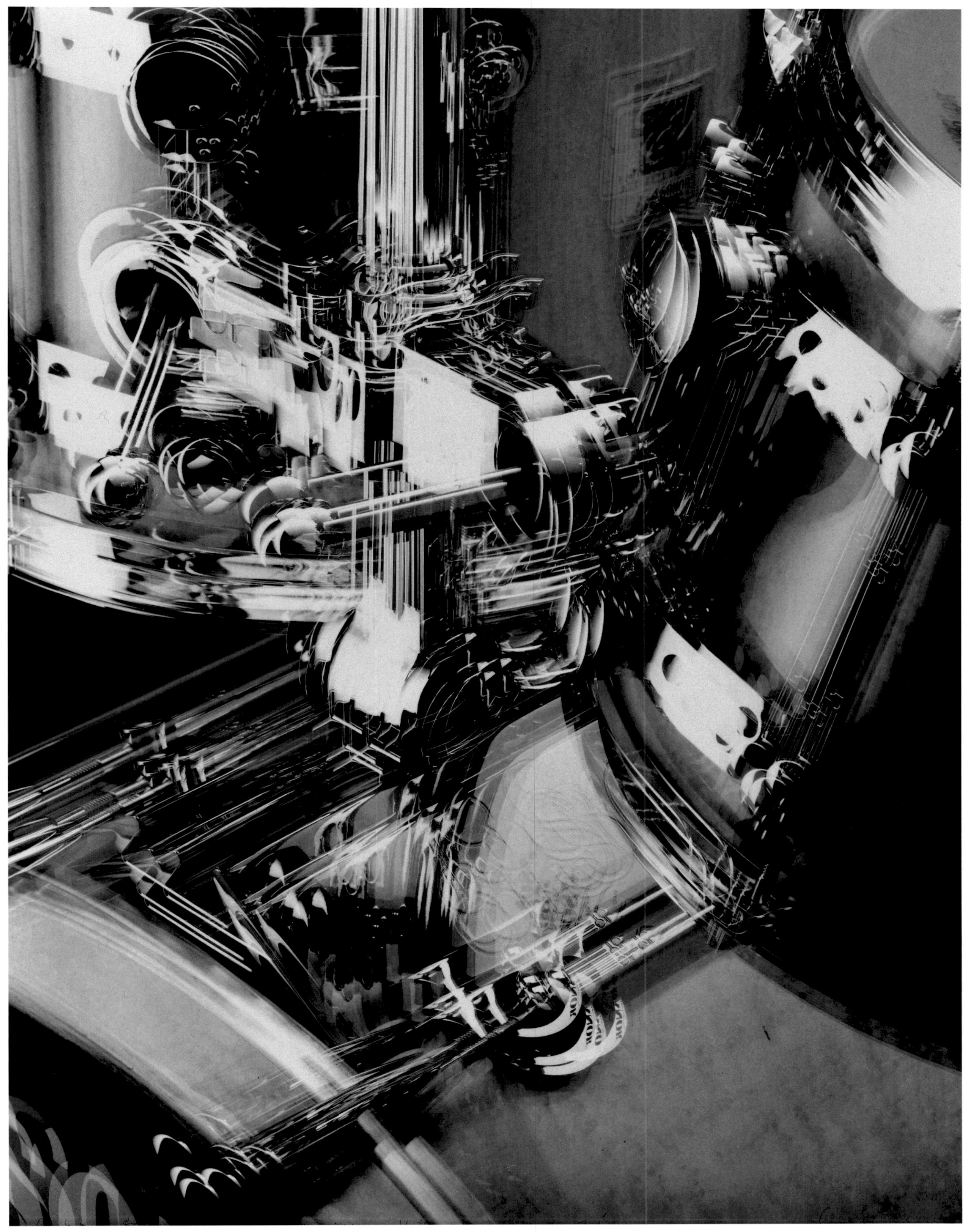

Motiv für / Motif for Design Zentrum NRW, Schlagzeug / Drums, 1994

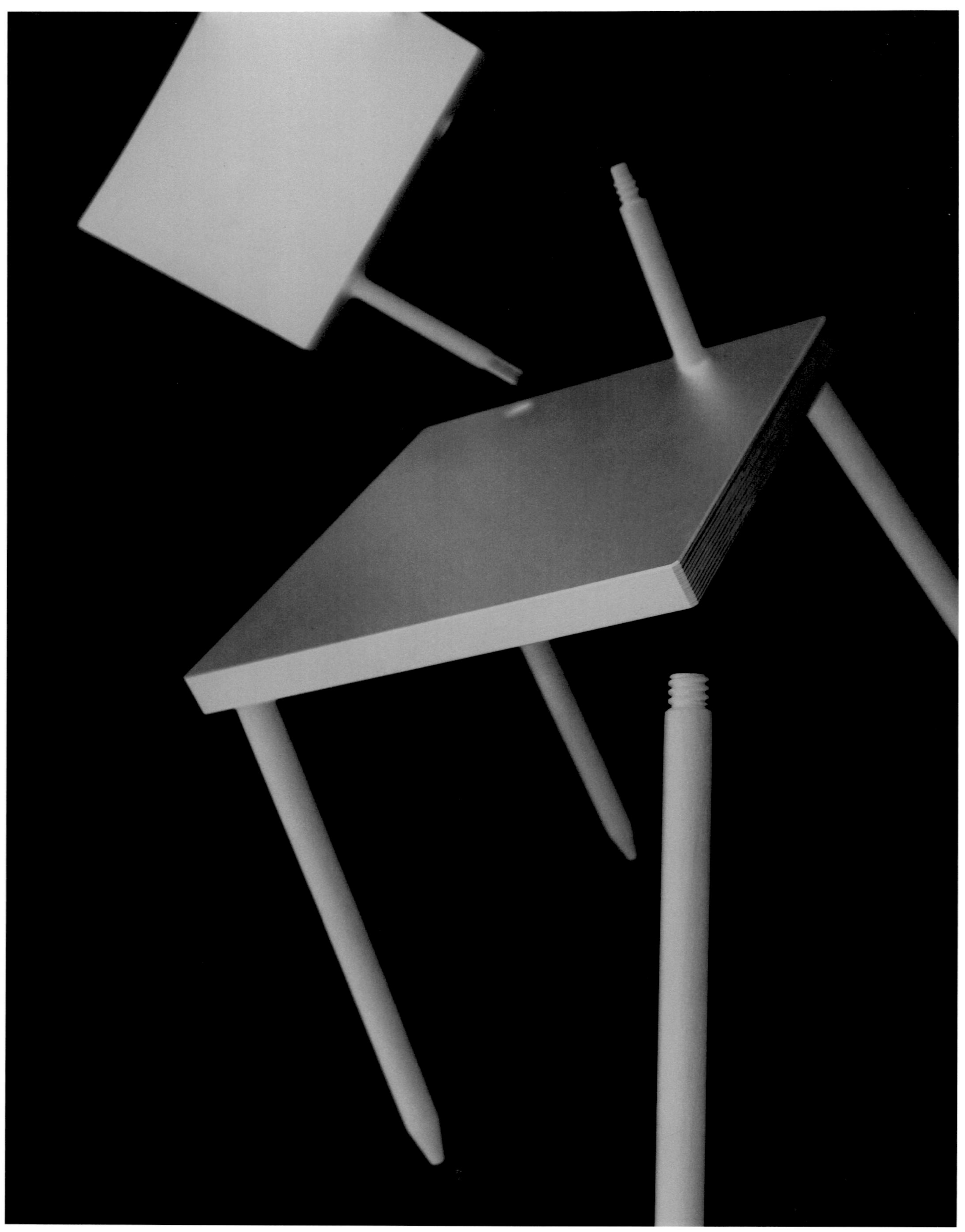

 Motiv für / Motif for Axel Kufus, Stuhl Stöck / Stöck Chair, 2005

Motiv für / Motif for Zeitverlag Gerd Bucerius, Liegestuhl / Deckchair, 1992

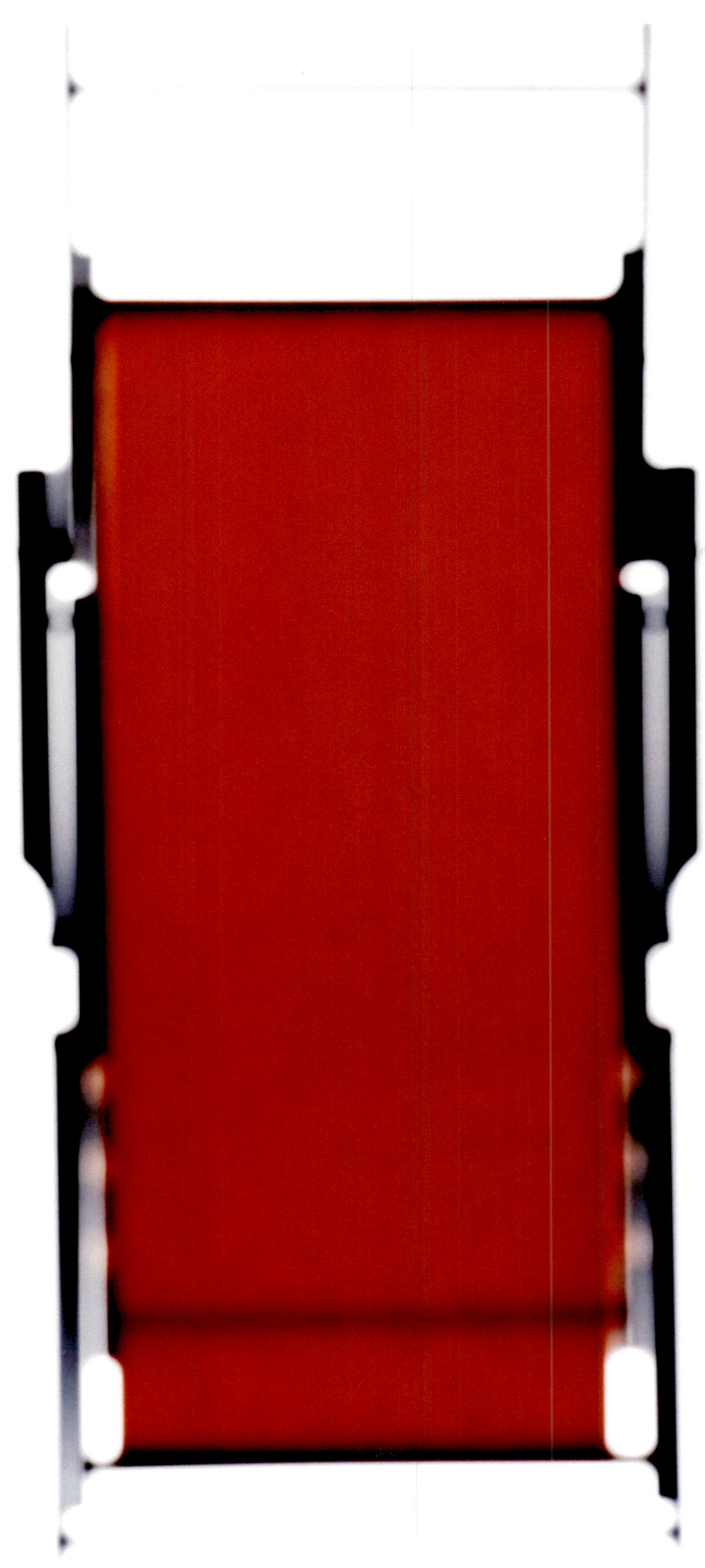

Motiv für / Motif for Mustang, Jeans, 1993

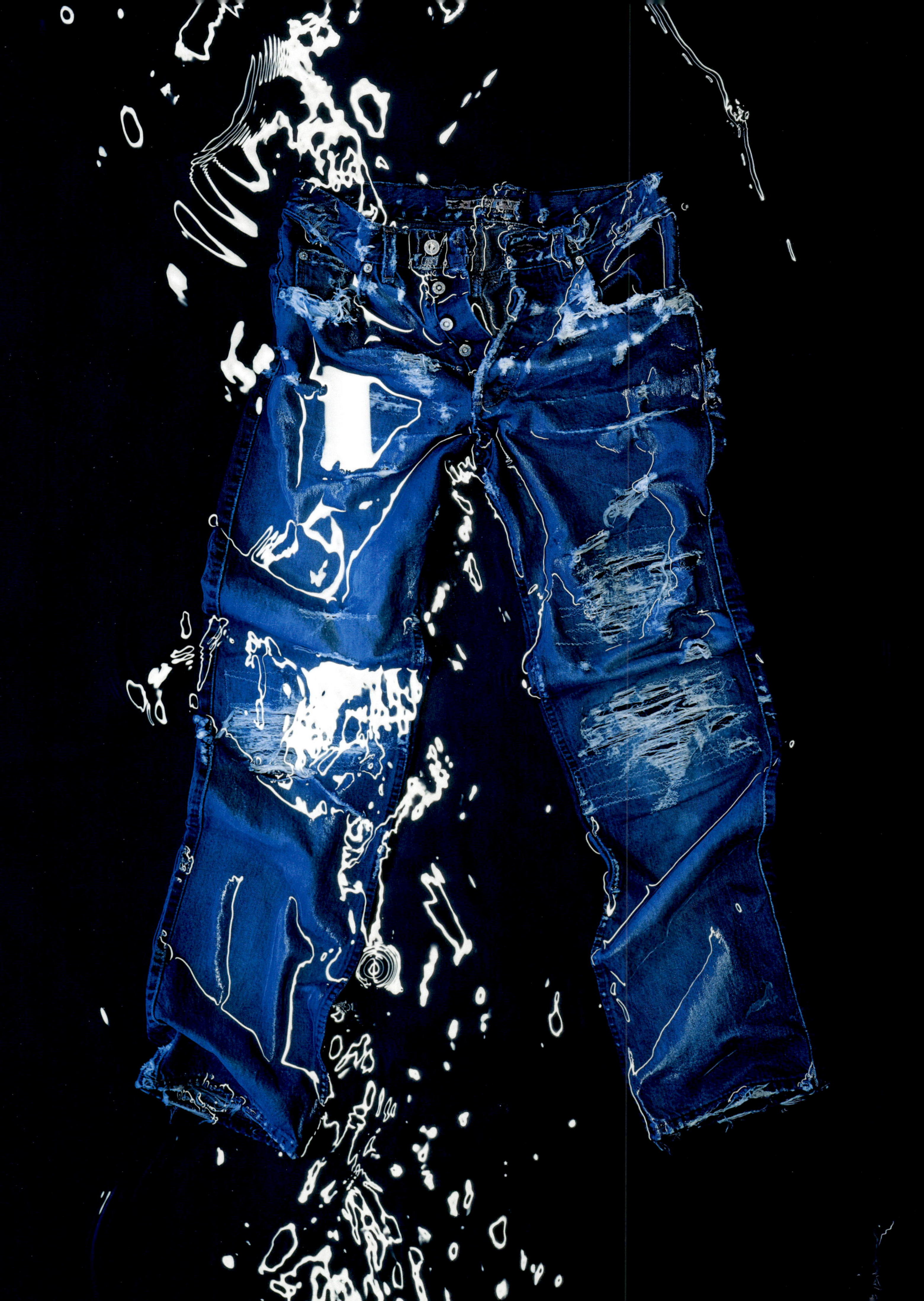

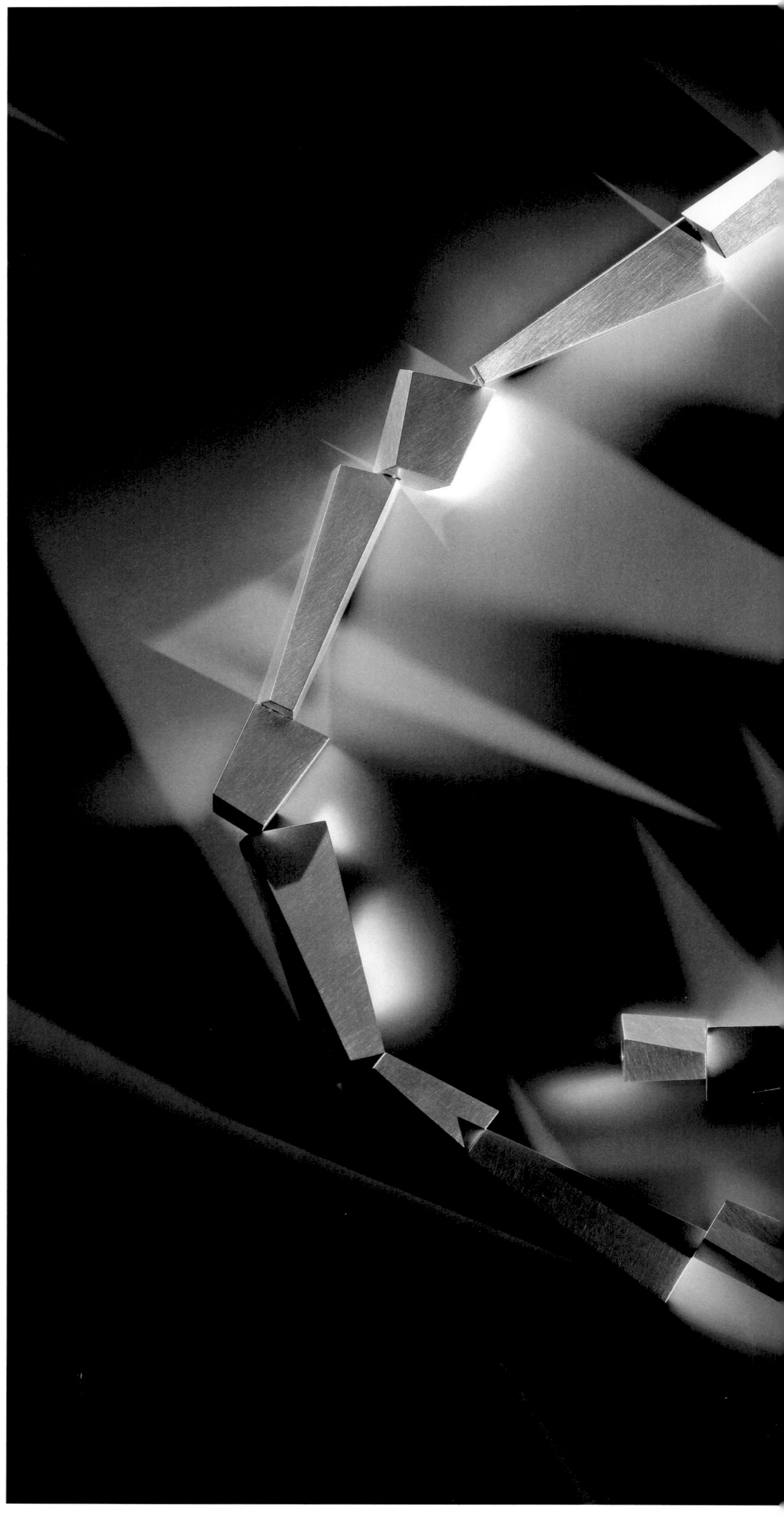

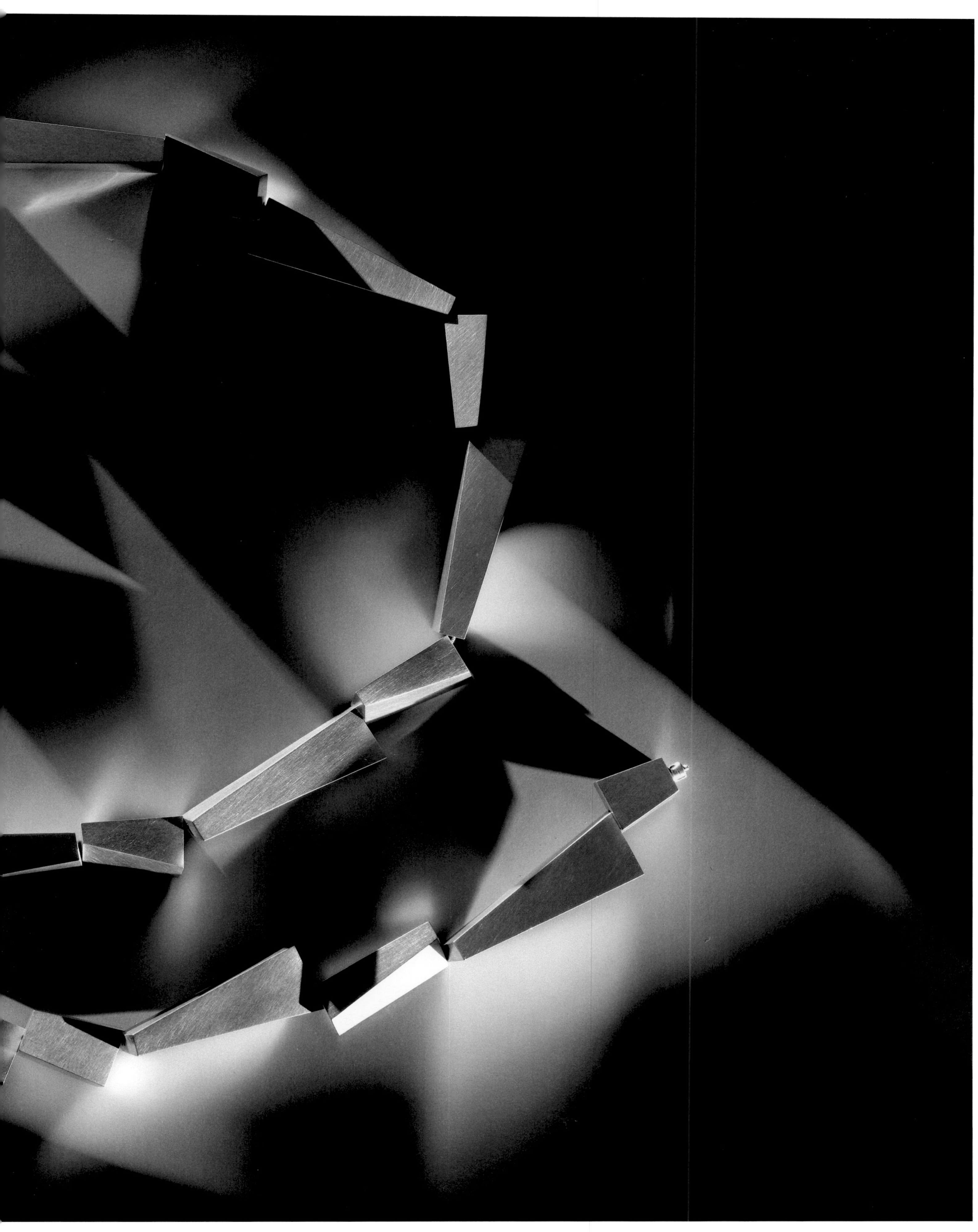

Motiv für / Motif for Ulla + Martin Kaufmann, Collier, 2009

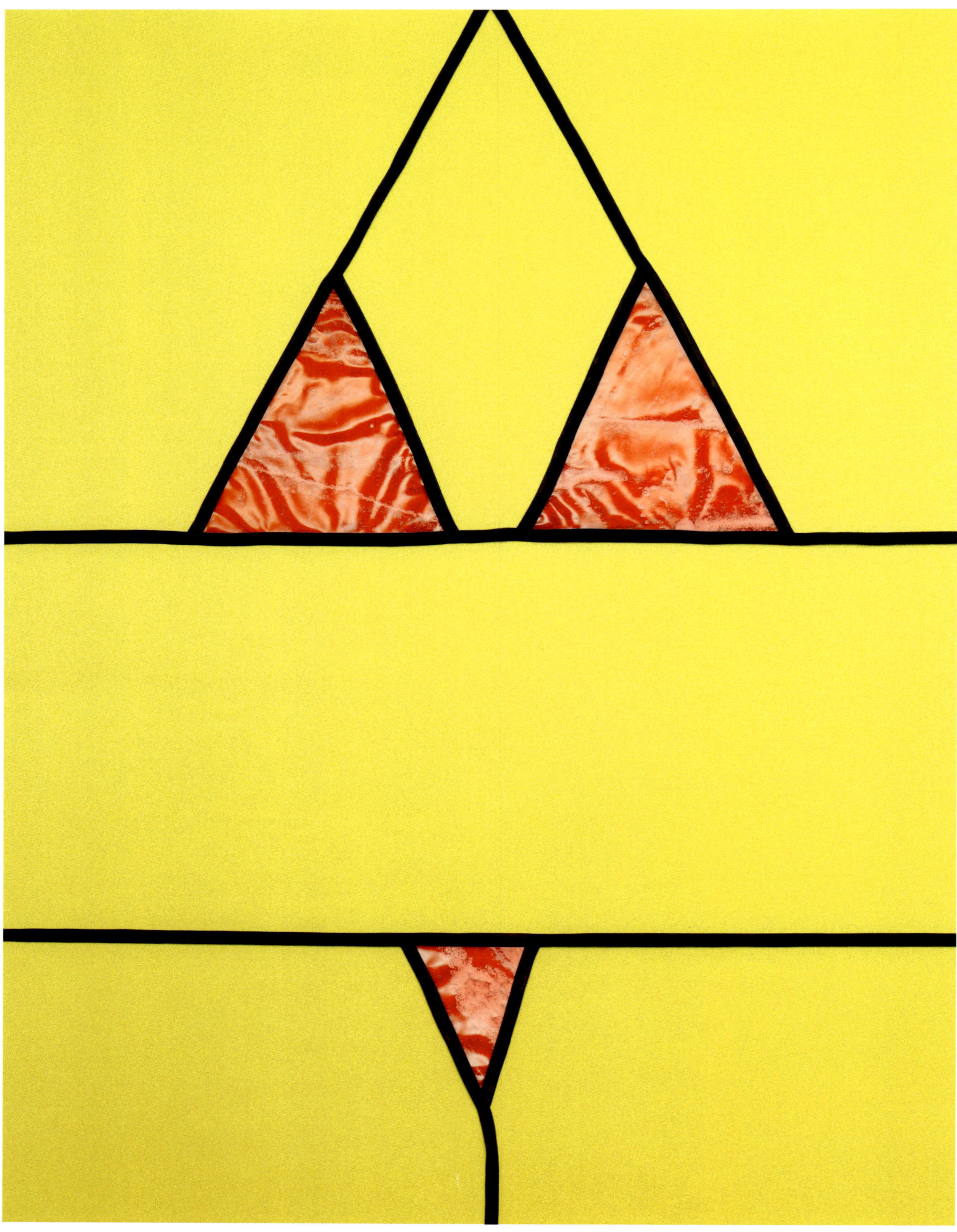

 Motiv für / Motif for Verlag Gruner + Jahr, Redaktion *Geo*, Bikini, 2011

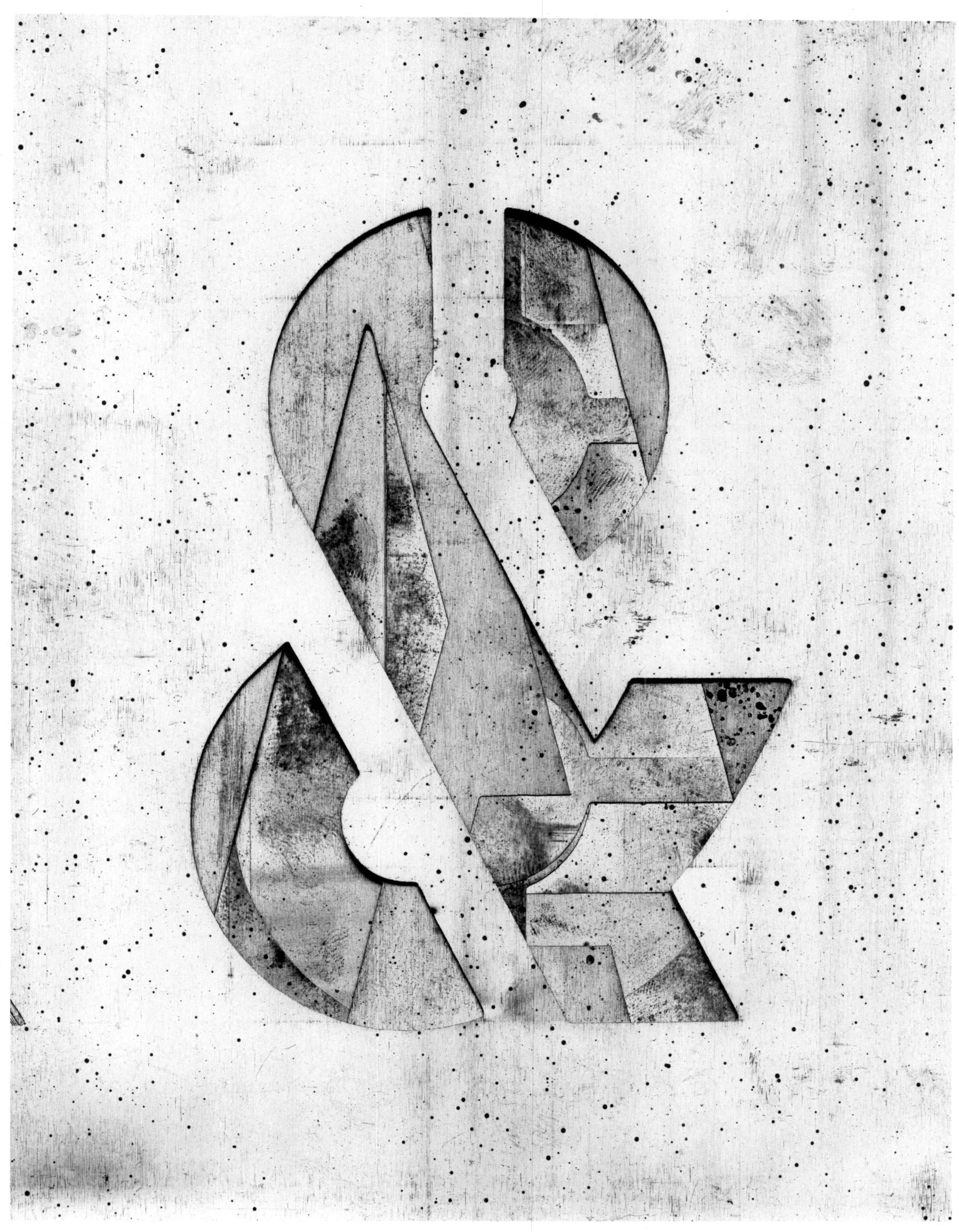

&-Zeichen / Ampersand, 2016

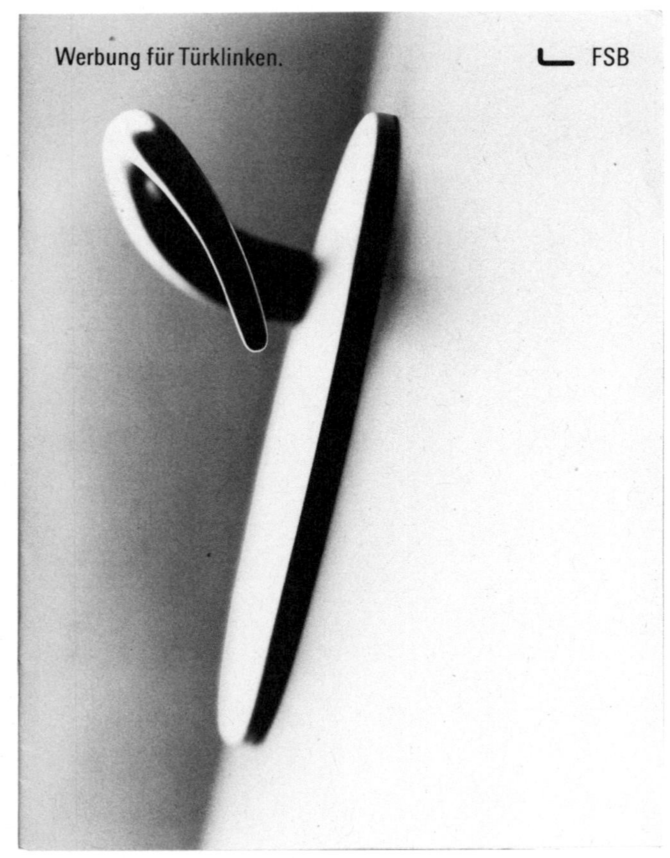

Werbemittel für / Advertising Material for FSB,
Türklinke / Doorknob, Philippe Starck, 1992

Werbemittel für / Advertising Material for FSB,
Türklinke / Doorknob, Mario Botta, 1992

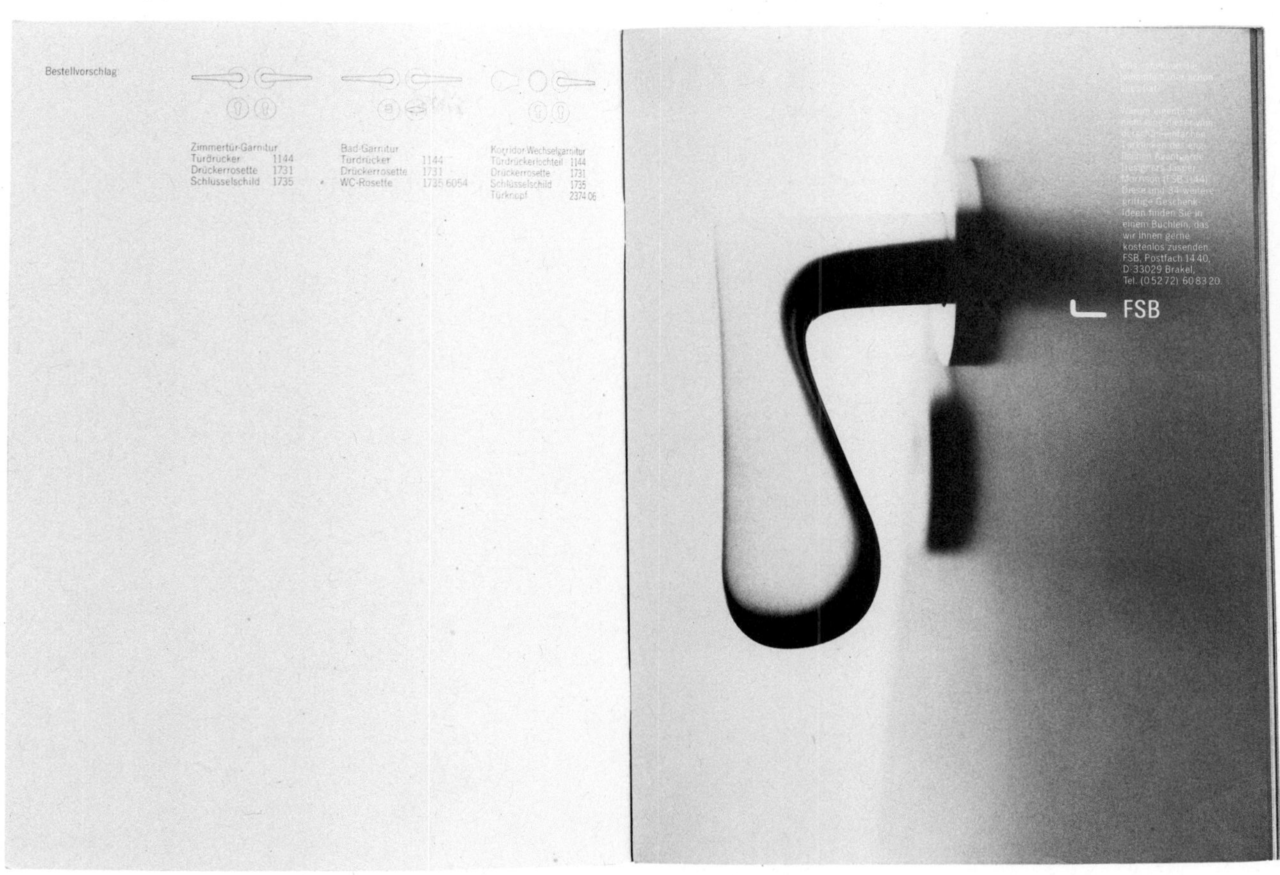

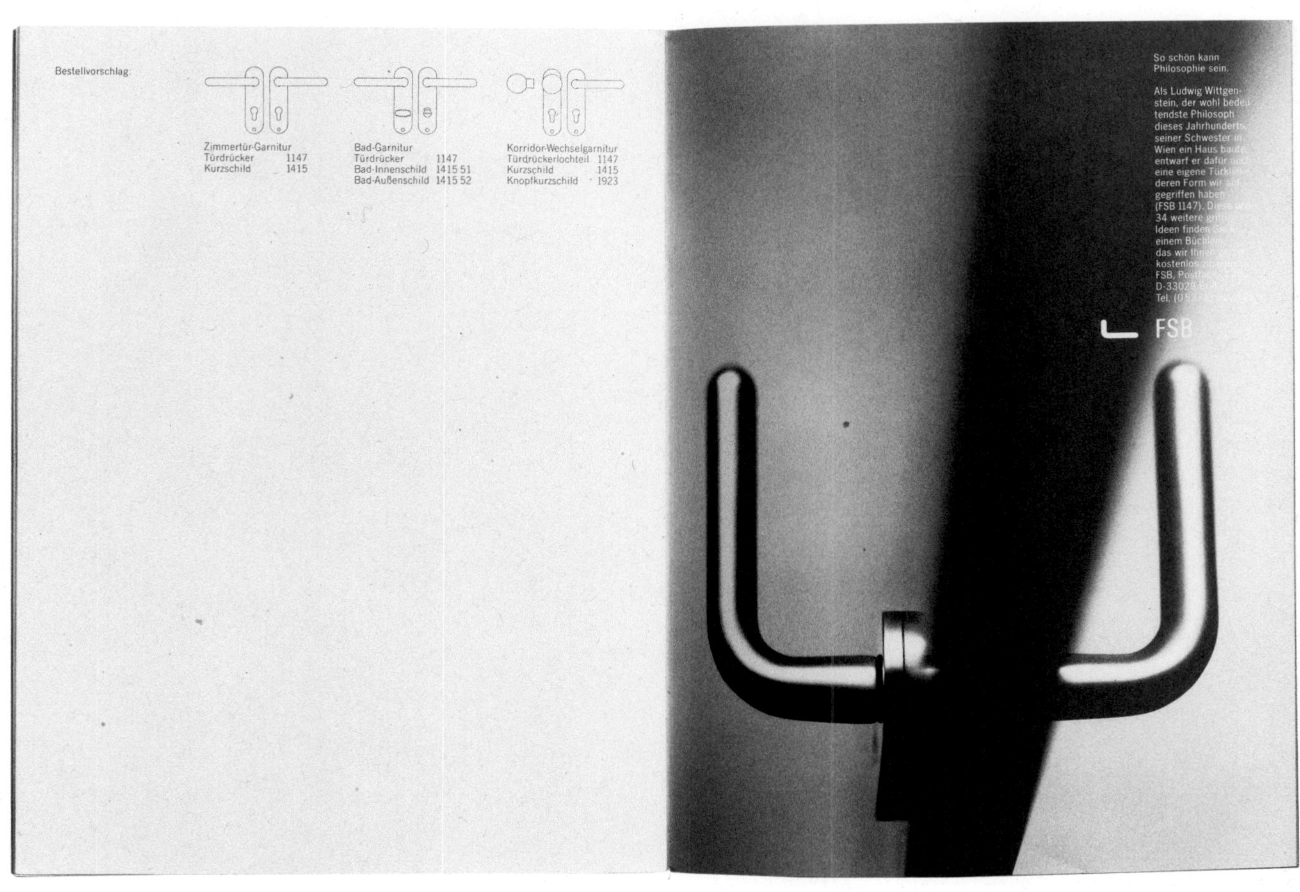

Werbemittel für / Advertising Material for FSB, Türklinke / Doorknob, Jasper Morrison, 1992

Werbemittel für / Advertising Material for FSB, Türklinke / Doorknob, Ludwig Wittgenstein, 1992

Citterio Ad Wall

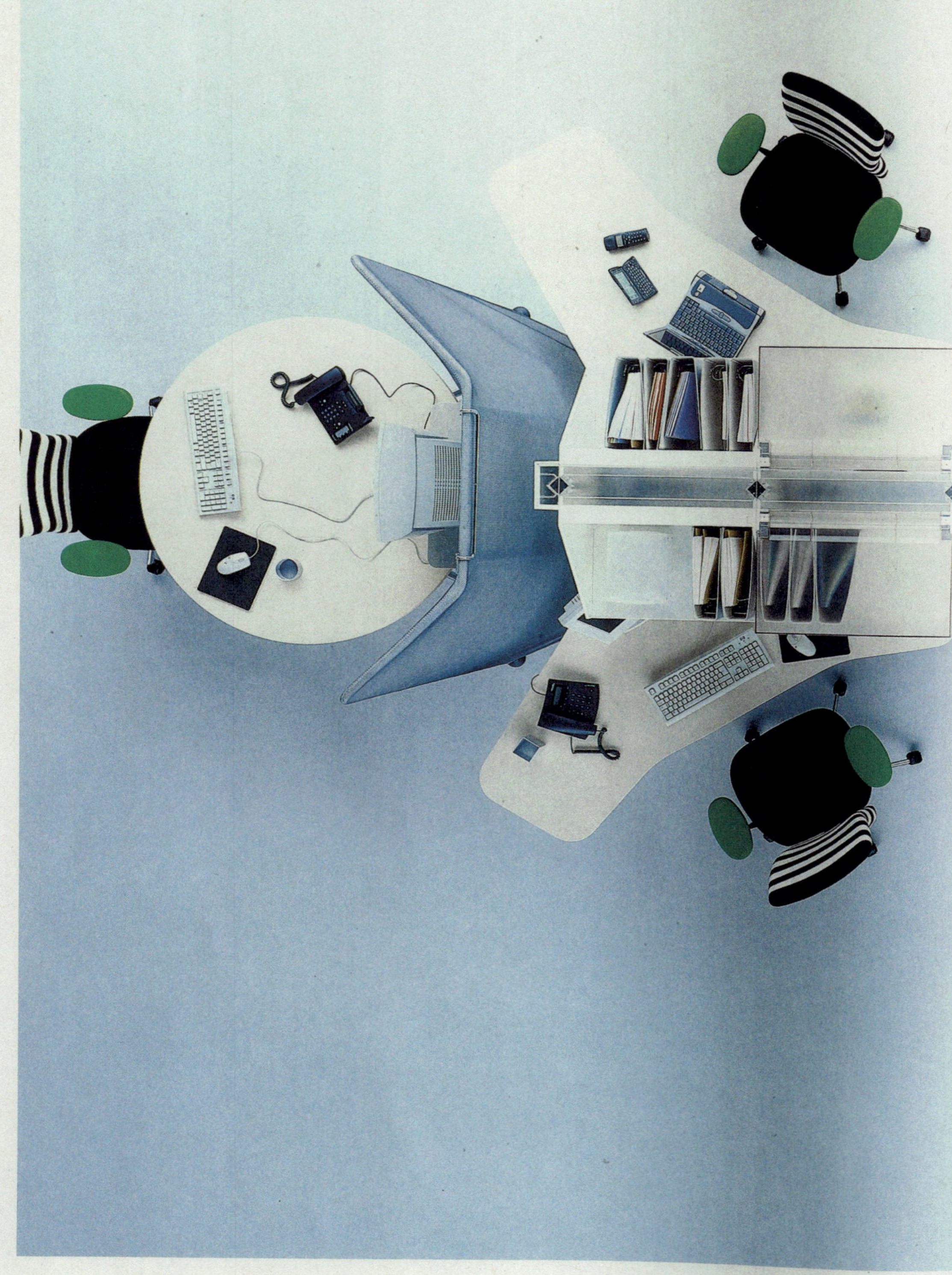

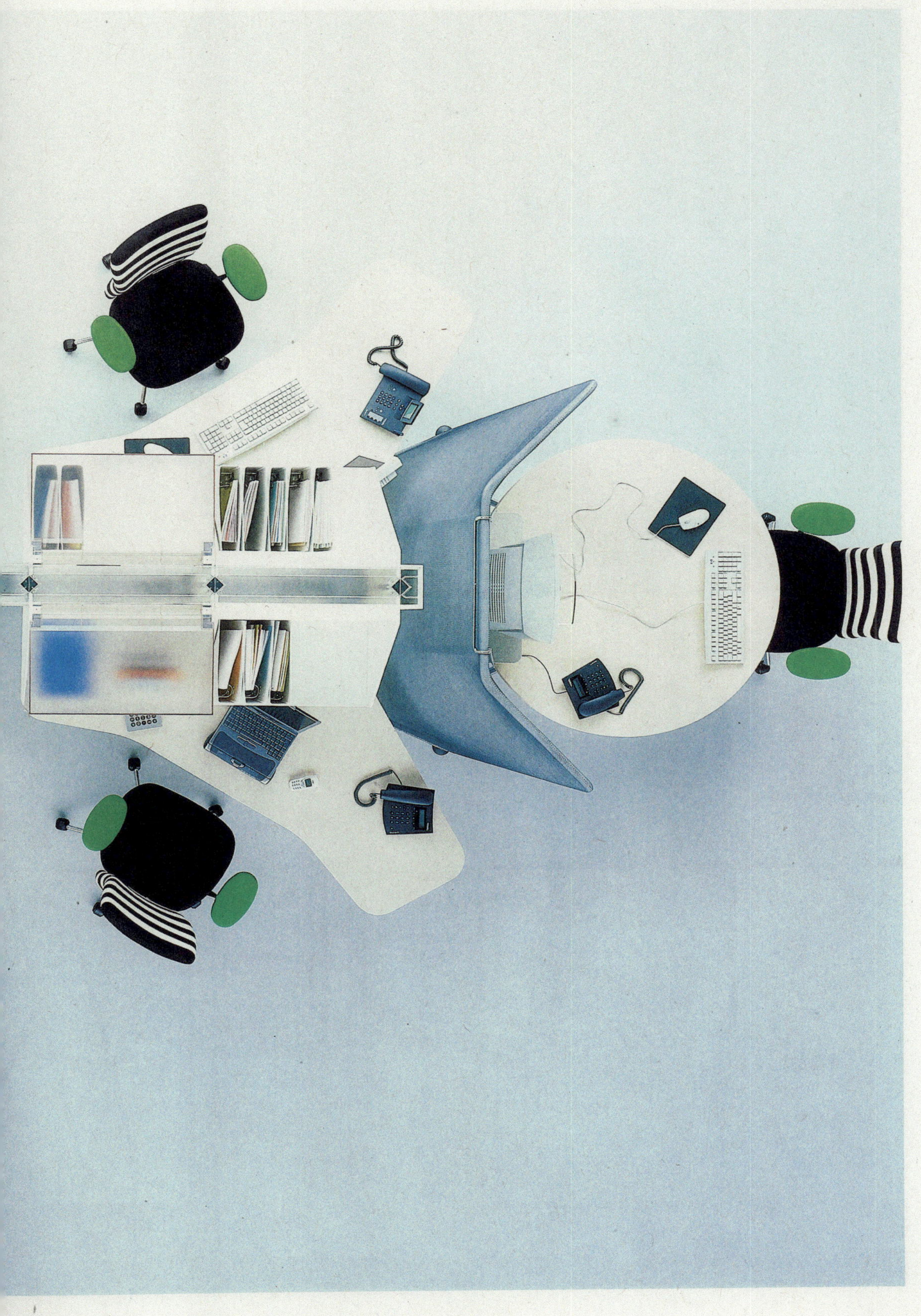

Werbemittel für / Advertising Material for Vitra International, Work Spirit, Antonio Citterio, 2002

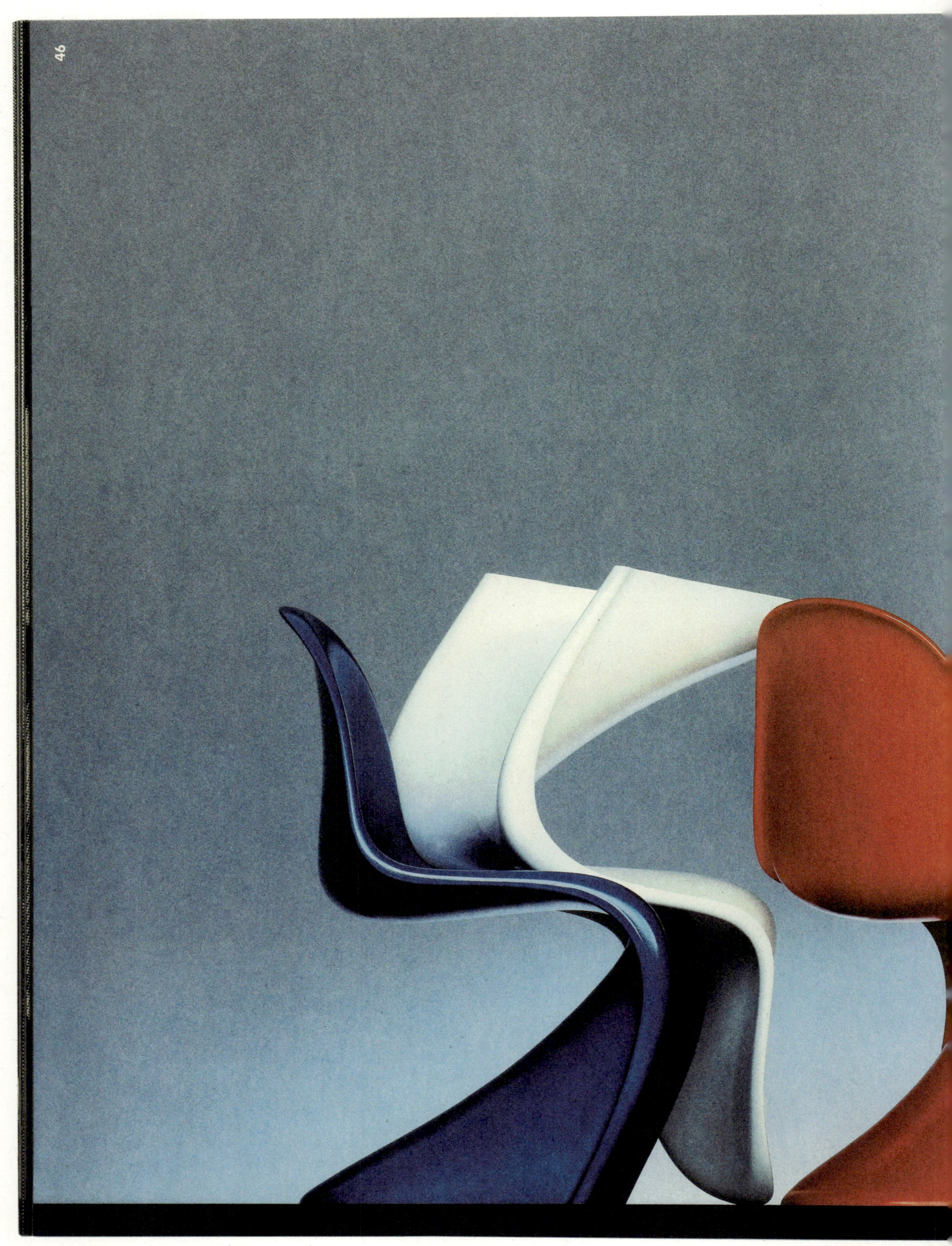
46

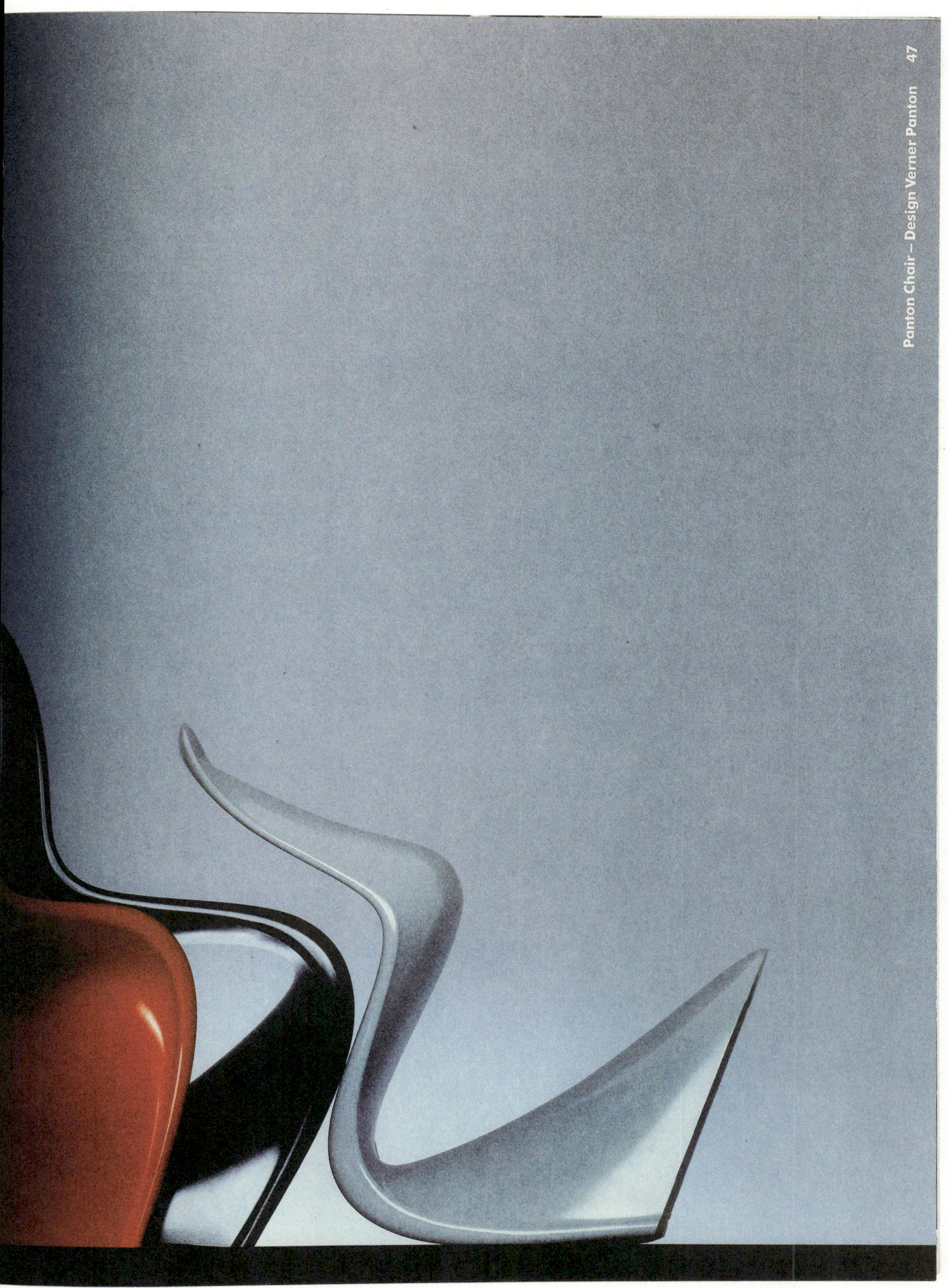

Werbemittel für / Advertising Material for Vitra International, Work Spirit, Verner Panton, 1993

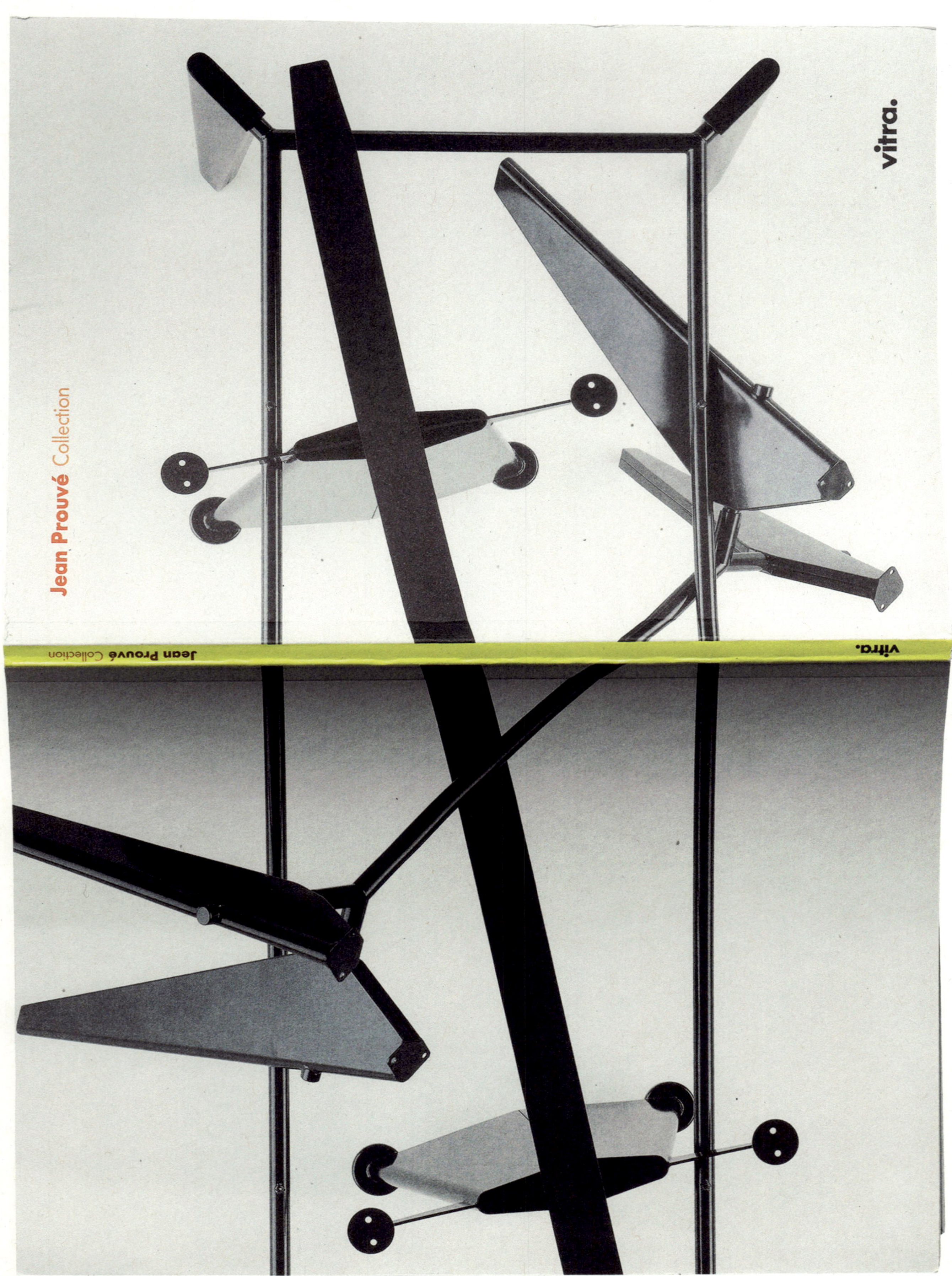

 Werbemittel für / Advertising Material for Vitra International, Jean Prouvé Collection, 2002

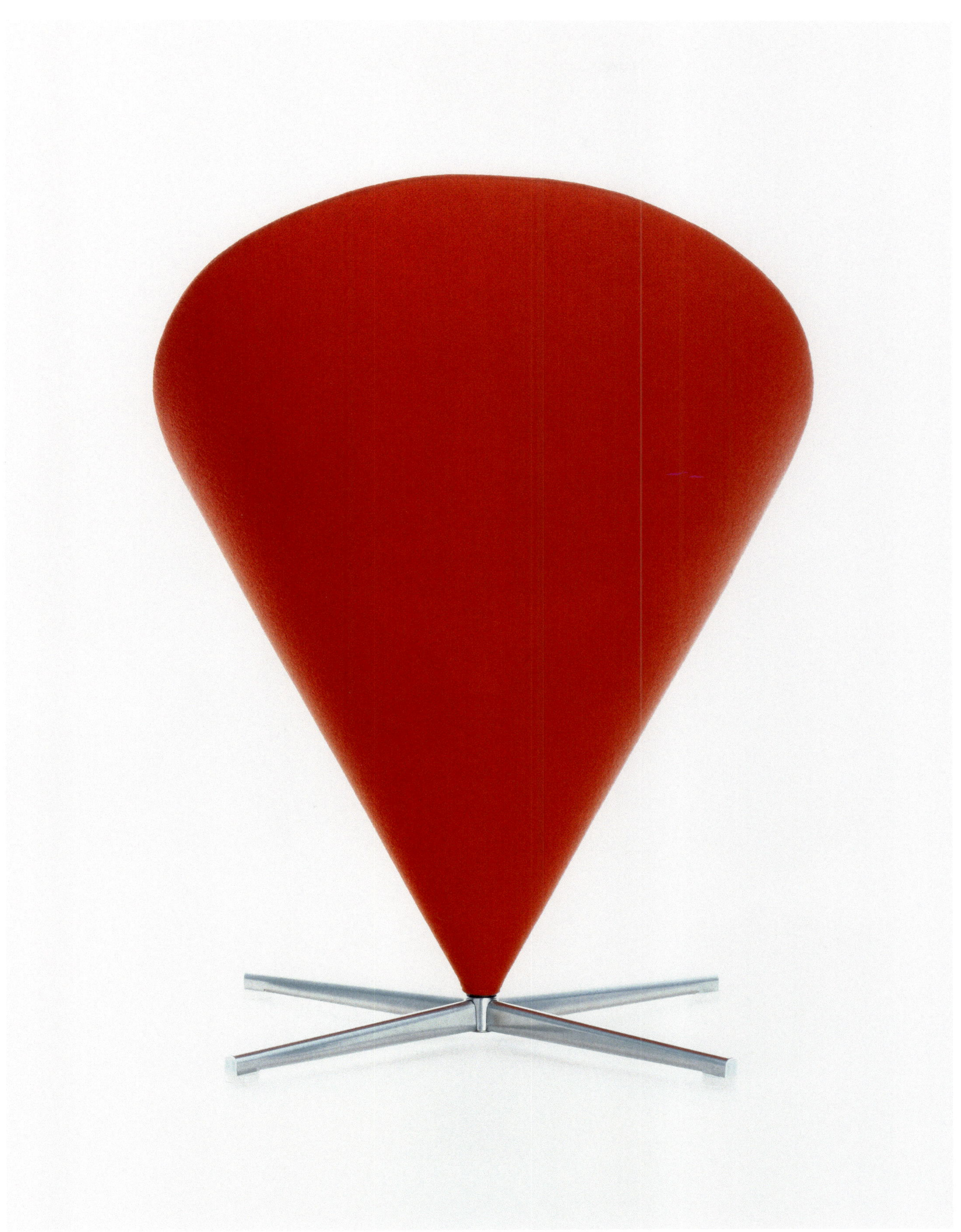

Motiv für / Motif for Vitra International, Cone Chair, Verner Panton, 2001

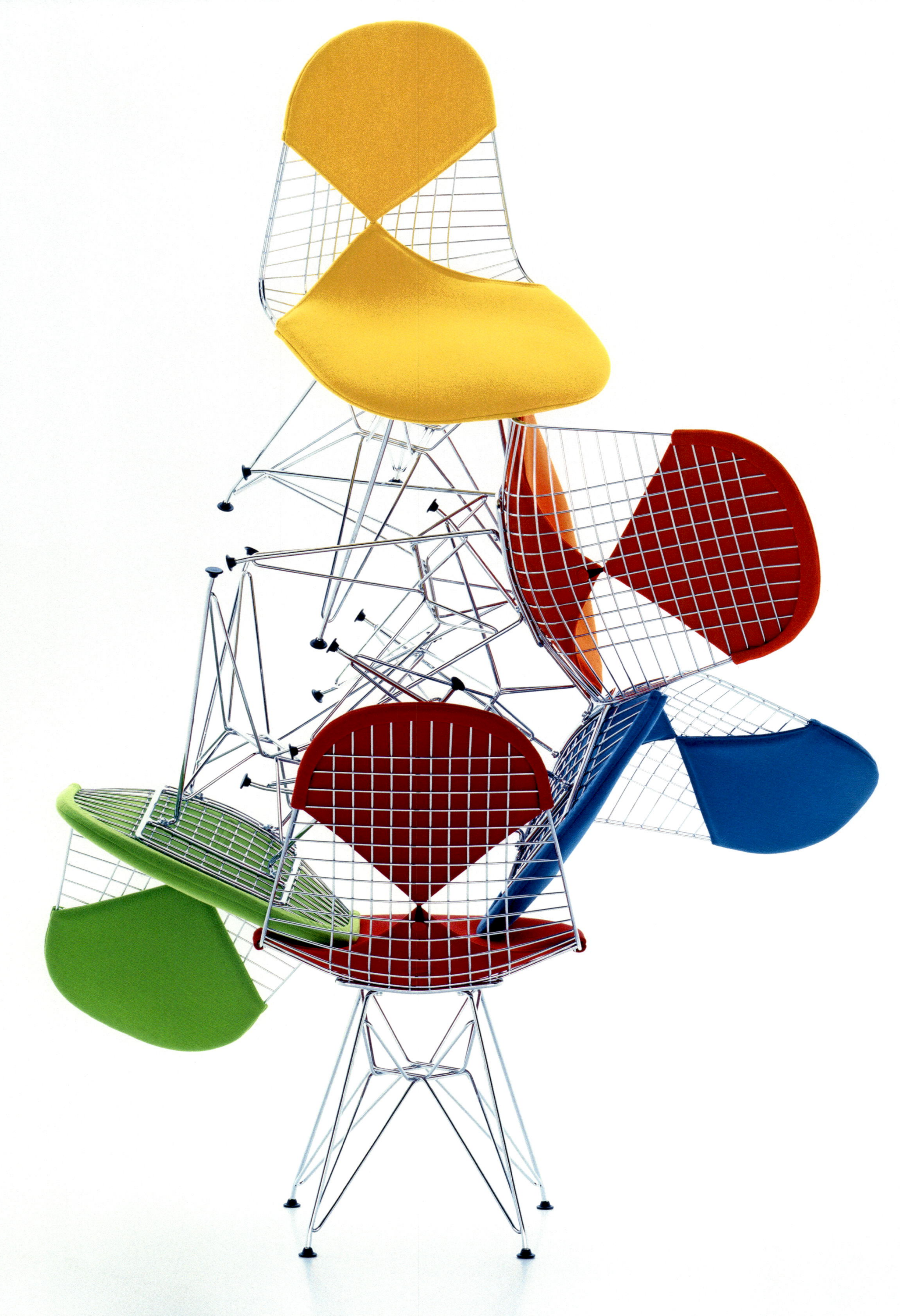

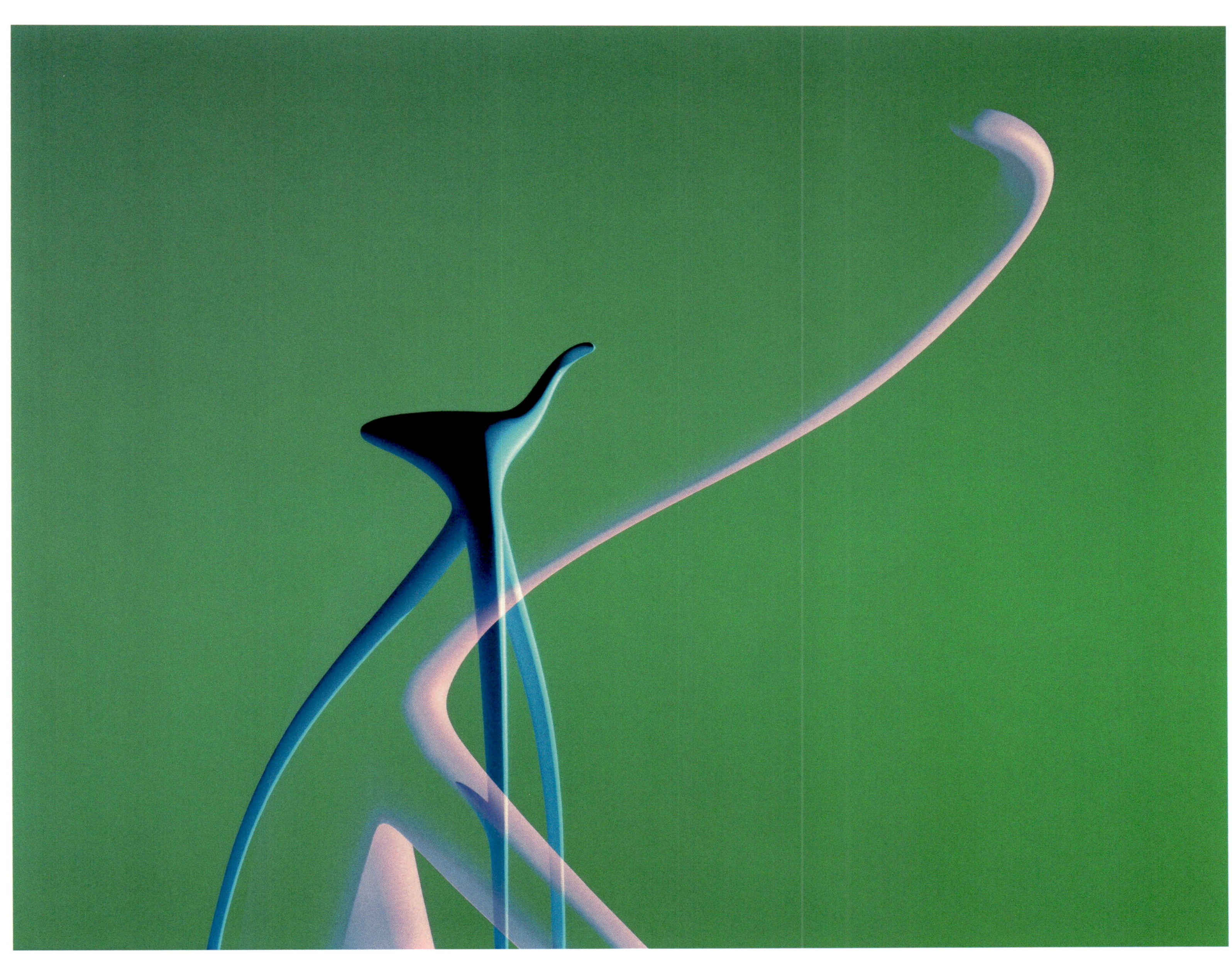

Motiv für / Motif for Vitra International, Wire Chairs, Charles + Ray Eames, 1997

Motiv für / Motif for Vitra International, W.W. Stool, Philippe Starck, 1992

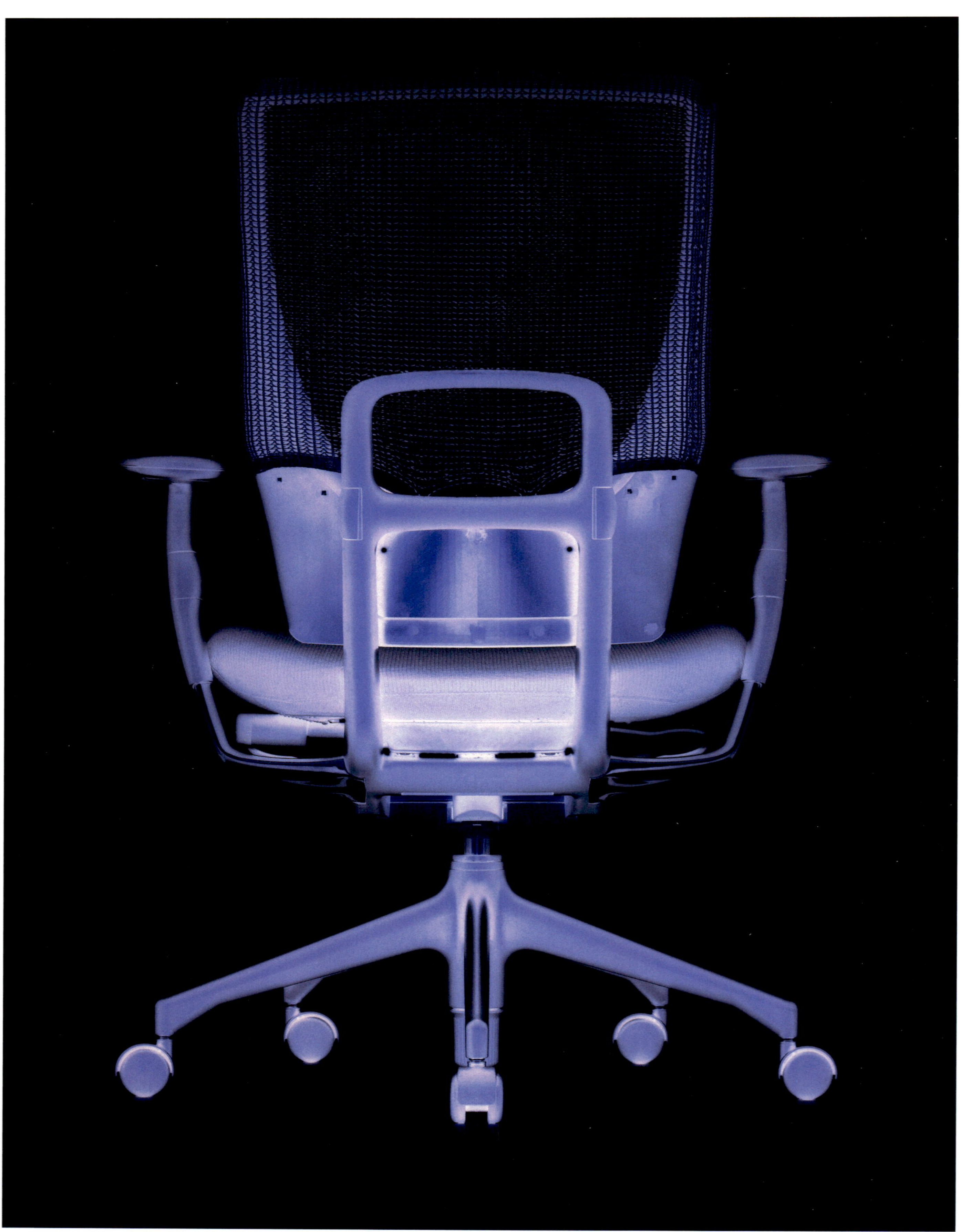

 Motiv für / Motif for Vitra International, Oson, Antonio Citterio, 2004

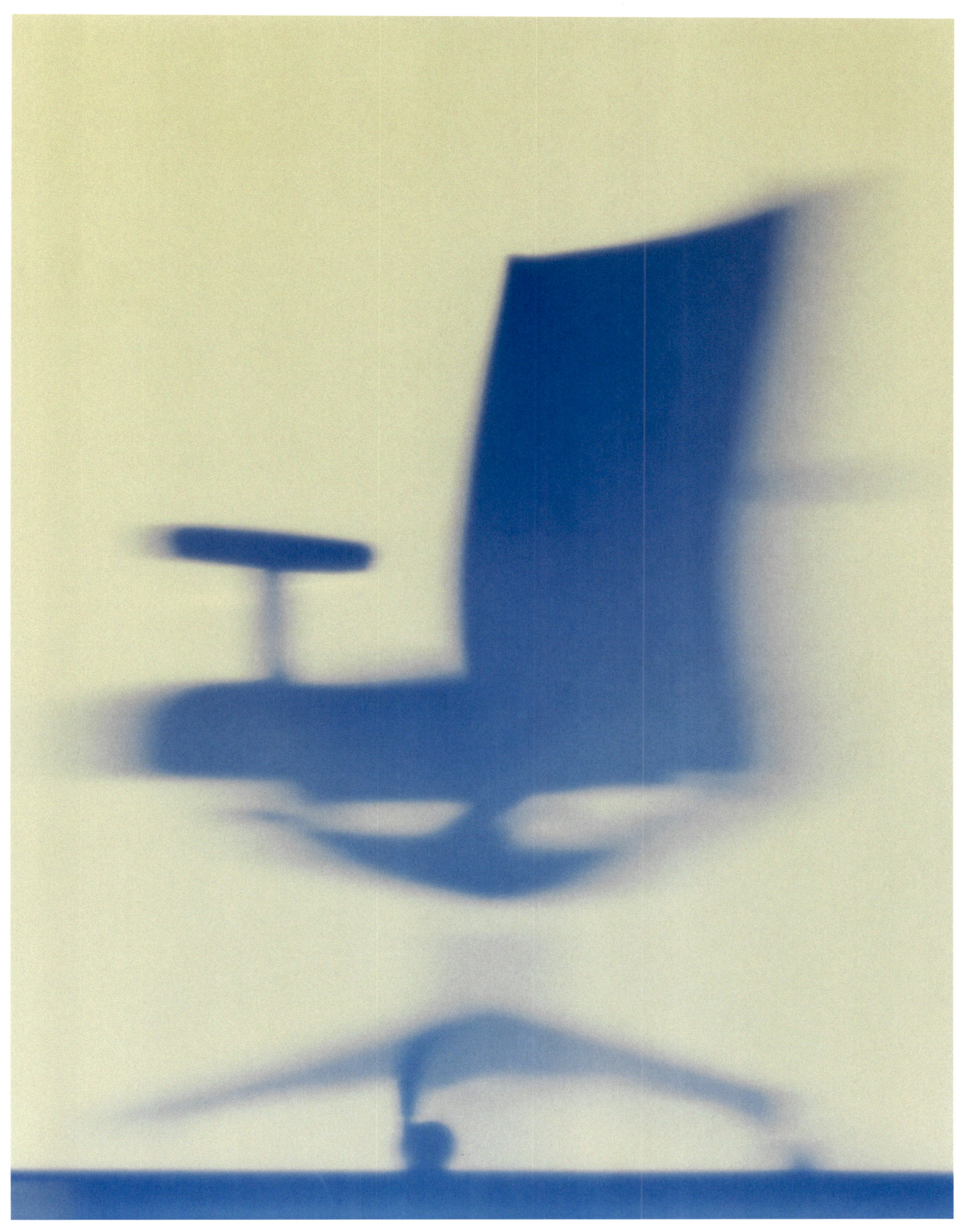

Motiv für / Motif for Vitra International, Axess, Antonio Citterio, 1998

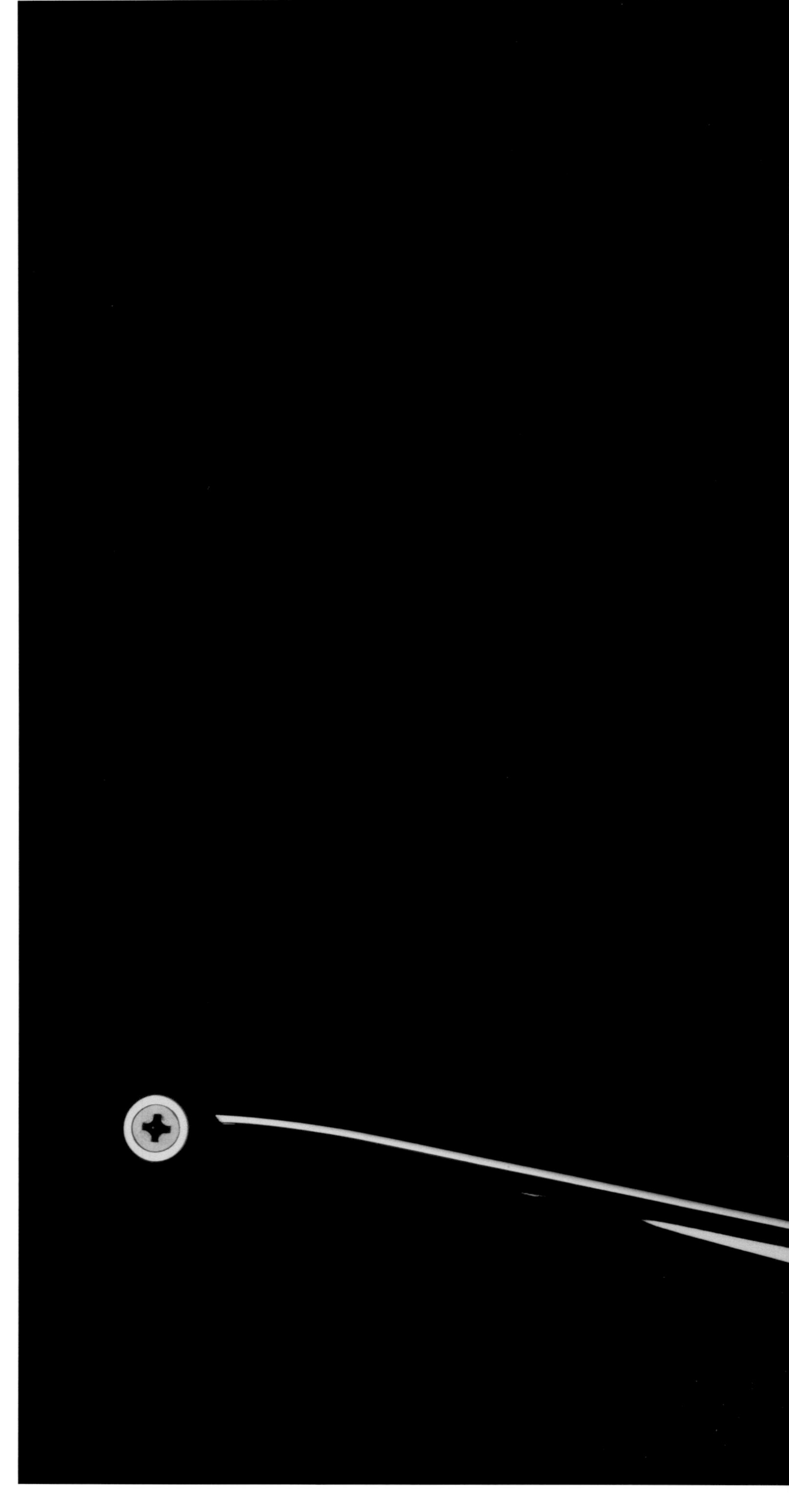

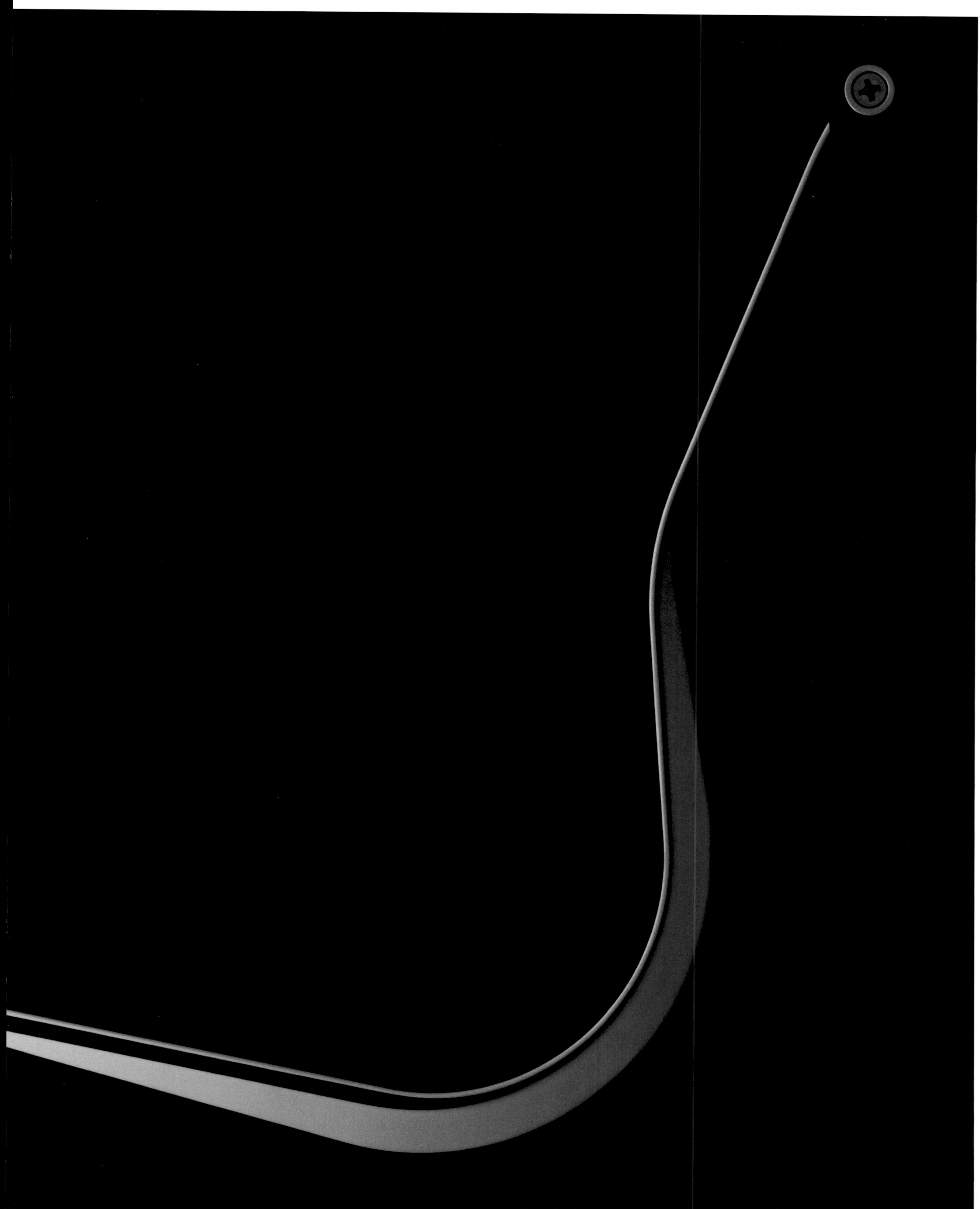

Motiv für / Motif for Vitra International, Aluminium Chair, Charles + Ray Eames, 2008

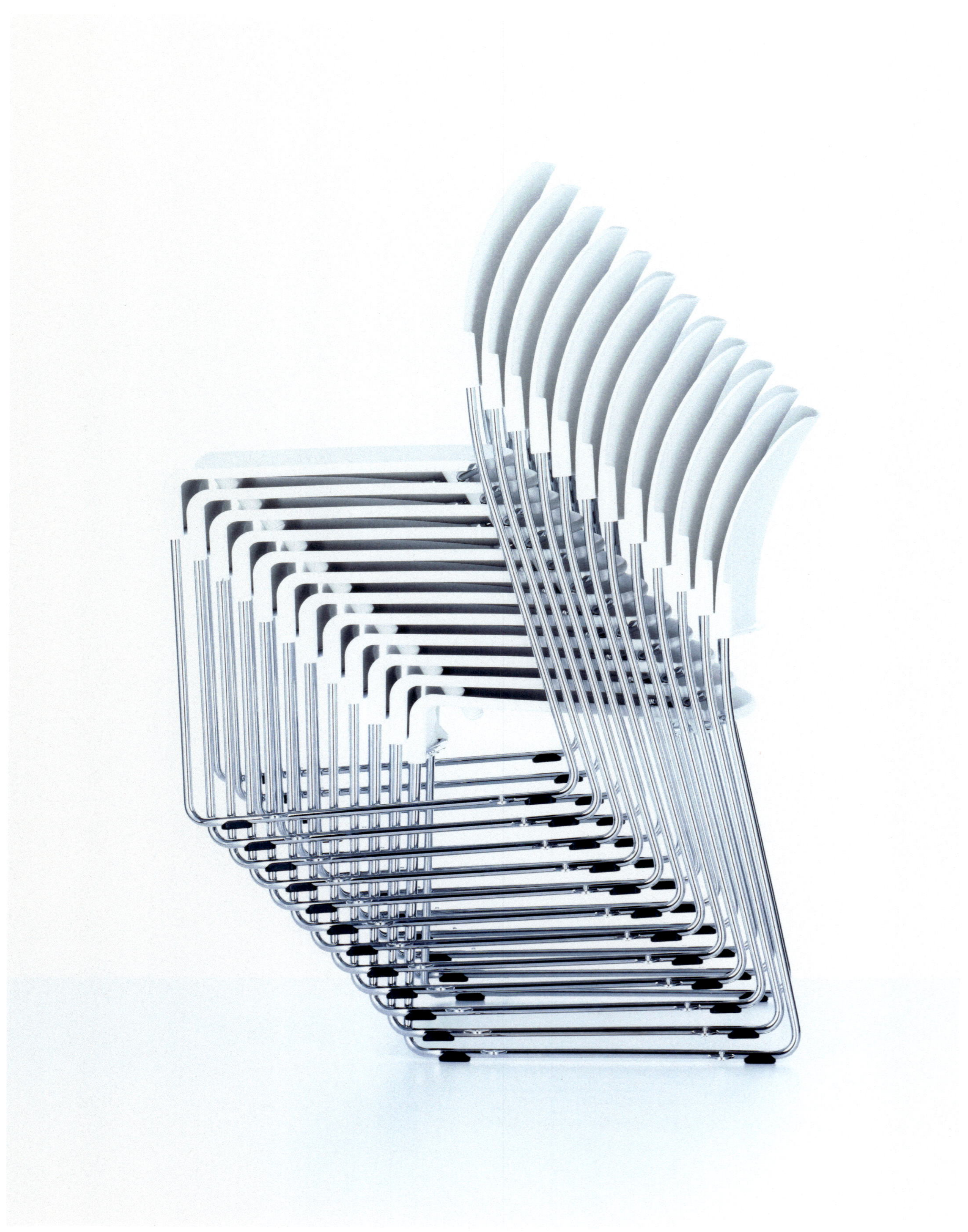

 Motiv für / Motif for Vitra International, Sim, Jasper Morrison, 2000

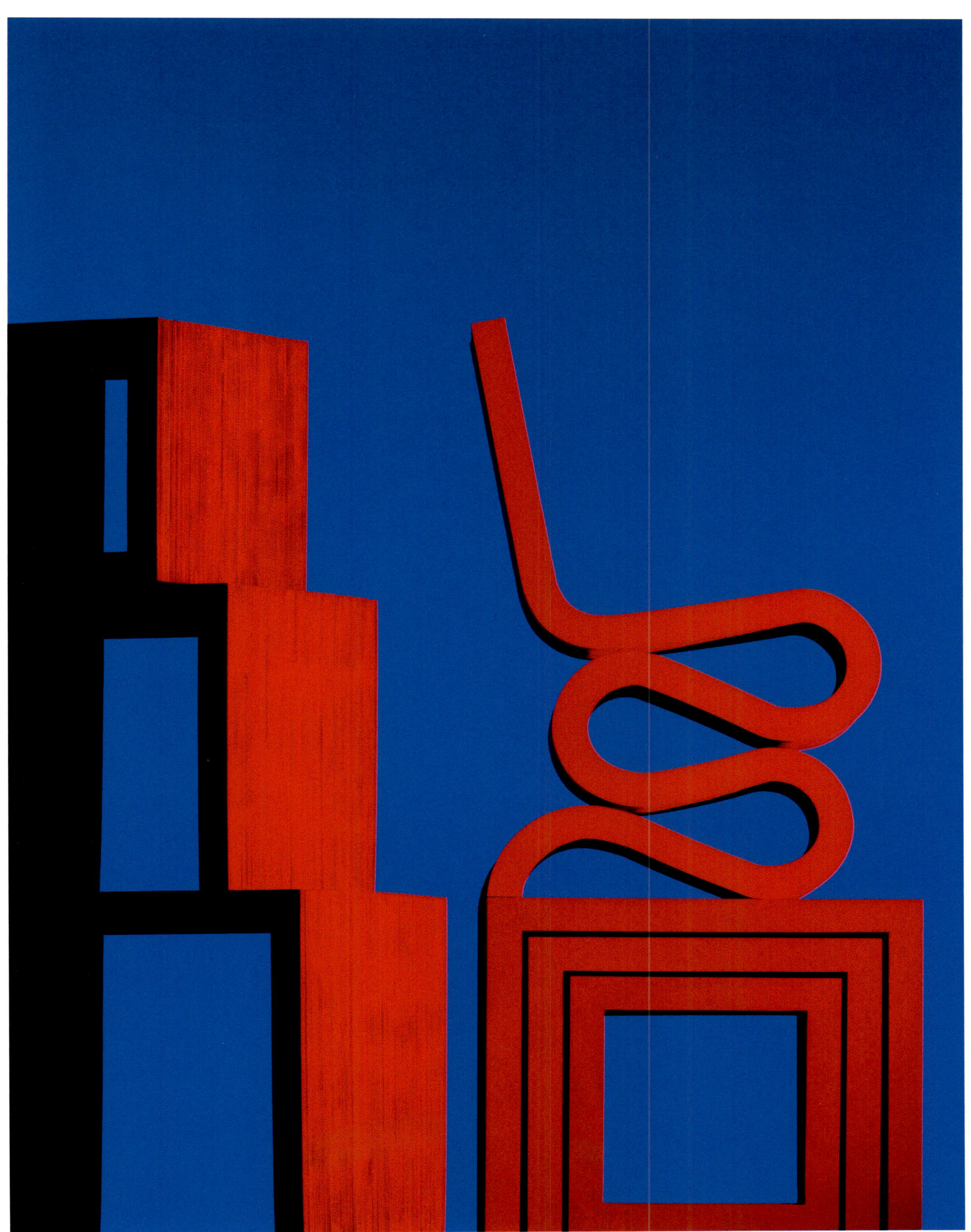

Motiv für / Motif for Vitra International, Wiggle Side Chair / Low Table Set, Frank Gehry, 1992

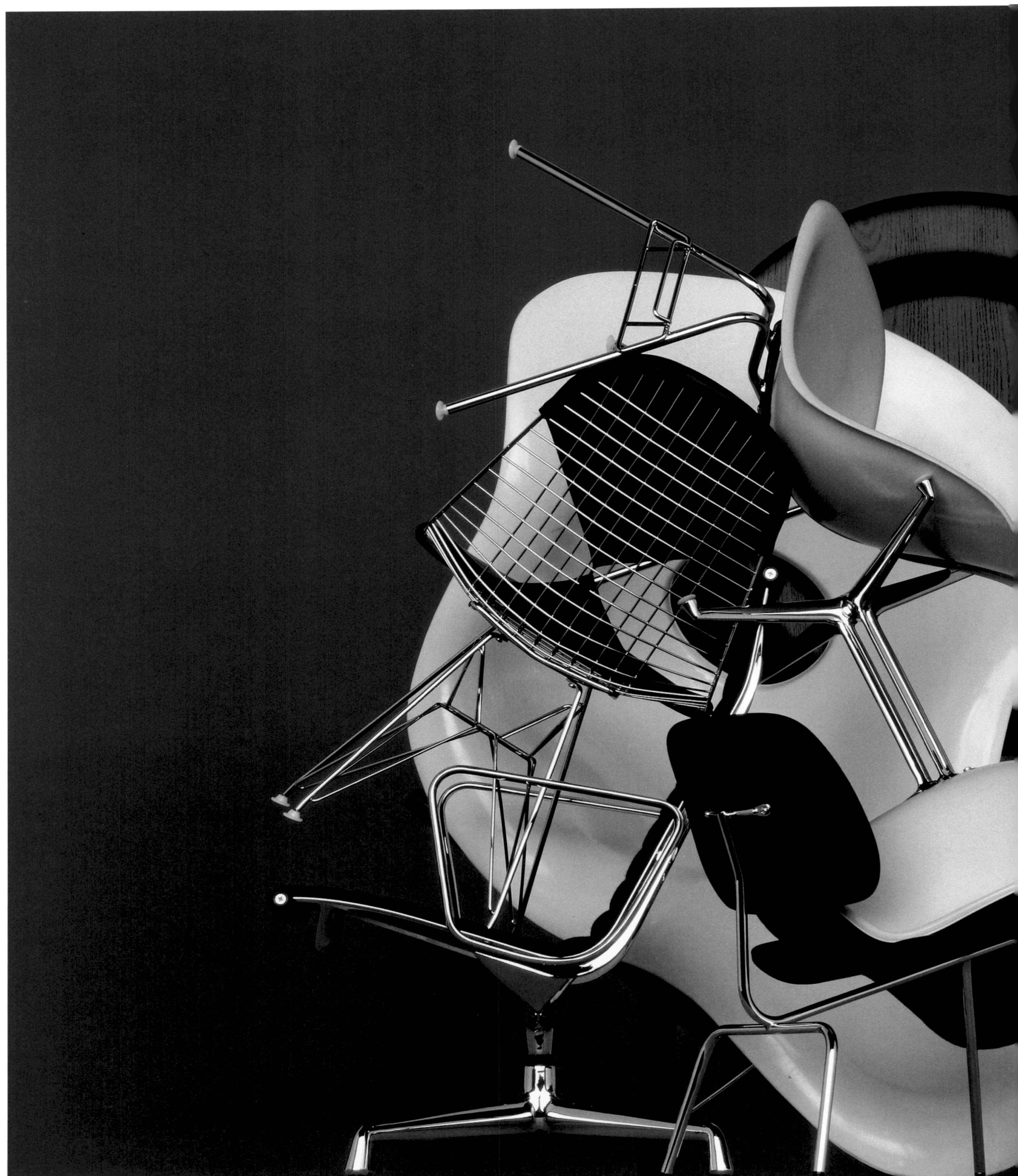

 Motiv für / Motif for Vitra International, Charles + Ray Eames, 1992

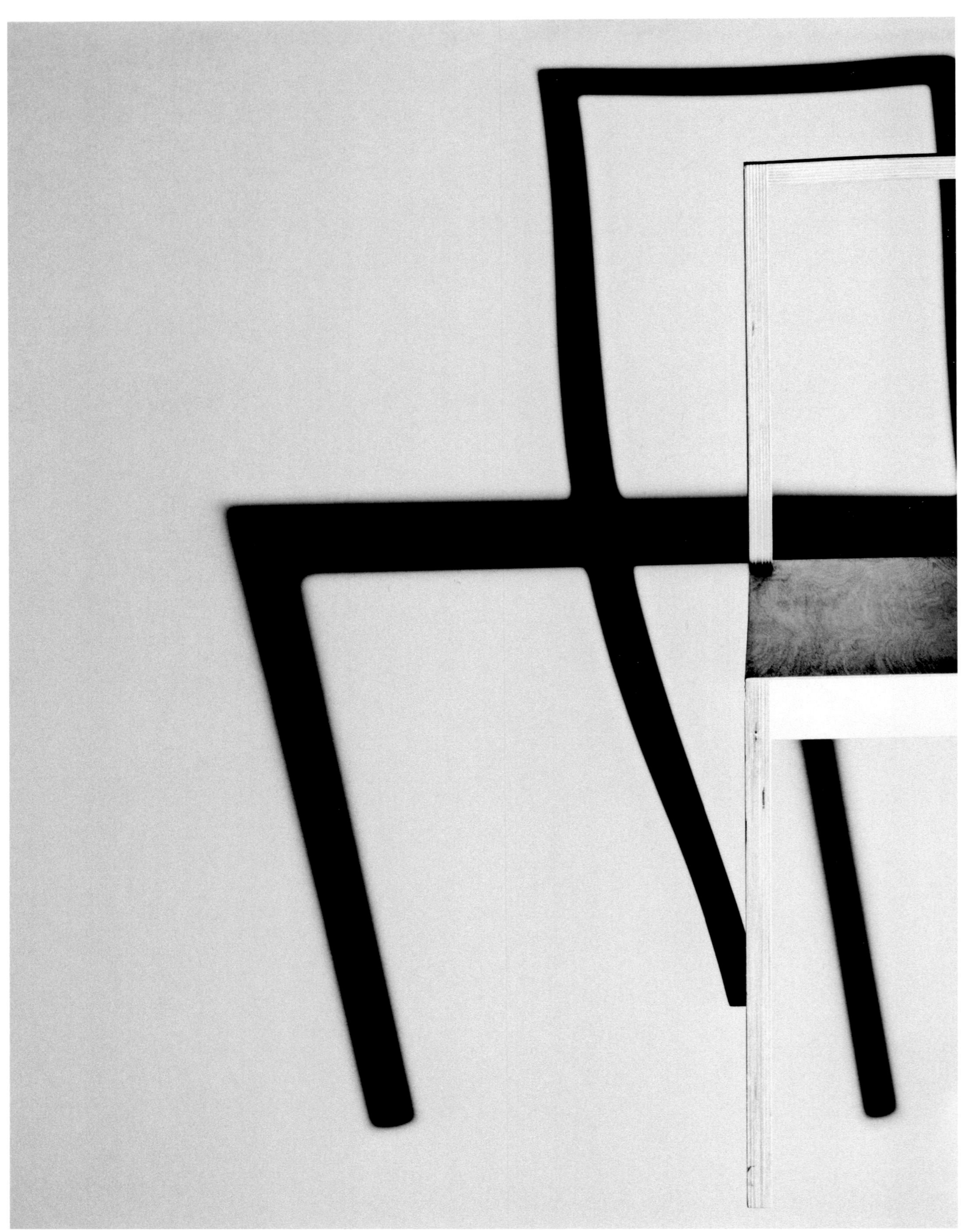

 Motiv für / Motif for IFA, Stuhl / Chair, Jasper Morrison, 1992

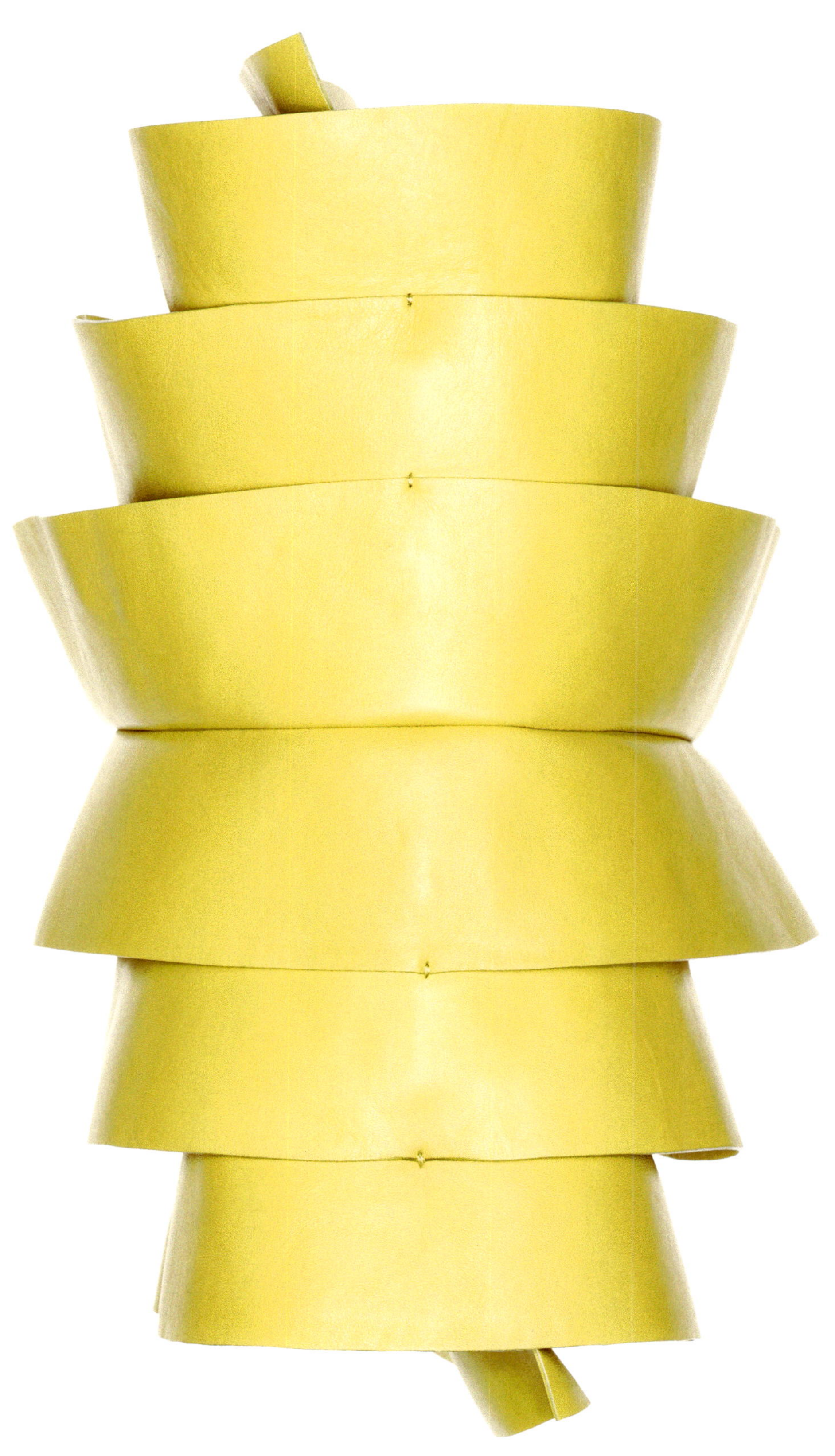

Motiv für / Motif for Bree, Handtasche / Handbag, 2009

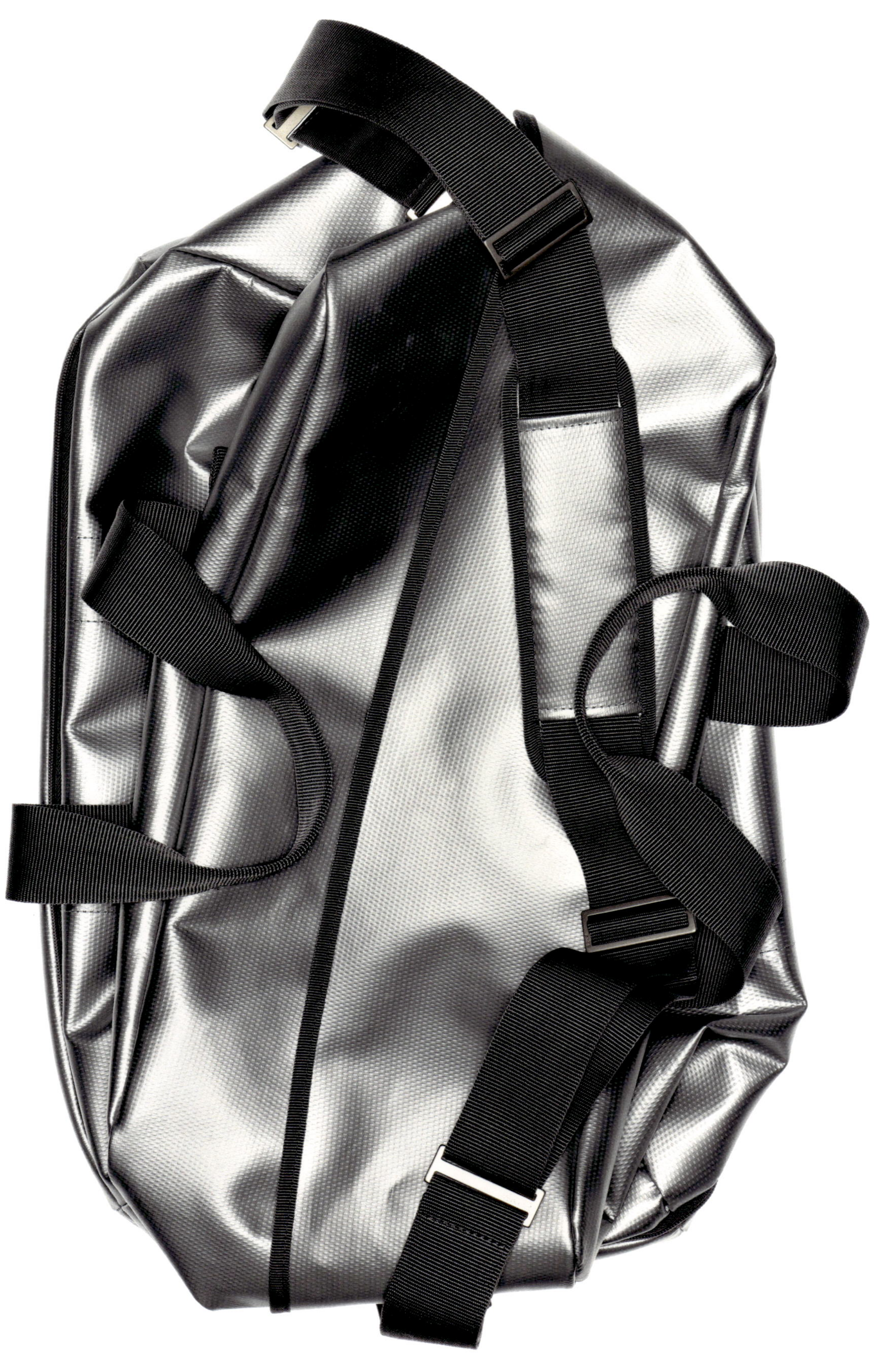

 Motiv für / Motif for Bree, Punch Travelbag, 2009

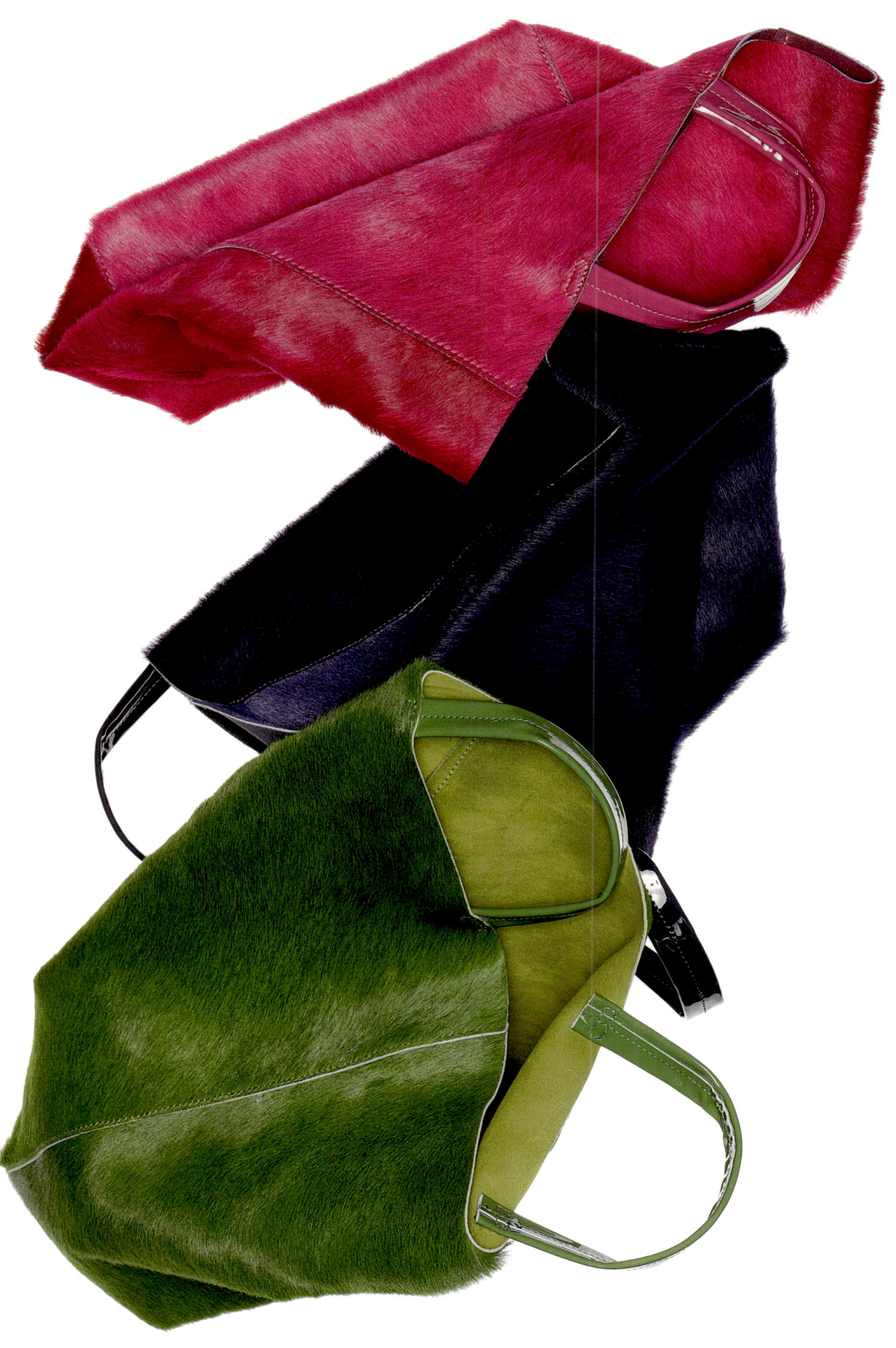

Motiv für / Motif for Bree, Simply Coat Taschen / Bags, 2014

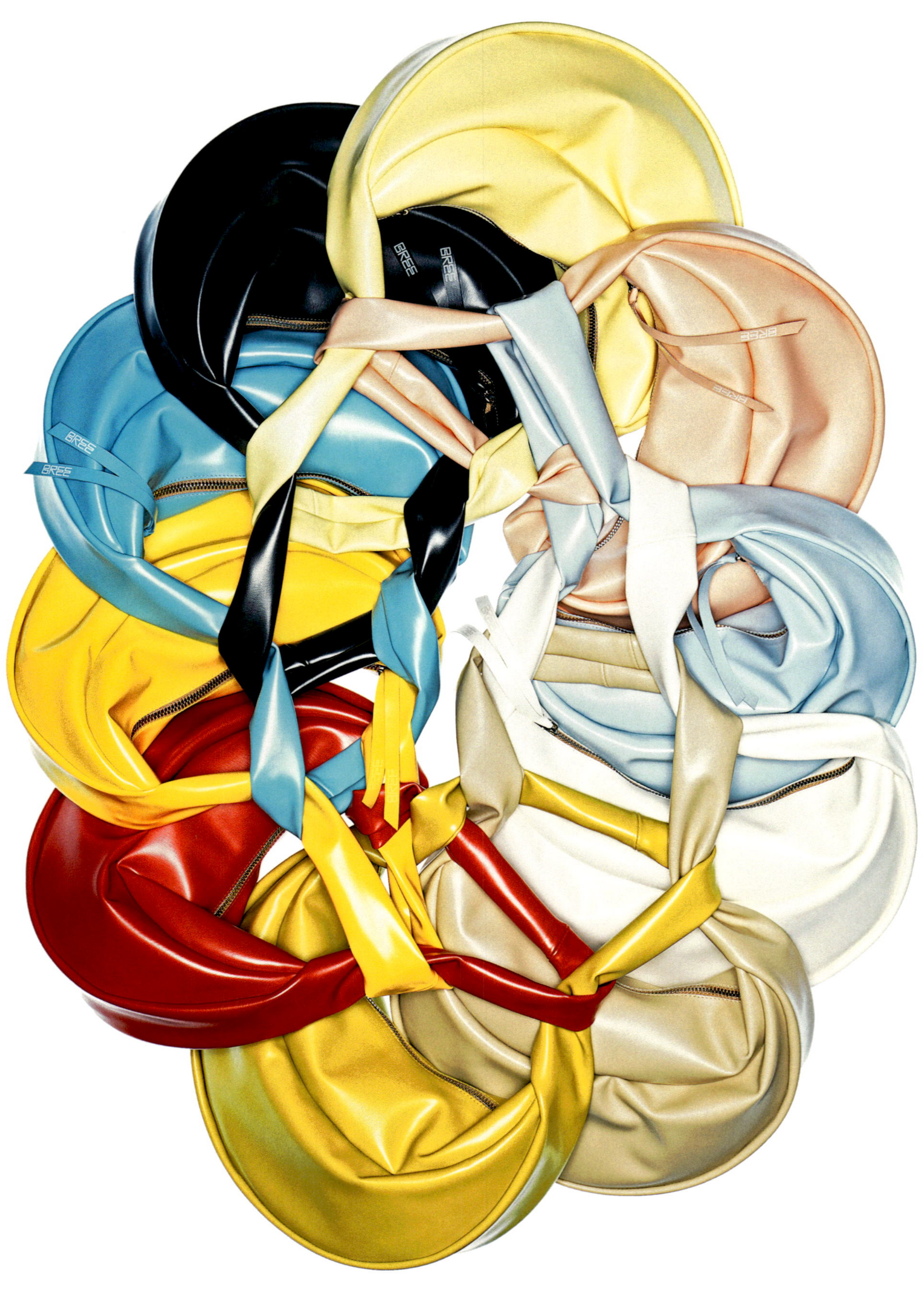

Motiv für / Motif for Bree, Handtaschen / Handbags, 2012

Kamerakoffer / Camera Case, 2017

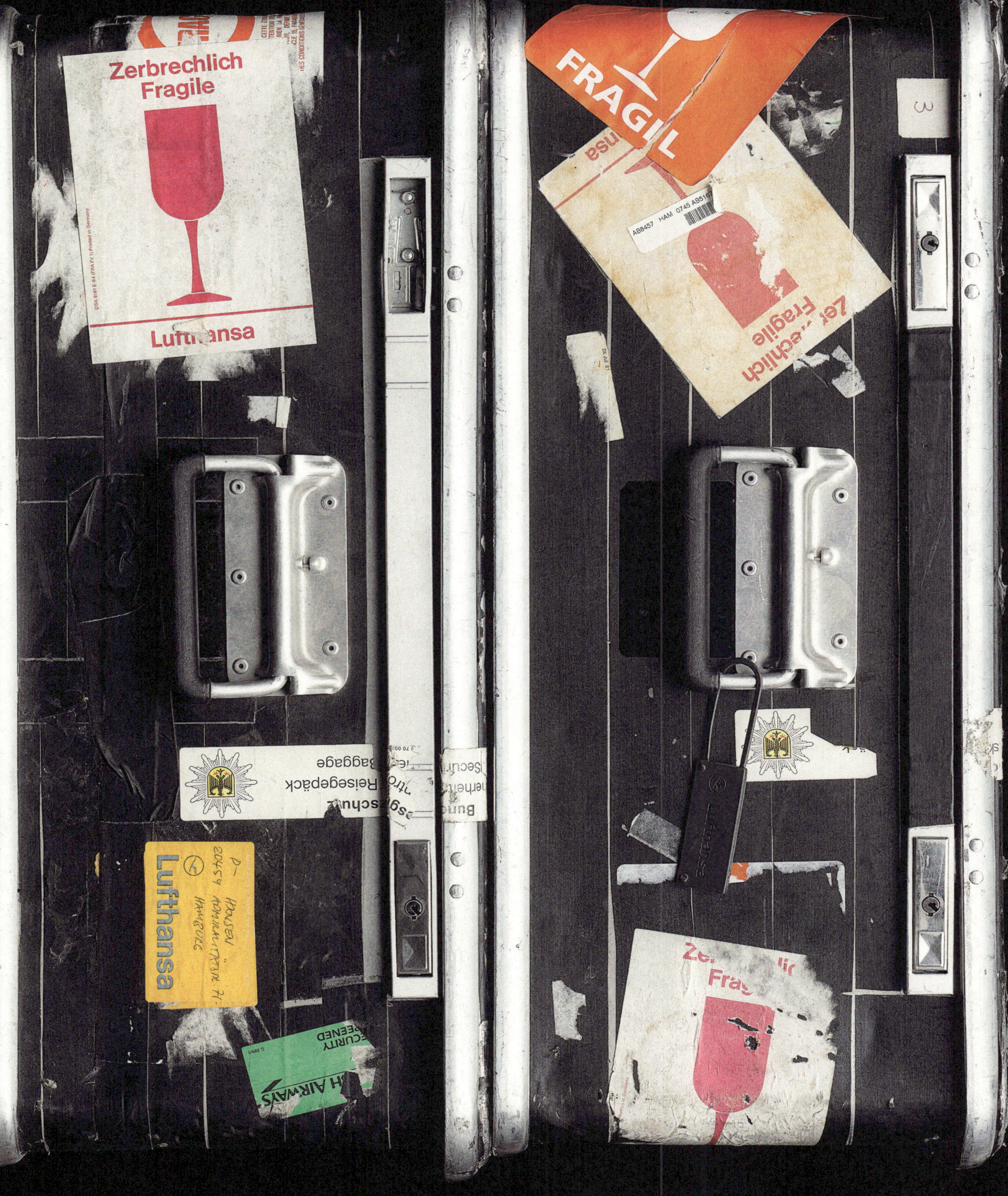

Zerbrechlich
Fragile
Lufthansa
FRAGIL

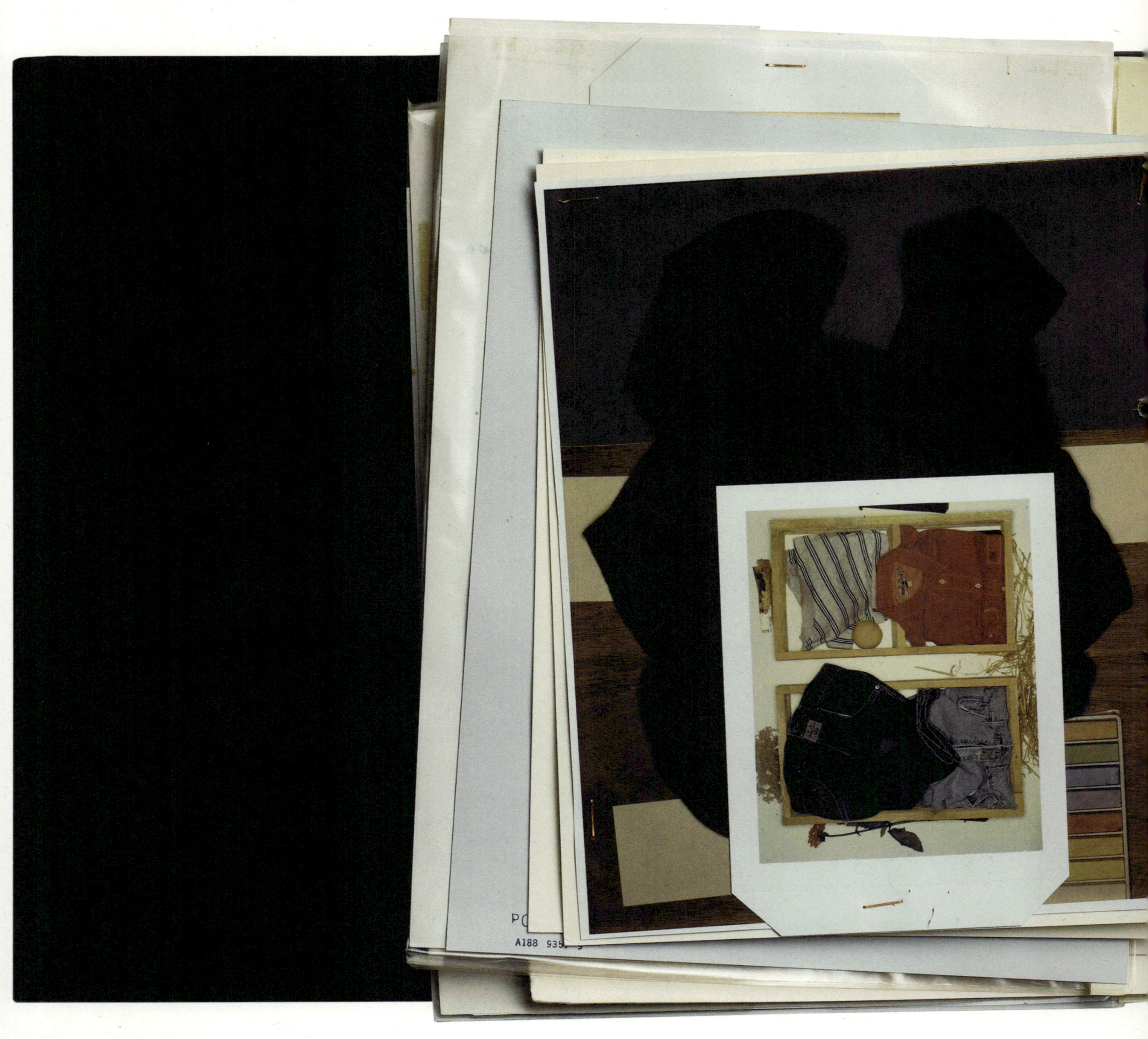

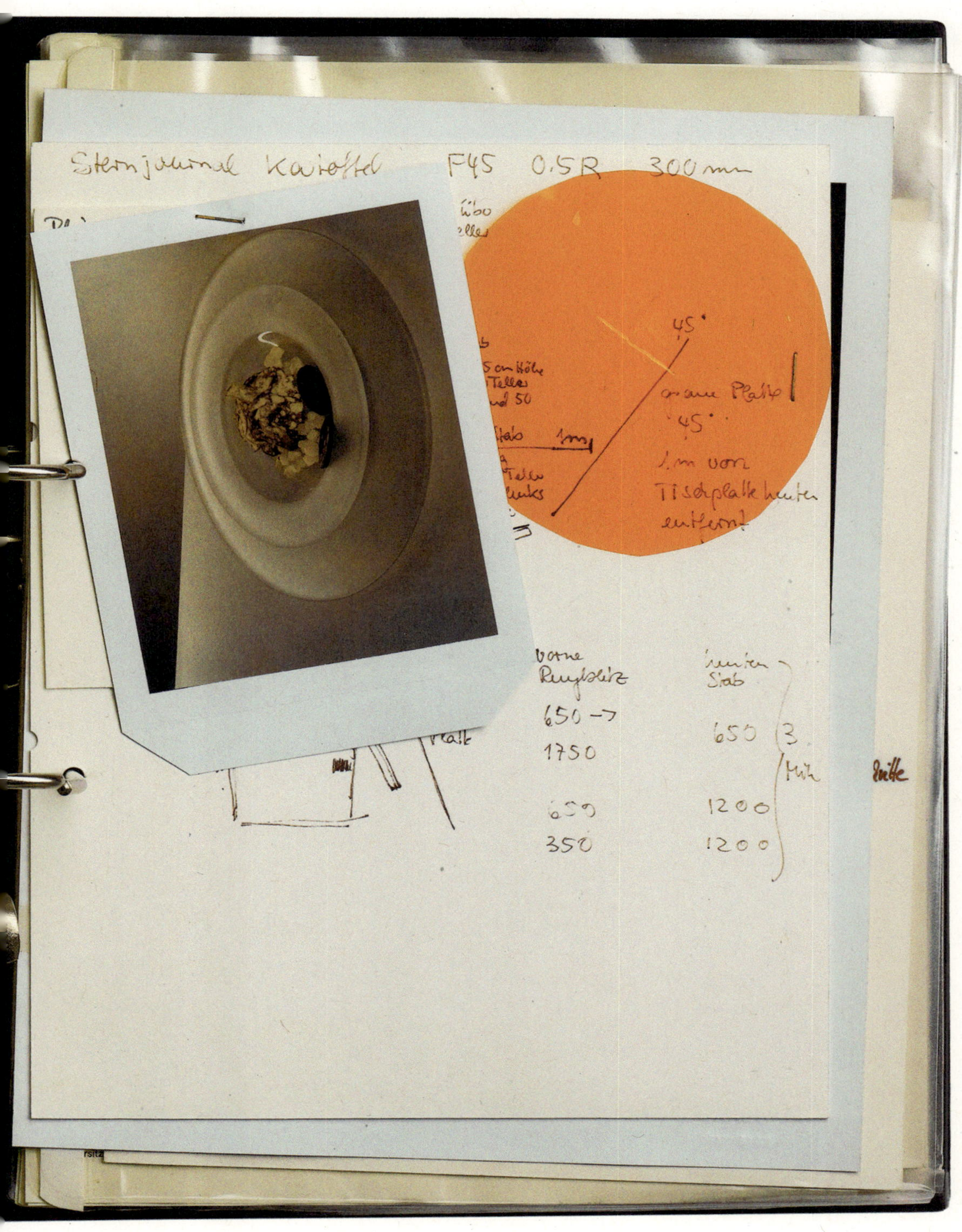

Aufbaunotizen 1970er – 1990er Jahre / Shooting Notes 1970s – 1990s (1–3), 2015

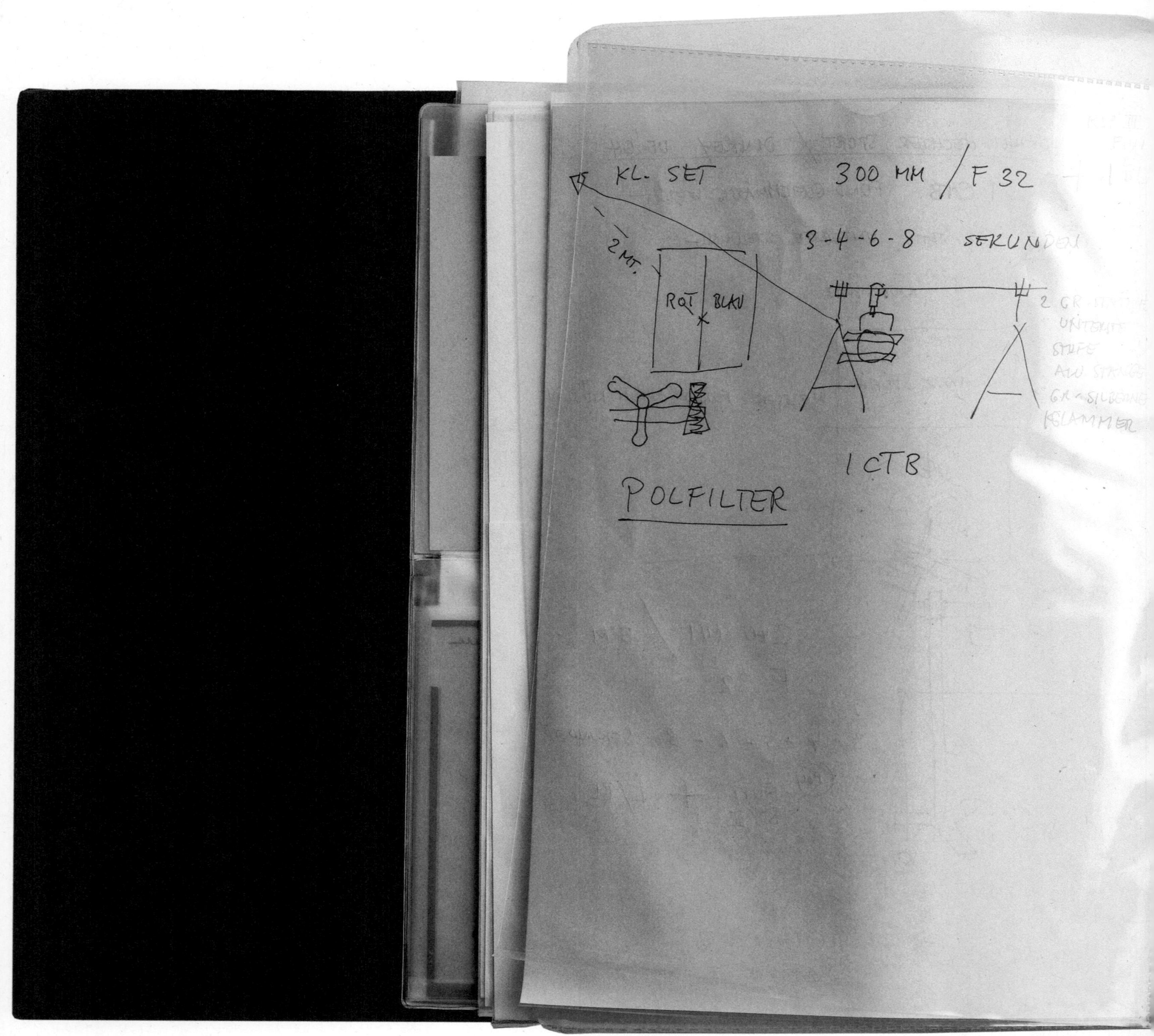
KL. SET
300 MM / F 32
2 MT.
3-4-6-8 SEKUNDEN
ROT
BLAU
1 CTB
POLFILTER
KLAMMER

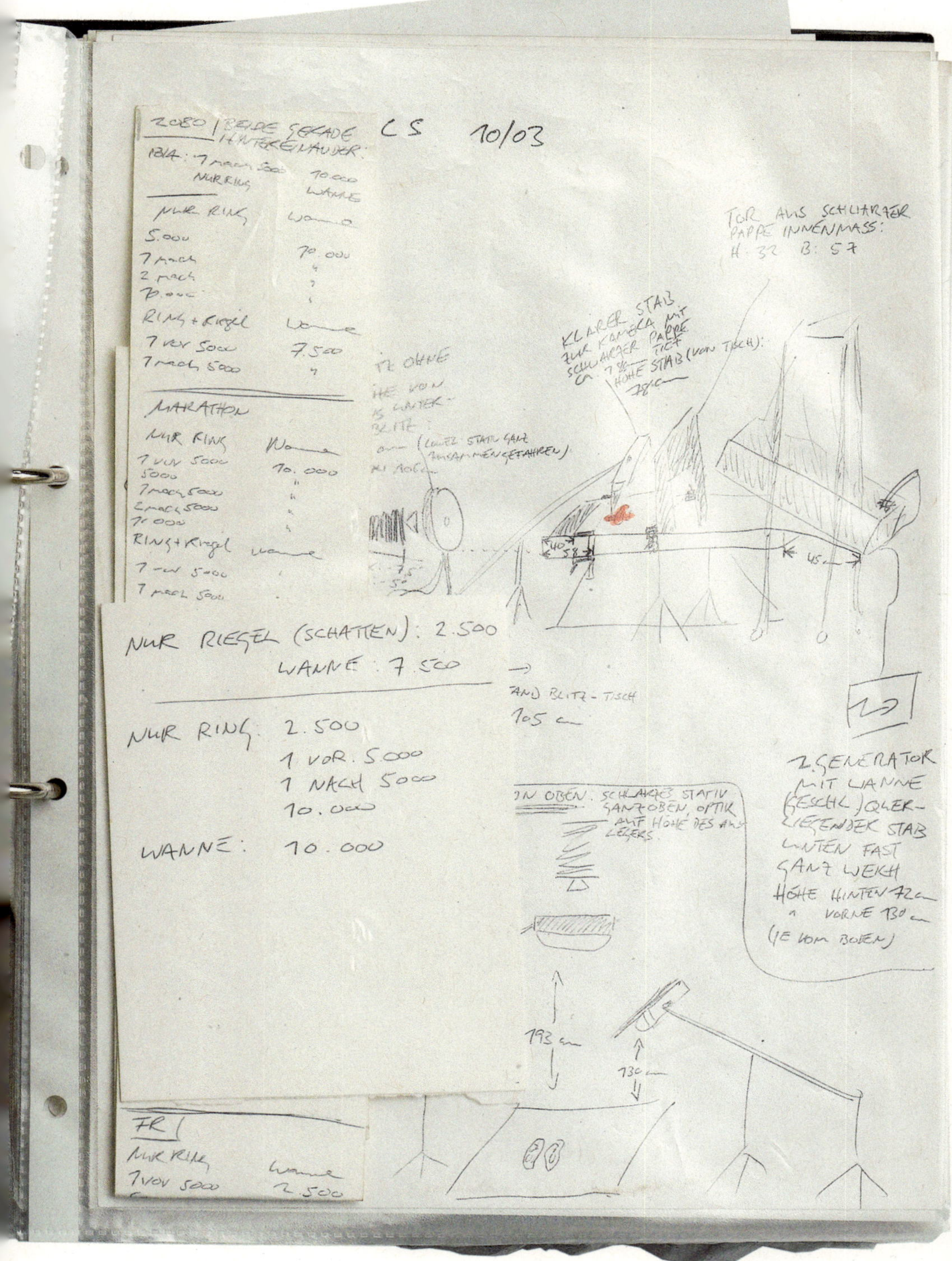
CS 10/03
BEIDE GERADE HINTEREINANDER
NUR RING
WANNE
MARATHON
RING + RIEGEL
TOR AUS SCHWARZER PAPPE INNENMASS:
H: 32 B: 57
KLARER STAB ZUR KAMERA MIT SCHWARZER PAPPE
NUR RIEGEL (SCHATTEN): 2.500
WANNE: 7.500
NUR RING: 2.500
1 VOR 5.000
1 NACH 5000
10.000
WANNE: 10.000
2. GENERATOR
MIT WANNE
(GESCHL.) QUER-
LIEGENDER STAB
UNTEN FAST
GANZ WEICH
HÖHE HINTEN 72 cm
VORNE 130 cm
(JE VOM BODEN)
193 cm
130 cm

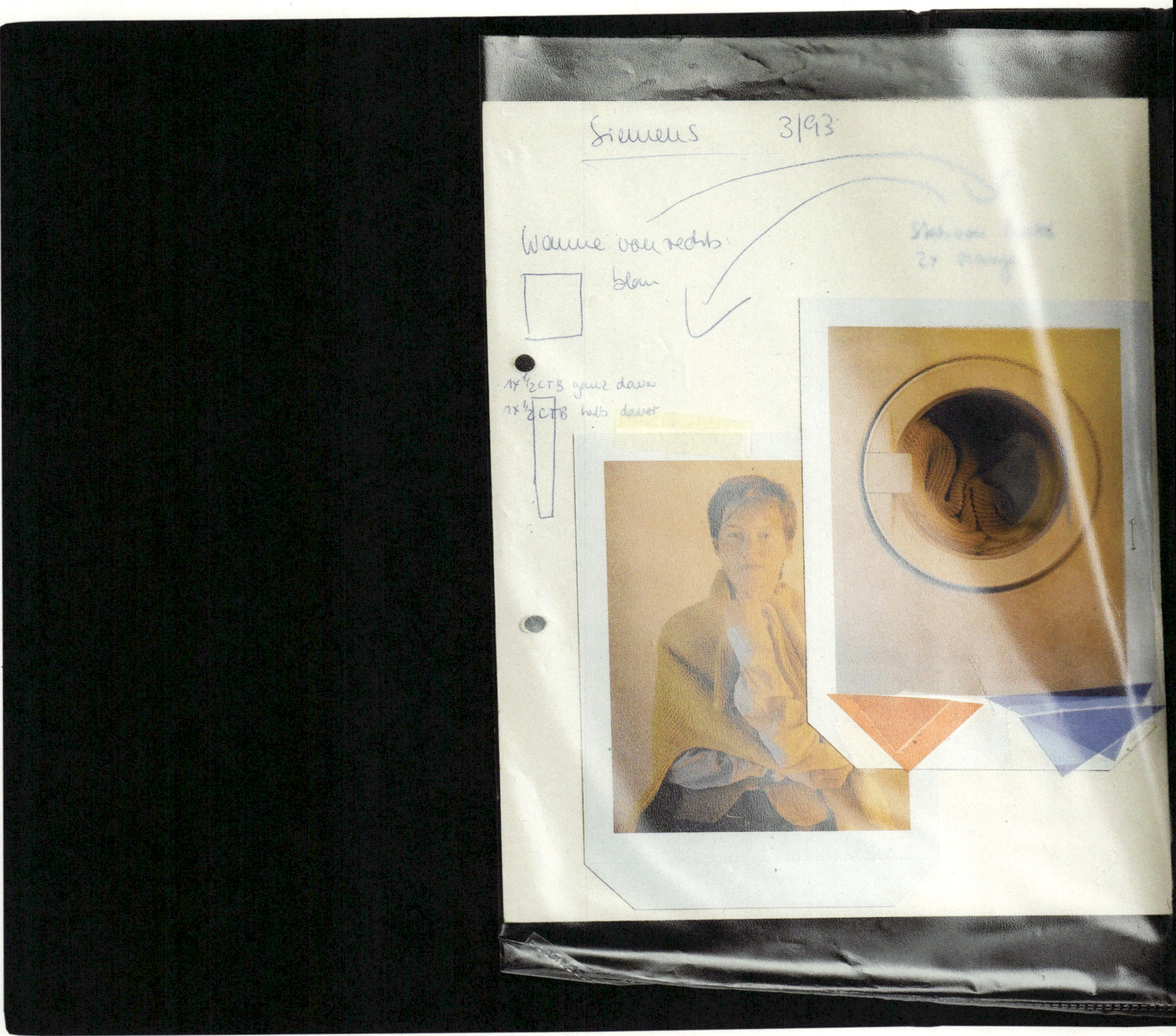
Siemens 3|93
Wanne von rechts
blau

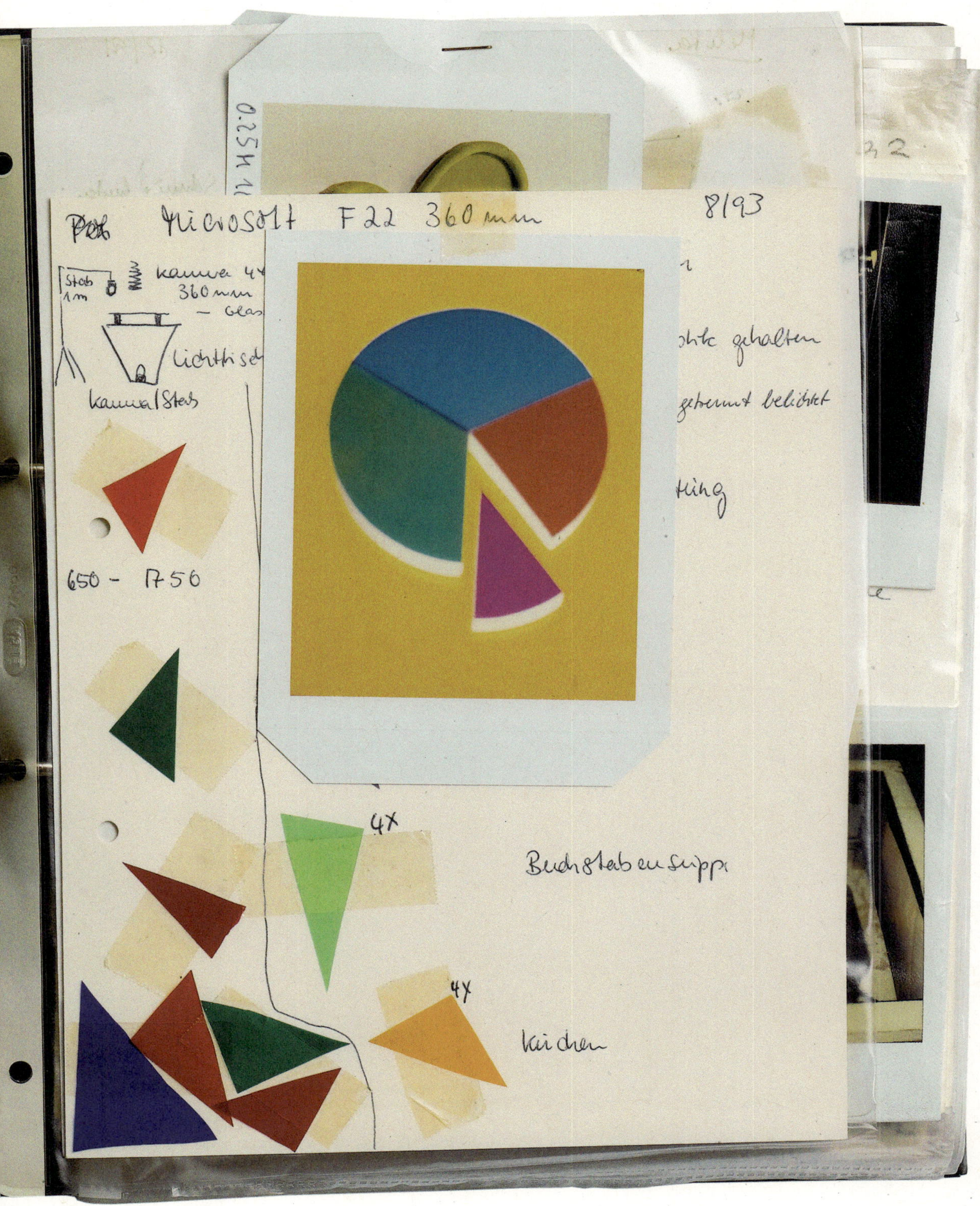

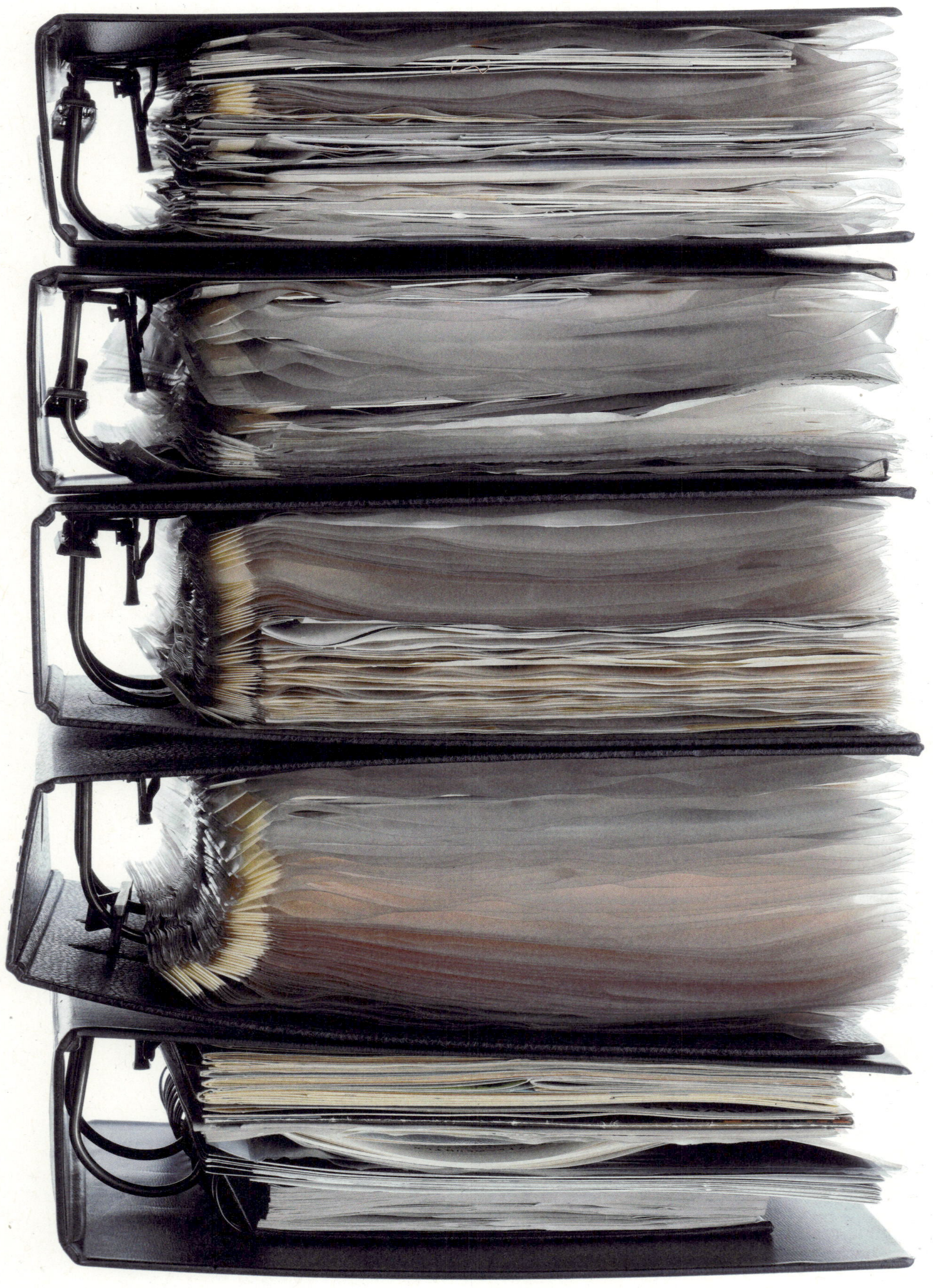

 Aufbauordner / Shooting Binders, 2017

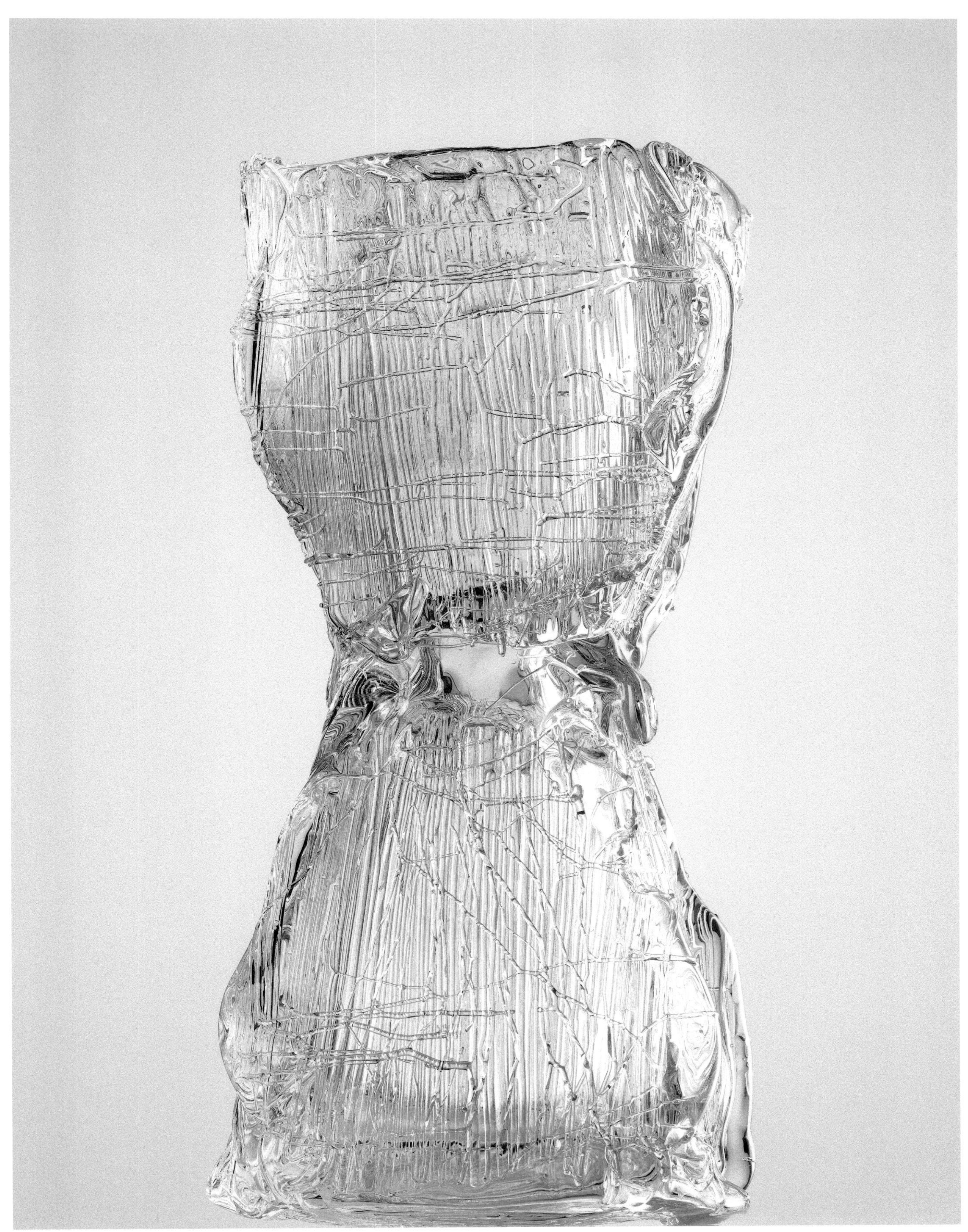

Glas / Glass Ritsue Mishima, 2015

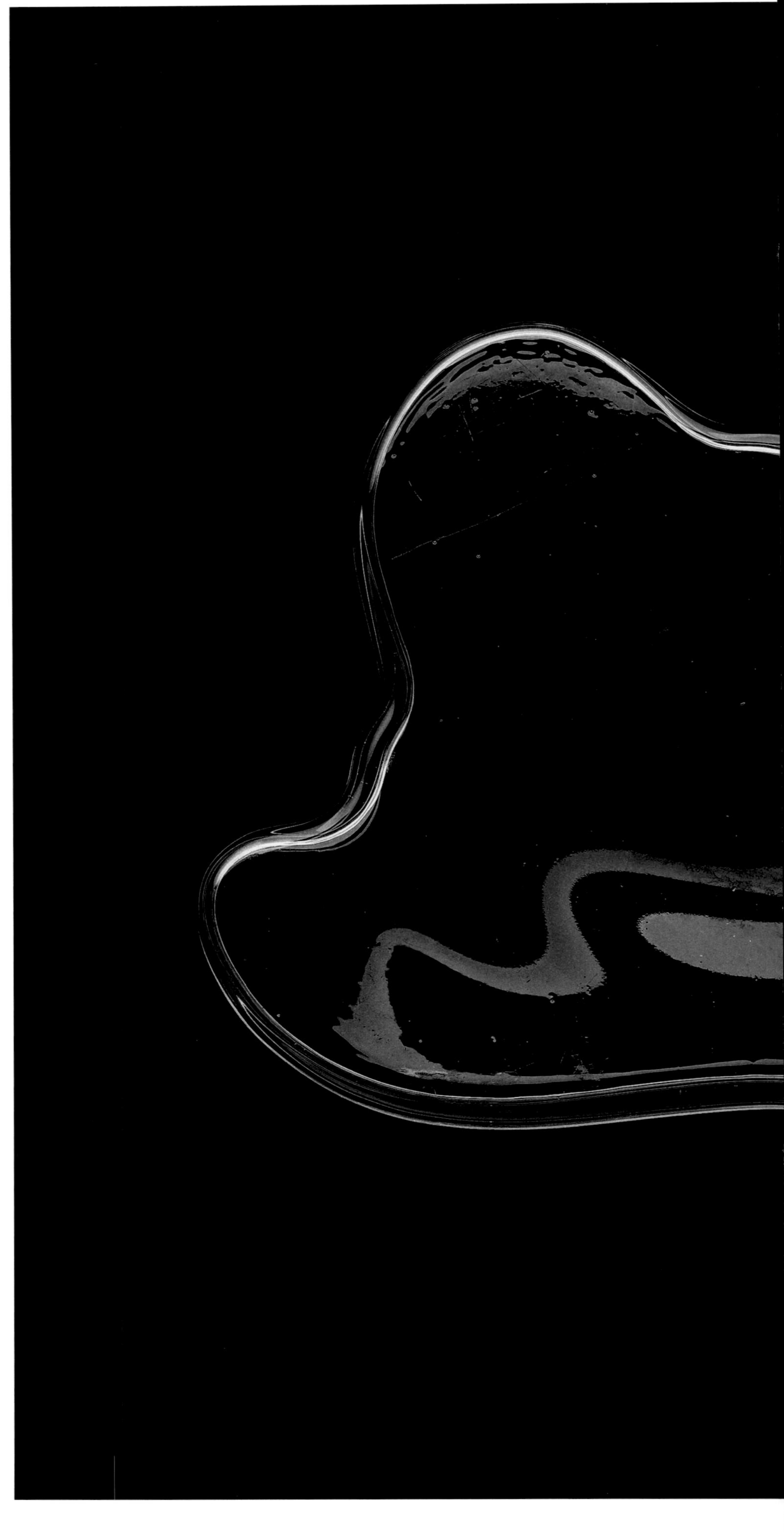

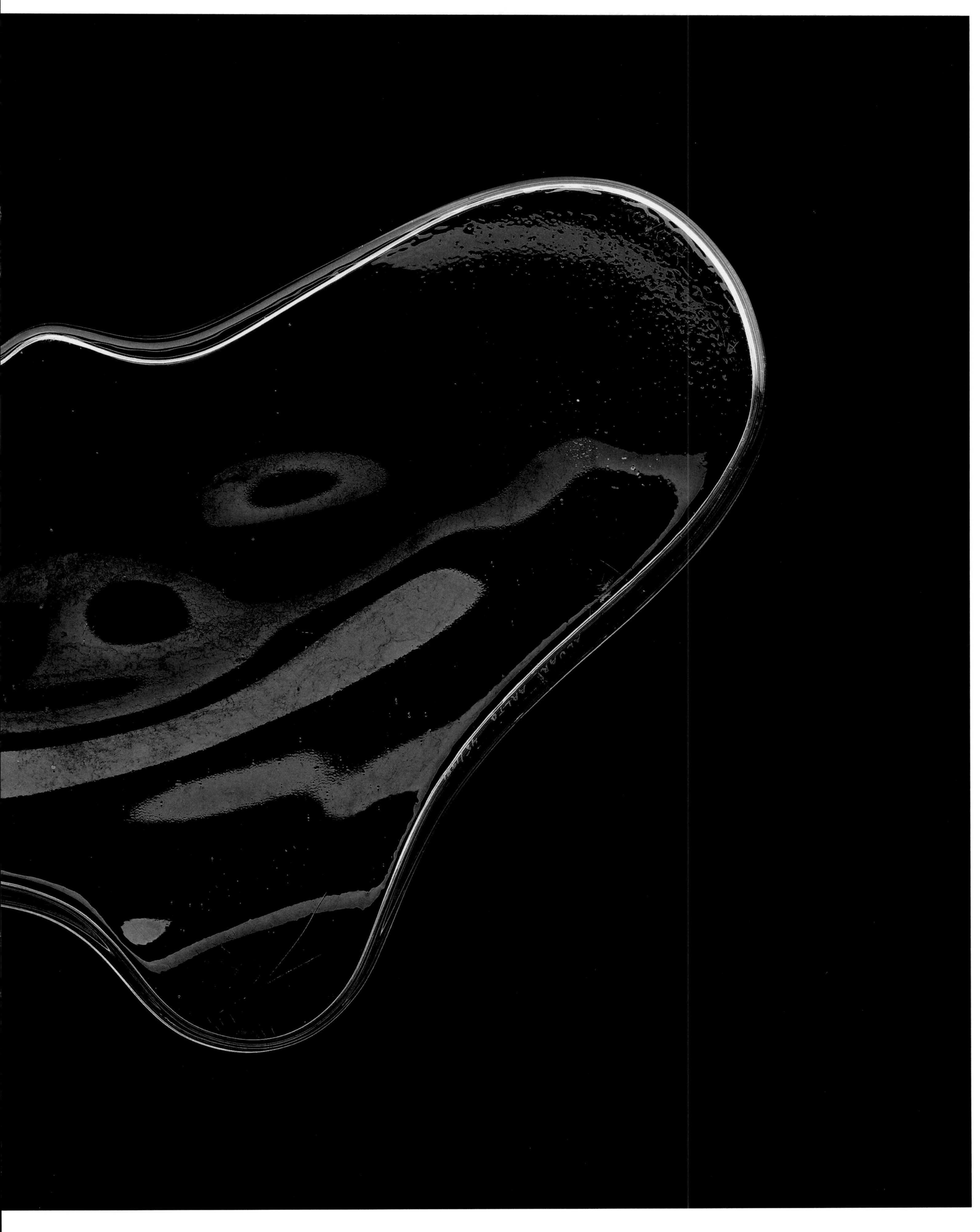

Glas / Glass Alvar Aalto, 2014

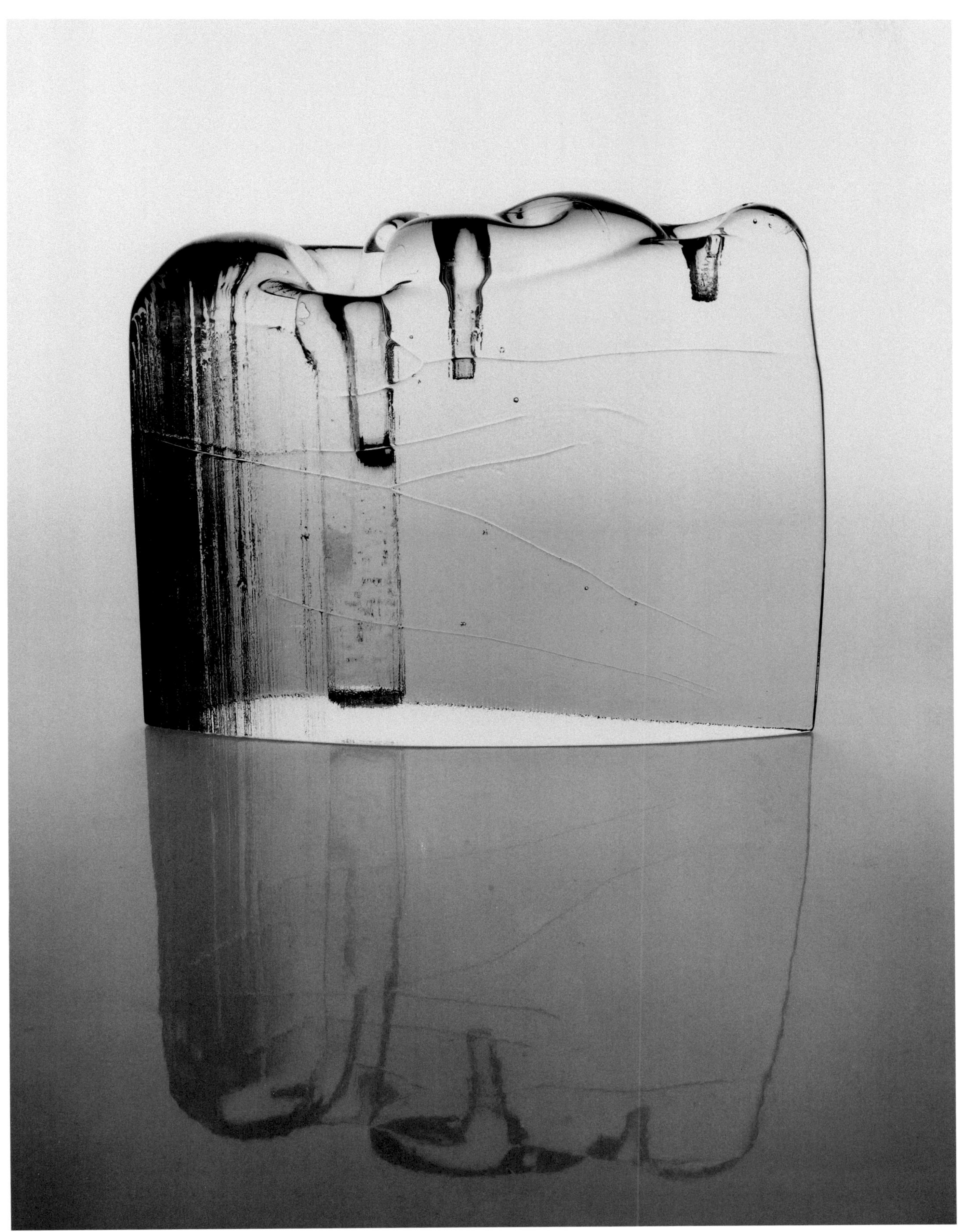

Motiv für / Motif for Tapio Wirkkala, Glas / Glass, 1962

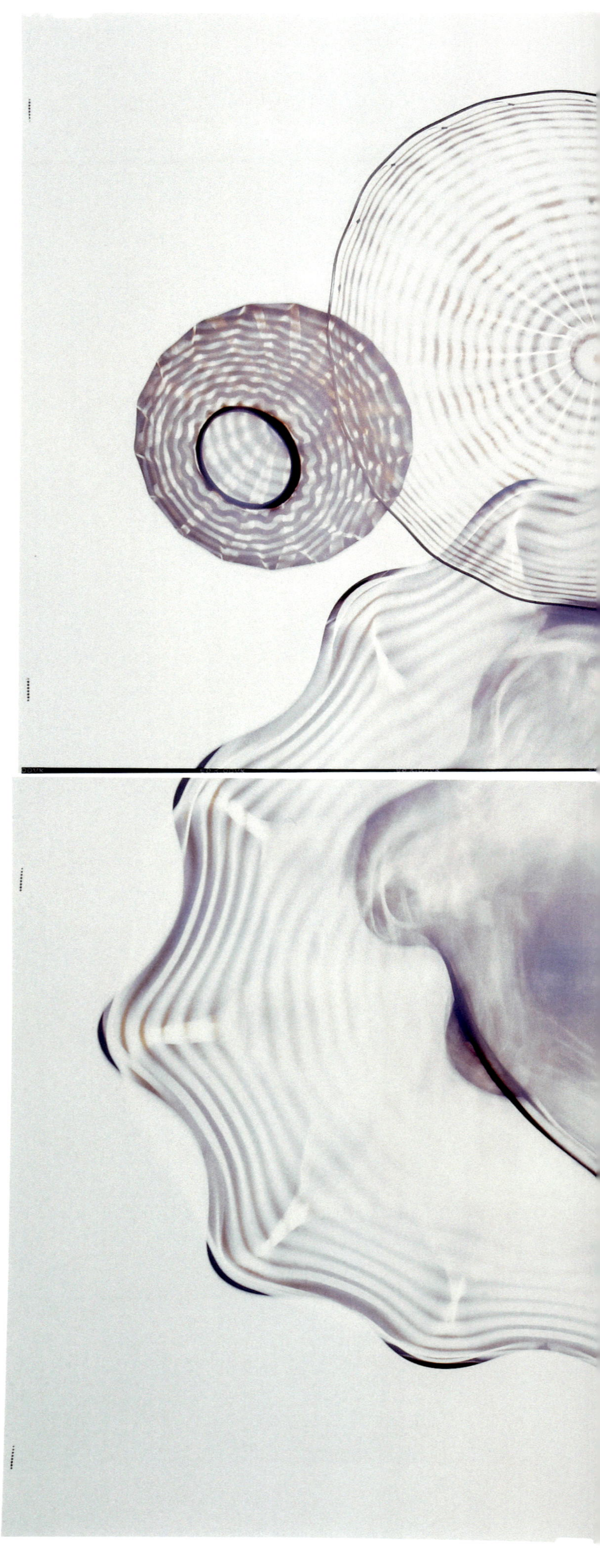

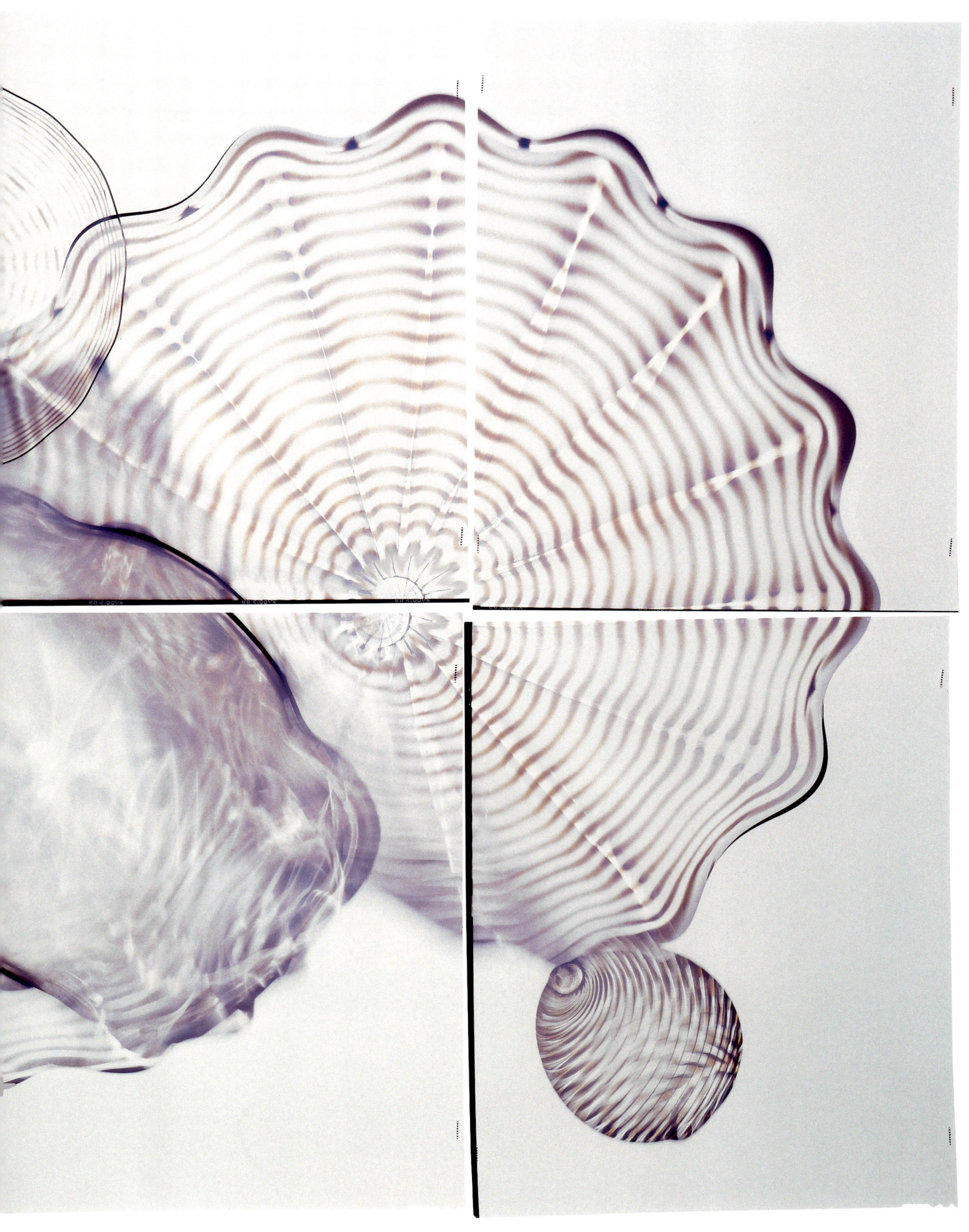

Glas / Glass Dale Chihuly, 1990

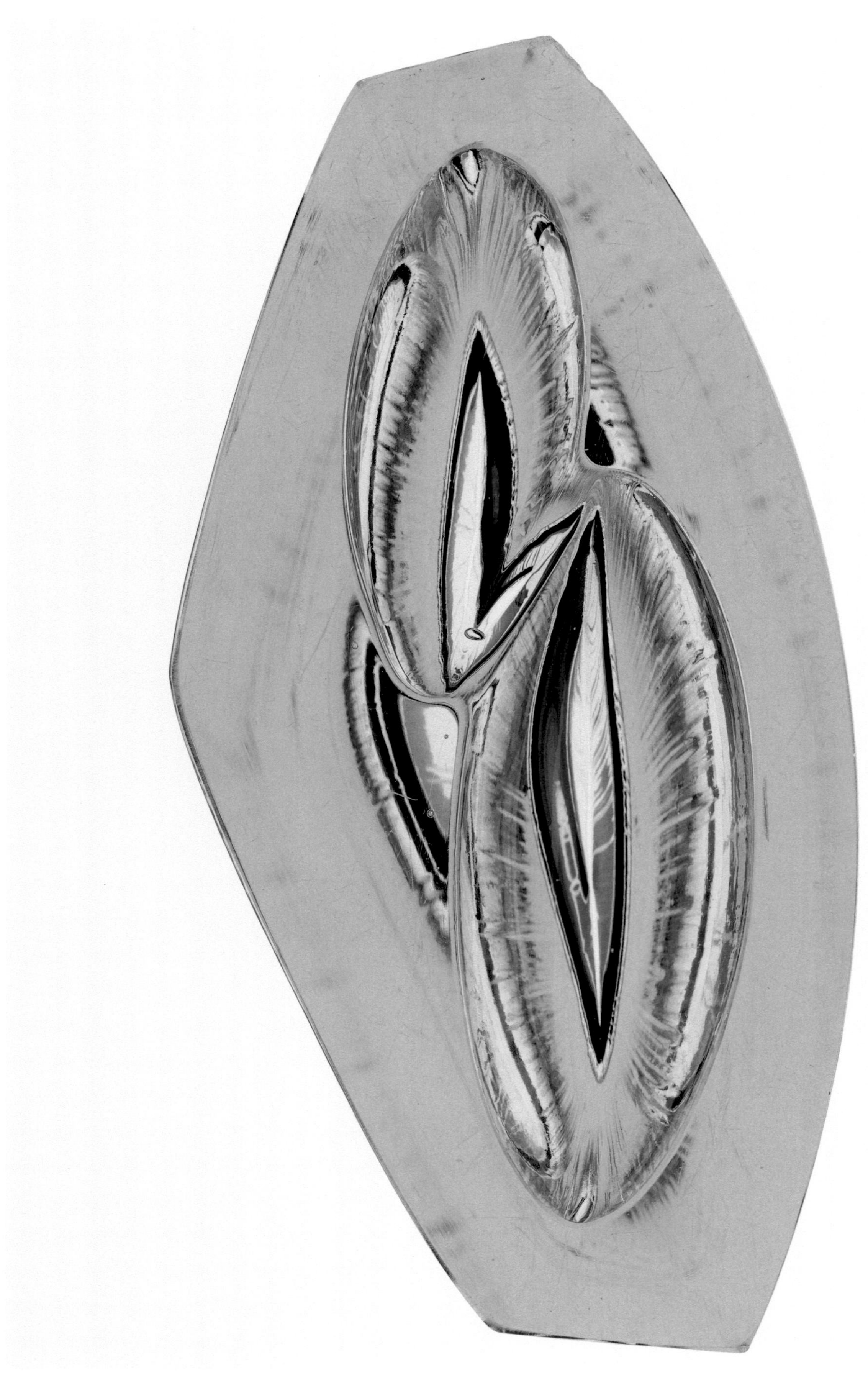

 Glas / Glass Tapio Wirkkala, 2013

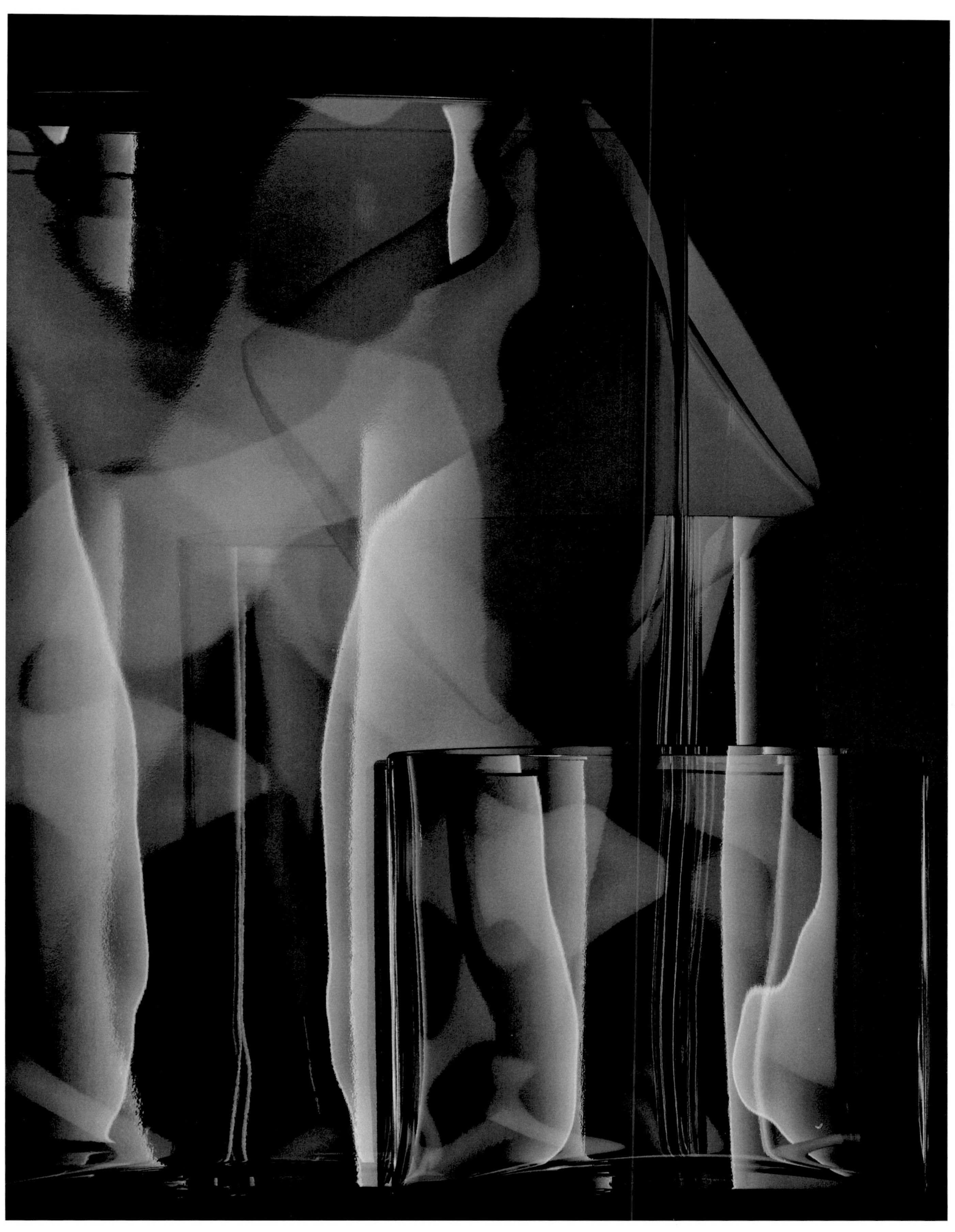

Glas / Glass Tapio Wirkkala, 1986

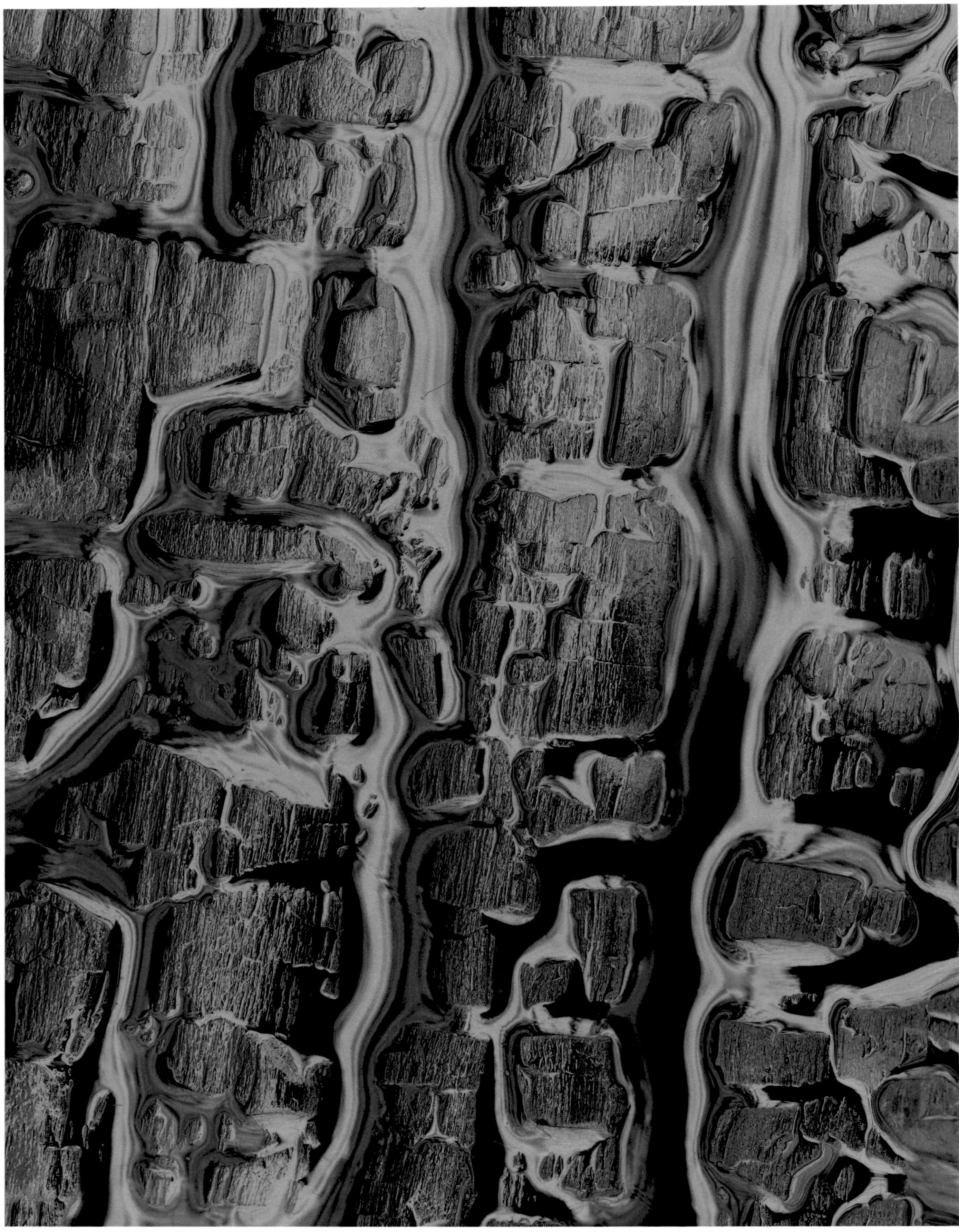

 Glas / Glass Timo Sarpaneva, 2013

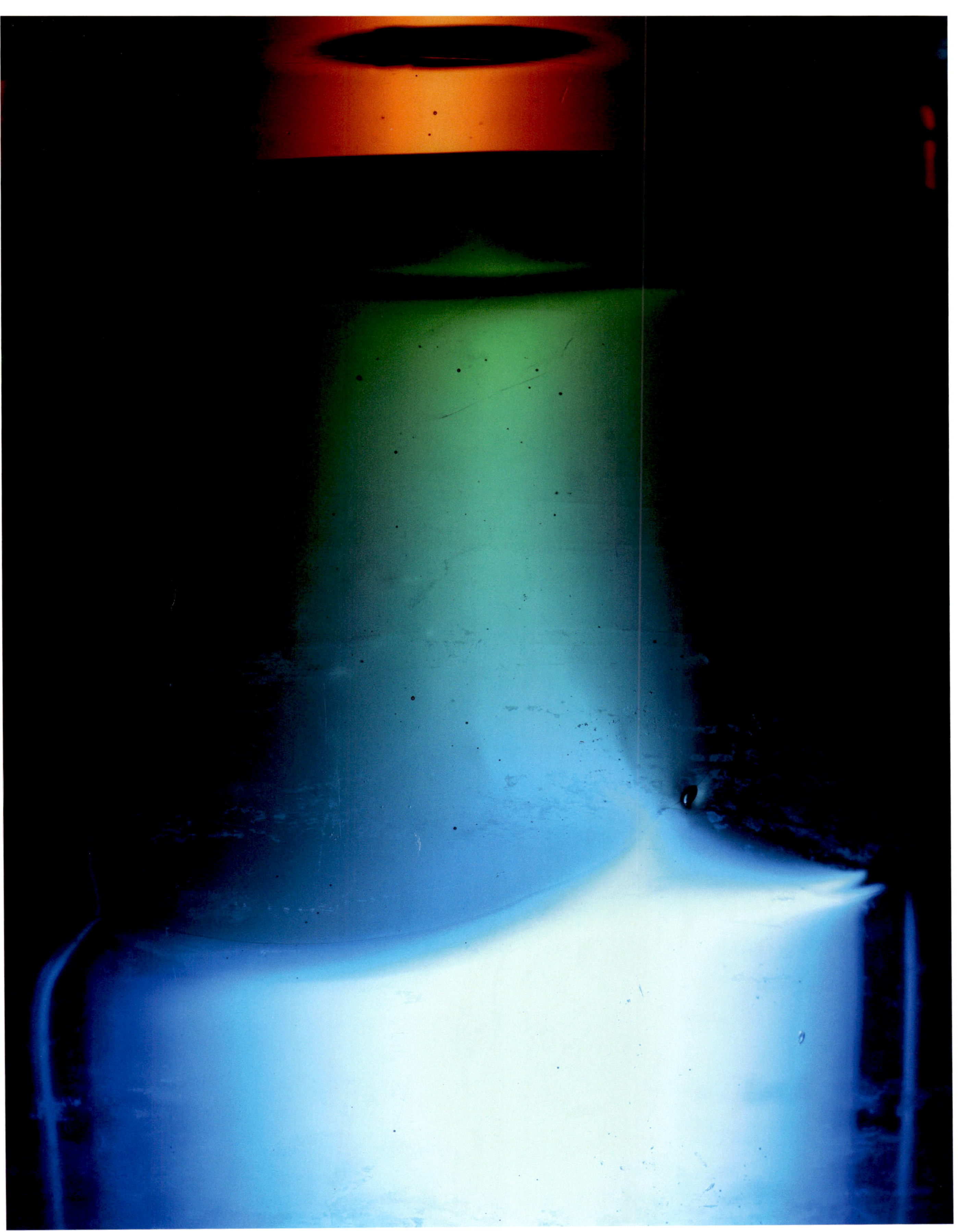

Glas anonym / Anonymous Glass, 2014

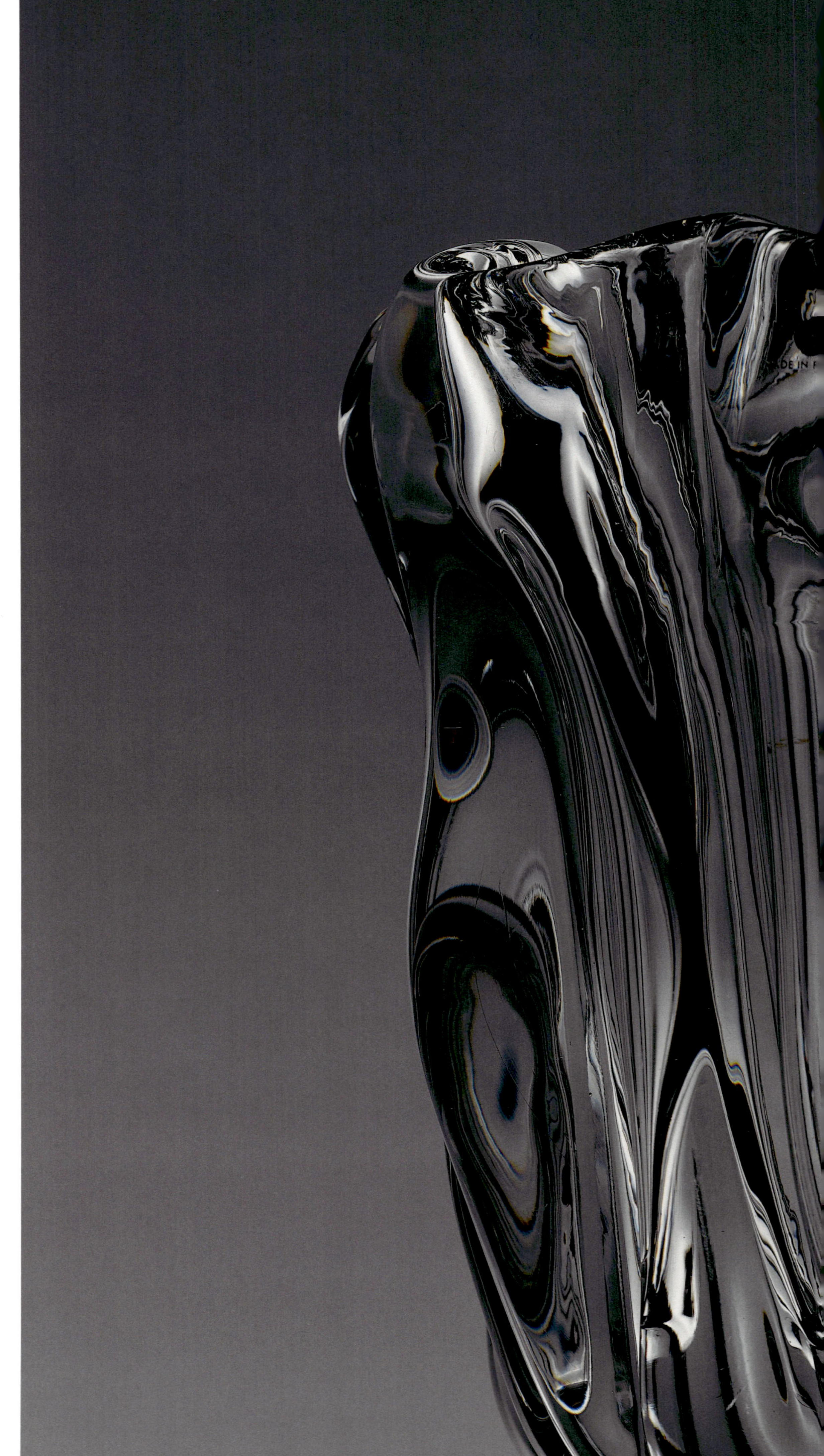

 Glas / Glass Tapio Wirkkala, 2012

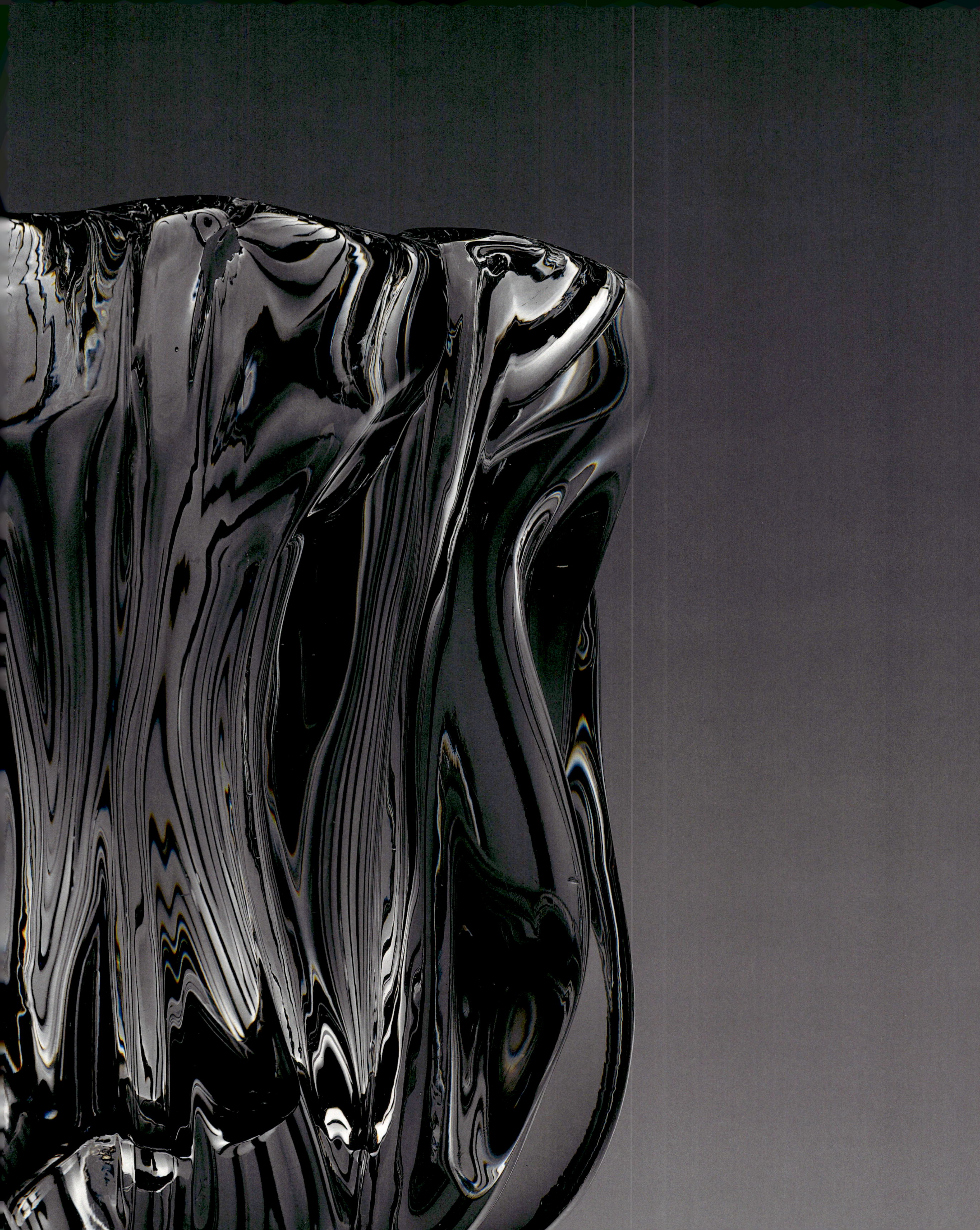

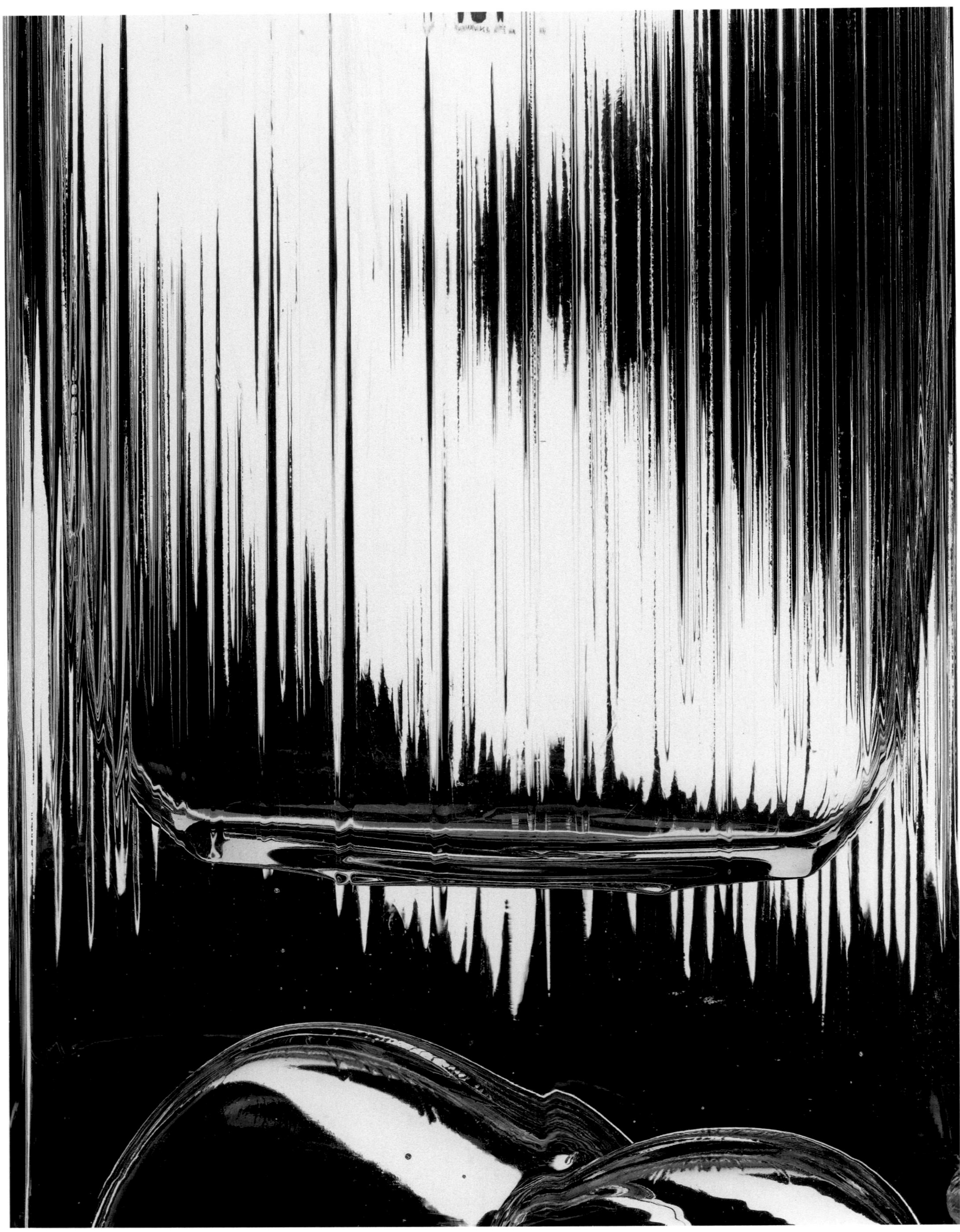

 Glas / Glass Tapio Wirkkala, 2013

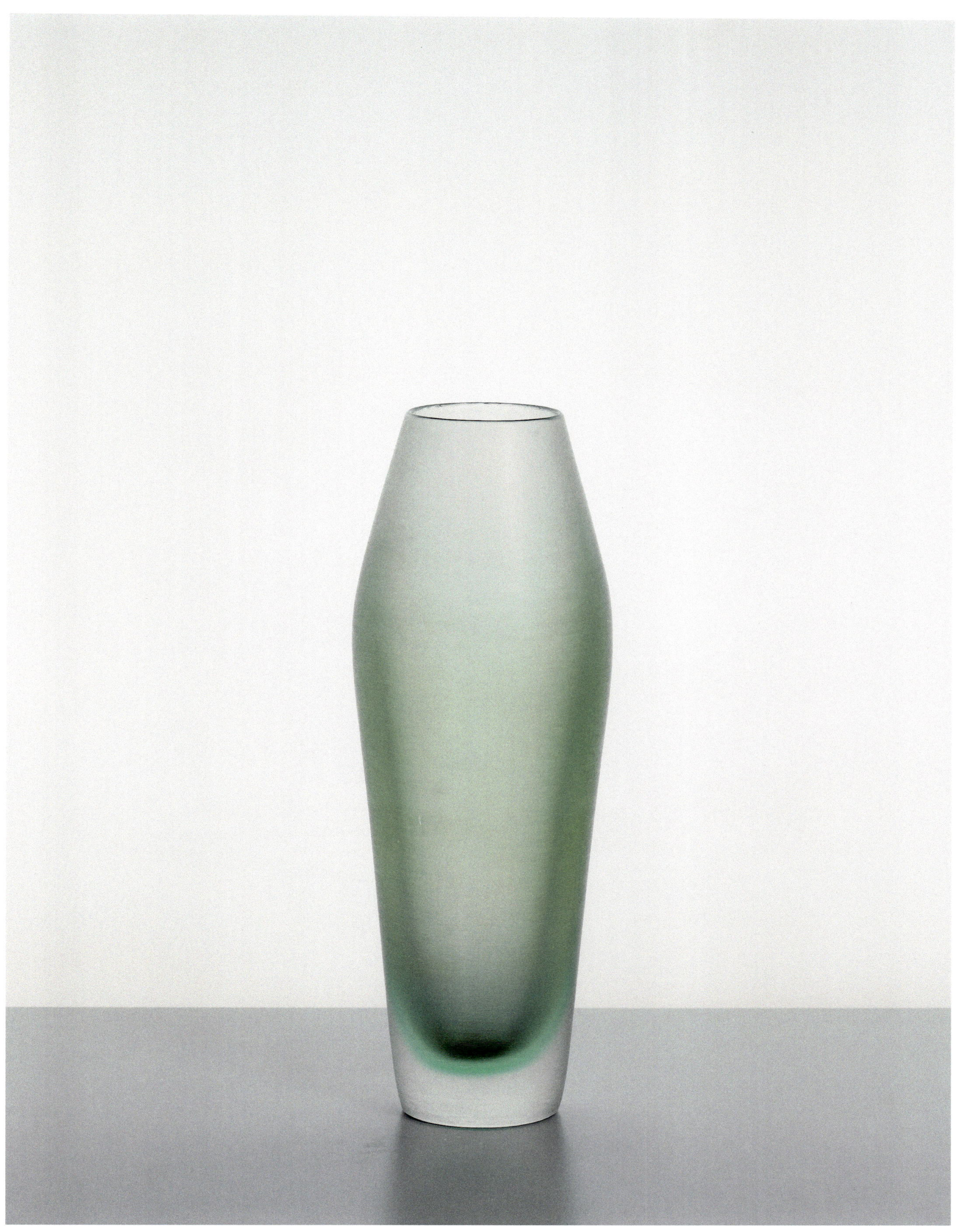

Glas / Glass Paolo Venini, 2014

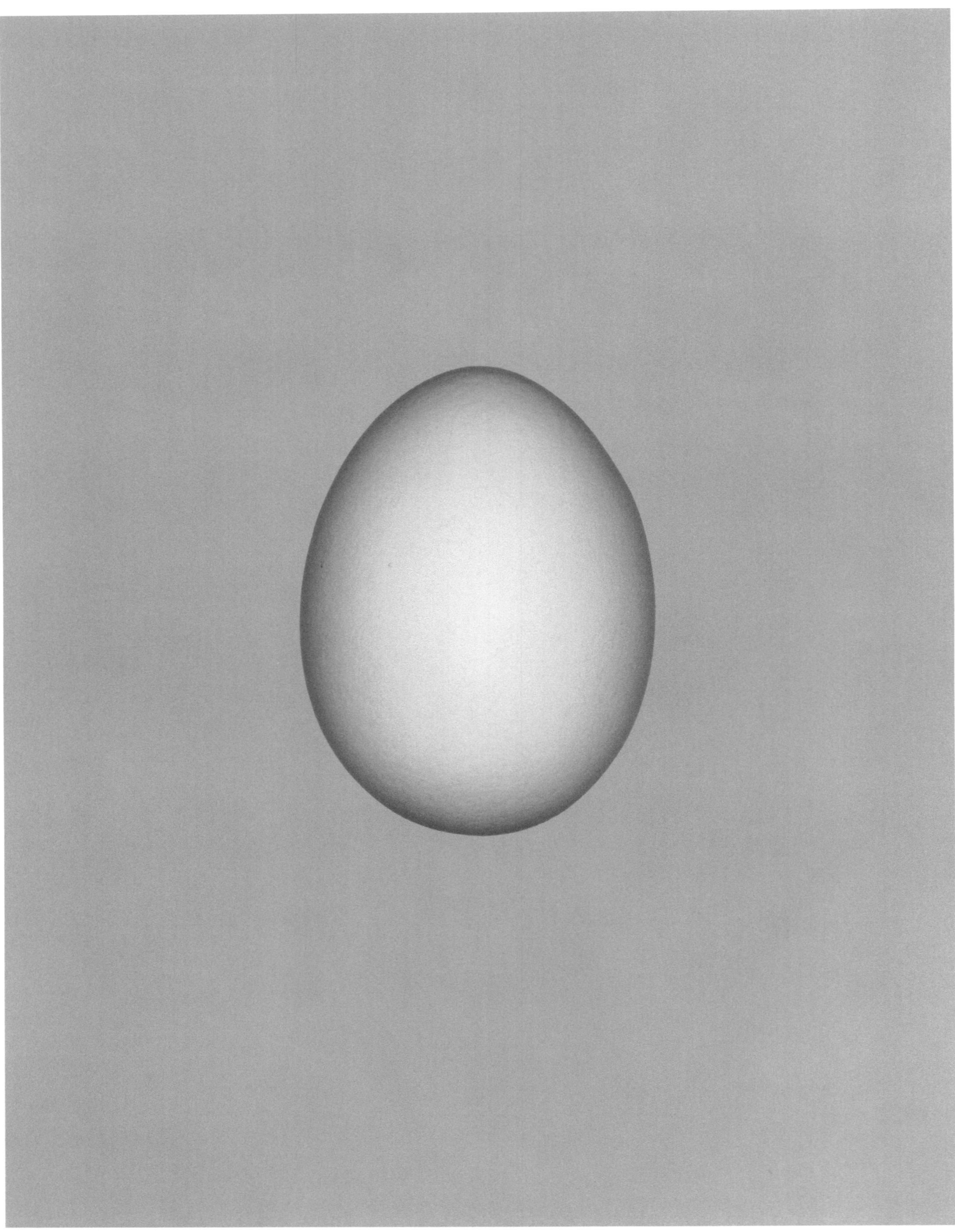

 Ei / Egg, 1998

Der Geschmack hatte seinen Sitz verschoben. Er residierte nicht mehr in den fünf Fingern, an denen die Zunge ihre erste Lust hatte; er war kein Verbündeter mehr der sich in die warmen Falten und Höhlungen der Speisen hineintastenden Hand, die den Genuß des Gaumens in der Empfindung des nachgebenden weichen Fleisches von Birnen, Mus oder Semmeln vorgeformt sieht. Händen und Zunge war weiterer Umgang verboten; der Geschmack wurde der Aufsicht der Augen unterstellt, der niedere Sinn zum Vasallen des höheren, der ihn in Zucht nahm und unter die Botmäßigkeit nüchterner Anschauung zwang. Unterm hellen Licht des Tages zog sich der Geschmack, vom Blick verbannt, in die übersichtlich und wohlgeordnet auf dem Tisch verteilten Speisen zurück wie die Schnecke ins Gehäuse. Keine Gabel und kein Löffel konnten ihn dort hervorlocken. Erst im Mund, schon zwischen den Zähnen, wagte er sich heraus. Doch die wachsamen Augen, deren Blicken nichts entging, hatten ihm zuvor bereits seinen festen Platz am Ende der Tafel zugewiesen, mit dem er sich zu bescheiden hatte. Gaumen und Zunge vermochte er lediglich zu bieten, was ihnen vom Auge schon angekündigt war. So blieb alle Speise in ihrem Bild gefangen, und nur aus wenigen konnte der sich aufbäumende Sinn mit Gewalt noch hervorbrechen.

Seine Kultivierung bedeutete den Sieg des Denkens über die Sinne, des Verstandes übers Triebleben. Doch war dieser Sieg um ein anderes erkauft: Denn von dem, was das Auge überwunden zu haben glaubte, indem es den Geschmack in die Erscheinung der Speise verschloß, wurde es wieder heimgeholt. Gier ließ die Augen größer als den Magen erscheinen. Durch sie bahnte sich das ungezähmte Verlangen, von keiner lustvollen Berührung mehr vermittelt, seinen Weg ins Zentrum vereinnahmenden Überblicks. Der Augenhunger war erwacht, und, einmal in der Welt, würde er sich nie mehr stillen lassen. Jetzt erst waren die auf den Tisch kommenden Gerichte zugerichtet: Was dem Auge zur Freude angerichtet wurde, war vom sublimierten Trieb schon entstellt. Das Schöne, nur um seiner Zerstörung willen da, geschmückt einzig aus dem Triumphgefühl seines sicheren Endes, verging spätestens unterm gleichförmigen Mahlen der Zähne. Geschmack aber, vom Gesichtssinn in Gestalt des geschmackvoll gedeckten Tischs korrumpiert, fand dort keinen Platz mehr: zwischen Bild und blinder Triebbefriedigung, Spiegelbild der ins Ästhetische transformierten Gier, ging er verloren, und hilflos rieb sich die Zunge am Gaumen, dem schon Entschwundenen, kaum Genossenen nachspürend, während sich im Magen das Gefühl tauber Sättigung ausbreitete.

Wie das Tellerablecken verboten war, konnten auch die Finger selten nur noch ihr Recht einfordern, etwa wenn sie eingepackte Schokolade aus dem Stanniol schälten, dem Weihnachtsmann oder Osterhasen die Kleider vom Leib rissen, um die in der warmen Hand langsam schmelzende Masse an der Haut zu fühlen, süßer Schmutz, der von den Fingern geleckt werden durfte. Doch war selbst hier keine Erfüllung; viel zu schnell war verschlungen, was eben noch von der Vorlust als verlockend verheißen worden war, und das Versprechen der Hände konnte der Gaumen nicht halten: die homogene Süße des Industrieprodukts ließ alle Geschmacksnerven unter ihrer Gewalt ertauben.

Aus: Falk Haberkorn, *Schließung*, Leipzig: Institut für Buchkunst, 2005

Taste had shifted seats. It no longer resided on the five fingers from which the tongue took its first pleasure—no longer was it the ally of the hand that reached out towards the warm folds and hollows of food, and saw the enjoyment of the palate presaged by the sensation of the soft flesh of pears, puree, and rolls giving way to its touch. Further interaction between hand and tongue was forbidden: Taste was subordinated to the supervision of the eyes—the lower sense forced to serve the higher, which disciplined it, pinned it down under the authority of sober observation. In the bright light of day, taste, banished from view, dragged itself back to the manageable and neatly ordered food distributed on the table, like a snail retreating into its shell. Neither fork nor spoon could entice it. It ventured out only when already inside the mouth and between the teeth. But vigilant eyes from whose gaze nothing could escape had already assigned it a fixed position at the end of the table, with which it had to be content. Its role was merely to offer palates and tongues what the eye had already told them to expect. Thus all food was imprisoned by its own image, and from only a few could this rebellious sense violently break free.

Cultivation allowed thought to triumph over the senses, and reason over instinct. But this triumph came at a cost: What the eye believed to have quelled by imprisoning taste in food's appearance came back to bite it. Greed made the eyes appear bigger than the stomach. Through them, untamed desire, no longer mediated by a sensual touch, carved its way to the center of a captivating view. Once released into the world, the hunger that had been awoken in the eyes could never again be sated. Meals arriving on tables were prepared with even greater care, and that which was designed to please the eye was distorted by the sublimated impulse. In the end, the beauty—which was there only for the sake of its destruction, and adorned solely by the feeling of triumph in its certain end—vanished with the uniform grinding of the teeth. But taste, corrupted by the sense of sight in the form of a tastefully laid table, no longer had a place at all: It was lost between image and the blind gratification of desires, the reflection of greed transformed into the aesthetic. The tongue rubbed itself helplessly against the palate, tracing the already gone and hardly enjoyed, as the feeling of a numb fullness spread in the stomach.

Just as licking plates was forbidden, fingers were only rarely allowed to exercise their right to peel silver foil off chocolate and rip off the garments of a Santa Claus or an Easter Bunny to feel a mass slowly melting over the warm skin of hands, sweet dirt permitted to be licked off the fingers. Yet even this offered no fulfillment; that which had been so enticing and promising in the delight of anticipation was devoured much too quickly, and the palate was unable to keep the hands' promise: taste buds were deafened by the violent homogeneous sweetness of industrial production.

From: Falk Haberkorn, *Schließung* (Leipzig: Institut für Buchkunst, 2005).

Auf der Zunge On the Tongue Falk Haberkorn

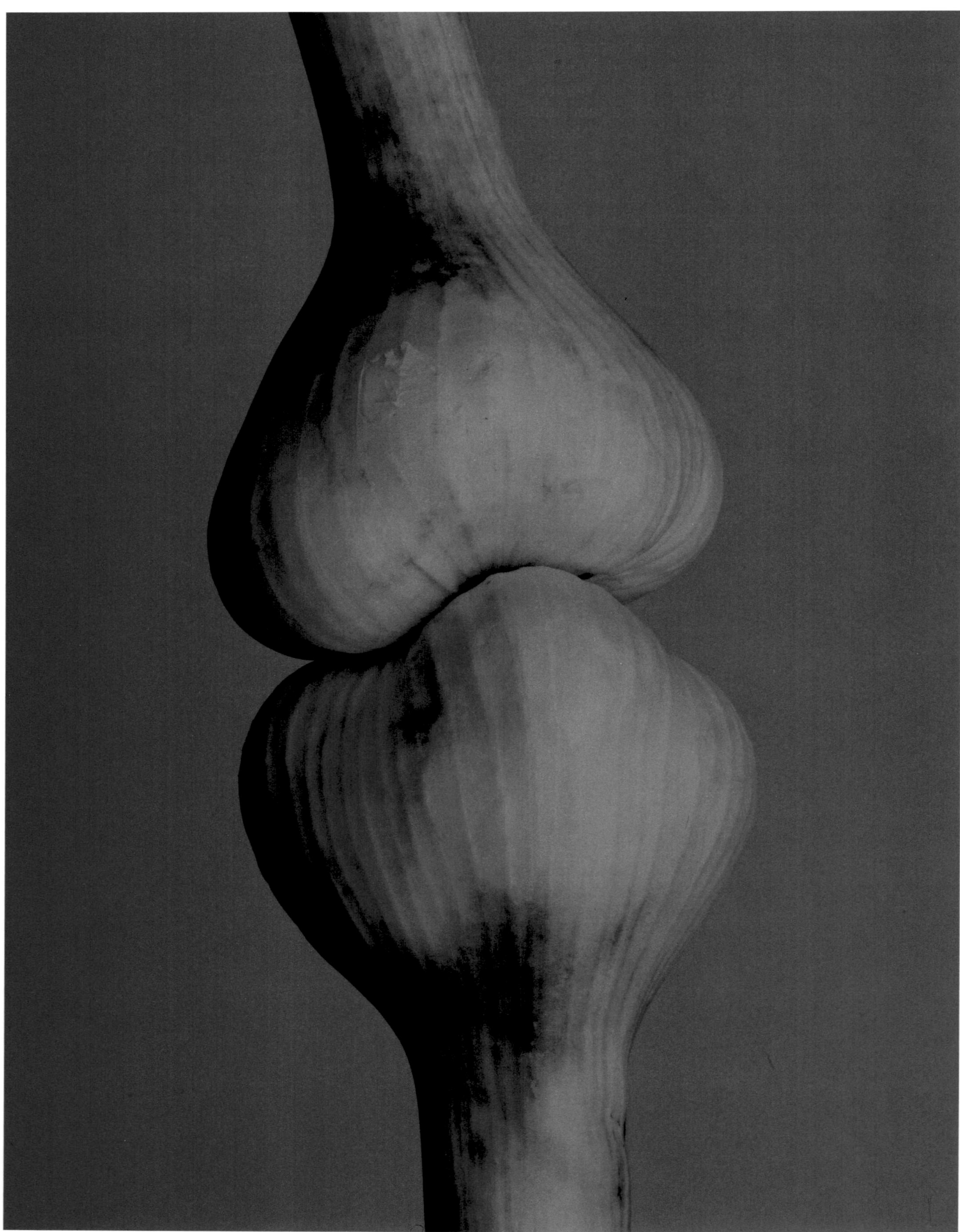

 Motiv für / Motif for Gruner + Jahr, Redaktion *Stern,* Knoblauch / Garlic, 2002

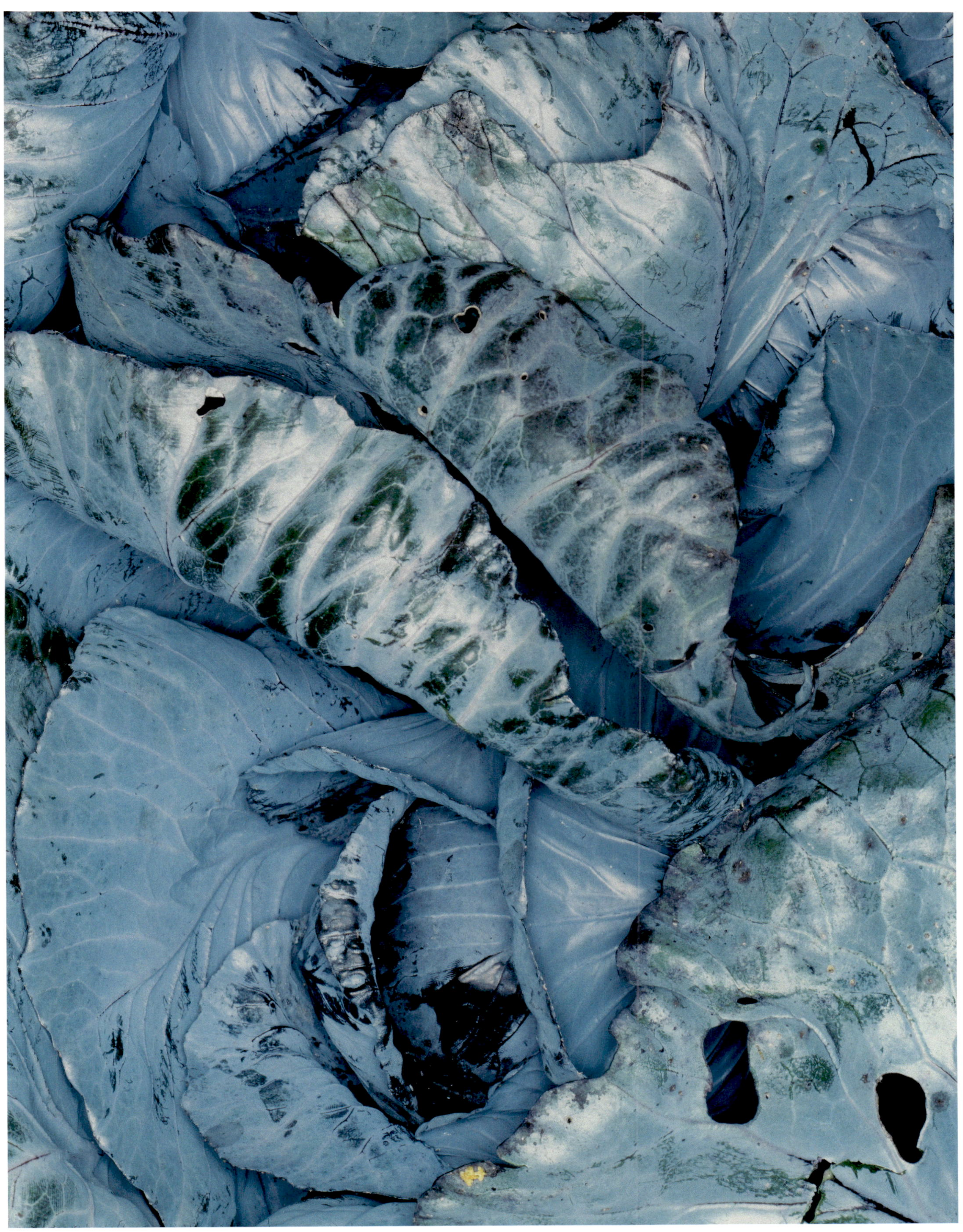

Motiv für / Motif for Gruner + Jahr, Redaktion *Stern*, Rotkohl / Red Cabbage, 2004

 Motiv für / Motif for Gruner + Jahr, Redaktion *Stern,* Windbeutel / Cream Puff, 1991

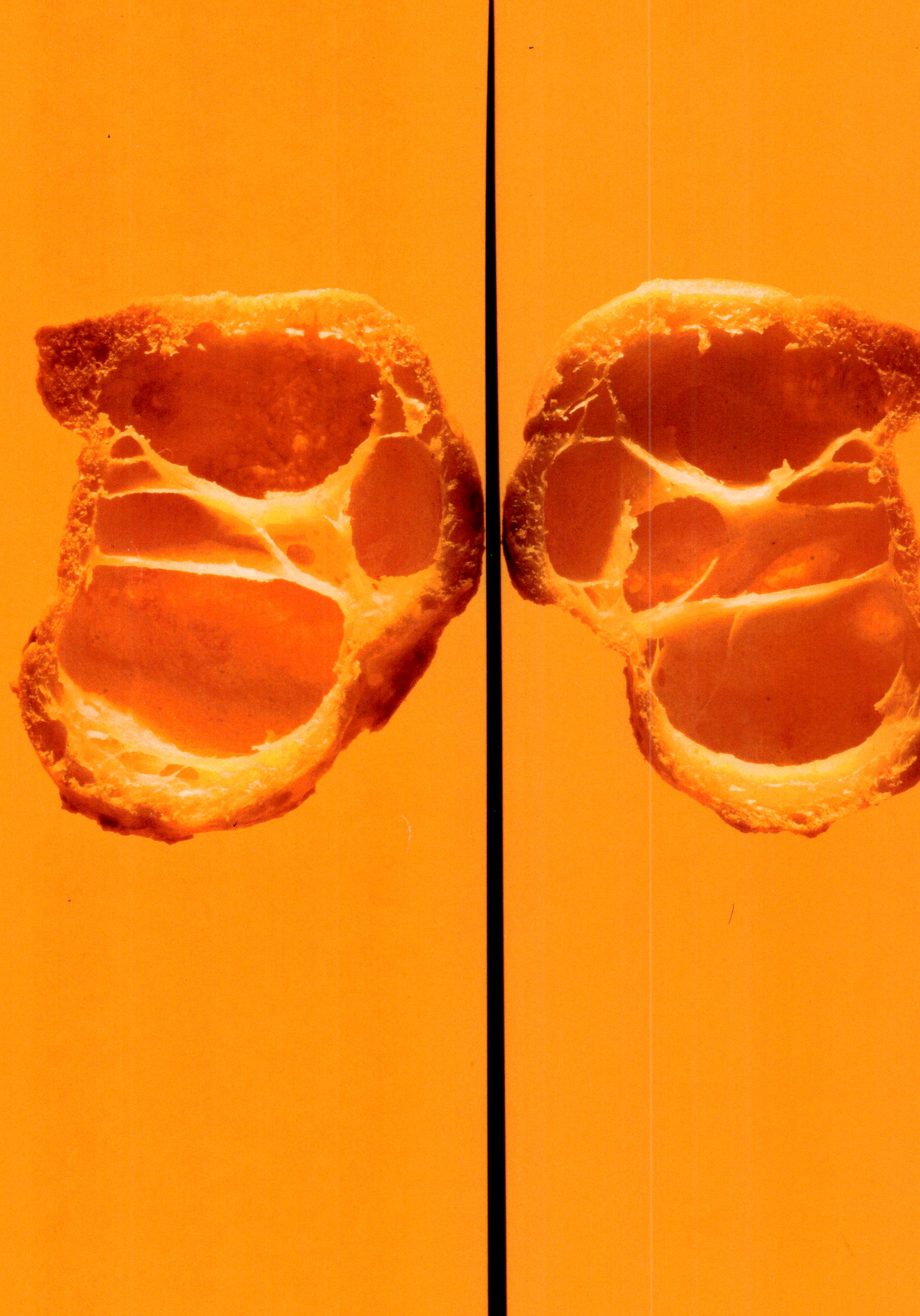

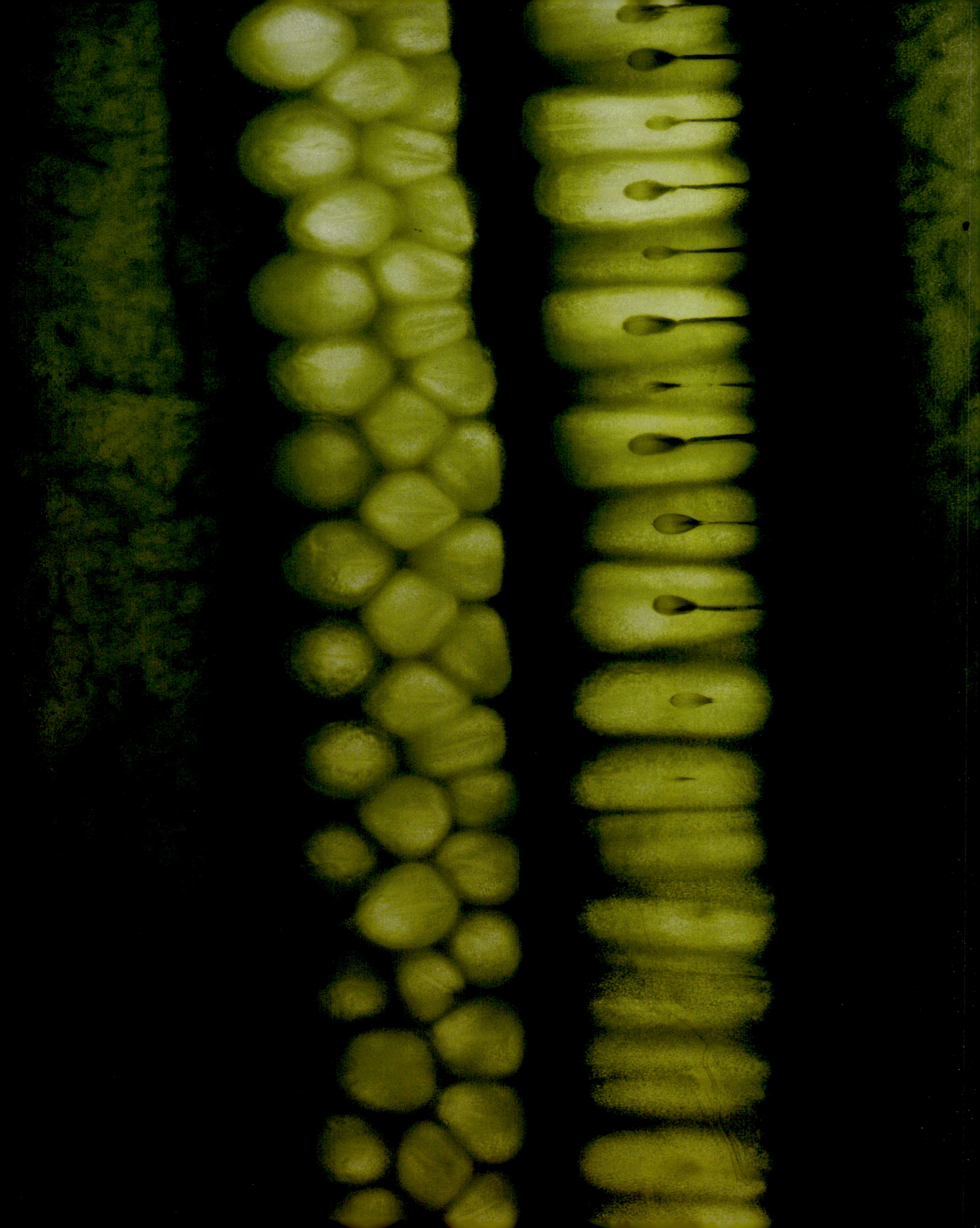

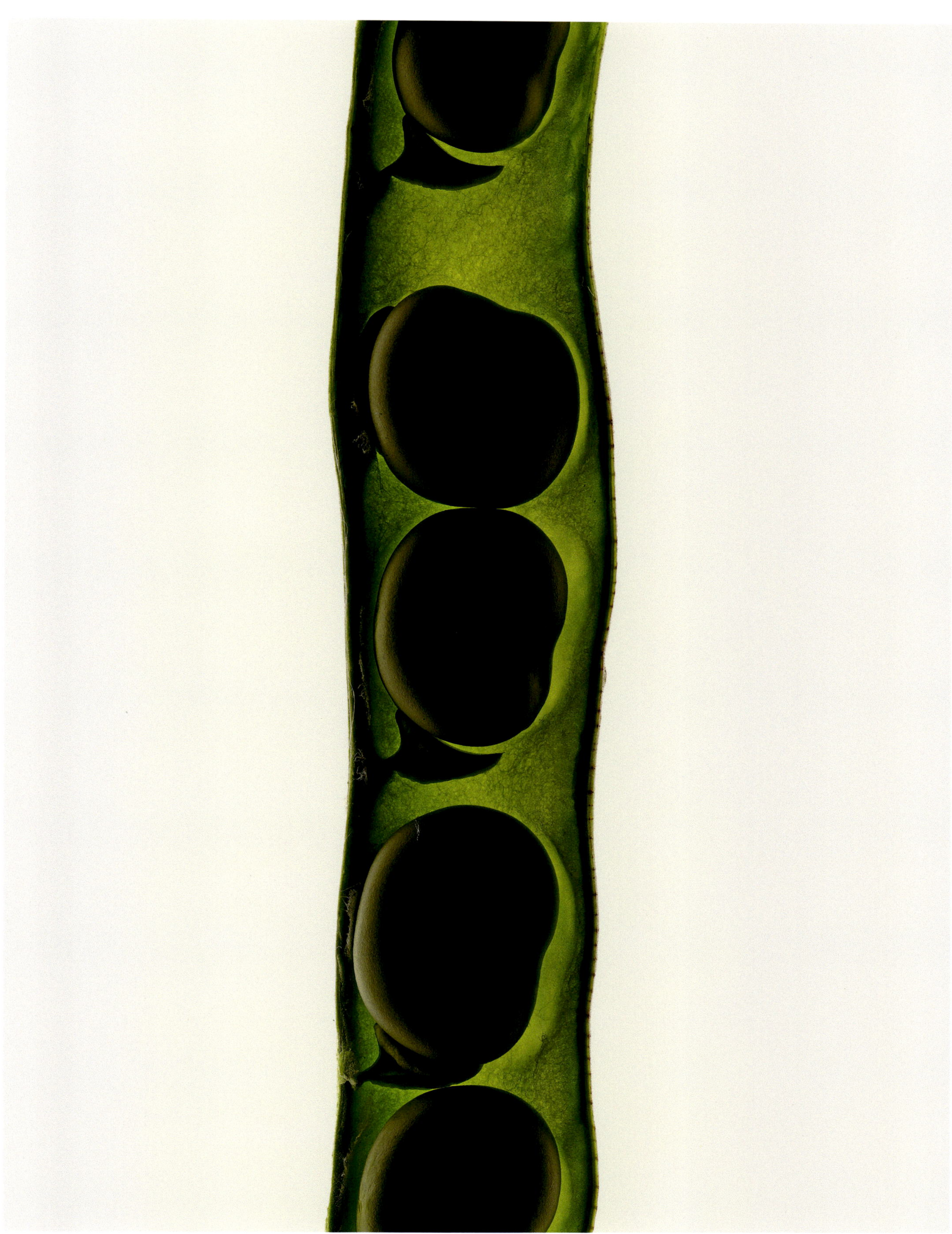

Motiv für / Motif for Greenpeace, Gurke / Cucumber, 2006 Motiv für / Motif for Greenpeace, Bohne / Bean, 2011

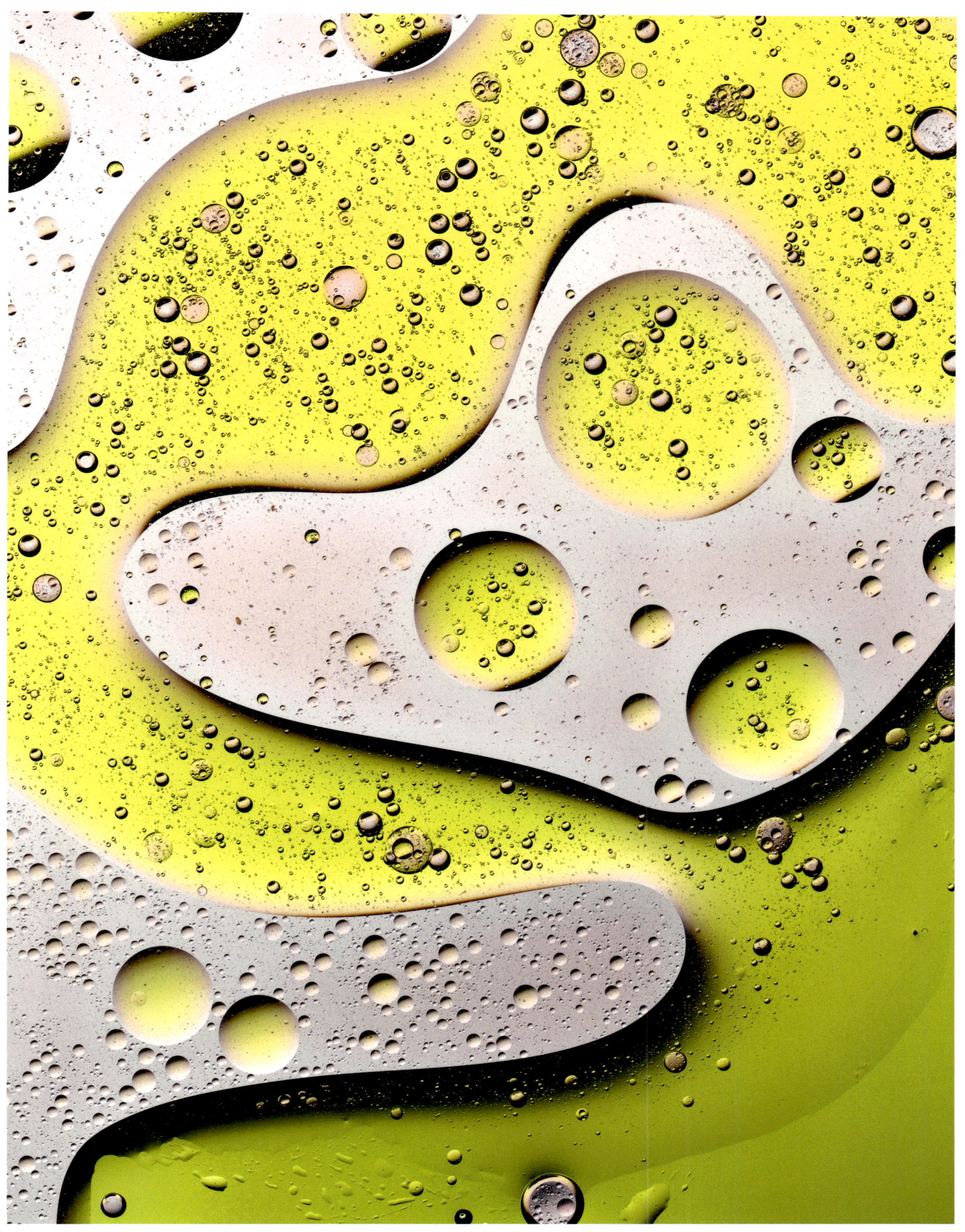

Motiv für / Motif for Gruner + Jahr, Redaktion *Stern*, Vinaigrette, 2008

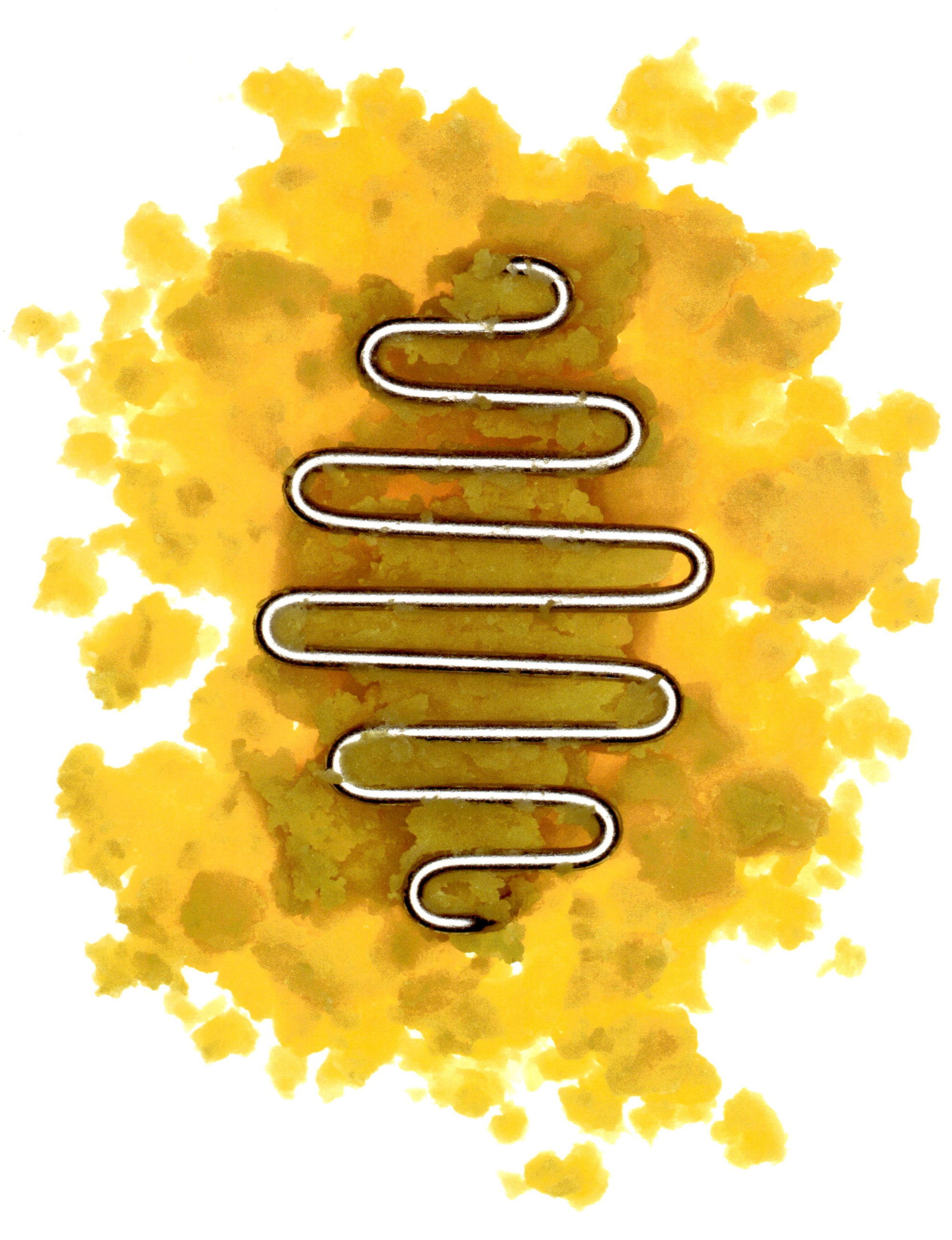

 Motiv für / Motif for Gruner + Jahr, Redaktion *Stern,* Kartoffelstampf / Mashed Potatoes, 2003

Kartoffeln / Potatoes, 2004

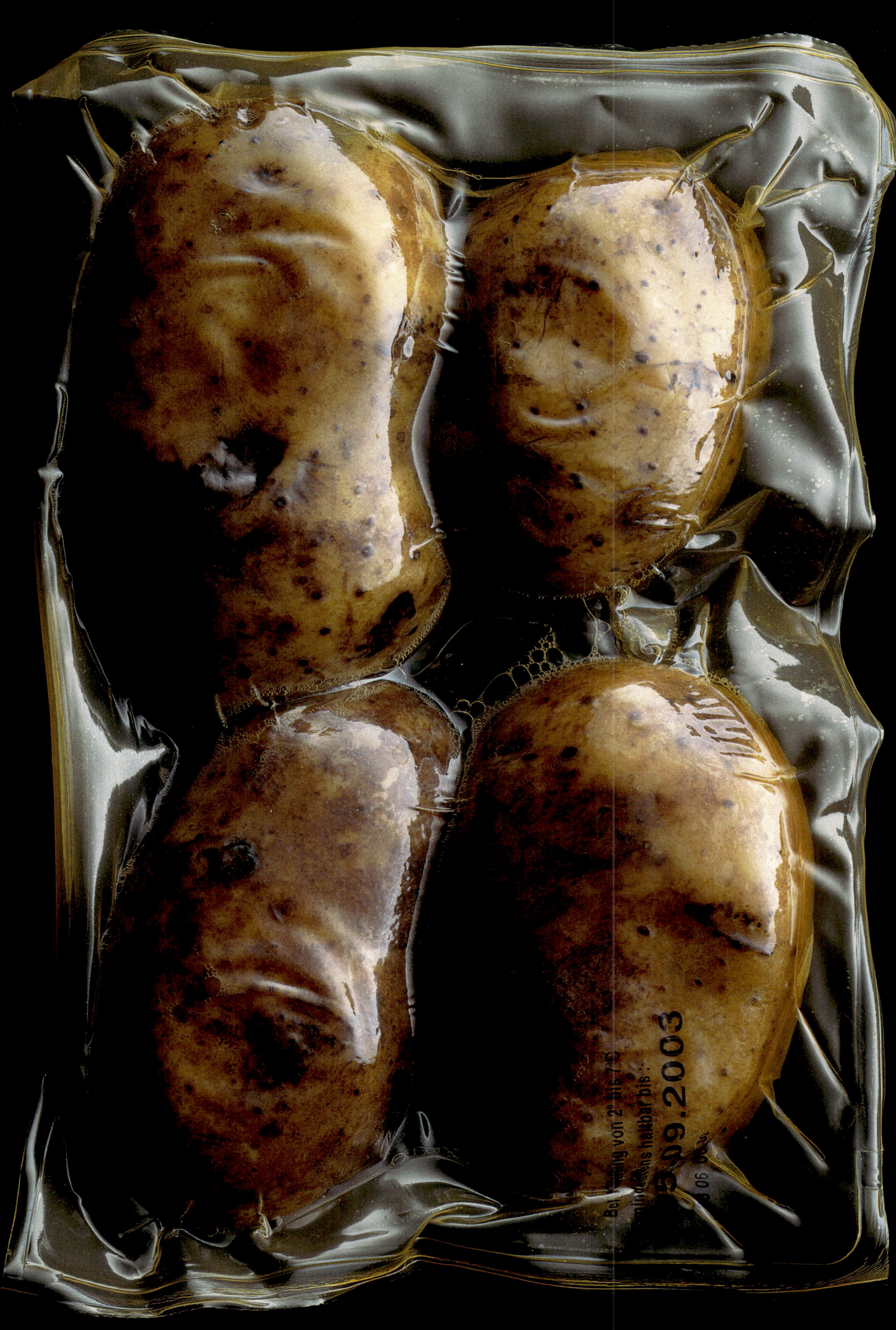

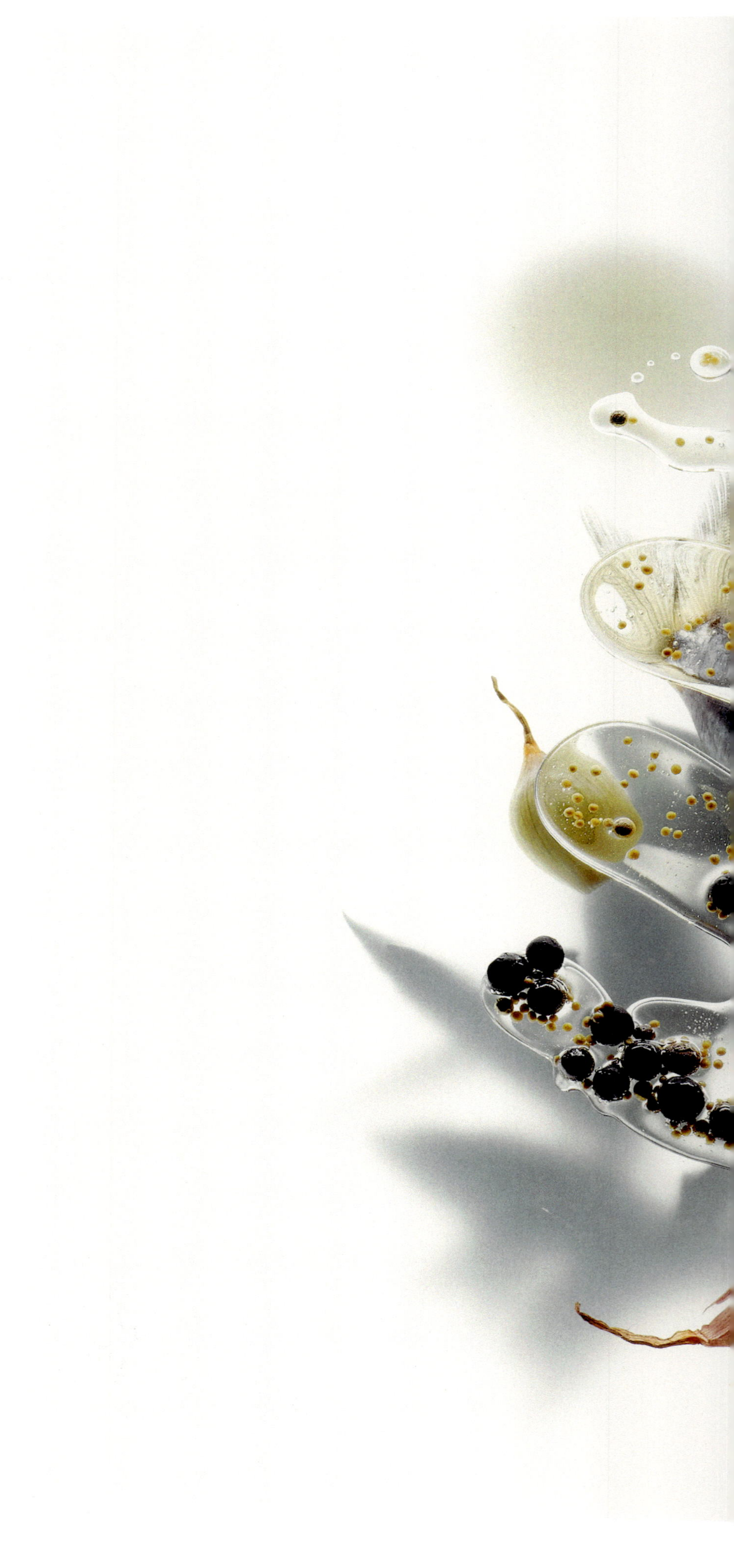

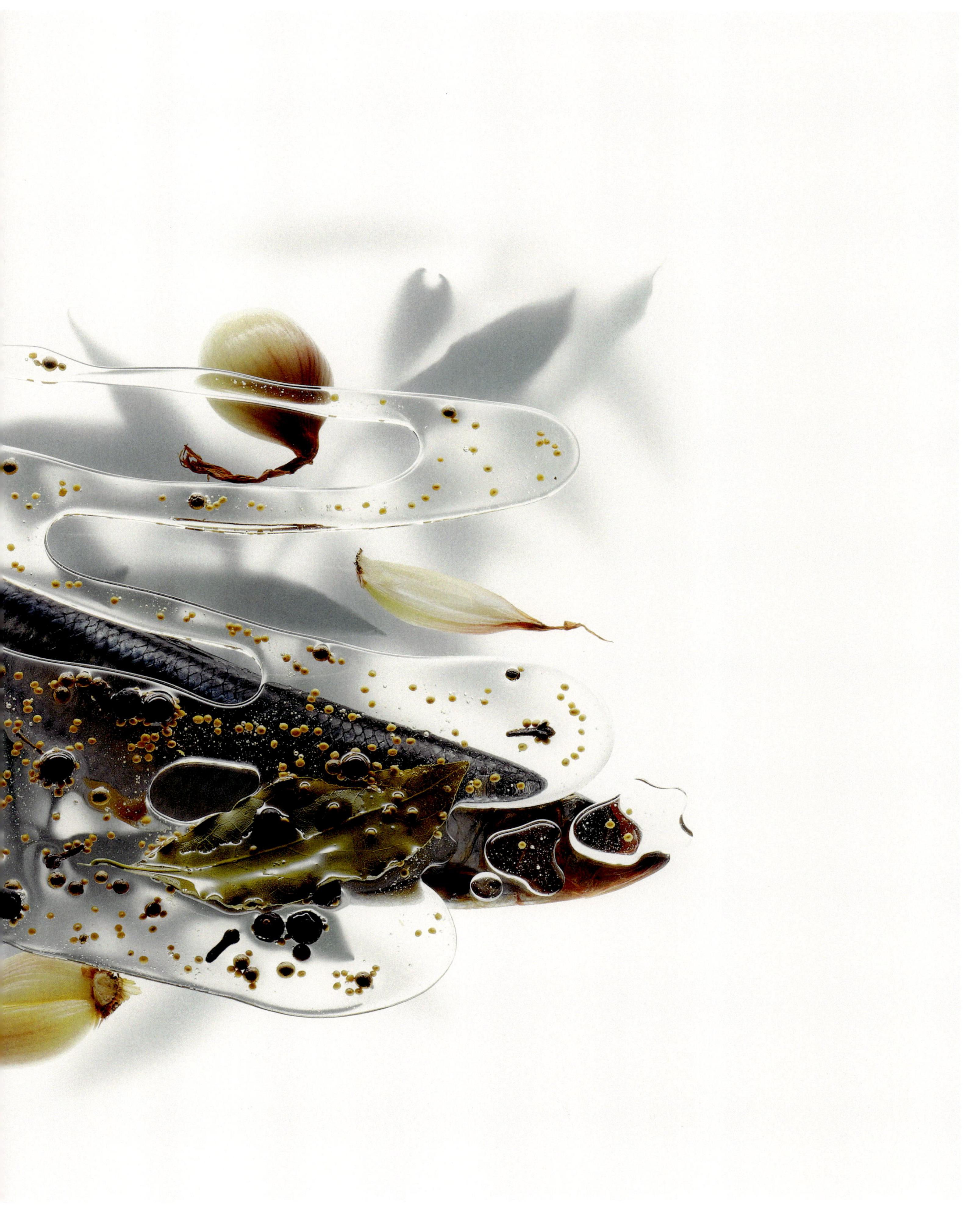

Motiv für / Motif for Lufthansa, Menükarte / Menu, 1993

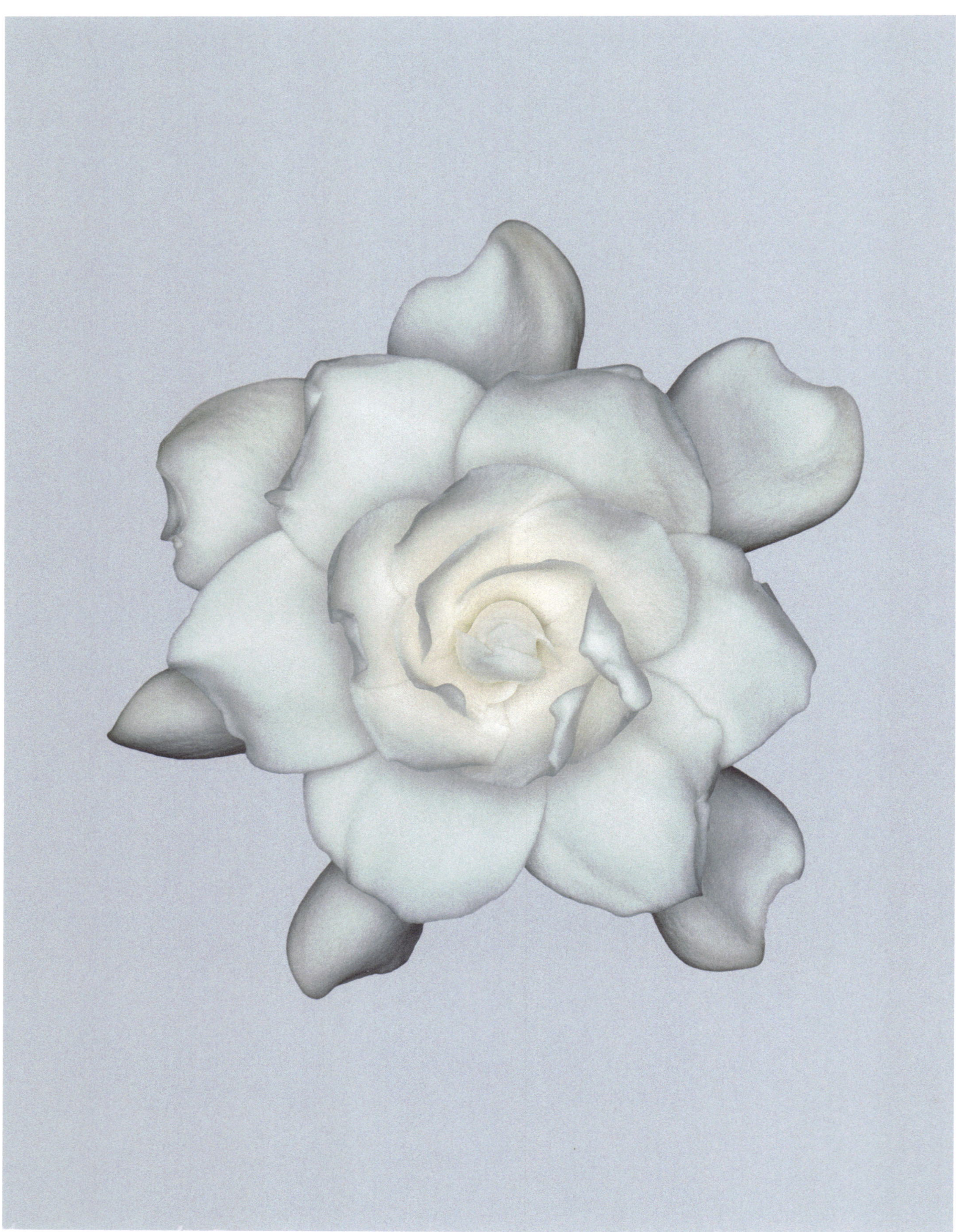

 Motiv für / Motif for Mäurer & Wirtz, Gardenia, 2007

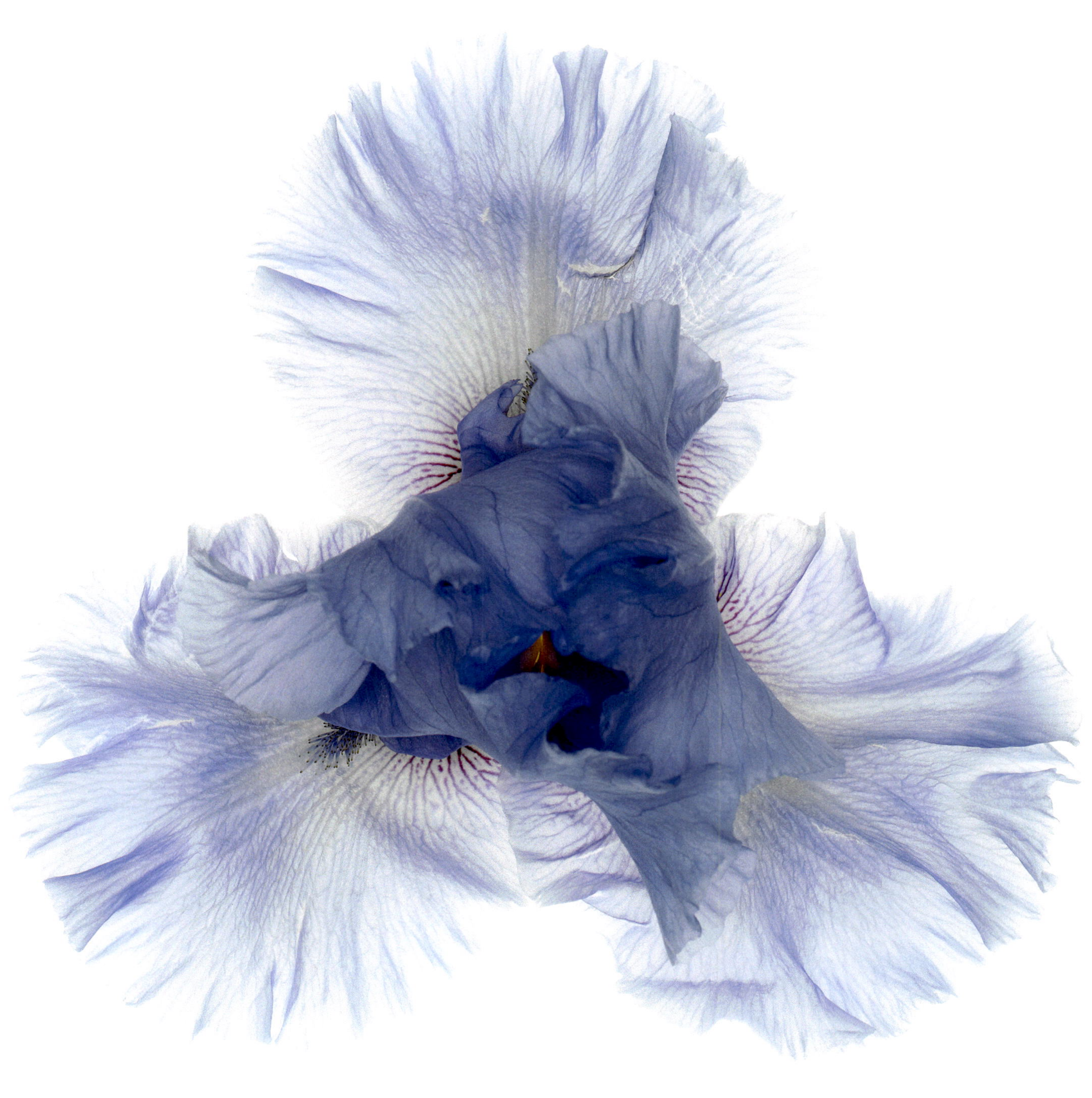

Motiv für / Motif for *Greenpeace Magazin*, Iris, 2010

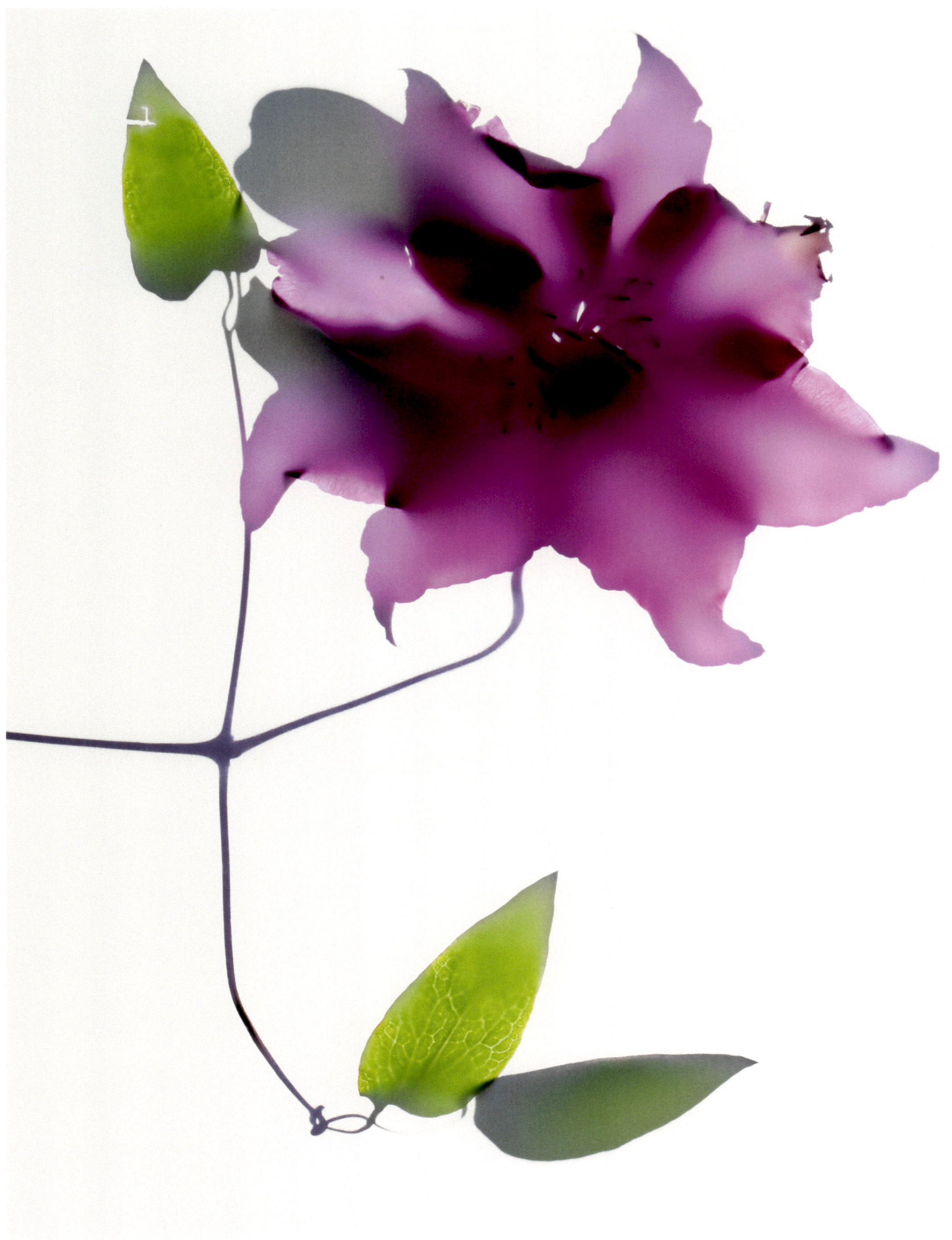

 Clematis, 1992

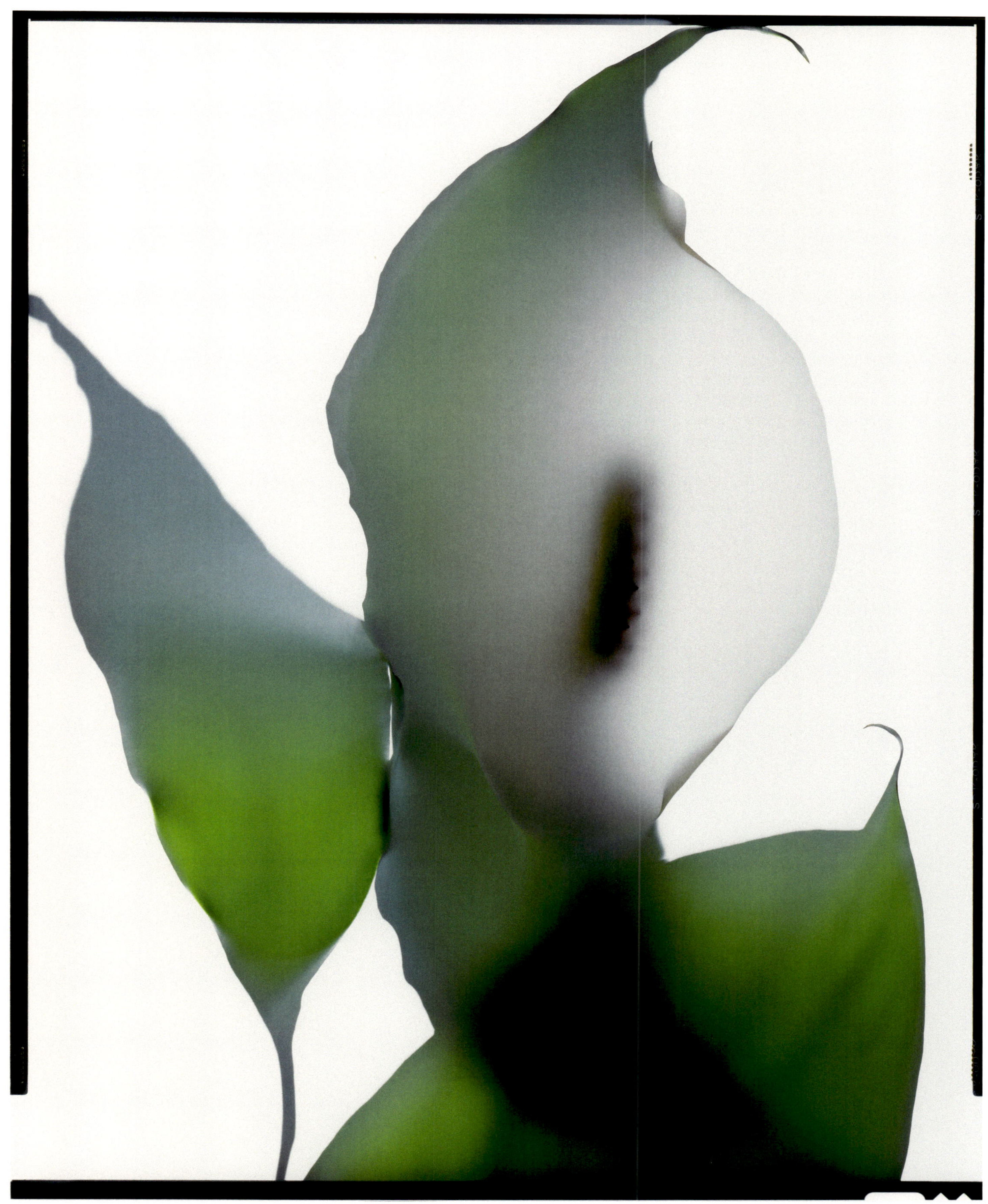

Aronstab / Arum, 1992

Mit Hans Hansen spazieren zu gehen, ob durch Wiesen oder Städte, ist eine helle Freude. Unsere sich im Gehen, Schauen und Staunen formenden Gedanken werden immer wieder verführt durch am Wege Wachsendes oder Verkümmerndes, Lauerndes oder Protzendes, Verstecktes oder sich Versteckendes – oder einfach nur Übersehenes.
So kritisch und entlarvend er uns Menschen und unsere unachtsamen Fuß- und allmächtigen Stiefelabdrücke sieht – und durchaus auch in düsteren Farbgebungen aus- und weiterzumalen vermag – so achtend und liebend ist seine Weise, das Schöne und das Schönste der Welt zu entdecken, ja freizulegen, indem er es in sein Licht setzt.
Mag dieses Licht rein technisch gesehen aus den Equipments seines Studios kommen – eigentlich entspringt dieses Licht seinem Blick, entsteht es in seiner Betrachtung, erstrahlt es aus seinem Sinn für den Zauber und für die Grazie des Wesenhaften, sei es Teil der Natur oder Teil der Kultur.
Immer wieder bin ich versucht herauszufinden, welches denn genau die Wesensmerkmale dieses Schönen und Schönsten in Hans Hansens Bildern sind. Ohne dabei etwa auf die goldenen Regeln von Bildkomposition und Dramaturgie zu achten, folge ich lieber seinem Licht-Blick, der die Spuren des Wesens der Dinge entdeckt, anregt und ins Spiel bringt – und sie dann so portraitiert und heiligt, dass daraus eine Ikone entsteht.
Ein Blatt, herausgelöst aus seinem Grün, abstrahiert in Hans Hansens Licht zu einer Art Idealform abstrahiert, die gerade aus all ihren Eigenarten, Asymmetrien, Unregelmäßigkeiten, Windungen, Welkungen ihre Schönheit schöpft. So erkenne ich das Blatt in dieser nie zuvor gesehenen Reinheit – als Modell seiner Art. Aber es ist nicht das Blatt – es ist ein Blatt. Kein Blatt einer Art ist wie ein anderes – und doch sind sich alle in einer Art gleich. Es ist diese Einzigartigkeit im Großen und im Ganzen, die Hans Hansen für mich entdeckt.

To take a stroll with Hans Hansen, whether in town or in the country, is a great joy. Along the way, our thoughts, which form while walking, looking, and marveling at things, are always led astray by things we spy growing and withering, lurking and showing off, hiding, concealed—or simply overlooked.
Though Hansen exposes and criticizes humans and our trail of careless footprints and omnipotent bootprints—and indeed likes to depict us in bleak colors—there is also respect and love in the way that he discovers, and even uncovers, beauty and the beautiful things in the world by casting his light on them.
This light may technically come from his studio equipment, but in reality it springs from his vision, forms from his observation, radiates from his inclination towards the enchanting and the grace of the intrinsic, whether as part of nature or culture.
I find myself constantly attempting to figure out the exact characteristics of beauty and the most beautiful in Hans Hansen's images. While trying to avoid sticking to the golden rules of picture composition and dramaturgy, I tend to follow his light, which discovers, animates, and brings traces of the true nature of things to life—and then portrays and sanctifies them as icons.
A leaf, liberated from its surrounding greenery, is abstracted through Hans Hansen's light to a kind of ideal form, which draws its beauty directly from all its peculiarities, asymmetries, irregularities, convolutions, and creases. Thus I come to view the leaf in the light of this previously unseen purity—as a model of its kind. But it is not the leaf; it is a leaf. No two leaves are the same—and yet, in a way, all are the same. It is this uniqueness in the broader scheme of things that Hans Hansen has revealed to me.

Licht im Blick

Light in View

Axel Kufus

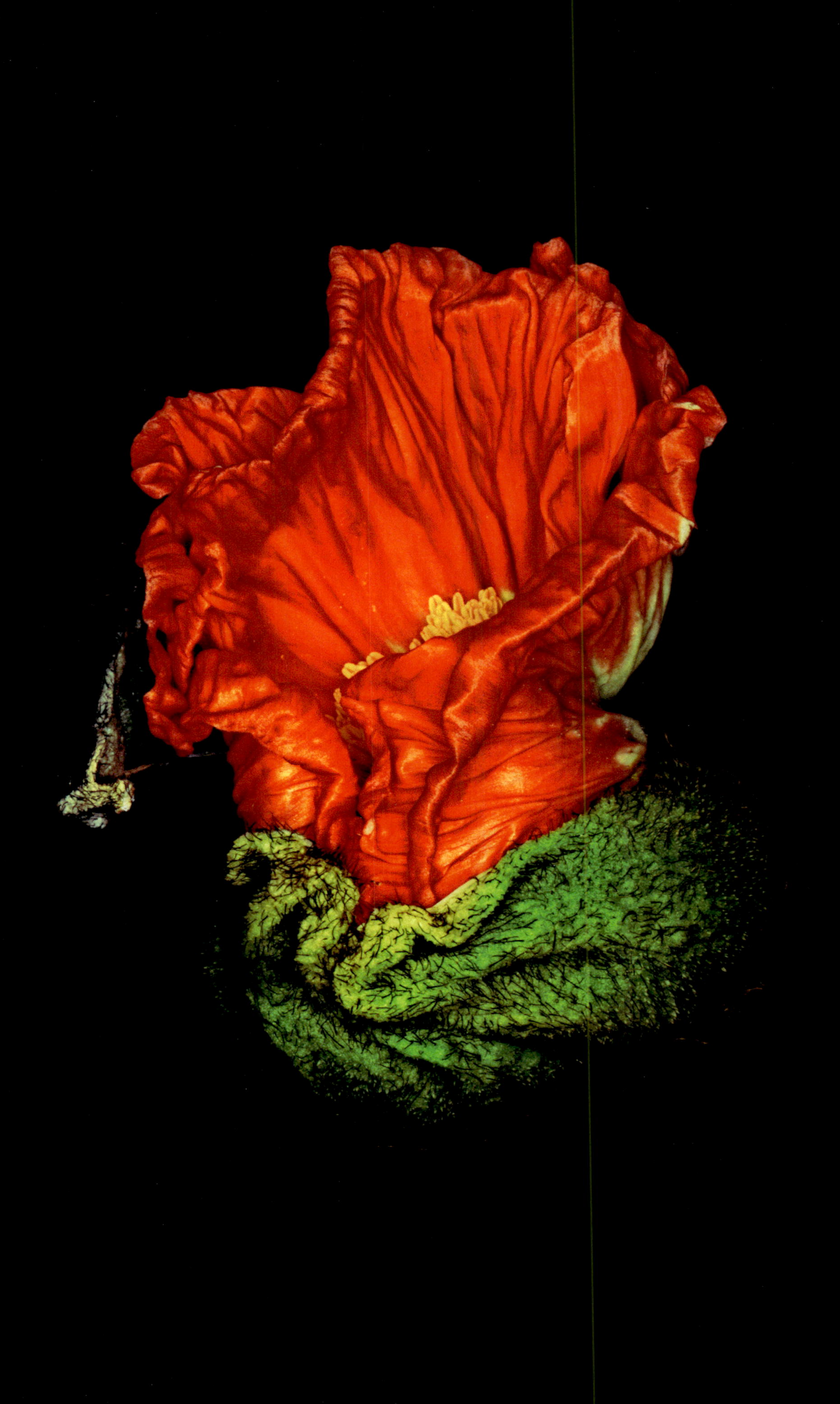

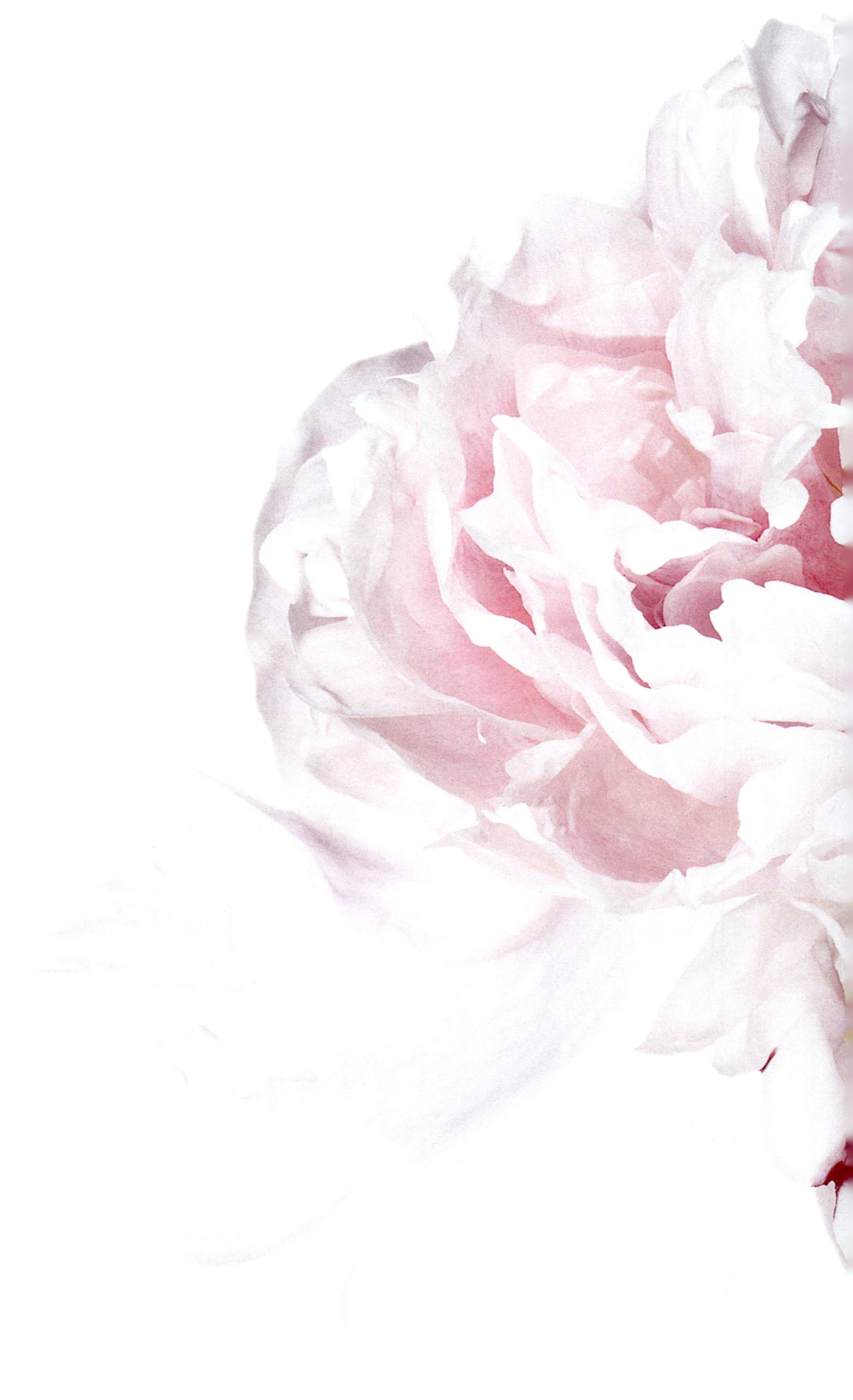

← Motiv für / Motif for Gruner + Jahr, Redaktion *Stern,* Mohnknospe / Poppy Bud, 2004

Motiv für / Motif for Greenpeace, Pfingstrose / Peony, 2003

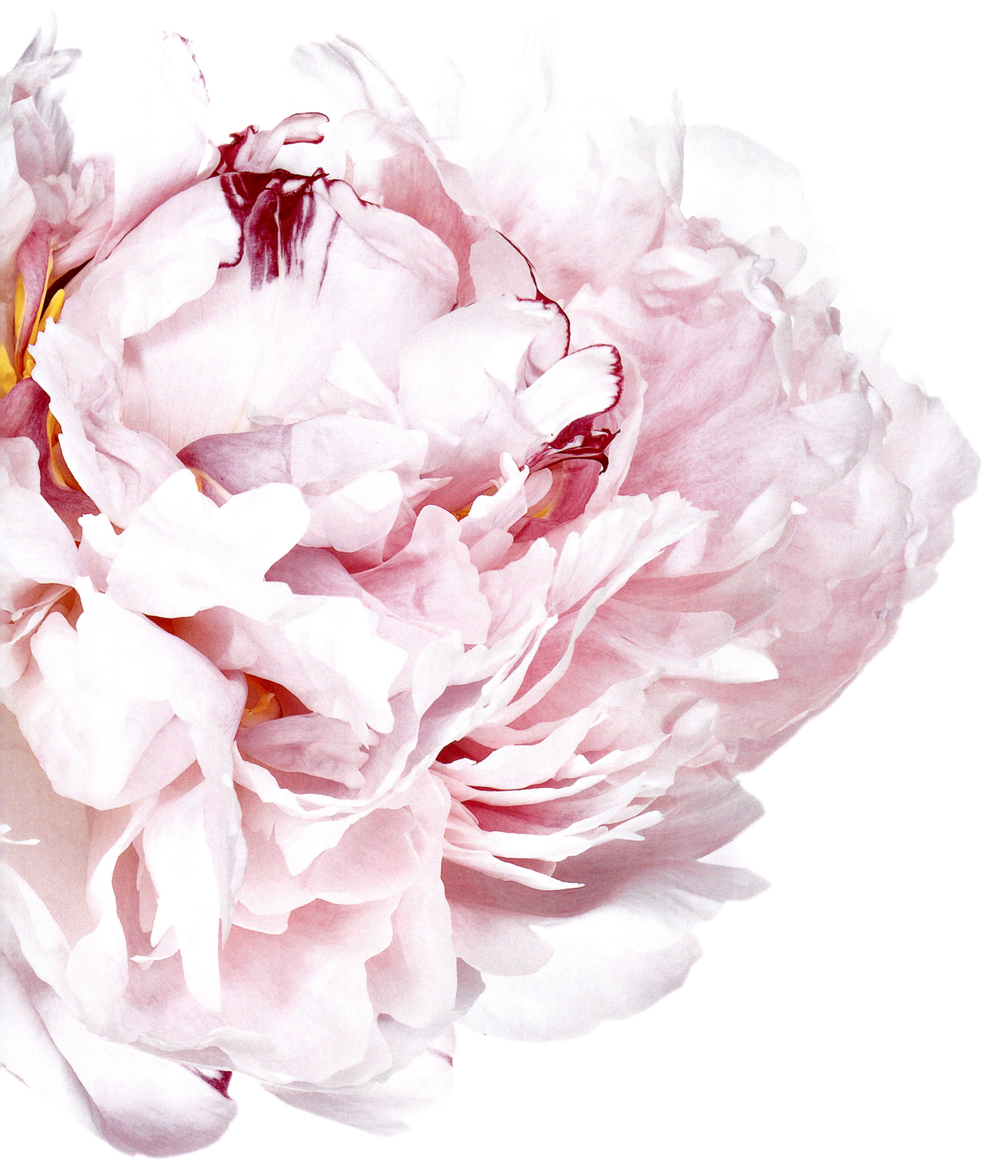

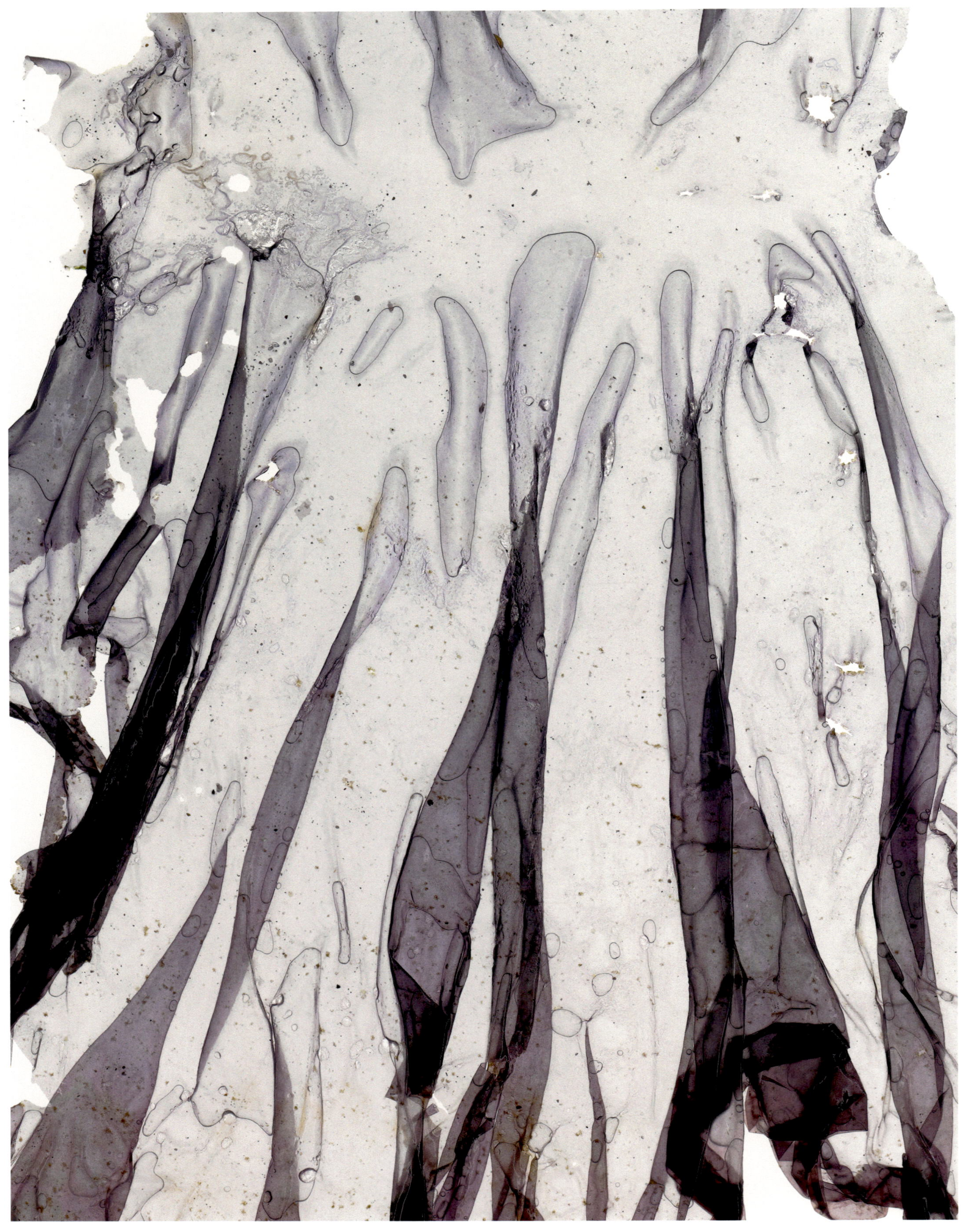

 Motiv für / Motif for Dreiviertel Verlag, Redaktion *Mare,* Nori-Alge / Nori Seaweed, 2009

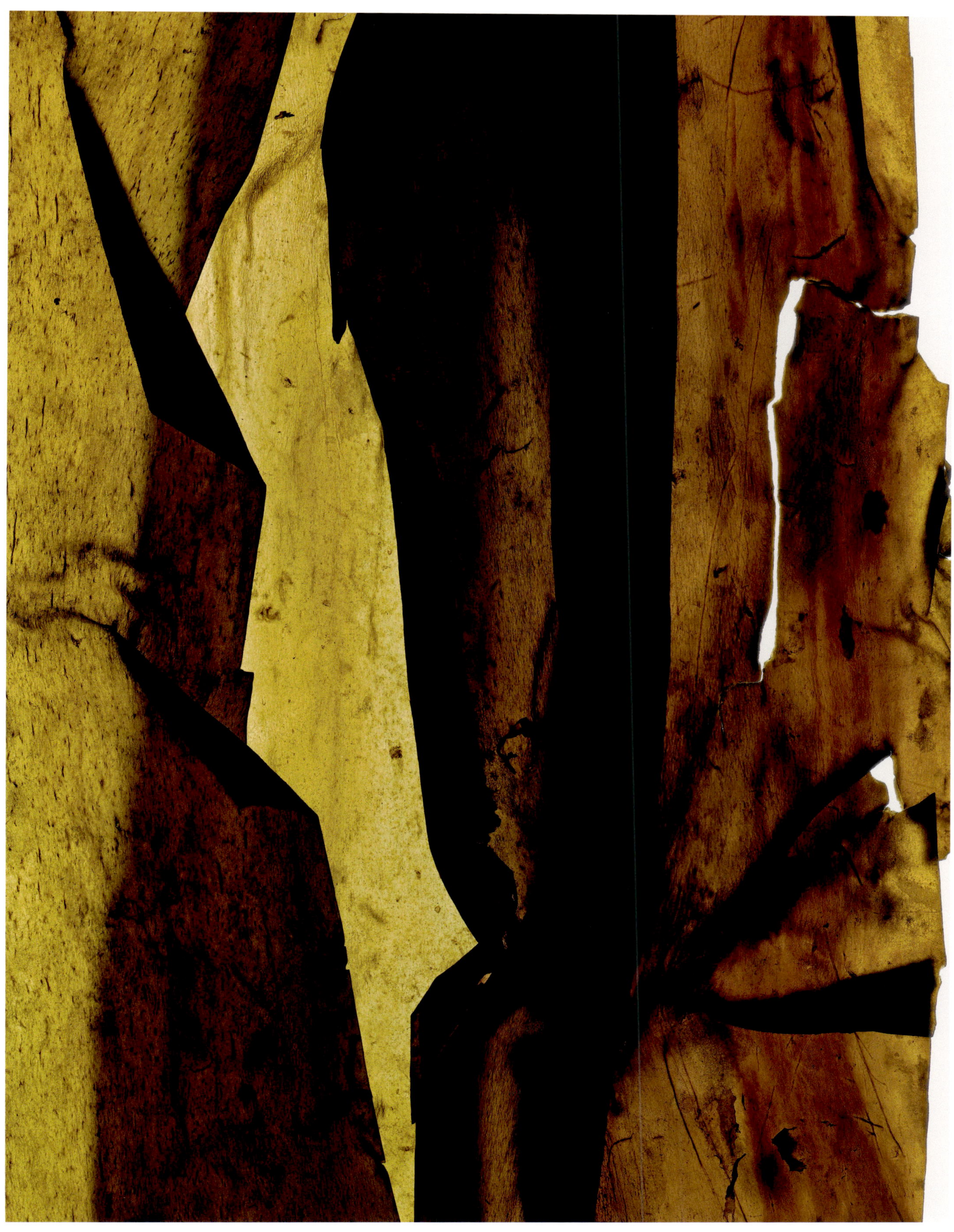

Motiv für / Motif for Dreiviertel Verlag, Redaktion *Mare,* Kombu-Alge / Kombu Seaweed, 2009

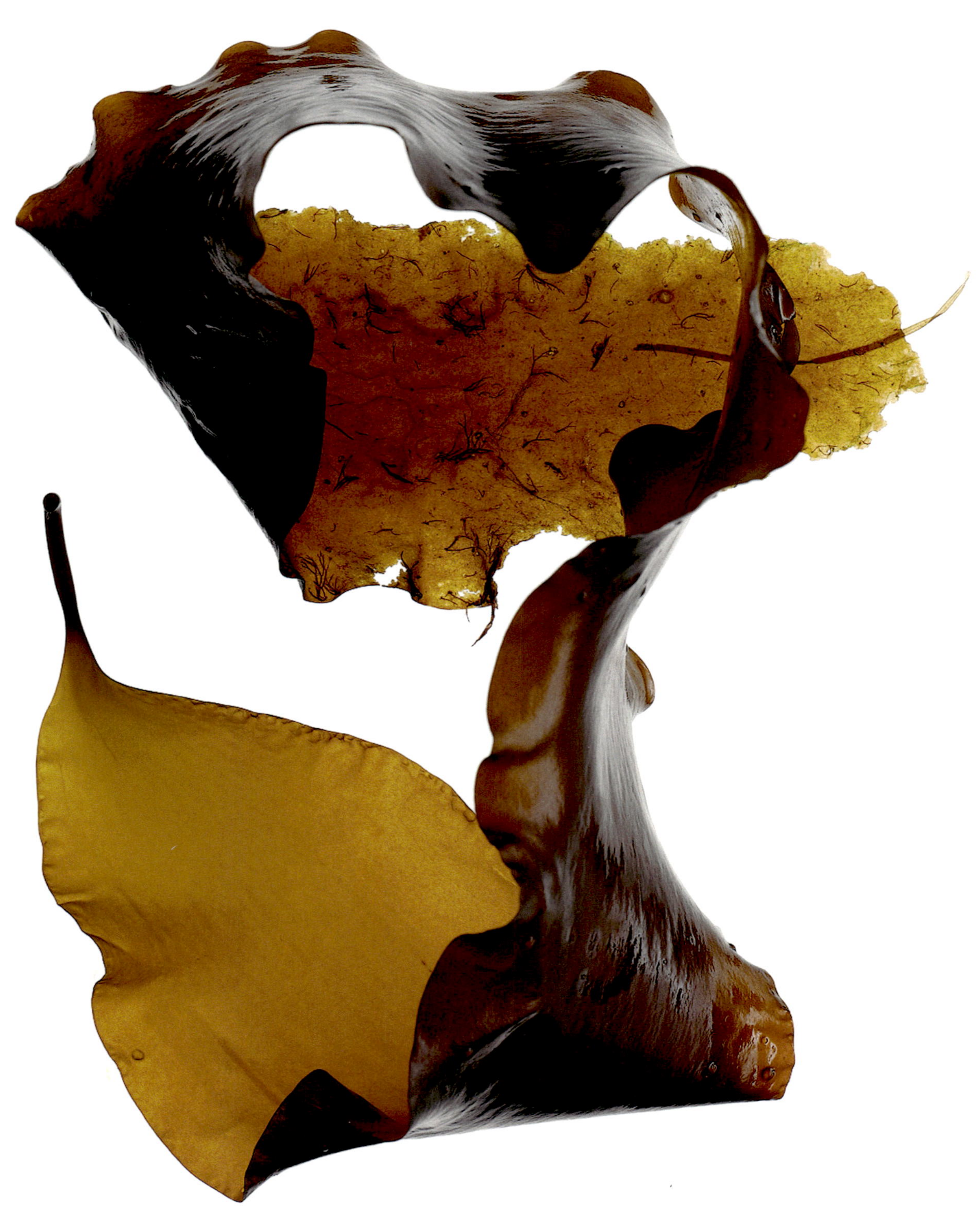

 Motiv für / Motif for Dreiviertel Verlag, Redaktion *Mare*, Zuckertang / Sugar Kelp, 2009

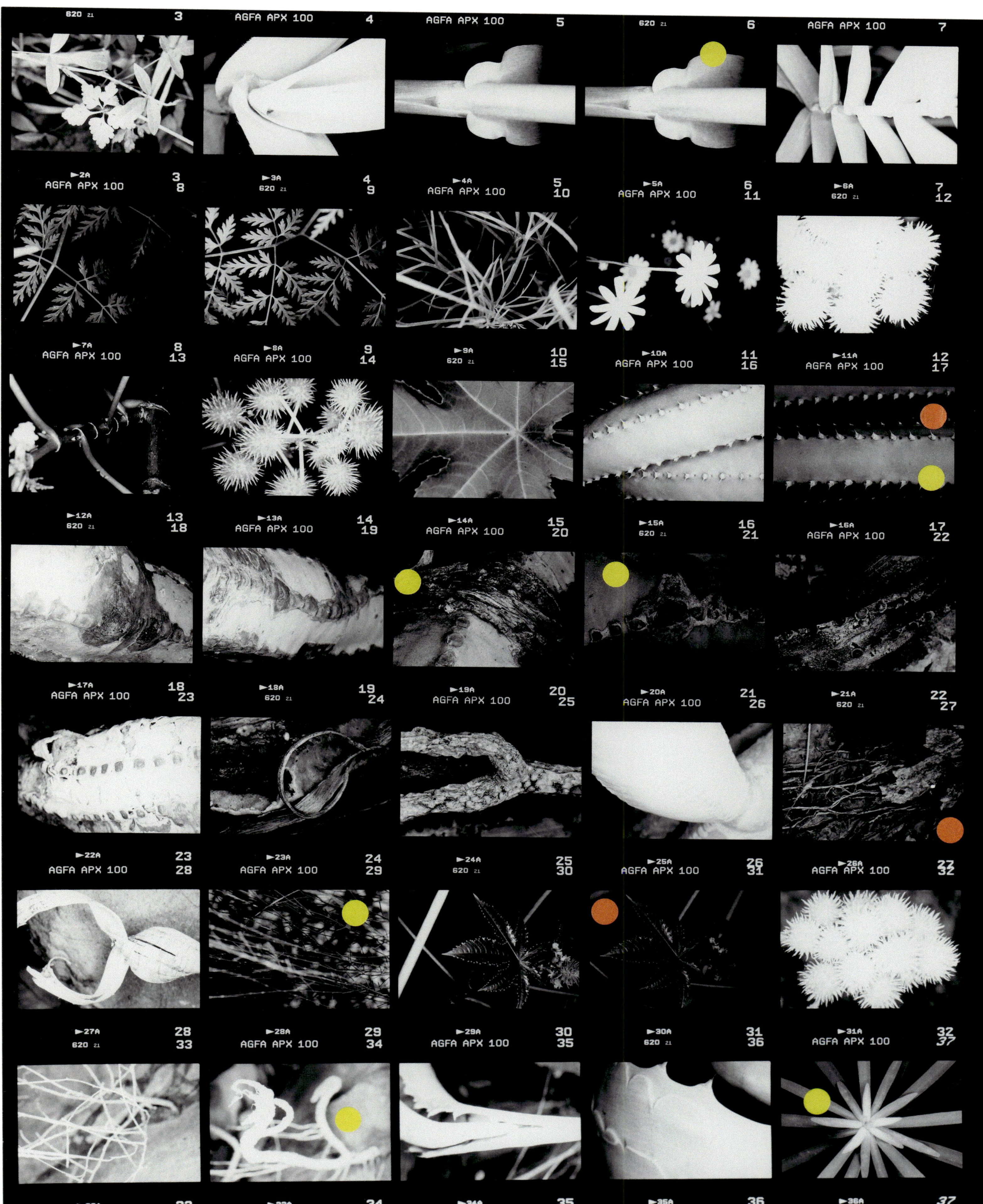

Kontaktbogen / Contact Sheet, Wegrand / Side of the Road, 2000

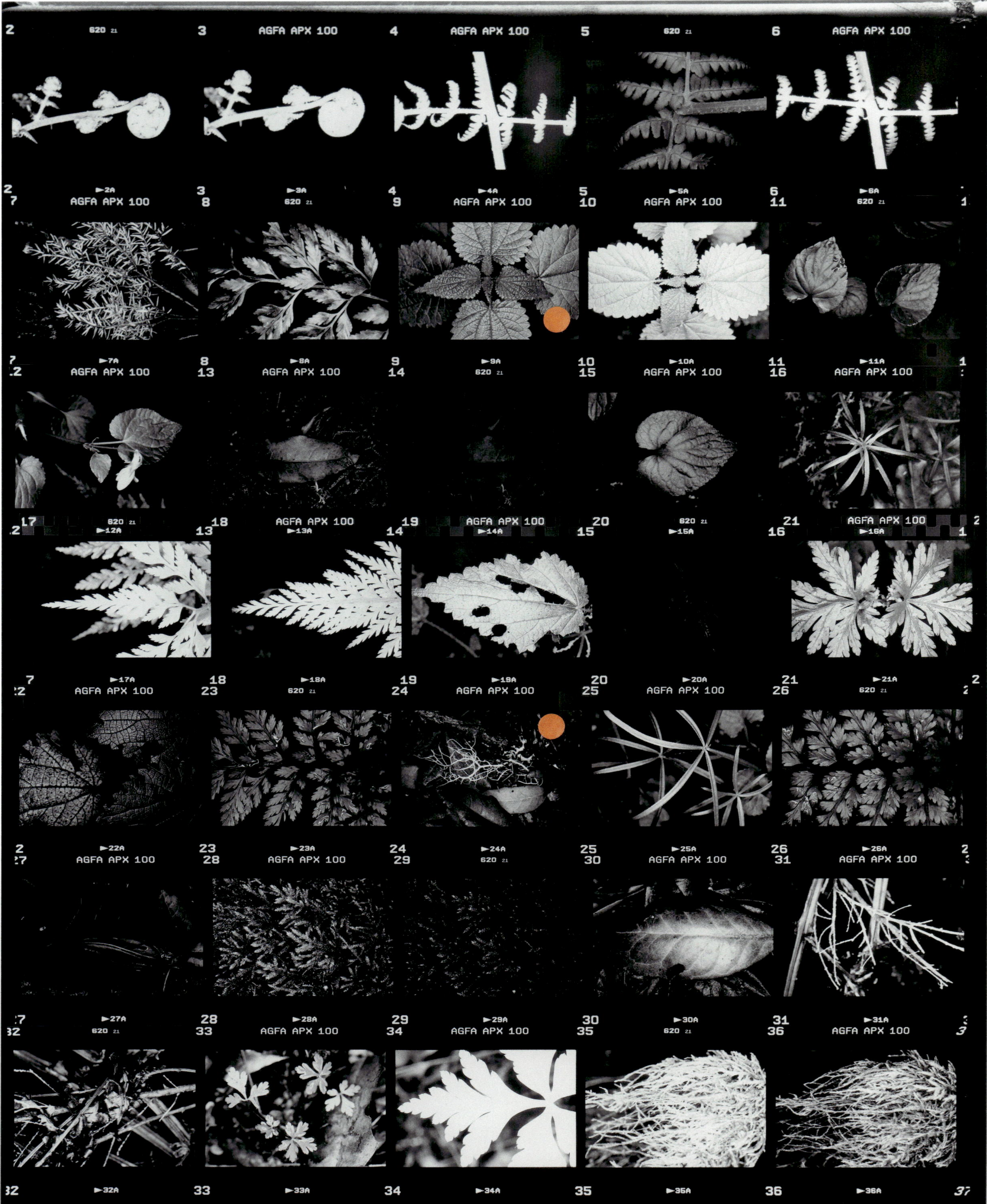

Kontaktbogen / Contact Sheet, Wegrand / Side of the Road, 2000

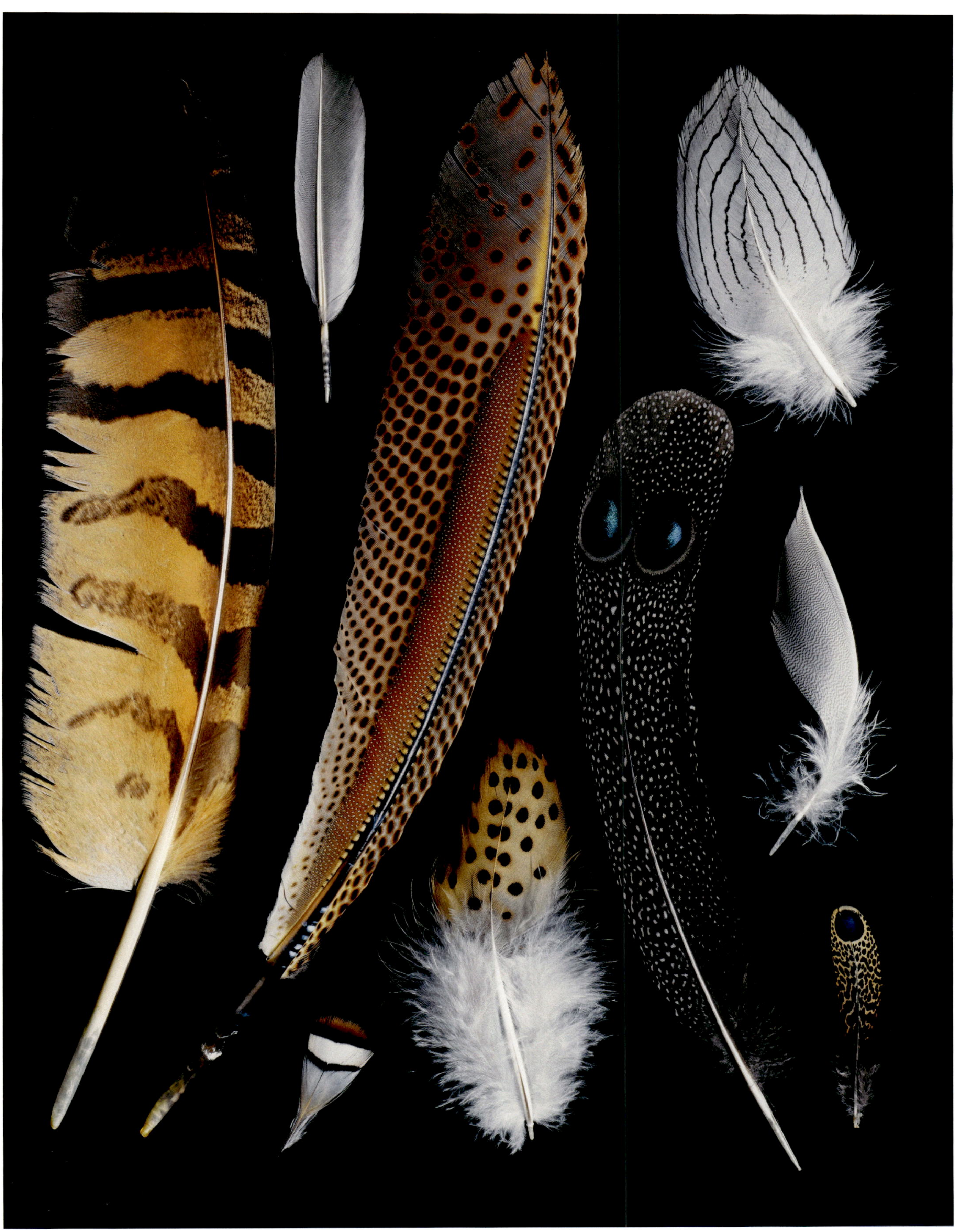

Motiv für / Motif for Gruner + Jahr, Redaktion *Geo*, Federn / Feathers, 1999

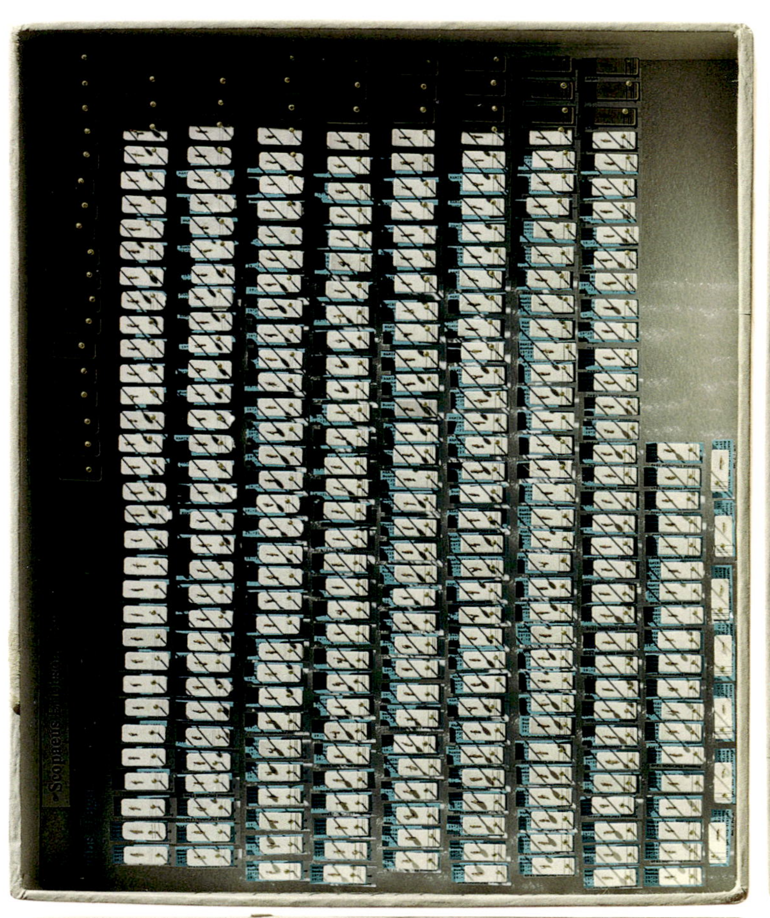
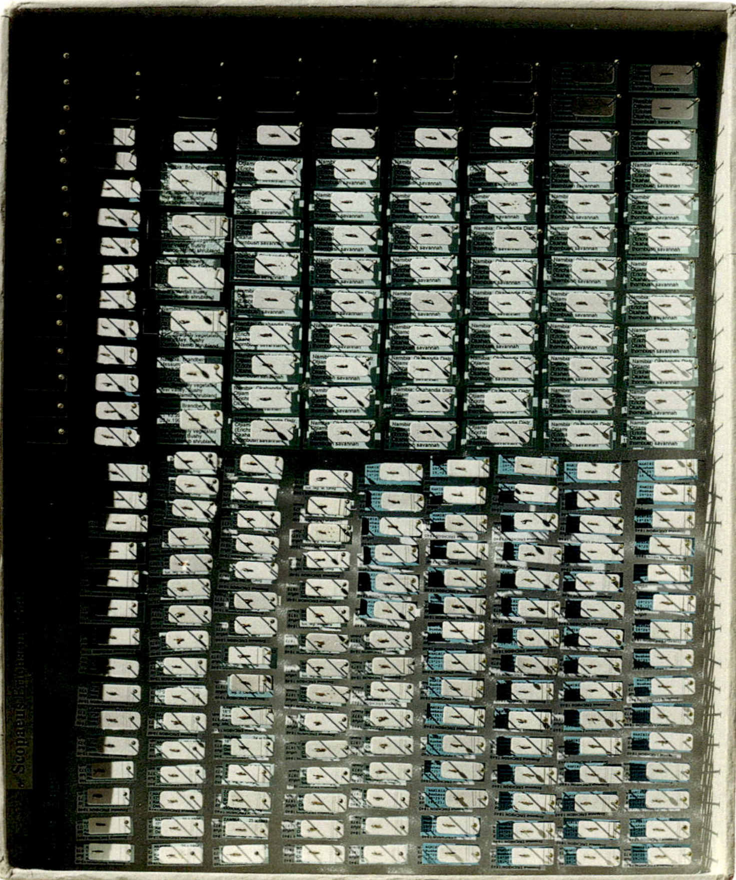
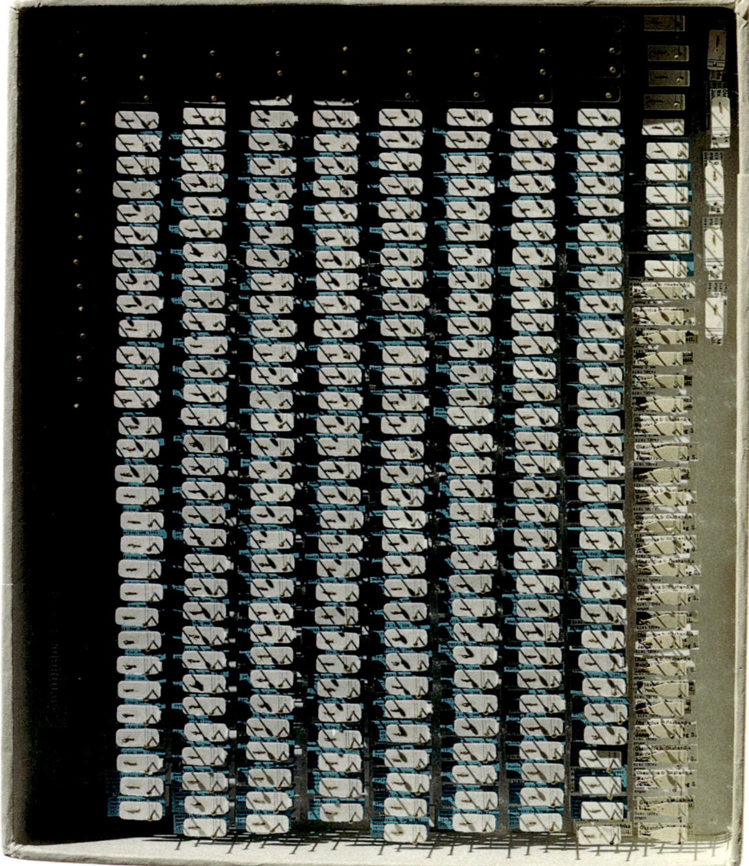
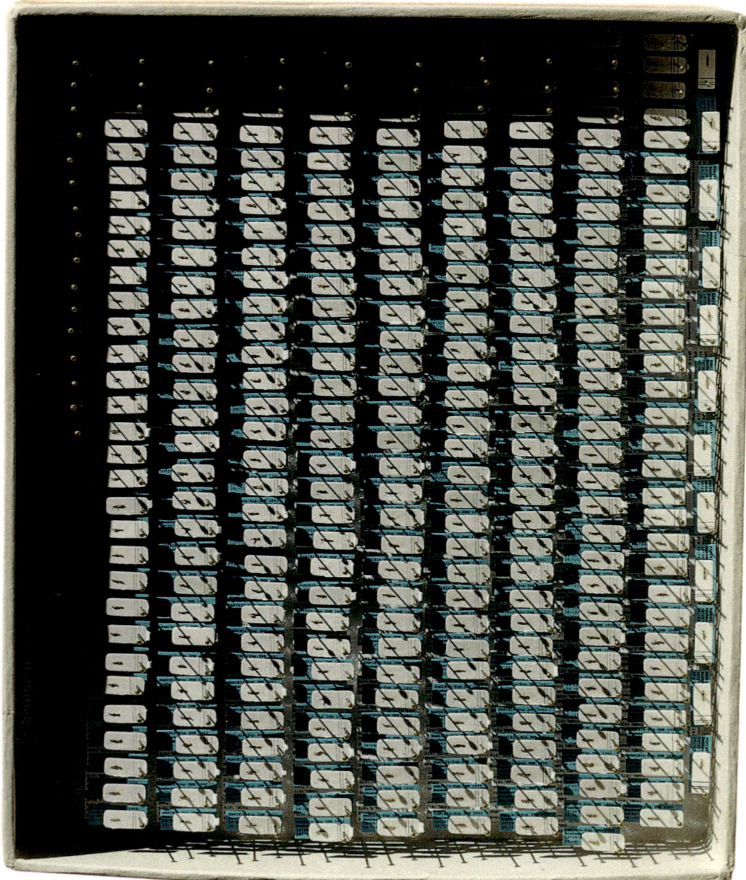

 Motiv für / Motif for Gruner + Jahr, Redaktion *Geo*, Käferkästen / Beetle Boxes, 2006

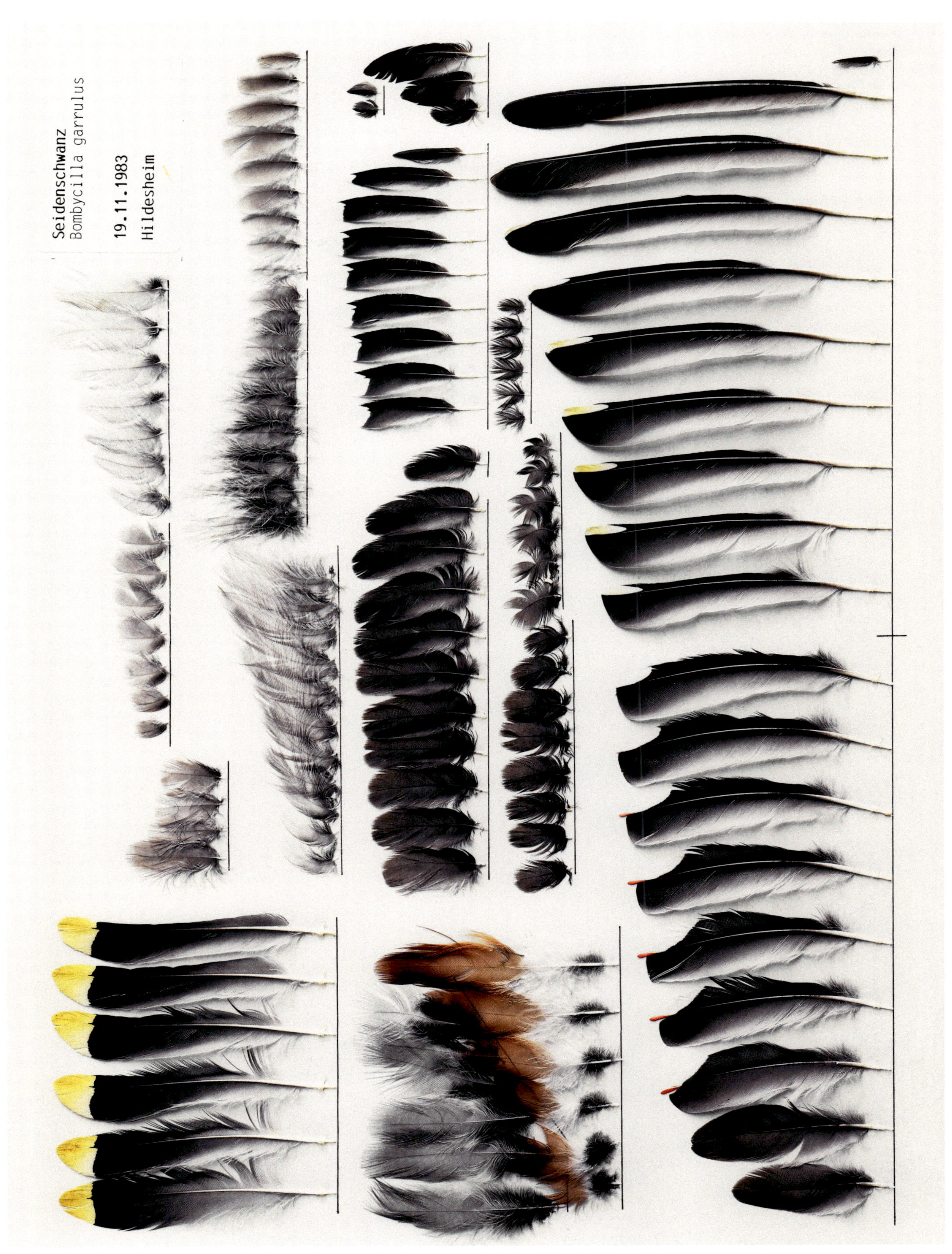

Motiv für / Motif for Gruner + Jahr, Redaktion *Geo*, alle Federn eines Flügels vom Seidenschwanz / All the feathers of a Bohemian waxwing, 1999

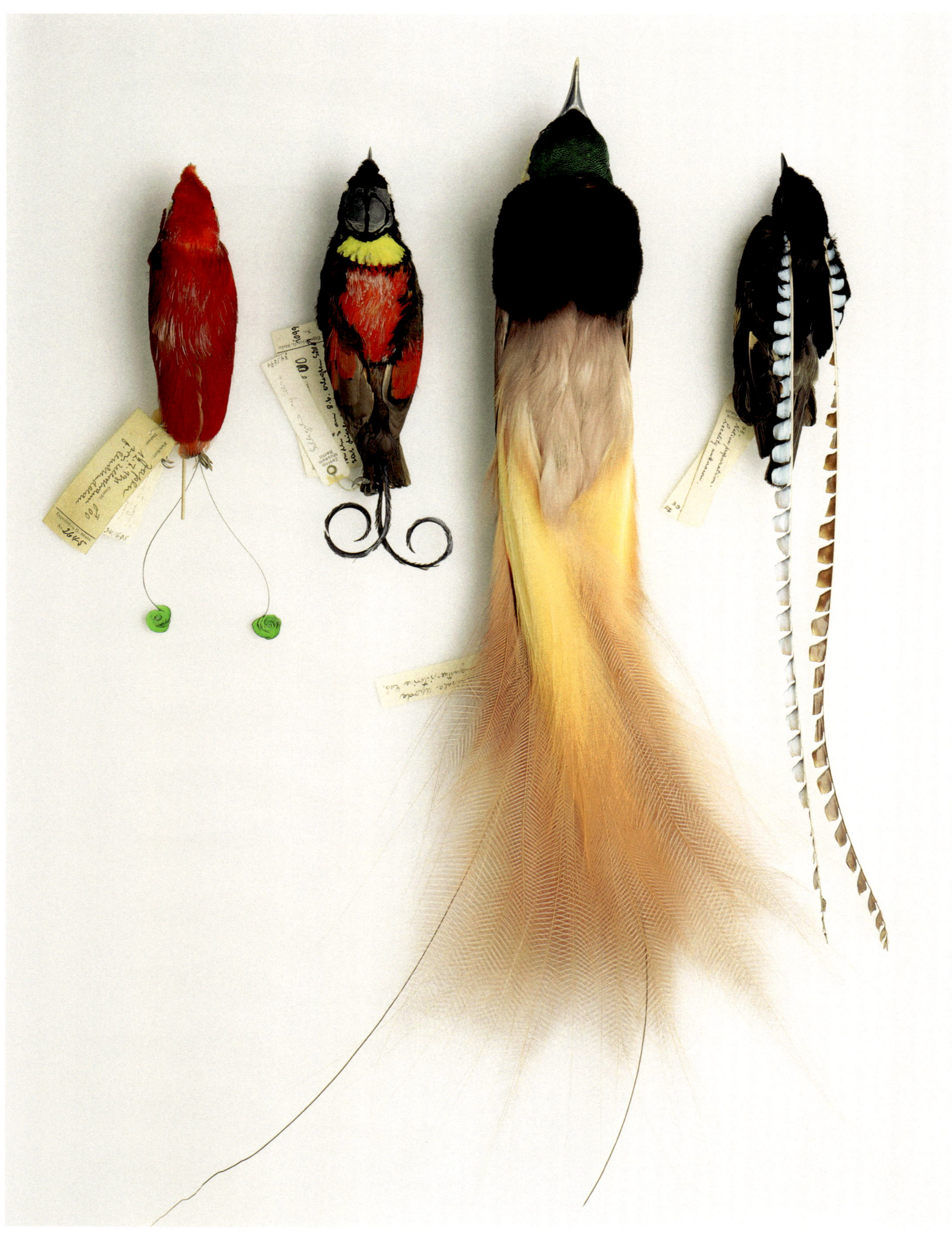

 Motiv für / Motif for Gruner + Jahr, Redaktion *Geo*, Paradiesvögel / Birds-of-Paradise, 2006

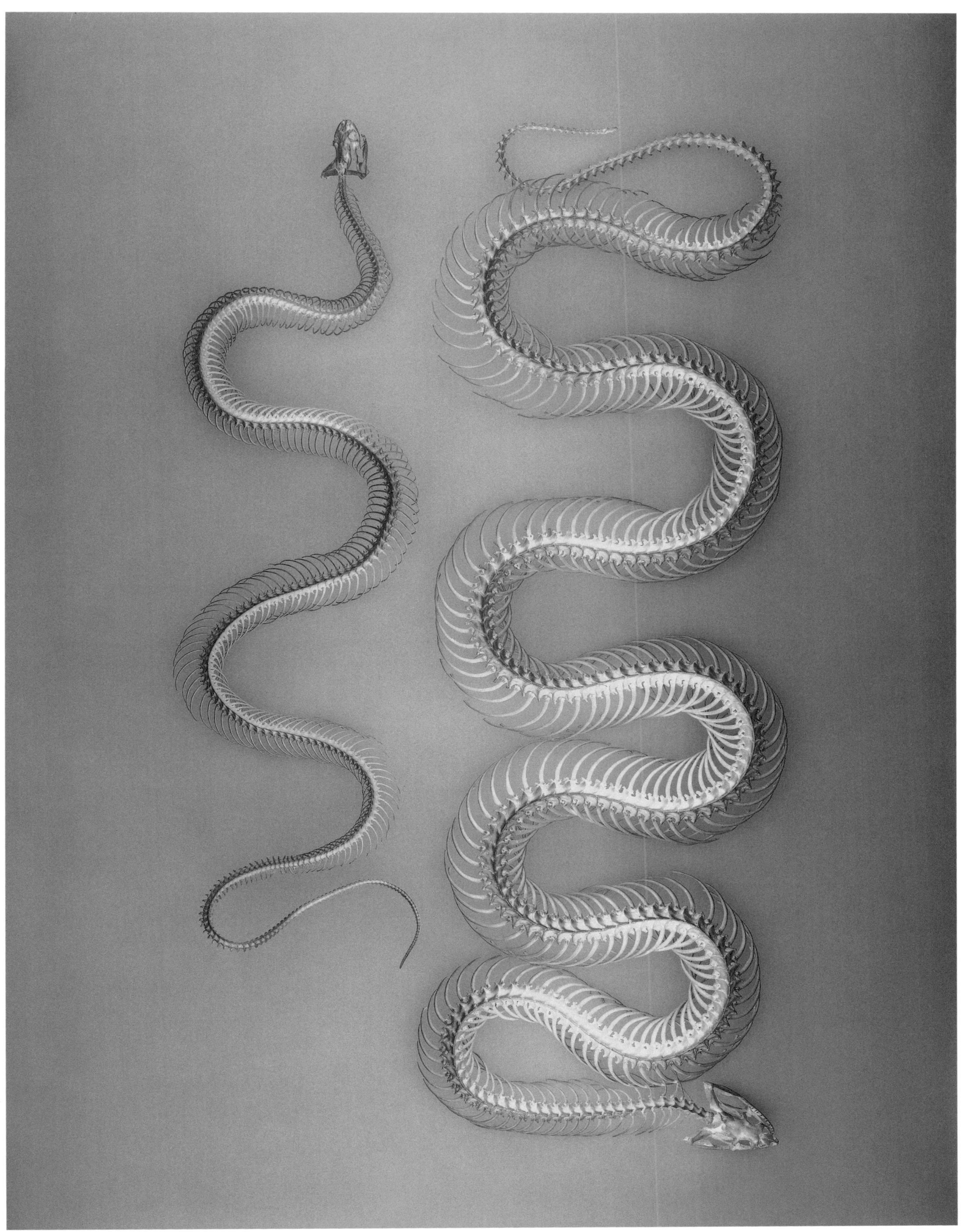

Motiv für / Motif for Gruner + Jahr, Redaktion *Geo*, Schlangenskelette / Snake Skeletons, 2006

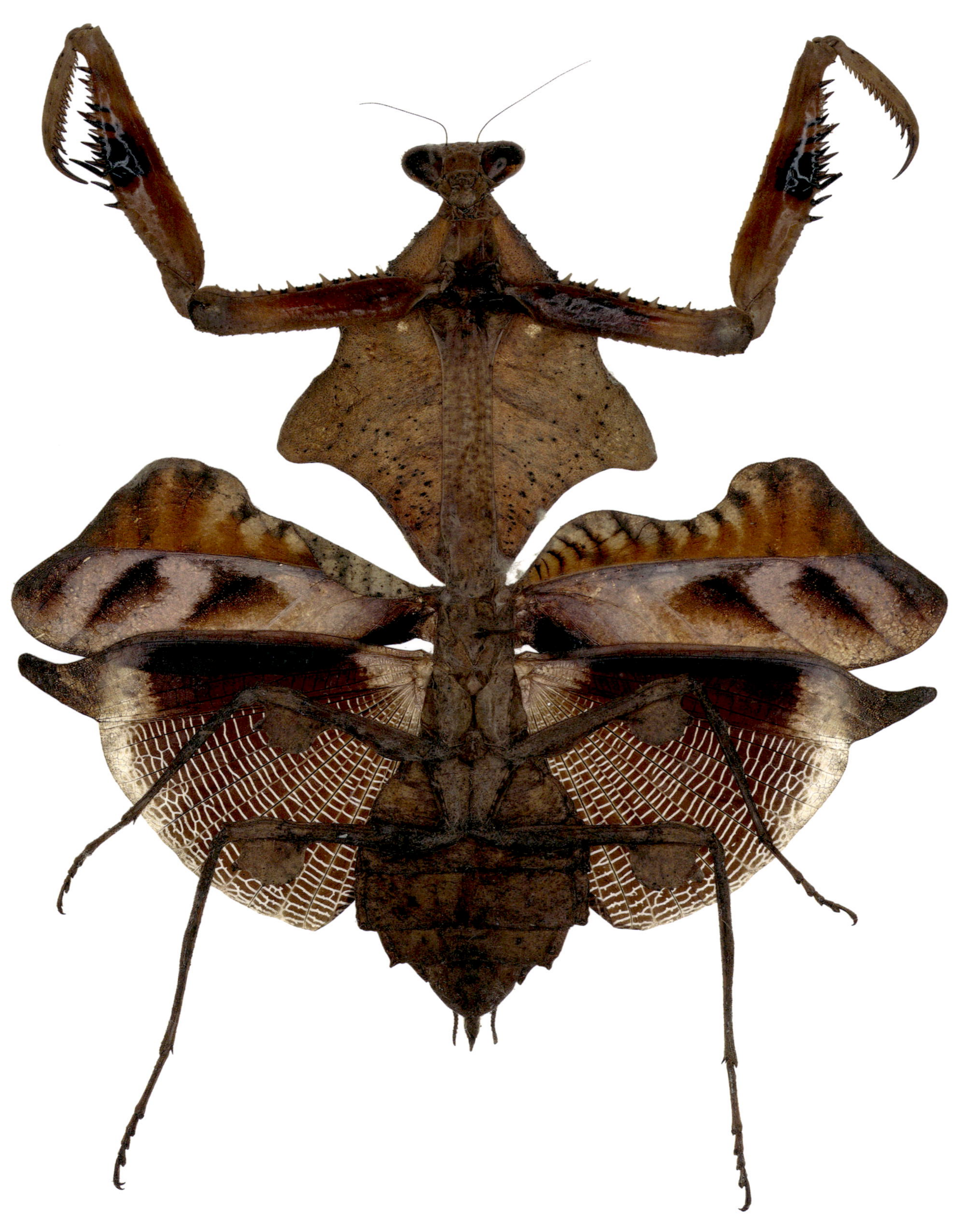

 Motiv für / Motif for Gruner + Jahr, Redaktion *Geo*, Gottesanbeterin / Praying Mantis, 2006

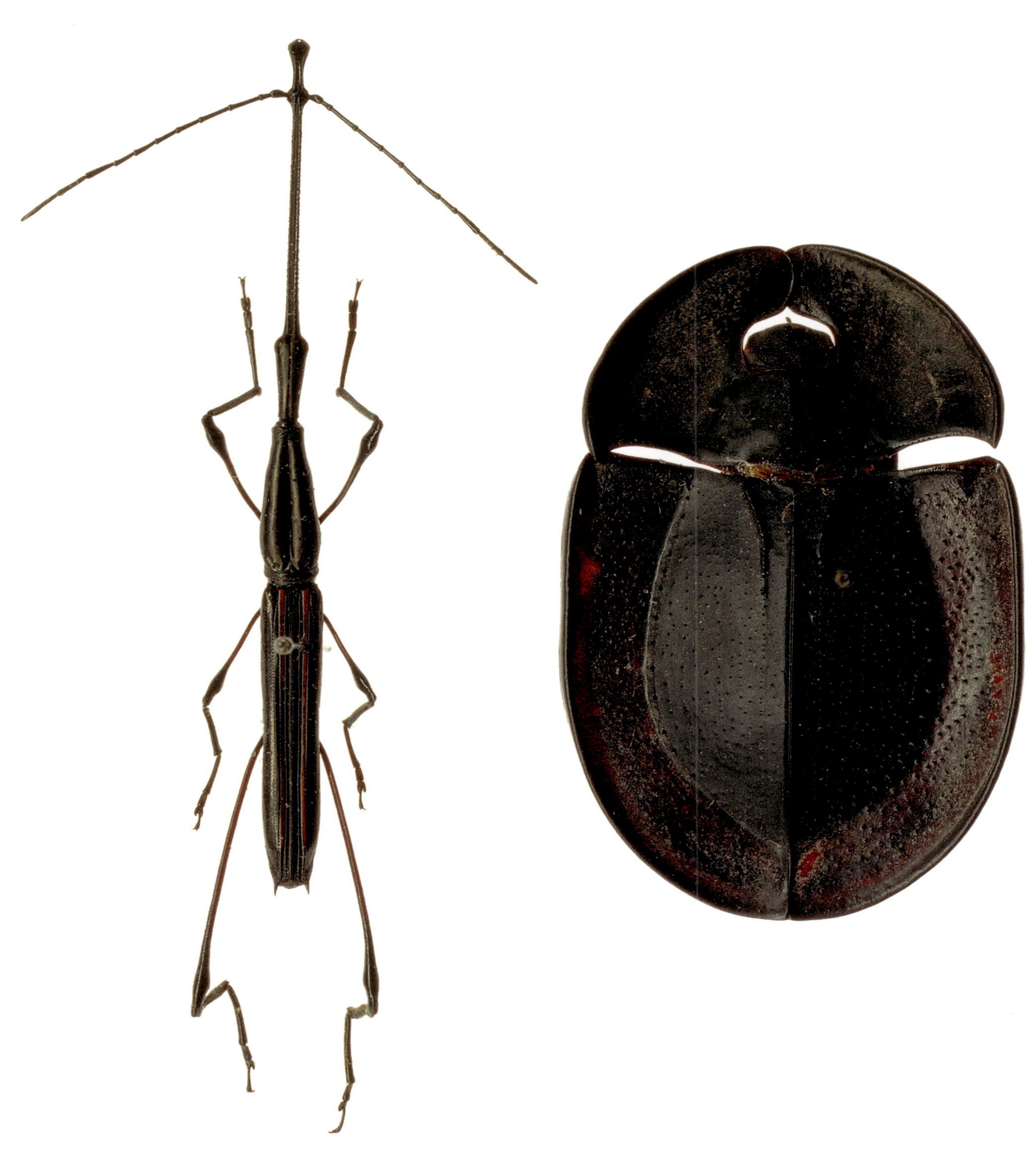

Motiv für / Motif for Gruner + Jahr, Redaktion *Geo*, Lang- und Schwarzkäfer / Brentidae and Darkling Beetle, 2006

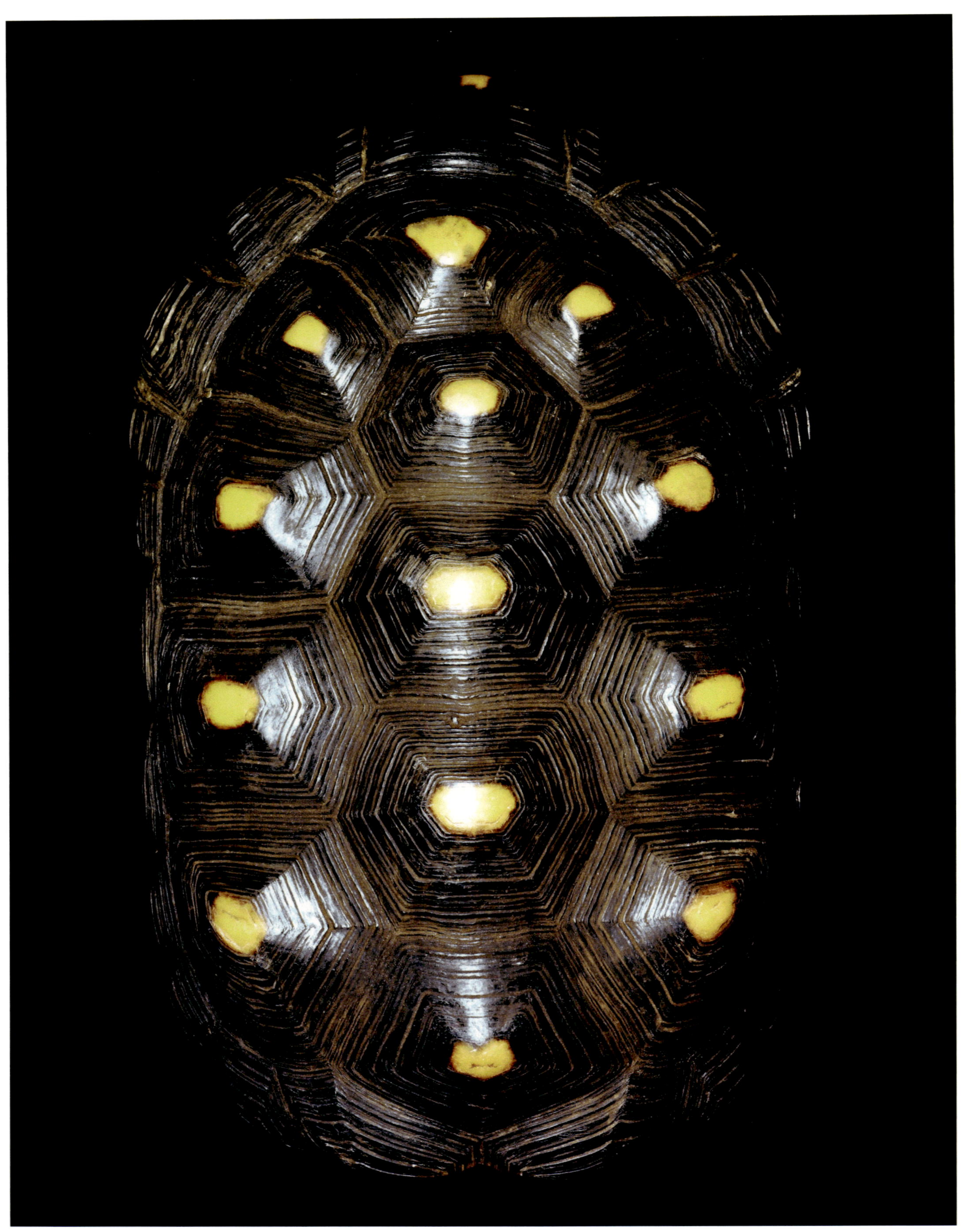

 Motive für / Motifs for Gruner + Jahr, Redaktion *Geo*, Schildkrötenpanzer / Turtle Shells (1–2), 2006

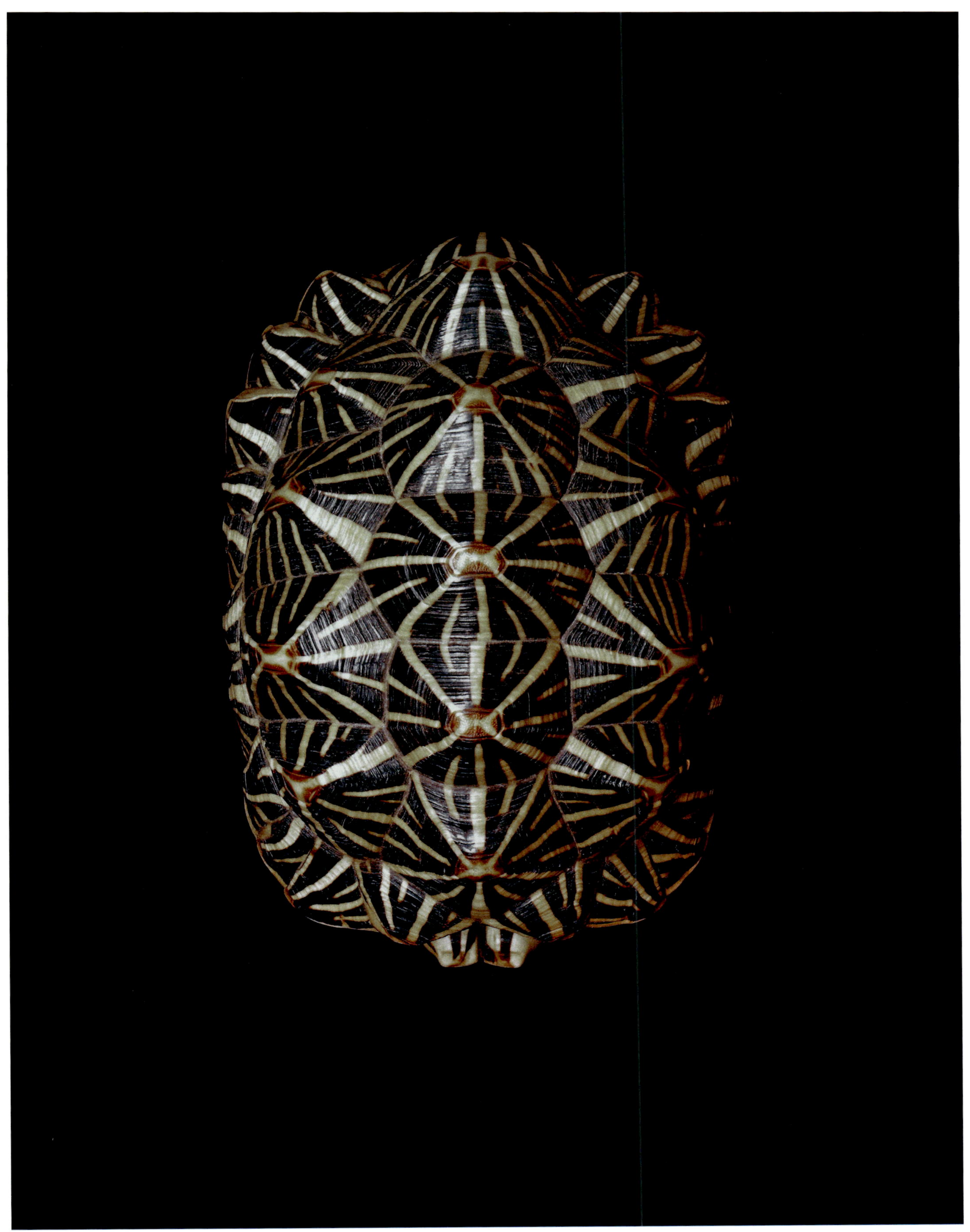

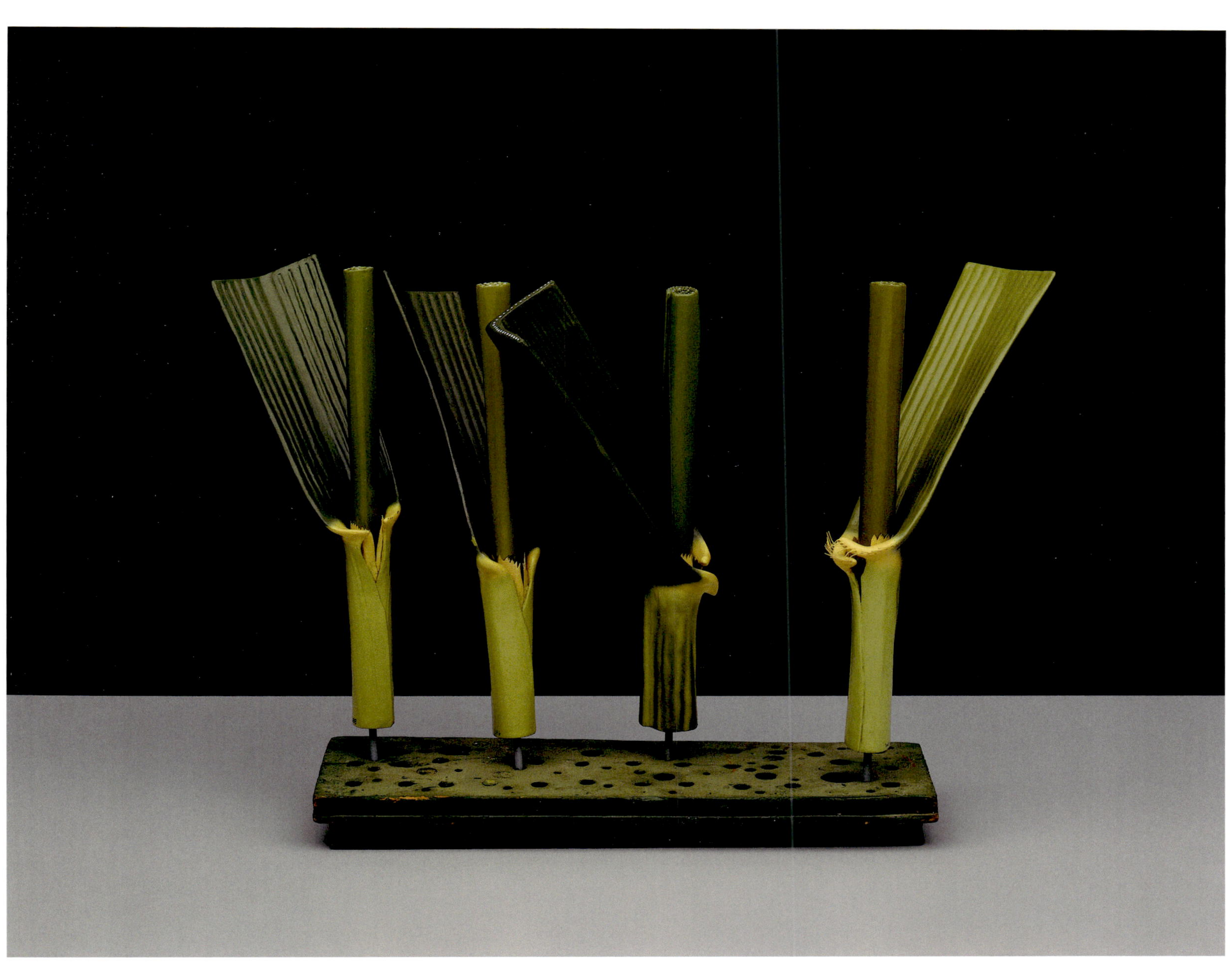

Pflanzenmodelle / Plant Models (1–3), 2007

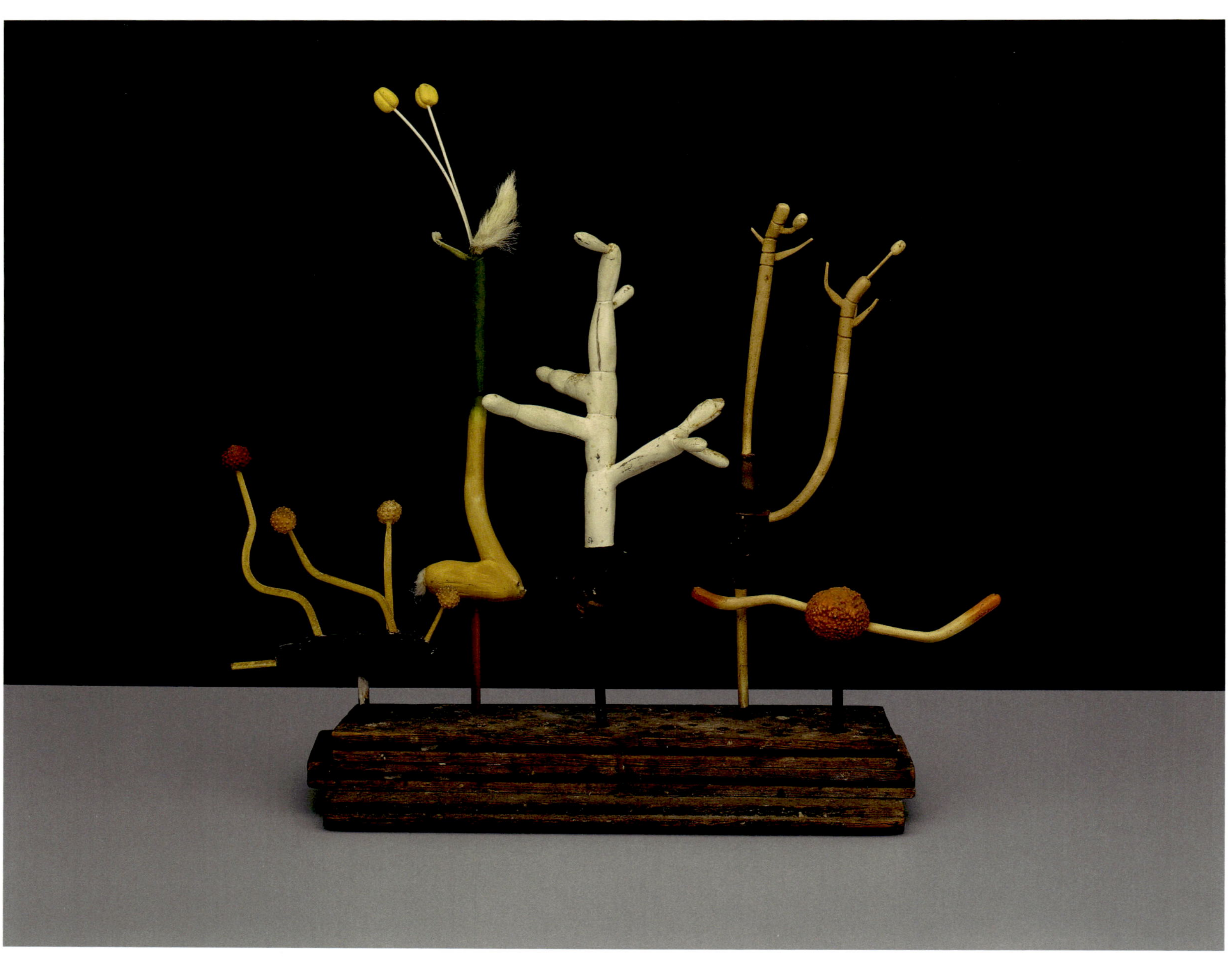

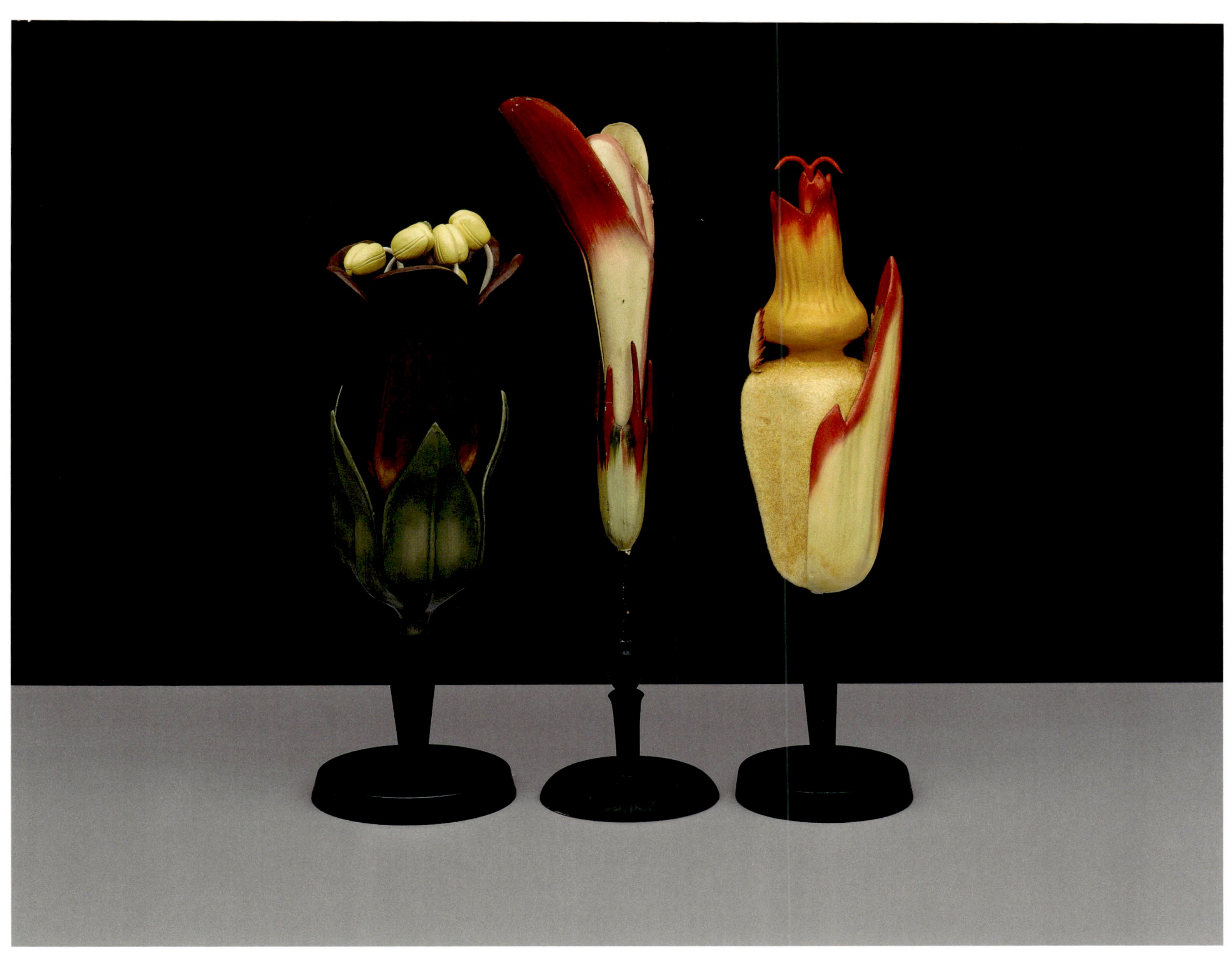

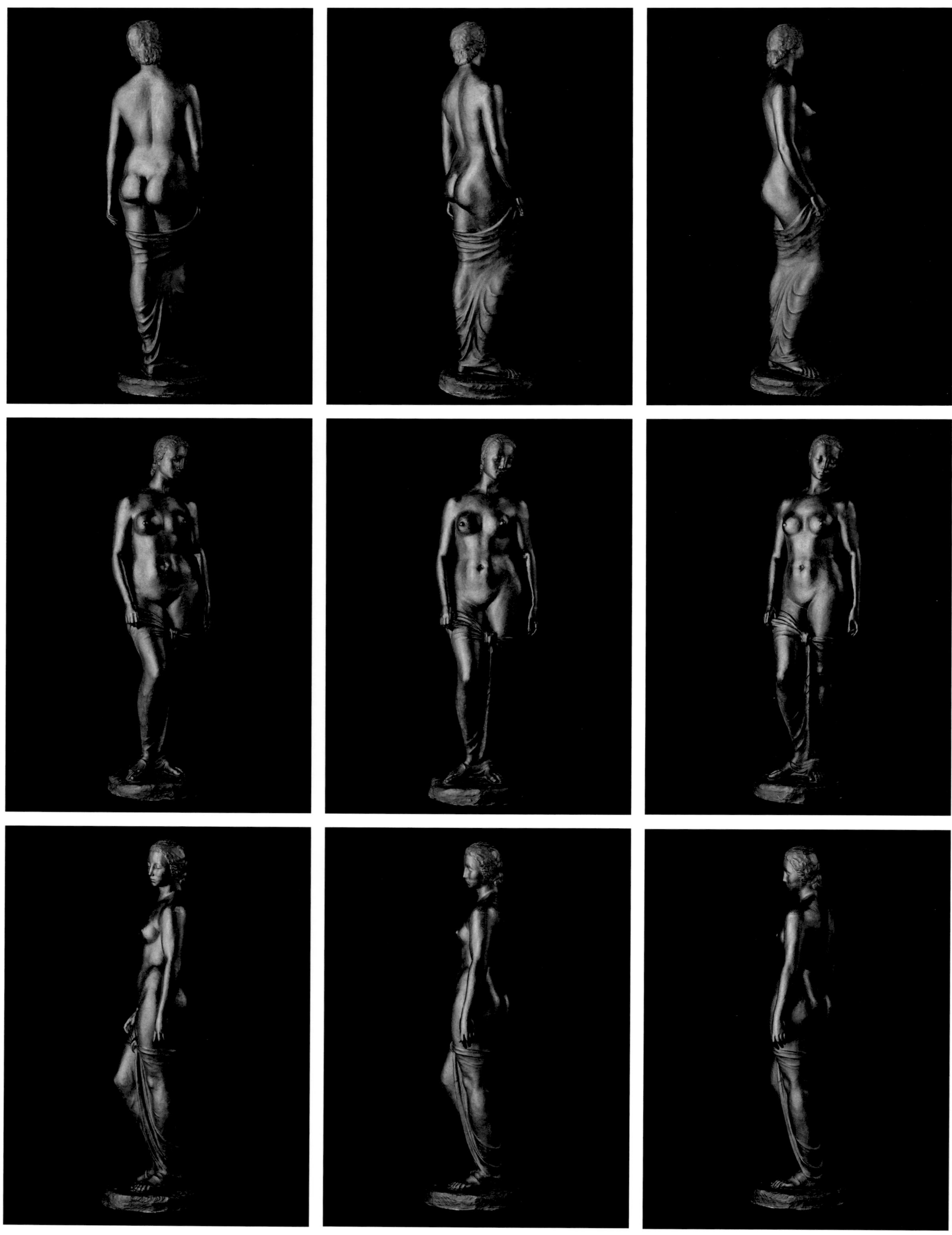

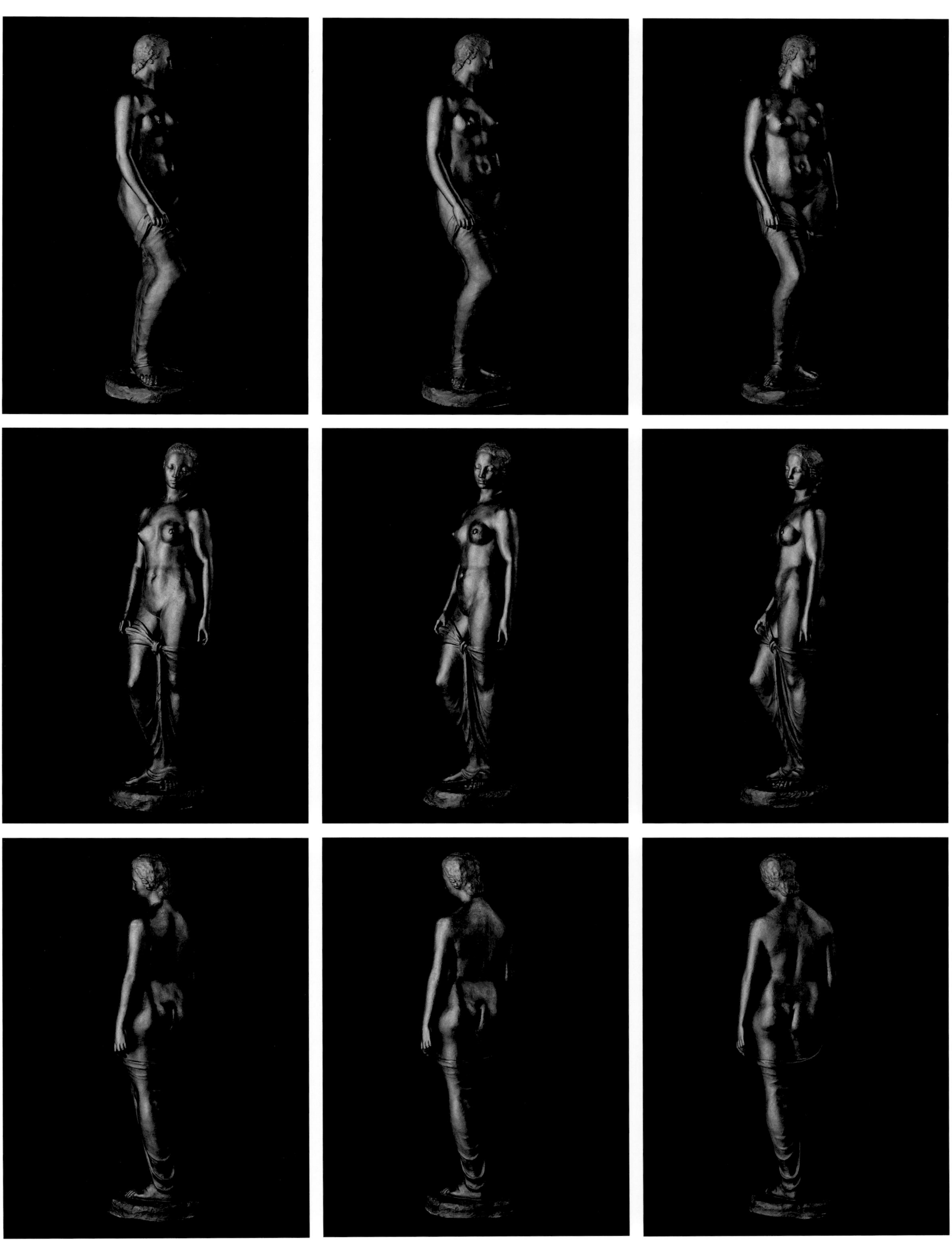

Motive für / Motif for Museum Folkwang, Wilhelm Lehmbruck, Große Stehende / Large Standing Figure, 1910–12 (1–18), 2009

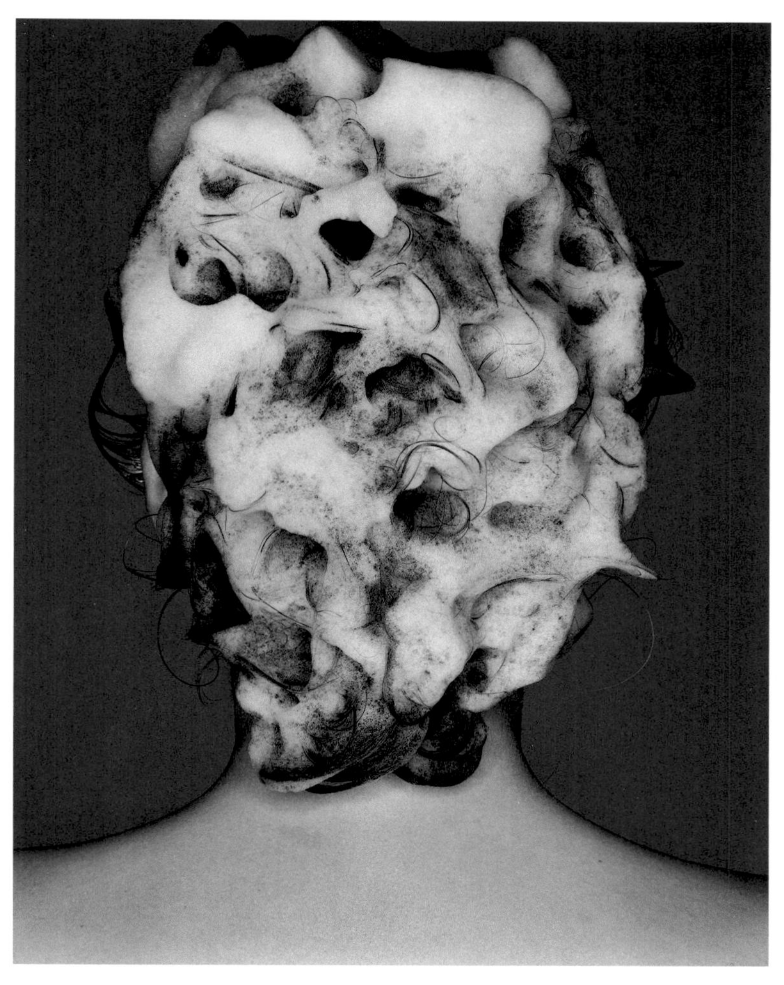

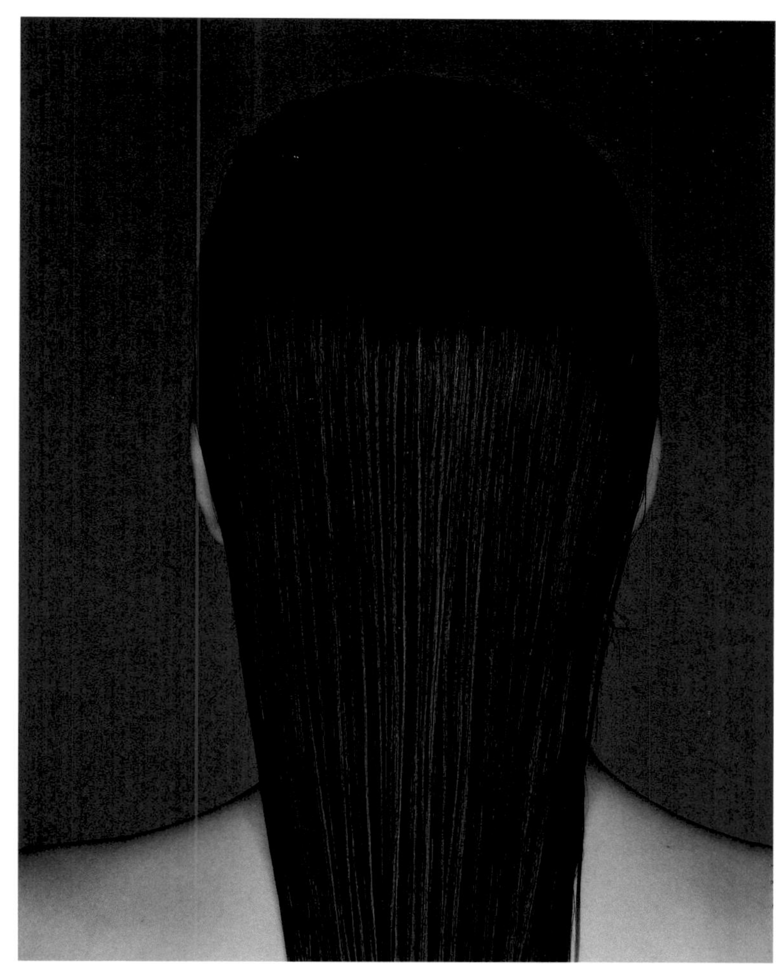

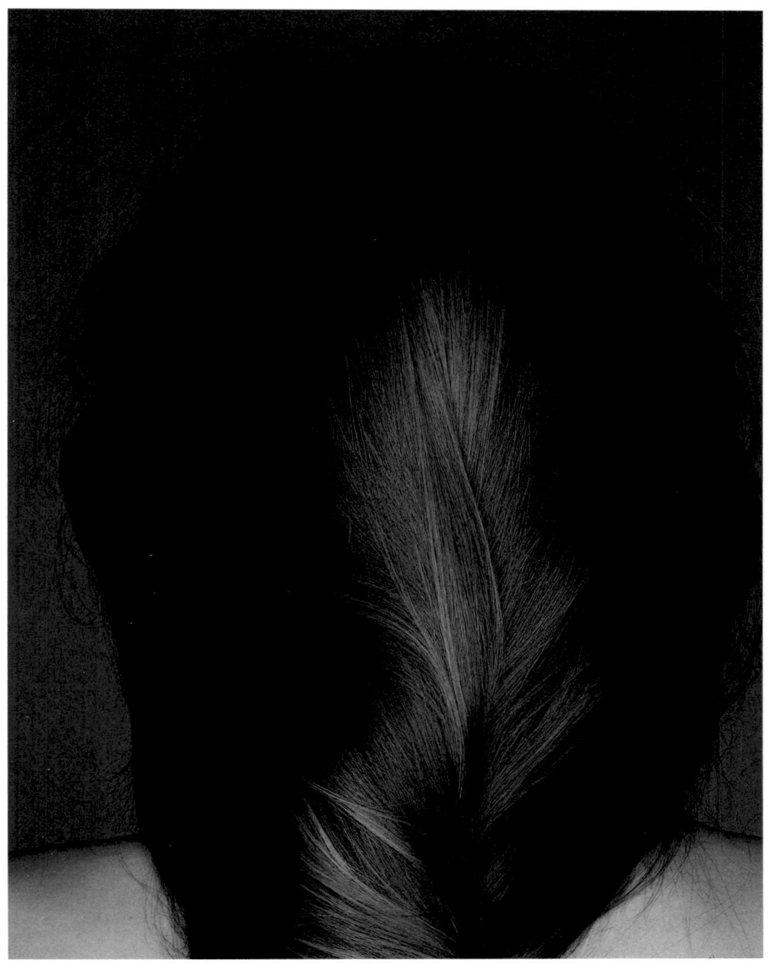

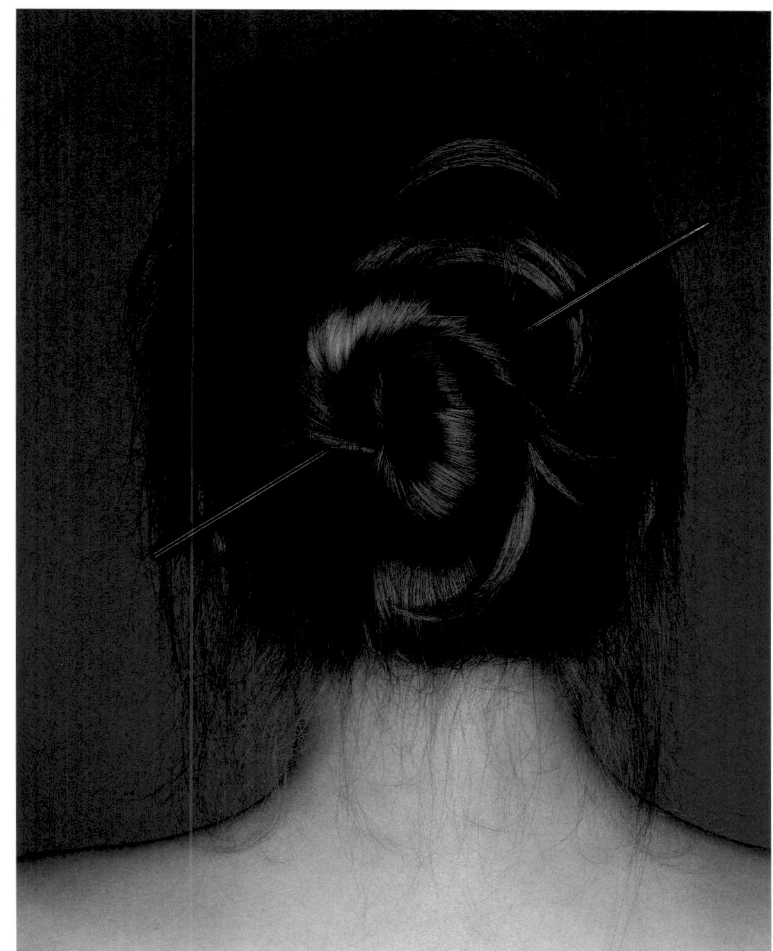

Haare / Hair (1–4), 1987

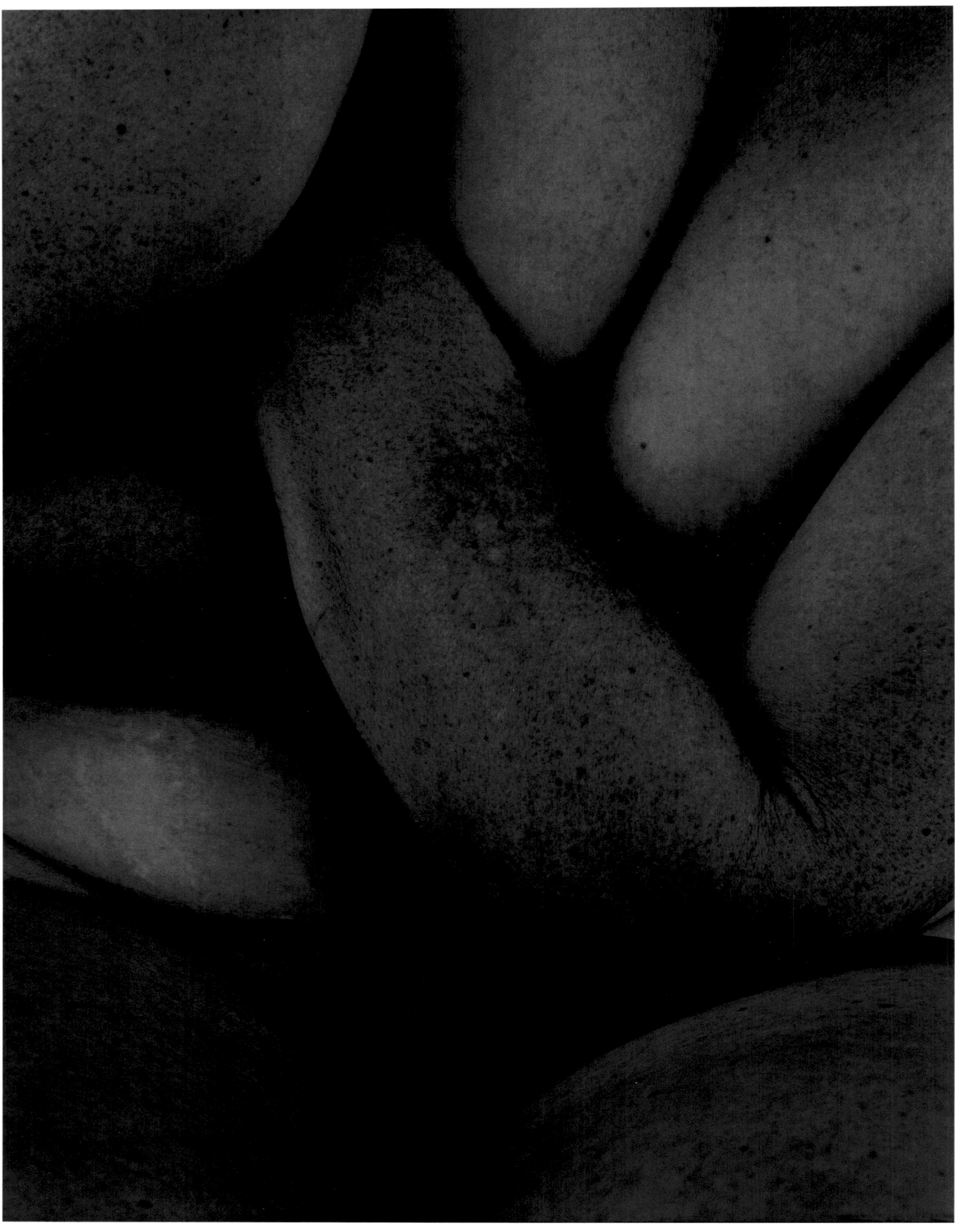

 Körperfalten / Body Convolution (1, 2), 2006

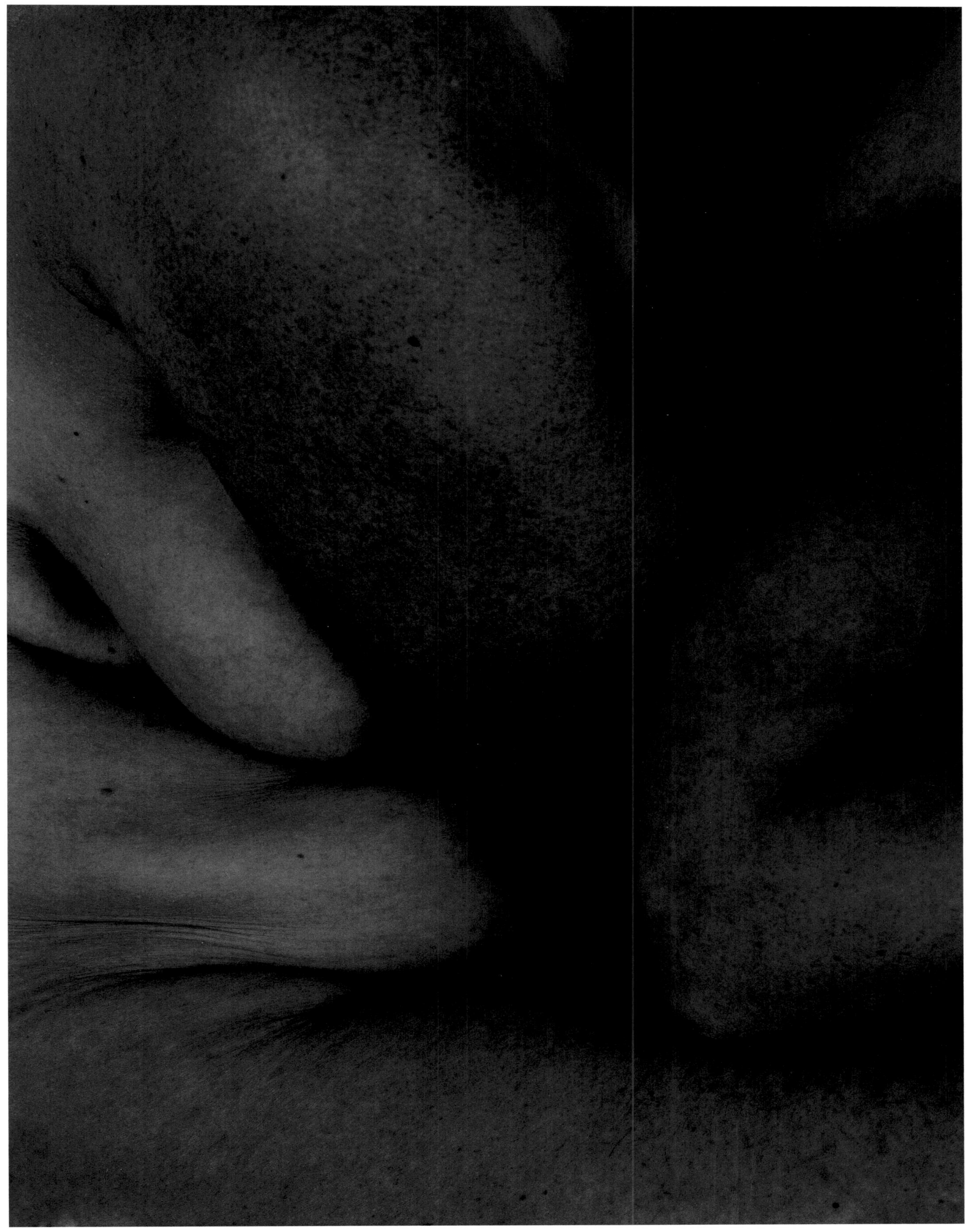

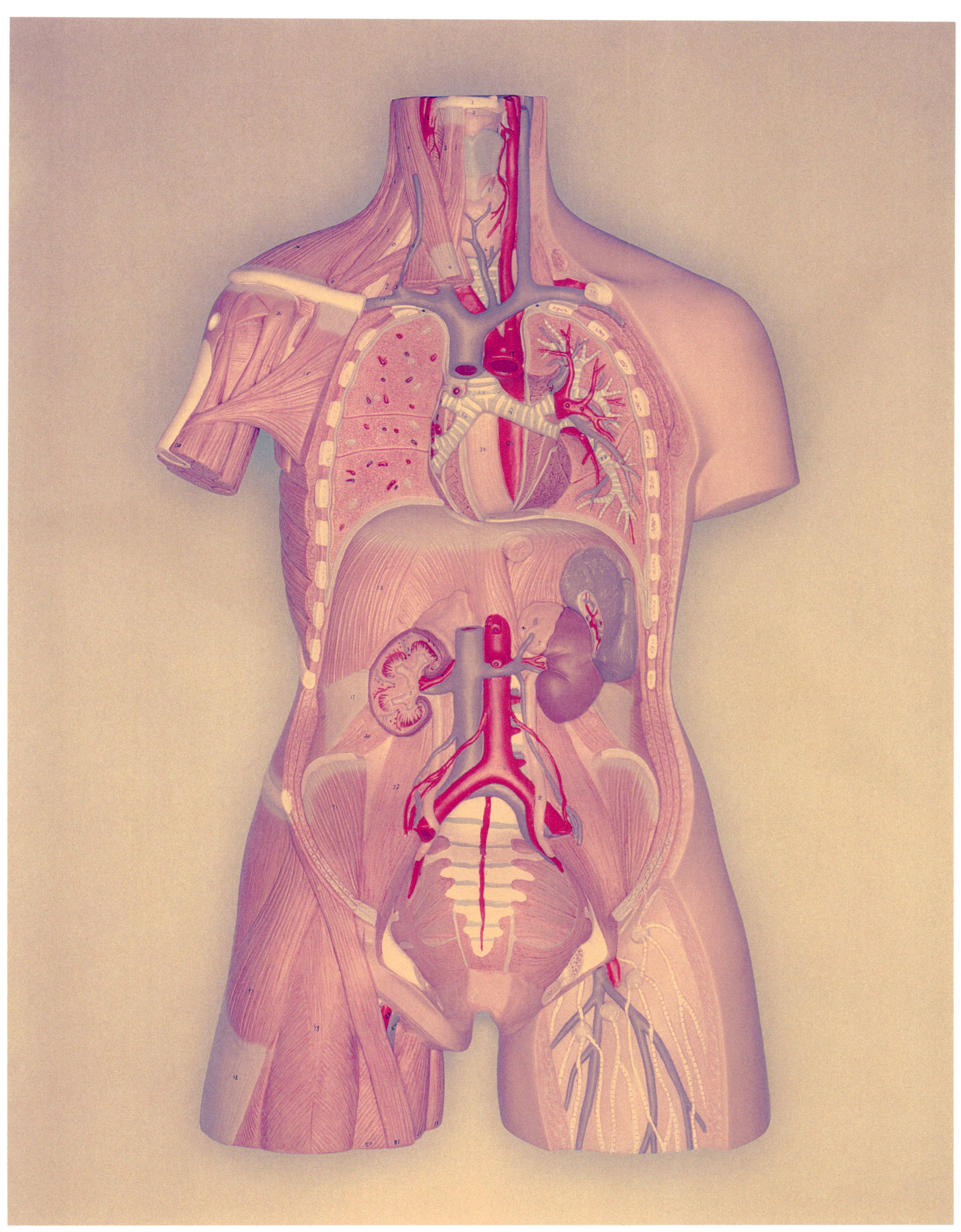

Lehrmittel / Teaching Material, 1998

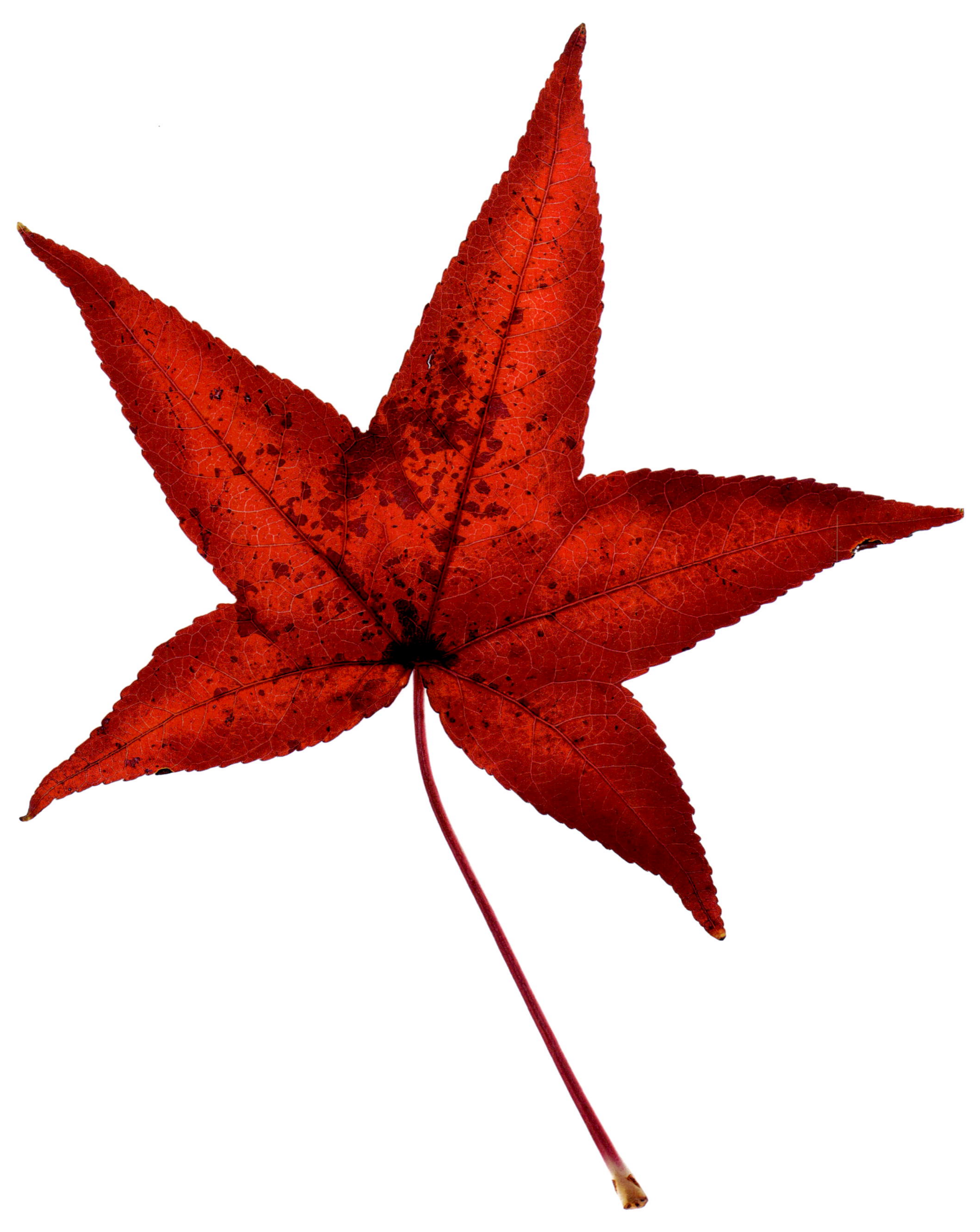

 Motiv für / Motif for *Greenpeace Magazin*, Amberblatt / Sweet Gum Leaf, 2010

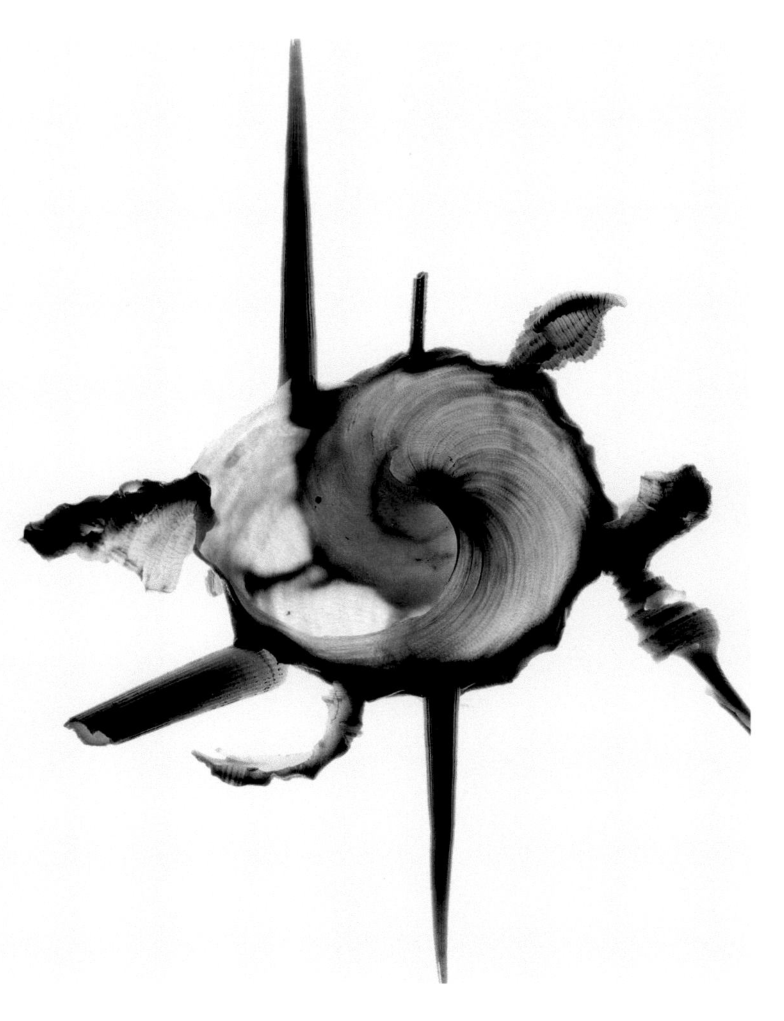

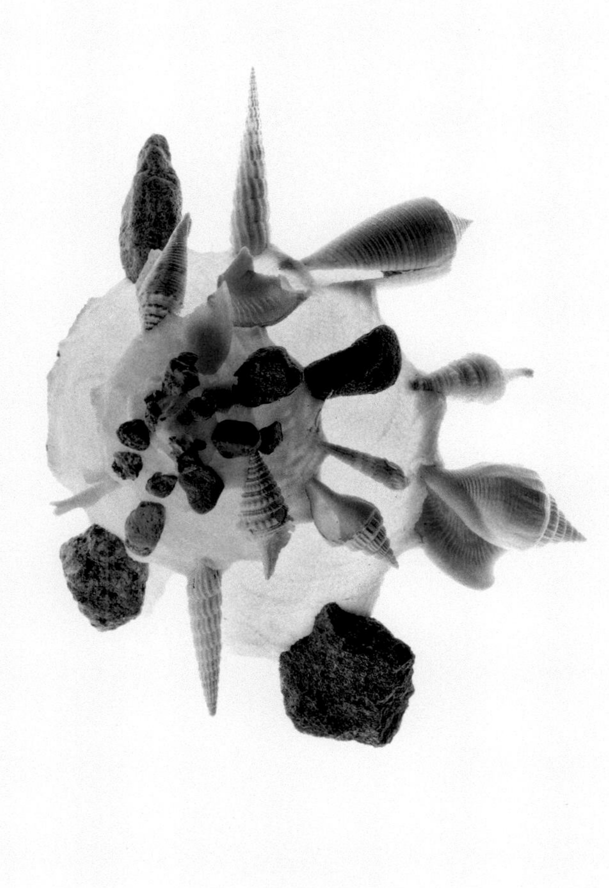

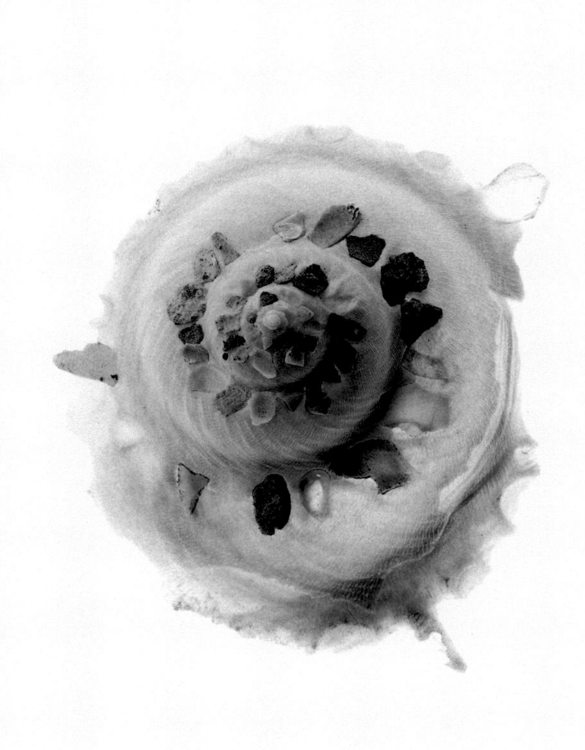

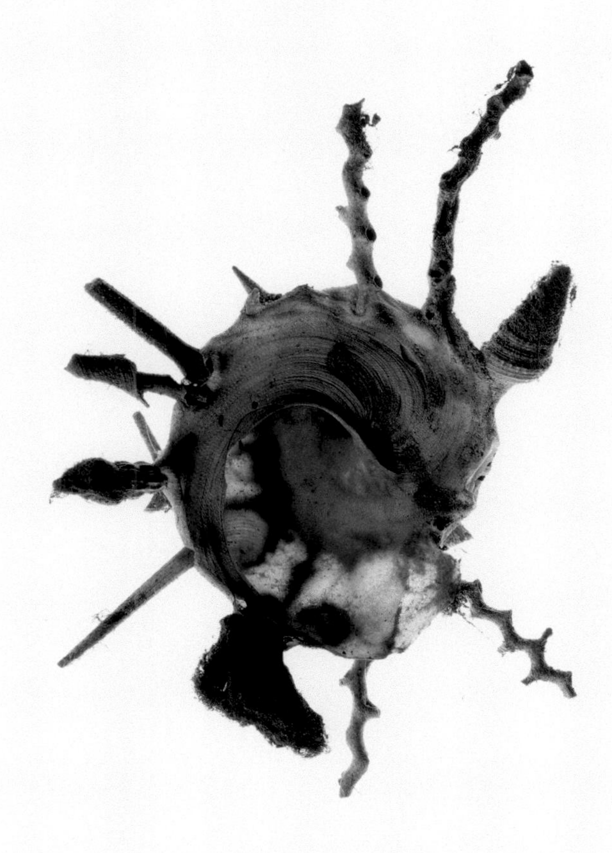

Trägerschnecke / Carrier Shells (1–4), 2006

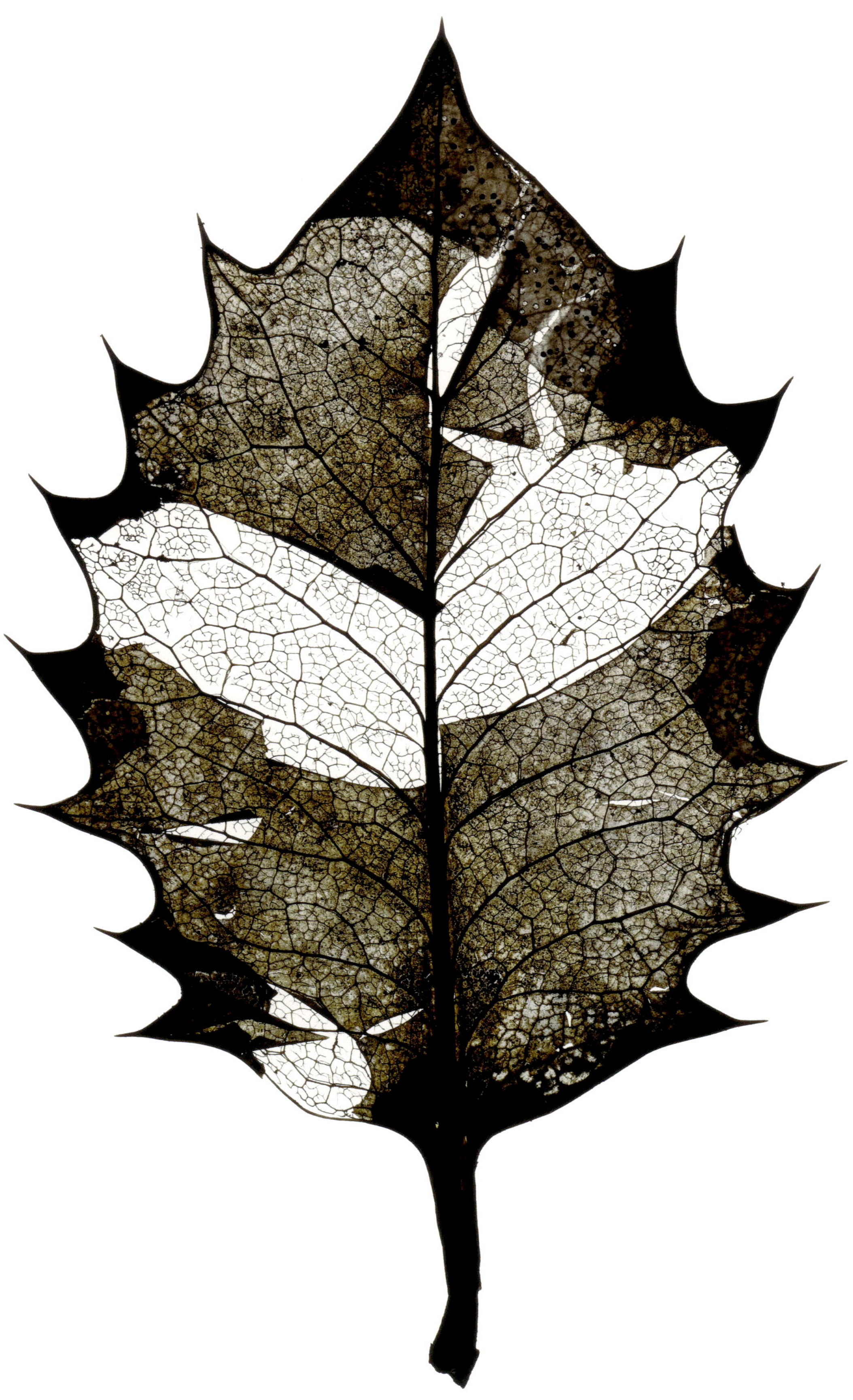

 Motiv für / Motif for *Greenpeace Magazin*, Blattskelett / Leaf Veins, 2005

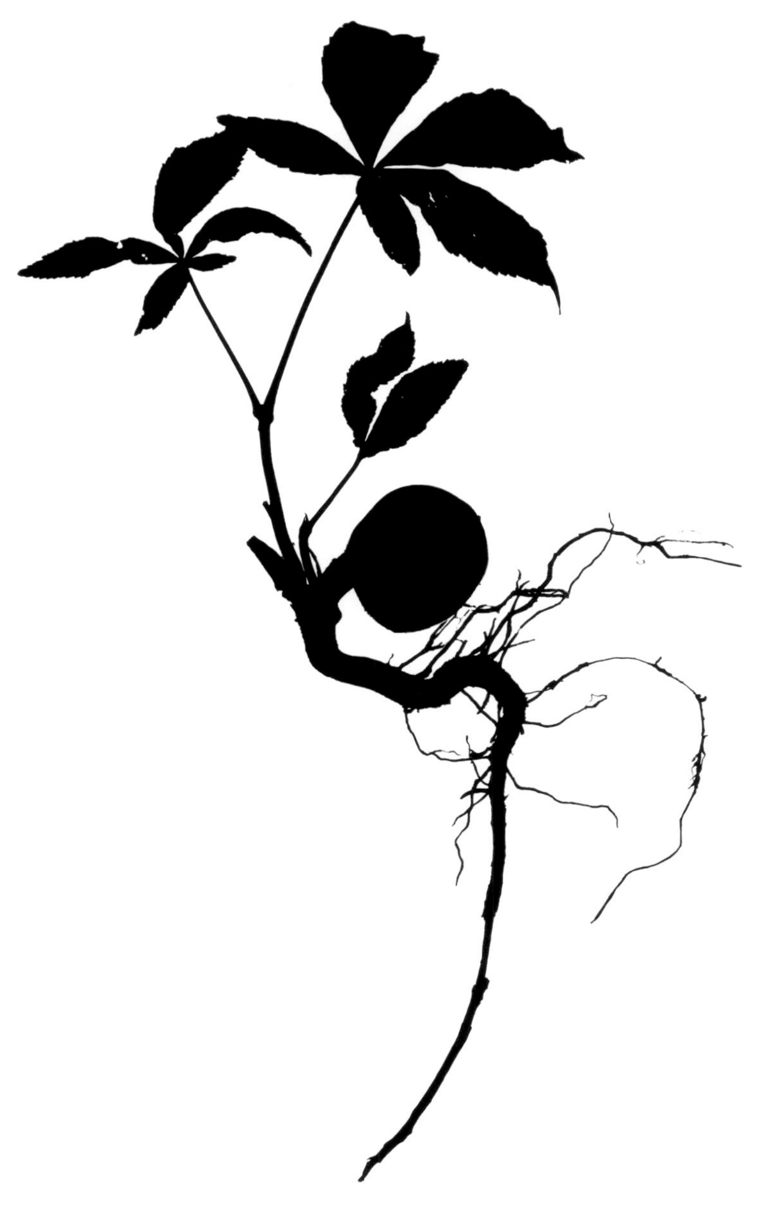

Kastanie / Chestnut, 1999

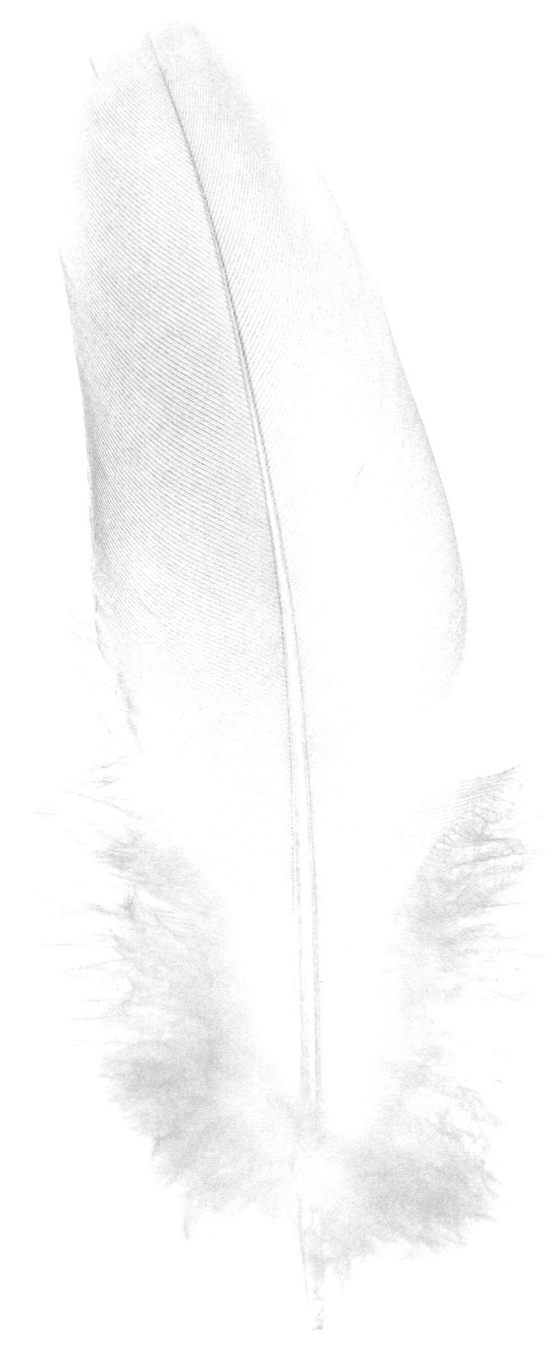

 Motiv für / Motif for *Greenpeace Magazin*, Feder / Feather, 2009

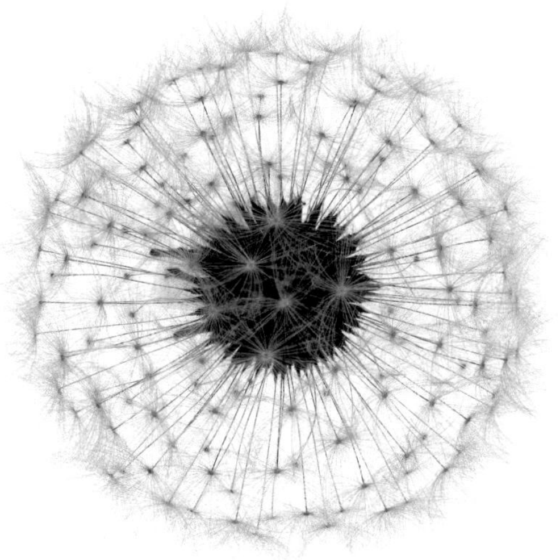

Motiv für / Motif for *Greenpeace Magazin,* Pusteblume / Dandelion, 2009

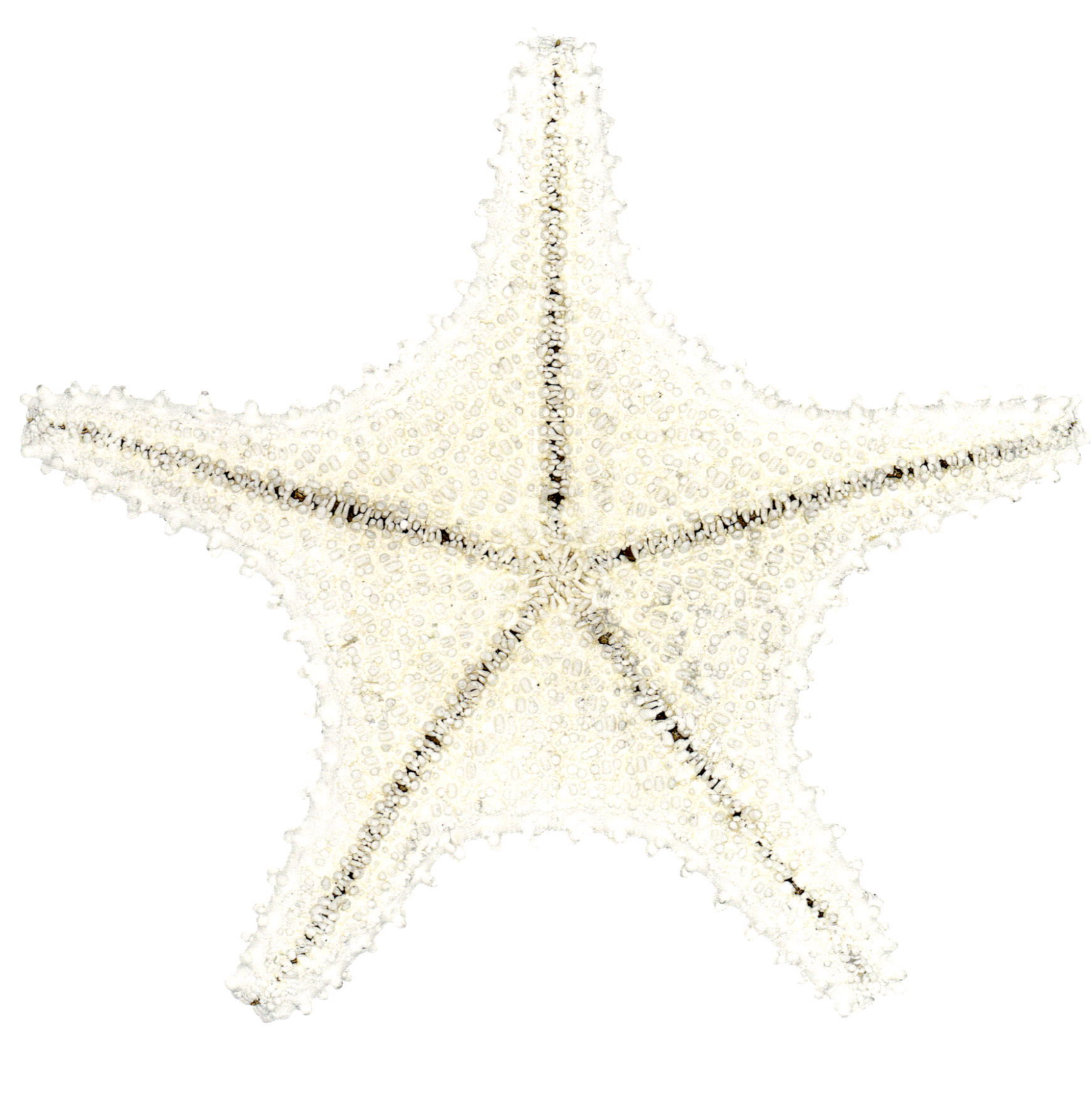

 Motiv für / Motif for *Greenpeace Magazin*, Seestern / Starfish, 2008

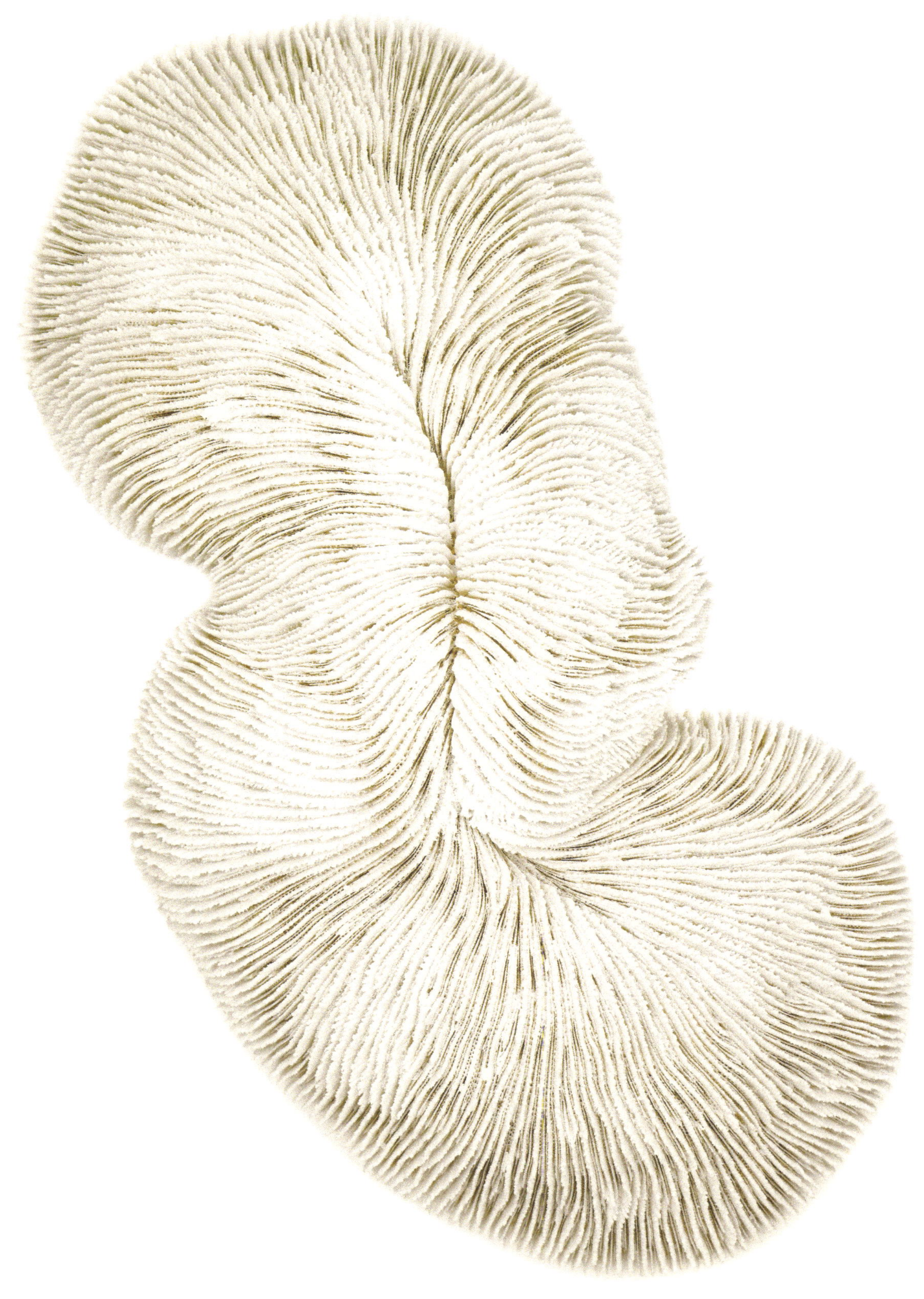

Motiv für / Motif for Gruner + Jahr, Redaktion *Geo*, Koralle / Coral, 2006

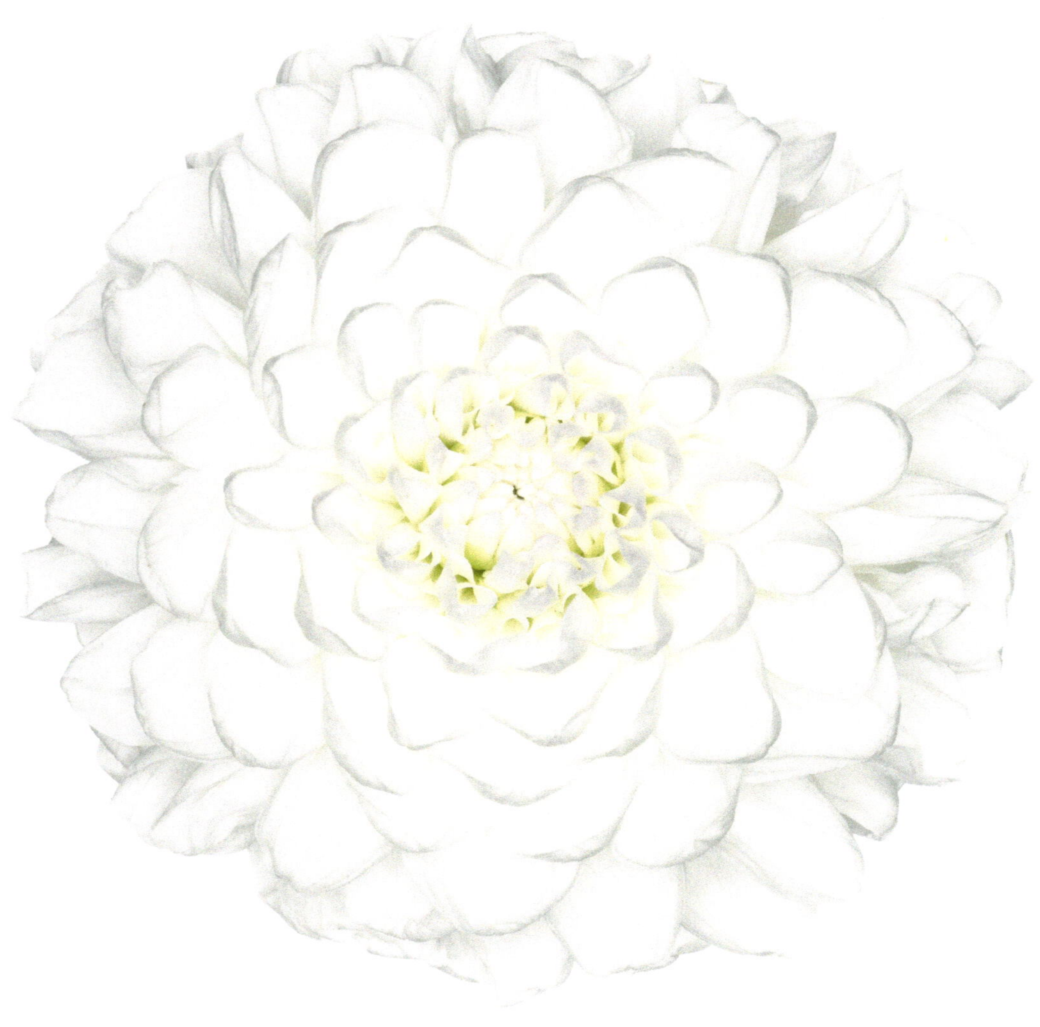

 Motiv für / Motif for *Greenpeace Magazin,* Dahlie / Dahlia, 2008

Zweite Schöpfung Second Creation

Hartmut Böhme

Hans Hansens Arrangement der Dinge

Dinge sind stumm und in sich abgeschlossen. Das ist die gängige Meinung; wer glaubt schon noch an die Überzeugung des Mystikers Jakob Böhme: „Ein jedes Ding hat seinen Mund zur Offenbarung. Und das ist die Natursprache, daraus jedes Ding aus seiner Eigenschaft redet, und sich immer selbst offenbaret und darstellet, wozu es gut und nütz sey."[1] Was ist damit gesagt? Die Dinge würden eigenständig aus sich selbst hervortreten, sich ‚offenbaren' und ‚darstellen'. Dies bezeichnet Martin Heidegger als Ekstasen der Dinge.[2] Ek-stasen: Die Dinge reichen über sich hinaus, nämlich sie sind auf ihre Wahrnehmung hin geordnet.
In diesem Sinne behauptet bereits Jakob Böhme: Man kann den Dingen, weil sie sich zeigen, ansehen, welche Eigenschaften sie haben. Sie sind nicht dunkel, sondern vielmehr treten die Qualitäten, ihre Form und ihr Zweck an ihnen hervor. Nehmen wir diese wahr, dann haben wir eine Darstellung, ein ‚Bild' der Sache. Im ‚Bild' begegnen sich das Ding und die Wahrnehmung, die wir von ihm haben. Schon beim römischen Philosophen Lukrez äußern sich die Dinge in Bildern. Alle Körper sind Mitteilung – die *simulacra, figurae, imagines* sind die Ekstasen der Dinge. Alles ist, und alles ist zugleich das Medium seiner Darstellung. Die Welt ist *aistheton,* das Wahrnehmbare.[3] Dieser Gedanke findet heute Anschluss in einer Welt, die mit den Grenzen der Medien zusammenzufallen scheint. Welt ist in diesem Sinne, was durch technische Medien zur Darstellung gebracht wird. Hier kommt die Kamera als modernes Medium ins Spiel. Nicht die Dinge, sondern die Medien, so glauben wir Aufgeklärten, bringen zur Darstellung, was ‚Eigenschaften', ‚Formen', ‚Nutzen' und ‚Funktionen' der Dinge sind.
Die Kamera also, nicht das Ding hat einen „Mund zur Offenbarung". Während bei Böhme die Dinge selbstleuchtend sind, Evidenz haben, unsere Vorstellungen aber verwirrt sind, sehen wir es heute umgekehrt: Die Dinge an sich sind weder wahrnehmbar noch erkennbar, sondern prinzipiell unserer Wahrnehmung und Erkenntnis entzogen. Es sind die medialen Techniken und unsere Wahrnehmung, mittels derer die wahrnehmbare Welt konstruiert wird. Diese ist klar und distinkt: entweder weil die Dinge von uns selbst fabriziert, also Artefakte sind, oder weil sie als Naturalia nur Elemente der von uns hervorgebrachten Sinneswelt sind. Einen Frosch oder einen Berg bezeichnen wir zwar als natürliche Gegenstände, doch sind sie uns, nach Kant, nur gemäß der Formen unserer Anschauung und unserer Begriffe zugänglich.
Aber stimmt das denn? Sind die Dinge wirklich verschlossen, stumm und bedeutungslos? Leben sie nicht in Gemeinschaft mit uns, wie es noch in den Märchen oder in vormodernen Kulturen der Fall war? Und ist es andererseits bei Artefakten klar, dass man ihnen ansehen kann, wozu sie „gut und nütz"

Hans Hansen's Arrangement of Objects

The common consensus is that objects are mute and self-contained. After all, very few people today are still convinced by the mystic Jakob Böhme's assertion that "everything has its mouth to manifestation; and this is the language of nature, whence everything speaks out of its property, and continually manifests, declares, and sets forth itself for what it is good or profitable."[1] What did he mean by this? That objects emerge from themselves independently, "revealing" and "describing" themselves. Martin Heidegger termed this the ecstasy of things.[2] Ecstasies: objects extend beyond their physical boundaries according to how they are perceived.
Böhme had already picked up on this idea, claiming that an object displays its qualities by revealing itself to us. An object is not obscure: its qualities, form, and use emerge from it. By recognizing these, we develop a depiction, an "image" of the object. The "image" is the site of contact between the object and the perception we have of it. The self-expression of objects in images dates as far back as the Roman philosopher Lucretius. All bodies are messages—the *simulacra, figurae, imagines* are the ecstasies of things. Everything exists, and everything is at the same time the medium of its own depiction. The world is *aistheton*, the perceptible.[3] This concept resonates today, in a world that seems to coincide with the boundaries of media. In this sense, the world is what we are able to perceive through technical media. The camera as a modern medium comes into play here. It seems to us enlightened thinkers that the "qualities," "forms," "uses," and "functions" of an object are brought into view by the media, not the object itself.
The camera, therefore, not the object, has a "mouth to manifestation." According to Böhme, objects are self-illuminating: they have an evident nature, and it is merely our conception of them that is confused. Today, we look at it from the opposite angle, believing that objects are not perceptible in and of themselves, but rather are principally withdrawn from our perception and awareness. It is through media technology and our perception that the perceptible world is constructed, one that is clear and distinct, either because objects are created by us—which is to say they are artificial—or else because as naturalia they are simply elements of the sensory world that we bring forth. While we might label a frog or a mountain as natural objects, they are, according to Kant, only accessible to us within the framework of our notions and our definitions.
But does it really hold that objects are self-contained, mute, and meaningless? Do they not live in coexistence with us, as they did in fairy tales or in premodern cultures? And, on the other hand, in the case of artifacts, do we not take one look and instantly spot what makes them "good and profitable"? Or is

sind? Oder sind im Gegenteil auch die Dinge im technischen Universum widerständig, opak, womöglich tückisch, ja auch unheimlich und somit ebenso verlockend wie bedrohlich?
Ist es diese Erfahrung, warum etwa eine Sammlung von Ding-Miniaturen den Titel „Vom Geheimnis der alltäglichen Dinge“ erhielt?[4] Dass eine Ausstellung über Stillleben von 1500 bis 1800 „Die Magie der Dinge“ (Städel Museum 2008) heißt, können wir hinnehmen. Aber dass die moderne, technisch generierte Gebrauchskultur und die Ding-Bilder, wie sie von der Kamera erzeugt werden, magisch sein sollen, – einen solchen Gedanken wehren wir meistens ab.

* * *

Die Natur führt selbst den Zeichenstift – so nahm es der Pionier der Fotografie William Henry Fox Talbot an: eine magische Vorstellung.[5] Seine Idee ist: Das Objekt selbst prägt sich ins Bild ein (im Sinne eines Abdrucks). In der Pioniergeneration von Talbot, etwa bei Hippolyte Bayard, gibt es viele Fotogramme, auch *Etude des plantes* oder *photoengraving* genannt, die durch Berührung einer Pflanze (oder von Textil-Spitzen u. ä.) mit der lichtsensiblen Beschichtung zustande kamen. Mit dieser archaischen Idee des gleichsam von selbst entstehenden Bildes experimentiert in den 1990er-Jahren auch Hans Hansen [S. 196]. Nicht zufällig, wie bereits in der Frühzeit der Fotografie, sind es Blumen, deren Abbildung bei Hansen auf eine ebenso chemomechanische wie zauberhafte Weise zu einem Analogon des Blumenaquarells werden. 1999 produziert Hans Hansen ein Fotogramm, dass eine Kastanienfrucht aus seinem Garten zeigt, aus der erste Blatttriebe und eine Wurzel sprießen [S. 231]: eine *Etude des plantes.* Sie wirkt wie ein Schattenriss oder Scherenschnitt aus dem 18. Jahrhundert. Vergessen wir nicht die Legende, wonach die Bildkunst aus der Nachzeichnung eines Schattenrisses hervorgegangen sein soll, wie Plinius der Ältere es in seiner Naturgeschichte schildert.[6]
Aus dieser Bildidee, die eng mit traditionsreichen Ideen über den Ursprung der Kunst und der Fotografie zusammenhängt, entstehen bei Hans Hansen in den Jahren nach der Jahrtausendwende höchst artifizielle ‚Naturbilder‘. Sie treten als Werbung auf – etwa für Anti-Aging, Parfüm oder für Jahreskalender, Postkarten-Sets und das Magazin von Greenpeace. Mit Greenpeace arbeitet Hansen schon seit 1995 zusammen. Für die von Greenpeace patronierte Auswahledition von Kochtagebüchern seit dem 18. Jahrhundert fotografiert Hansen vor monochrom grauem, weißem oder schwarzem Hintergrund Blüten, Blätter, Früchte und Gemüse – in radikaler Isolation, abstrahiert von jedem naturalistischen Kontext. Die Fotos zeigen umweltlose Solitäre. Es mag zunächst verwundern, warum eine Umweltorganisation ausgerechnet Bilder, in denen jede ökologische Einbettung ausgeblendet wird, für ihr *branding* nutzt. So wird z. B. die fliederfarbene Blüte einer Iris auf einem Leuchttisch als ein zartes Dreigebilde ausgebreitet, voller filigraner Verästelungen, variabler Faltungen, ein Wunderwerk von Öffnung und Schließung, symmetrischer Ordnung und unvergleichlicher Gestaltung [S. 195]. Diese Blüte ist ebenso einfach wie unfasslich: *individuum est ineffabile,* heißt ein scholastisches Prinzip, das hier im Greenpeace-Jahreskalender in den Dienst der Darstellung von Singularitäten genommen wird.

* * *

Man versteht jetzt, warum Hansen Dinge oft radikal isoliert. Das Einzelne wird zum Exemplar eines ästhetischen Prinzips, nämlich der ästhetischen Bauformen der Natur. Und diese gehören einer anderen als der kausalen Logik an, nämlich dem autonomen ästhetischen Design der Natur. Dieses Design wird augen-

the contrary true: are objects in the technical realm too resistant, opaque, perhaps deceptive, even uncanny—and thus actually just as dangerous as they are seductive?
Does this experience explain why a collection of miniature objects bears the title *On the Secrets of Everyday Objects*?[4] The fact that an exhibition of still-life paintings from 1500 to 1800 is entitled *The Magic of Things* (Städel Museum, 2008) would suggest so. But can the modern, technologically generated consumer culture and the images of objects captured by the camera be magical? We generally resist such an idea.

* * *

Nature itself wields the pencil—this was the magical idea adopted by pioneer photographer William Henry Fox Talbot.[5] He saw the object itself as shaping its own image in the picture (in the sense of an imprint). Talbot's generation of pioneers, which included Hippolyte Bayard, produced numerous photograms—also called *étude de plantes* or photoengravings—by bringing a plant (or the corner of a piece of lace, among other things) into contact with a light-sensitive surface. In the 1990s, Hans Hansen also experimented with this archaic idea of what could be termed the self-creating image [p. 196]. It is no coincidence that, as in the early years of photography, flowers were the subject of Hansen's work; he captures them in a chemo-mechanical—but no less magical—way that is analogous to the floral watercolor. In 1999, Hans Hansen produced a photogram depicting a horse chestnut from his garden that is beginning to sprout its first leaves and a stem [p. 231]. This *étude de plantes* has the look of an eighteenth-century silhouette or outline. Let us not forget the legend that fine art arose from the tracing of a silhouette, as Pliny the Elder described in his account of natural history.
This notion of the image, closely linked to traditional ideas about the origin of art and photography, gave rise to highly artificial "nature images" in the work of Hans Hansen after the turn of the century. The images appeared as advertisements for everything from antiaging products and perfume to calendars, postcard sets, and the Greenpeace magazine. Hansen began working with Greenpeace back in 1995. For a Greenpeace-sponsored anthology of cookery journals from the eighteenth century to the present, Hansen photographed flowers, leaves, fruit, and vegetables against monochrome gray, white, or black backgrounds. The subjects are presented in radical isolation, abstracted from every natural context; the photographs show solitary objects cut out of any context. One may at first wonder why an environmental organization chose images stripped of any hint of the natural environment for its branding. The three delicate lilac-colored petals of an iris blossom, for example, are shown splayed on a light table, their fragile, intricate lines and changing folds a miracle of opening and closing, symmetrical order, and incomparable shape [p. 195]. This flower is as simple as it is incomprehensible: *individuum est ineffable* is the scholastic principle applied in the Greenpeace calendar to represent singularities.

* * *

One now understands why Hansen presents objects in radical isolation. The individual piece comes to exemplify an aesthetic principle: the aesthetic building blocks of nature, which belong to a kind of logic that is not purely causal, but rather reflects nature's autonomous aesthetic design. It is precisely this design that jumps out at you when the natural object is artificially staged in the studio. The photographer's art allows the art of nature to come to the fore.

fällig, gerade indem das Naturobjekt im Studio als artifizielles Arrangement inszeniert wird. Es ist die Kunst des Fotografen, welche die Kunst der Natur hervortreten lässt.

Man erinnere sich an Karl Blossfeldts Vergrößerungsfotos von Pflanzen in „Urformen der Kunst" (1928) und „Wundergarten der Natur" (1932). Alle Pflanzen erscheinen dort vor dem leeren Hintergrund einer Studiowand, niemals in ihrer natürlichen Umgebung. Die Blumenaufnahmen von Blossfeldt, ähnlich wie die von Albert Renger-Patzsch, sind stark grafisch stilisiert: Das Foto des präparierten Objekts erzeugt eine autonome Form, die sich fast völlig von ihrem biologischen Zusammenhang gelöst hat. Die ornamentale und abstrakte (Natur-)Form prägt im Sinne Wilhelm Worringers ebenso die Urformen der Kunst wie die um 1910 entstehende abstrakte Kunst.[7]

Was diese Bildtradition mit Hans Hansen verbindet, ist die Idee, dass die Natur von sich aus über künstlerische und ornamentale Formensprachen verfügt. Bei den ebenso naturalistischen wie abstrakten Pflanzenfotografien von Hansen ist es gerade die kontextlose Isolation, die an den Blüten nichts als ihre Farbschattierungen und ihr magisch wirkendes, variantenreiches und filigranes Formvermögen hervortreten lässt. In der Frühen Neuzeit nannte man dieses Formvermögen *ludi naturae* (Spiele der Natur) oder auch *vis plastica naturae* (bildende Kraft der Natur). Und schon im Mittelalter wurde der antike Gedanke wieder aufgenommen, dass die Natur eine Künstlerin ist, gerade indem sie technisch, d. h. formgenerierend und gestaltend verfährt (*natura naturans*). In seiner zu Blossfeldt abgefassten Rezension „Neues von Blumen" spricht Walter Benjamin von „vegetabilen ‚Stilformen'", wenn „aus jedem Kelche und jedem Blatte innere Bildnotwendigkeiten entgegen[springen], die in allen Phasen und Stadien des Gezeugten als Metamorphosen das letzte Wort behalten"[8].

Für die Bildauffassung von Hans Hansen ist diese Beobachtung aufschlussreich. Gerade als Sachfotograf hat Hansen es stets mit geformter Materie zu tun. Fotografie ist im Verhältnis dazu „zweite Schöpfung": Gestaltung der Gestalt, Formung der Form. Darum steht die Fotografie, nicht nur als Auftragsarbeit, im Dienst der ästhetischen Verwandlung jener Formqualität, welche der Fotograf vorfindet. Auf keinen Fall folgt er allein einer mimetischen Doktrin. Auf einer ersten Stufe geht es um die Präparierung des Objekts, um seine Form ‚ins Bild zu setzen', die das Objekt, sei es natürlich, sei es technisch, von sich aus nicht nur ‚hat', sondern ‚ist'. Die Form pointiert das Sein der Dinge. Auf der zweiten Stufe inszeniert die Fotografie die immer schon geformten und präparierten Dinge erneut als Form zweiten Grades – ein Durchlaufen von Metamorphosen, wie Benjamin schreibt. Das ist, im Falle der Werbefotografie, eine Art mediales und stilisierendes Reenactment der Produkte, die beworben werden sollen.

Form aber ist – bei Blumen so gut wie bei einer Erco-Leuchte oder einem Porsche – immer symbiotisch mit der Funktion. Das tritt gerade in der „zweiten Schöpfung" des Fotografen hervor: Die massive Intervention in den Gegenstand, der wie in der Anatomie zu einem Präparat gemacht wird, unterwirft das Objekt ganz und gar den Arrangements des Fotografen und den ästhetischen Imperativen des Apparats. Dadurch gelingt es Hansen, der Formkraft der natürlichen Entität oder des technischen Produkts, das er bewerben soll, zum einem einzigartigen Auftritt zu verhelfen. Die zweite Schöpfung bringt die erste Schöpfung der Dinge erst wirklich zur Evidenz, zum Leuchten. Das ist es, was Heidegger die Ekstasis der Dinge nennt, die in ihrer alltäglichen Verwendung und im Konsum allzu leicht untergeht. Doch die Fotos Hansens werden zu einem Fest der Dinge. Zweifellos wird die Gebrauchsfoto-

Hansen's technique echoes Karl Blossfeldt's close-up photographs of plants in *Art Forms in Nature* (1928) and *Nature's Garden of Wonders* (1932). Here, plants are removed from their natural environment and displayed against the empty backdrop of the studio wall. Blossfeldt's plant photographs—similar to those of Albert Renger-Patzsch—feature heavy graphic stylization: the photograph of the prepared object produces an autonomous form that is almost completely alien to its biological context.

In line with Wilhelm Worringer, the ornamental and abstract form (of nature) shapes art's archetypes just as much as the abstract art that emerged around 1910.[7]

What connects Hansen to this pictorial tradition is the idea that nature possesses an artistic and ornamental language of form in and of itself. In his plant photographs—naturalist and abstract in equal measure—it is the fact that the petals are completely isolated, stripped of context, that enables undivided attention to their individual hues and the enchanting variety displayed in their delicate shapes. In the early modern period, this wealth of form was referred to as *ludi naturae* (games of nature) or *vis plastica naturae* (the formative force of nature). Even the Middle Ages saw the rebirth of the ancient concept of nature as an artist, technically generating and sculpting form (natura naturans).

In his critique of Blossfeldt, *A New View of Flowers*, Walter Benjamin writes of "vegetal 'forms of style,'" when "inner visual necessities [spring] out from every flower head and every leaf, metamorphoses that always have the last word in each phase and stage of conception."[8]

This observation has many implications for Hansen's conception of image. First and foremost, as a photographer of objects, his subject matter always comes ready-made in a specific shape or form. Photography, on the other hand, is a "second creation": shaping the shape, forming the form. Photography is therefore not only commissioned by, but also in the service of the aesthetic transformation of the very quality of form encountered by the photographer. He could not be further from following a mimetic doctrine alone. The first step involves the preparation of the object, in order to "make visible" its form, a form that the object—be it natural or man-made—doesn't merely "possess," but rather "is." The form emphasizes the object's being. In a secondary step, photography stages a secondary presentation of objects that are already shaped and prepared, depicting them anew in a series of metamorphoses, as Benjamin writes. In the case of advertising photography, this concerns a kind of medial and stylizing reenactment of the products that are being advertised. Yet form—whether that of flowers or of an Erco lamp or a Porsche—always exists in symbiosis with function. This is most clearly demonstrated by the photographer's "second creation": the wholesale transformation of the object, which is made into a kind of anatomical specimen, means that the object is entirely at the service of the photographer's arrangements and the camera's aesthetic imperatives. In this manner, Hansen succeeds in creating a unique presentation of the formal power of the natural entity or man-made product that he is meant to be advertising. It is the second creation that sheds light on the first creation of things and brings this to the fore. This is what Heidegger refers to as the ecstasy of things, which is all too easily sidelined in their everyday use and consumption. Hansen's photographs combat this by celebrating objects. Without a shadow of a doubt, this is how industrial photography becomes an art form, even if the photographer himself shies away from calling his goal—successful photographs—art, as opposed to their use in the context of advertising.

* * *

grafie dadurch zur Kunst, wenn auch der Fotograf sich weigert, dasjenige, was ihm vorschwebt, nämlich gelungene Fotos, Kunst zu nennen – im Unterschied zu ihrer Anwendung im werbewirtschaftlichen Zusammenhang.

* * *

Vor diesem ästhetikgeschichtlichen Hintergrund versteht man, warum Hans Hansen regelmäßig das Berliner Museum für Naturkunde besucht und dort in den Archiven der Naturgeschichte fotografiert: Seine Fotos von Exponaten, Vitrinen, Glasschränken, Schubladen, gefüllt mit abertausenden Exemplaren aus den drei Reichen der Natur, sind Lehrstunden der Ästhetik im doppelten Sinn [S. 208–209]. Zum einen werden dabei im alten Medium des Museums mittels der Fotografie die Formen der Repräsentation, der Ordnung und des Gedächtnisses der Naturgeschichte und Evolution untersucht. Zum anderen aber werden die Fotografien von Muscheln, Insekten, Schneckenhäusern, Käfern, Vögeln, Eiern, Skeletten aller möglichen Tierspezies zu einer Schule des Sehens. Sie zielen auf ‚erkennendes Sehen', ‚anschauliche Erkenntnis'. Dabei geht es Hansen nicht um den klassifikatorischen Blick auf Gattungen und Arten, sondern um das ästhetische Sensorium für den ungeheuren und zuletzt rätselhaften Formenreichtum, den die Evolution in ihren lebendigen Entitäten ausdifferenziert hat.

In Hansens Fotoarbeiten zu Objekten der Natur kann man drei ästhetische Strategien beobachten, die auch in den Fotos von technischen Produkten wiederzufinden sind: der Hang zur anatomischen Zerlegung eines Objekts; die Strategie der radikalen Vereinzelung; und, im Gegensatz dazu, die Strategie der Vervielfältigung und Serialität. Letzteres mag an die frühen Reihenfotografien des Bauhauskünstlers Kurt Kranz oder heute an Pippilotti Rist erinnern. Bei Hansen entsprechen dem die Frontansichten von US-Kult-Trucks [S. 65]; die kreis- oder spiralförmig ineinander gefügten Tassen in den 45 Farben, die von der Porzellanmanufaktur Dibbern angeboten werden [S. 107]; die Serien von Styroblockverpackungen, die ihr Inneres, das Artefakt, vor der Umwelt so schützen sollen wie Muscheln oder Schneckenhäuser das Tier [S. 50]; die zahllosen Formmuster vietnamesischer Strohhüte, jeweils von oben und unten fotografiert [S. 40–41] oder die unfassliche Formenvielfalt von handgeschnitzten Löffeln des Brasilianers Alvaro Abreu, dessen Lebensabend in unbeirrbarer Intensität darauf konzentriert ist, den Kosmos aller denkbaren Löffelformen zu erforschen: Exerzitien der Form. Diese beispiellose Unternehmung, ebenso wie diejenige des bayrischen Schnitzers Ernst Gamperl von Holz-Gefäßen [S. 39], ist nicht nur profane technische Arbeit am Design. Es ist auch eine kontemplative Übung, bei der synchron zu den materiellen Einzelstücken ein Mensch, in Absetzung vom *hightech design* unserer Tage, sich in seiner singulären Subjektivität hervorbringt.

Man versteht nun die Faszination, die den Fotografen erfüllte, als er die handgefertigten pflanzenanatomischen Modelle der Leipziger Firma Osterloh entdeckte, eine wunderbare Erfindung des letzten Viertels des 19. Jahrhunderts – Kunsthandwerk für die Lehrmittel des universitären Unterrichts [S. 217–219]. Die biologisch getreuen Skulpturen wirken wie Abgesandte einer skurrilen Population. Heute sind die Pflanzenmodelle geschätzte Objekte von Sammlern und Kustoden. Hohe handwerkliche Kunst und biologische Präzision gehen hier, ganz im Sinne des Leibniz'schen *Theatrum naturae et artis*, eine Kooperation ein, wie sie Hans Hansen gefallen musste: Im Medium der dreidimensionalen Plastizität zeigen die Osterloh-Modelle dieselbe Sorgsamkeit, wie sie Hans Hansen in seinen experimentellen Arrangements im Medium der Fotografie aufbringt.

Given this aesthetic-historical background, it is easy to understand Hansen's regular visits to the natural history archives of the Berlin Museum für Naturkunde: his photographs of specimens, display cabinets, and drawers filled with thousands upon thousands of samples from all three natural realms, are a masterclass in aesthetics, in both senses of the term [pp. 208–09]. On the one hand, the old medium of the museum uses photography as a tool for investigating the forms of representation, order, and memory that are inherent to natural history and evolution.

On the other hand, the photographs of mussels, insects, snail shells, bugs, birds, eggs, and the skeletons of every species imaginable become a school of sight. They aim at "discerning perception" and "observing recognition." Hansen's interest does not lie in looking to classifying by species and type: he is more concerned with the aesthetic sensorium of the vast, ultimately puzzling range of forms that evolution has differentiated in living things.

Three aesthetic strategies run through Hansen's photographs of natural objects, and can also be traced in his photographs of technical products: the tendency to anatomically dissect an object, the strategy of radical isolation, and its opposite, the strategy of proliferation and seriality. This final point is reminiscent of the early photographic series of the Bauhaus artist Kurt Kranz, or of Pipilotti Rist in the present day. Hansen's approach is reflected in the front-on view of cult American trucks [p. 65]; the circular or spiral stacked cups in forty-five colors that are produced by the ceramic company Dibbern [p. 107]; the series of Styrofoam blocks that serve as protective packaging for the artifact they enclose, shielding it from the environment just as mussels or snail shells protect the animal inside [p. 50]; the endless number of different shapes for Vietnamese straw hats, each photographed from above and below [pp. 40–41]; or the unbelievable diversity demonstrated by the hand-whittled spoons created by the Brazilian artist Alvaro Abreu, who has dedicated his twilight years entirely to an extensive meditation on form, examining every single spoon shape imaginable.

This unparalleled task—like the wooden containers of the Bavarian woodturner Ernst Gamperl [p. 39]—is more than simply mundane design work of a technical nature. It is also a contemplative exercise, one which refutes today's high-tech design in favor of highlighting individual pieces of material, as well as drawing out one person's individual and singular subjectivity.

It is now clear why the photographer was fascinated by the hand-finished models of botanic anatomy produced by the Leipzig-based firm Osterloh. These were a fantastic invention of the last quarter of the nineteenth century: artisan craftwork for the purposes of university instruction [pp. 217–19]. True to nature, the sculptures seemed like envoys from some outlandish population. Today, these botanic models are prized by collectors and curators. They characterize the cooperation between high artistic craftwork and biological precision, exactly along the lines of Leibniz's *Theatrum naturae et artis*. This combination must have appealed to Hansen: the Osterloh models used the medium of three-dimensional plasticity to demonstrate the very same attentiveness to detail that drove Hansen's experimental arrangements with the medium of photography.

There are, of course, no limits to the potential of human art to invent different forms. And yet Hansen's museum of forms reveals that this art is no more than one province in the aesthetic realm of nature. "Vis superba formae. An attractive formulation by Johannes Secundus," Goethe writes, quoting the Dutch Renaissance poet.[9] However, as Hansen's photographs show, this "superb strength of form" is a privilege that man shares with nature. Hansen inherited his high expectations of photography from American advertising design, from Bill Bernbach (DBB), Don Blauweiss, and other figures in the

Die menschliche Kunst ist gewiss unbegrenzt erfinderisch in ihrem Formvermögen. Aber sie stellt doch, nach dieser Besichtigung des Hansen'schen Museums der Formen, nur eine Provinz im ästhetischen Reich der Natur dar. „Vis superba formae. Ein schönes Wort von Johannes Secundus", zitiert Goethe ein Wort des niederländischen Renaissancedichters.[9] Die ‚stolze Kraft der Form' aber, so zeigen es die Fotografien Hansens, ist ein Privileg, das der Mensch mit der Natur teilt. Den hohen Anspruch an die Fotografie hat Hansen vom amerikanischen Werbedesign übernommen, von Bill Bernbach (DDB), Don Blauweiss und anderen Vertretern der sog. kreativen Revolution des Werbedesigns in den 1960er-Jahren, wie Jack Piccolo, damals in Düsseldorf.[10]

* * *

Die Formkraft der Fotografie zeigt sich nicht nur an Arbeiten, die man als Spielarten der Naturästhetik bezeichnen kann. Sondern auch in der Auseinandersetzung mit technischen Produkten erweist sich die metamorphotische Agenda der Fotografien Hansens. Schon anlässlich der Arbeiten zu organischen Objekten war vom anatomischen Verfahren des Fotografen die Rede, der die Dinge in Präparate verwandelt. Dieses Prinzip findet sich wieder in jenen Werbeaufnahmen, die Hansen vom VW-Käfer oder Golf anfertigte und die ihn berühmt machten [S. 74–75, 82–83]: Die Fahrzeuge werden komplett in ihre Einzelteile zerlegt und diese auf einem weißen Boden arrangiert. Im Vergleich von Käfer und Golf erkennt man die gewaltige Zunahme an technischer Komplexität. Die Bildanatomie, die Hansen hier vornimmt, suggeriert aber auch, dass wir Laien unfähig wären, aus diesen vieltausenden Teilen das Auto zusammenzubauen. Das anatomische Tableau der Fahrzeuge verkörpert eine Komplexität, die jedem Detail eigen ist. Für den Käufer und Fahrer, der gewöhnlich nur die Außenhaut und die Bedienfunktionen seines PKWs kennt, steigert die Offenlegung sämtlicher ‚Innereien' des Fahrzeugs, die in ästhetischer Weise arrangiert sind, nicht etwa die Transparenz, sondern das Geheimnis moderner technischer Artefakte. Sie wecken eben deswegen bewundernden Respekt.
Dieser Effekt zeitgenössischer technischer Objekte wird auch in einem anderen Bildtypus erzielt. 1988 fotografiert Hansen einen VW-Passat senkrecht von oben auf sattschwarzem Grund [S. 73]. Blausilbern schimmern einige Flächen, Konturen und Holme, so dass – wie beim Blick aus einem Flugzeug bei Nacht – gerade einmal die formale Struktur aufleuchtet. Nichts von der unübersichtlichen Vielfalt der Teile, sondern reine Form. Sie schwebt schwerelos, ohne Bodenhaftung, im schwarzen All, die Türen wie Flügel gespreizt. Unserem Götterblick fällt erst nach einiger Zeit eine eigenartige Riffelung der Karosserieflächen auf, die nicht den üblichen Lackglanz besitzen. Auf der Karosserie sind 134.525 Namen aufgetragen, Namen der Gesamtbelegschaft von VW zum Zeitpunkt des 50. Jubiläums. Waren es beim Käfer und Golf die Heere der Einzelteile, so ist es hier das Heer der Monteure und Ingenieure. Werden beide Bildtypen zusammengefasst, so gewinnen wir „Denkbilder" der modernen Technik. Sie synthetisiert Materie, Apparate und Menschen in hochkomplexen Steuerungsprozessen. Die technische Synthese ist an die Stelle der gesellschaftlichen getreten. Erzeugt werden dabei einfach zu dirigierende Artefakte, die gekauft und in Gebrauch genommen werden. Sind Dinge stumm, wie es eingangs hieß? Mitnichten. Die extrem aufwändigen Arrangements, zu denen Hansen seine Objekte inszeniert, erlauben fotografische Studien, die starke ästhetische und technische Semantiken und Botschaften enthalten. Doch die Fotos erlauben es auch, unser Verhältnis zur technischen Kultur und unsere Überforderung angesichts von deren Systemkomplexität zu reflektieren.

so-called creative revolution of advertising design in the 1960s, such as Jack Piccolo—then in Düsseldorf.[10]

* * *

The formal power of photography is not constrained to works that could be termed variations of natural aesthetics: Hansen's metamorphic agenda is also part of the examination of technical products. The anatomic process of photography—turning objects into specimens—also guided work on organic objects. This principle is again present in the advertising shots that Hansen made of the VW Beetle or Golf, which made him famous [pp. 74–75, 82–83]: the vehicles were completely taken to pieces that were then arranged on a white floor. Comparing the Beetle to the Golf sheds light on the dramatic increase in technical complexity.
Yet by producing this visual anatomy, Hansen also suggests that we amateurs lack the skills and knowledge to be able to put together the many thousands of pieces to build a car. The anatomical tableau of the vehicles embodies a complexity that is inherent to each detail. For the retailer and the driver, who are normally only familiar with the van's outer shell and how to operate it, this act of laying bare the vehicle's "insides" and arranging them in an aesthetic way adds not only to the transparency, but also to the secretive nature of modern technical artifacts. This is precisely why they arouse a sense of respect and awe.
This effect of contemporary technical objects is also the aim of a different type of image. In 1988, Hansen photographed from above a VW Passat on a pitch-black floor [p. 73]. Some surfaces, curves, and bars shimmer silvery blue, illuminating the vehicle's formal structure like the view out of an airplane window at night. This is pure form, extracted from the muddled variety of parts. The form hovers weightlessly in black space, seemingly detached from the ground, its doors spread like wings. Our view from the heavens takes a while to notice the unusual fluting on the bodywork, which lacks the customary glossy finish. The bodywork bears the names of the 134,525 members of the entire VW workforce at the time of the company's fiftieth anniversary. If the Beetle and Golf were armies of individual parts, this time the mechanics and engineers form battalions. Combining the two types of image summarizes the concept of modern technology, which synthesizes material, devices, and people into extremely complex control processes. Technical synthesis has taken the place of social synthesis. Are objects mute, as initially stated? By no means. The laborious arrangements Hansen employs to stage his objects open the gates to photographic studies that include strong aesthetic and technical semantics. Yet the photographs also enable us to reflect upon our relationship to technological culture and how overwhelmed we are in the face of such complex systems.

* * *

The complexity of technical objects—beyond the grasp of anyone but experts—is precisely the source of their fascination. One further example is Hansen's photograph of a Daimler S-Class model from 1991 [pp. 76–77]. The luxury car emerges from the shadows of the foliage like an epiphany from an alternative reality. The Mercedes is dappled with pointillist patches of light that filter through the branches down onto the car's glossy surface. These spots of light on the bodywork and the street are not sharply outlined—their blurred edges make them seem painted on. A few contour lines allow the shape of the car to be made out. The way the light bounces off the gloss also highlights the bodywork's symbolic gleam. Automobiles of

* * *

Aus dieser für Laien kaum zu begreifenden Komplexität technischer Artefakte rührt auch ihre Faszination. Ein weiteres Beispiel dafür ist Hansens Foto eines Daimler S-Klasse-Modells aus dem Jahr 1991 [S. 76–77]. Aus dem Schatten der Laubbäume löst sich die Limousine wie die Epiphanie einer anderen Wirklichkeit. Der Mercedes ist pointillistisch übersät von Lichtflecken, die durch das Laub auf den glänzenden Lack fallen. Diese Lichtspots auf Karosse und Straße sind nicht scharf konturiert, sondern wirken in ihrer Unschärfe wie gemalt. Wenige Konturlinien lassen gerade noch die Form der Limousine erkennen. Der Widerschein des Lichts auf dem Lack betont den Glanz, den diese Karosse auch symbolisch ausstrahlt. Limousinen dieser Klasse sind nicht einfach Fortbewegungsmittel, sondern der Mittelpunkt einer Ausstrahlung, die Prestige und Eleganz verleiht. Ihr Fetischcharakter macht das, was nur technisches Aggregat zu sein scheint, zu einem Juwel, einem begehrten Objekt. Und als eben dies ist der Benz fotografisch in Szene gesetzt.

Design fetischisiert. Noch stärker wird dies sichtbar in der Aufnahme der drei Limousinen-Klassen, auf die Mercedes sich in den 1980er-Jahren noch beschränkte [S. 70]. Erneut fällt die sorgsam aufbereitete Szenerie ins Auge. Wieder ist es ein Dunkel, diesmal vom Nachtblau ins Schwarz spielend, aus dem die drei Limousinen kaum hervortreten. Nur das von rechts einfallende Licht lässt die Frontpartien – das Daimler-Gesicht – und einige Konturen hervortreten. Unfasslich der alle verbindende Lichtglanz auf den Motorhauben. Dies ist, so wird suggeriert, eine homogene, nur minimal binnendifferenzierte Familie, *in touch:* Mercedes eben. Auch diese Karossen ruhen nicht schwer auf dem Grund, sondern schweben schwerelos in einem konturlosen Raum. Sie sind nichts als Form, die Identität schafft. Ein Versprechen von Eleganz, Geschmack, Prestige, die jedes womöglich schmutzige Detail vergessen lässt. Das ist der Fetischcharakter des automobilen Versprechens. Es erhöht und erweitert, steigert und erotisiert das Ich, das im Fahrzeug investiert ist. Welche Harmonie! Welche Noblesse! Welch leichte Eleganz geht von diesen Karossen aus! Welche Erkennbarkeit auf den ersten Blick! Die Fotografie schafft einen ästhetischen *coup de foudre,* ein Liebesgewitter für Leute, die dafür zahlen können – und die doch, wie jeder Kleinwagen-Fahrer, am Ende nur ein Fortbewegungsmittel erwerben. Die „feinen Unterschiede" in der sozialen Distinktion (Pierre Bourdieu), wie sie Mercedes in den 1980er-Jahren noch verkörperte, haben sich heute im Einerlei des Auto-Designs verflüchtigt.

* * *

Einen anderen Sektor technischer Artefakte stellen die Produkte der Lichtfabrik Erco aus Lüdenscheid dar, die ästhetisch avancierte Lichtgestaltung mit aufwendiger Technik verbindet. Hans Hansen hat viele Jahre für das Unternehmen gearbeitet. Dessen Design kommt seiner eigenen Ästhetik entgegen, ebenso wie jenes des Schweizer Möbelherstellers Vitra. 1983 fotografiert Hansen seine erste Kampagne für Erco-Lichttechnik [S. 96]. Hierfür fotografiert er nicht den Strahler, sondern die Wirkungen, die man mit diesem erzielen kann. Aus immer derselben Kameraposition nimmt Hansen drei der fünf platonischen Urkörper auf – Kugel, Quader und Pyramide. Die mit den Leuchten erzeugten Licht-Schatten-Verteilungen, das Eintauchen der Objekte in ein schwebend gleichmäßiges Licht, die scharfe Segmentierung von Raum und Objekten oder die Herausarbeitung einer neuen plastischen, schattenlos weißen Form im Schwarzraum, die Gliederung des Raums durch Lichtstraßen

this class are more than simply a mode of transport: they are the focus of an attitude that promises prestige and elegance. This element of fetish transforms what might appear only the sum of technical parts into a jewel, a coveted object. This is precisely how the Mercedes is staged in the photograph.

Design fetishizes. This is made even more visible in the shot of the three classes of luxury cars that Mercedes restricted its range to in the 1980s [p. 70]. Once again, what jumps out is the carefully arranged scenery. It is dark again, midnight blue fading into a blackness against which the three cars can only just be made out. Only the light falling from the right-hand side illuminates the front part of the vehicles—the Daimler frontage—and one or two contours. The reflection of light off the hubs, which unites all three vehicles, is impossible to grasp. As is suggested, this is one homogenous family whose members are barely distinguishable from one another, united and in touch: Mercedes. The framework of the vehicles, too, seems to hover weightlessly in the featureless darkness, rather than weighing down on the street. They are nothing but form—a form that creates an identity. They promise elegance, taste, prestige; they promise to make dirty little secrets disappear. This promise is at the heart of automobile fetish. It heightens and extends, enhances and eroticizes the self that is invested in the vehicle. What harmony! What nobleness! What easy elegance streams from the bodywork! How instantly recognizable! Photography succeeds in bringing about an aesthetic coup de foudre, whipping up a stormy passion for those who can afford it, even if, at the end of the day, they are purchasing nothing more than a means of transportation, the same as any small-time driver. The fine lines between what Pierre Bourdieu terms "distinctions," as embodied by Mercedes in the 1980s, are no longer to be found in the monotony of today's car design.

* * *

The products of the Lüdenscheid-based lighting factory Erco form a further sector of technical artifact, for they combine aesthetically advanced light composition with elaborate engineering. Hansen has been working for the company for many years. Erco's design complements his own aesthetic, as in the case of the Swiss furniture designers Vitra. In 1983, Hansen shot his first campaign for Erco lighting [pp. 96–97]. For this, he photographed not only the spotlight itself, but also the effect it could be used to achieve. Keeping the camera in one fixed position, Hansen photographed three of the five Platonic shapes: a sphere, a cuboid, and a pyramid. Hansen worked by manipulating the way light and shadow fell, drenching the object in a pool of even light, sharply segmenting space and object, bringing a new, plastic, white form without shadows out of the dark space, splitting up the room with rays of light, and marking the objects' three-dimensionality by casting shadow on specific points. These techniques did not serve to advertise specific Erco lights, but to underline the aesthetic profile of the entire range of products. The message was that the purchase of an Erco light was also a means of buying the means to take room illumination to the level of art, of the kind developed by artists such as Dan Flavin or James Turrell. This is the clear promise of these photographs, which in doing so surround Erco products with a kind of aura—another way of fetishizing goods and commodities.

His photograph of Vitra office equipment [pp. 136–37], taken from above, displays similarities to his plant portraits and the photograph of the VW Passat. The symmetry of the central and lateral axis, the fact that almost all the objects on one workspace are mirrored on others, the absence of people or of any personal traces, the knowledge that no real office would have

und die Markierung der dreidimensionalen Körperlichkeit der Objekte durch Schlagschatten: All dies ‚bewirbt' nicht bestimmte Leuchten von Erco, sondern die ästhetische Ausstrahlung der gesamten Produktpalette. Mit Erco-Leuchten, so die Botschaft, kauft man das Potenzial, die bloße Beleuchtung von Räumen zur Lichtkunst zu steigern, wie sie in jener Zeit von Künstlern wie Dan Flavin oder James Turrell entwickelt wurde. Das jedenfalls ist das Versprechen dieser Fotografien, die damit einen auratischen Schein um Erco-Produkte legen, eine andere Form der Fetischisierung von Waren und Gebrauchsdingen.
Sein Foto einer Büroausstattung der Firma Vitra [S. 136–137] zeigt in der senkrechten Draufsicht Ähnlichkeiten mit den Pflanzenporträts und dem Foto des VW Passat. Die Klappsymmetrie von Quer- und Mittelachse, die Tatsache, dass fast alle Objekte an einem Arbeitsplatz ihr Pendant an allen anderen Plätzen findet, die Abwesenheit von Menschen oder irgendeiner persönlichen Spur, die Gewissheit, dass es in keinem Büro einen solchen, stofflos scheinenden Fußboden gibt, der in seiner Farbigkeit den Weiß-Blau-Tönen der Arbeitsplätze entspricht: All dies abstrahiert von dem, was hier geleistet werden soll, nämlich von menschlicher Arbeit. Betont werden stattdessen die formal-abstrakten Geometrien der tetradischen Struktur, die seit der Antike eines der stärksten Ordnungsmuster ist. Das formale Design kann indes auch so verstanden werden, dass sich in seinen Geometrien eine für alle Subjekte gleiche, organisatorische Macht darstellt. Die Menschen, die hier eingefügt werden sollen, sind seriell, funktional rationalisiert und programmiert. Die „stolze Kraft der Form" des Johannes Secundus kann auch zur Ästhetik der Macht werden, die sich in formalen Mustern und Symmetrien artikuliert – als schönes Faszinosum und Tremendum.
Vitra-Möbel sind Artefakte und längst Designklassiker der Moderne [S. 142]. Es ist aufschlussreich, dass Hans Hansen die Serienmöbel zunächst zu eigensinnigen Skulpturen arrangiert, die an die Menschentürme von Zirkusartisten erinnern. Die Stühle werden somit zweckentfremdet und disfunktionalisiert – wesentliche Merkmale von Kunst, aber gerade nicht von Gebrauchsgegenständen. Wenn oben angesichts der konstruktiven Energie der Arrangements und Fotos von Hans Hansen von einer „zweiten Schöpfung" die Rede war, dann ist dies besonders schlüssig, wenn von einem Stuhl nur das Silber des Stahlrohrs aus einem tiefen Schwarz heraustritt und ‚für sich', absolut, eine rein formale Struktur bildet, die nur noch schwach mit der Funktionalität assoziiert ist [S. 146–147]. Gerade dadurch wird der ästhetische Anspruch der Firma pointiert und überzeugend vermittelt.

* * *

So wird denn auch kein Fluggast der 1. Klasse der Lufthansa die Food-Fotografien seiner Menükarte als Abbild dessen ansehen, was ihn gastronomisch erwartet [S. 192–193]. Es ist das raffinierte Design, das die Lebensmittel graphisch komponiert, auf einer Glasplatte arrangiert und gelegentlich nur als Schemen und Schatten ins Bild treten lässt. Dies soll den anspruchsvollen Gast faszinieren. Indem das Auge isst, nämlich sich an der Qualität der Fotos delektiert, werden der Zunge geschmacklich hochrangige Lüste versprochen. Trivial wäre eine Fotospeisekarte. Das Gebrauchswertversprechen wird durch exquisite Augenlust geweckt, jenes Organ, das wie kein anderes den Verführungen des Fetisch erliegt. So sind denn auch die Lebensmittelfotografien, die Hansen seit zwei Jahrzehnten für das Magazin *Stern* fertigt, keine Food-Fotos, wie man sie aus Kochbüchern gewohnt ist. Es ist auch nicht das Prunken mit Überfluss und Luxus, wie man es von den niederländischen Stillleben des 17. Jahrhunderts kennt. Vielmehr – und damit

such bare flooring that perfectly complements the blue and white tones of the workspaces—all of this abstracts the space's actual function: human labor. Instead, the focus is on the tetrahedral structure's formally abstract geometries—one of the strongest forms of order that has existed since ancient times. The formal design can, however, be understood as an organizational force that runs through the geometries and influences each and every subject. The people that remain to be added to the space would be a series of functional, rationalized, programmed bodies. The "superb strength of form" of Johannes Secundus can also become an aesthetics of power, articulated in formal patterns and symmetries—attractive, fascinating, tremendous.
Vitra furniture pieces are artifacts, and have long been classic examples of modernist design [p. 142]. It is revealing that Hansen begins by arranging the furniture series into individual sculptures, which have the look of the human pyramids formed by circus performers. The chairs are stripped of their purpose and function—essential characteristics of art, but not of objects designed for a purpose. The above discussion of the constructive energy of these arrangements and how Hansen's photographs represent a "second creation" proves particularly productive in the case of a chair submerged in darkness but for a length of silver piping. This forms one absolute, purely formal structure in and of itself, which retains only loose ties to its functionality [pp. 146–47]. This precisely how the company's aesthetic standards are pointedly and convincingly conveyed.

* * *

In the same way, a first-class passenger of Lufthansa is highly unlikely to view the pictures of dishes on the menu as exact representations of the food that will be served [pp. 192–93]. This is refined design, the graphic composition of food arranged on a glass plate, only allowing particular patterns and shadows to come into view. This meant to fascinate the discerning customer. By providing a feast for the eyes—which savor the quality of the photographs—the tongue is promised equally high-quality culinary delights. A photographic menu would be trivial. By tempting the eye—the organ that succumbs to the seductive power of fetish like no other—a promise is made about the object's practical value. The same holds true for the photographs of food that Hansen produced over two decades of work for *Stern* magazine. They are neither the typical food photographs that normally line the pages of cookery books, nor are do they flaunt with luxury and excess in the style of Dutch still lifes of the seventeenth century. Instead—and this is how natural aesthetic photography comes full circle—Hansen creates artistic icons out of fruit and vegetables, revealing new sides to the reflection and interplay of olive oil and vinegar, crafting fantastic animations from chili peppers, mushroom compositions, portraits of chicory, nuts, and garlic. Everything is strictly anti-naturalist and solely oriented in accordance with graphic patterns and colors.

* * *

Modern art is constantly reflexive and self-referential. This was demonstrated in the above characterization of Hansen's photographs as illustrative concepts. It is little wonder that the photographer turns his camera and the technical environment into individual image studies. This results in photographs of the 8×10-inch cartridge of a large-format camera, a camera bellows, a well-used strip of small-format film, a color checking card, a disassembled Nikon, a family of lenses, a slide carousel,

schließt sich der Kreis zu den naturästhetischen Fotos – schafft Hansen kunstvolle Ikonen solitärer Früchte und Gemüse, nie gesehene Ansichten des Spiegels und Spiels von Olivenöl und Essig, phantastische Animationen aus länglichen Chilis, Kompositionen aus Champignons, Porträts von Chicorée, Nüssen und Knoblauch [S. 182]. Alles ist strikt anti-naturalistisch und ausschließlich an den graphischen Mustern und Farben orientiert.

* * *

Die Kunst der Moderne ist stets reflexiv und selbstreferentiell. Das wurde schon oben deutlich, als Hansens Fotografien als „Denkbilder" charakterisiert wurden. So nimmt es nicht Wunder, dass der Fotograf die Kamera und das technische Environment selbst zu eigenen Bildstudien nutzt. So entstehen Fotos etwa der 8×10-Inch-Kassette einer Großbildkamera, eines Kamerabalgens, eines vielbenutzten Kleinbild-Sheets, einer Farbprüfungskarte, einer zerlegten Nikon, einer Familie von Objektiven, eines Dia-Karussells, einer Foto-Mattscheibe oder diverse Ansichten einer perfekt designten, schon abgenutzten Kodak-Filmschachtel [S. 9]. Bei dieser Vergegenwärtigung der technischen Bedingungen der Fotografie darf das Selbstporträt Hansens mit der Großbild-Plattenkamera nicht fehlen [S. 4]. Man sieht den Künstler als schwarzen Schemen vor weißem Hintergrund und hinter der Kamera. Man erkennt die auf den Kopf gestellte Bildsilhouette Hansens im Inneren der Kamera auf der gerasterten Platte. Und man sieht die Fotografie vom Ganzen dieses Arrangements. Räumliche Tiefe gibt es hier nicht, so dass der technische Apparat und der Körper des Fotografen eine Symbiose eingehen: Erst zusammen bilden sie die experimentelle Bildmaschine, ein technisches Hybridwesen, das sich selbst vergegenständlicht und reflektiert. Es zeichnet Hansen aus, dass er bis in die Werbe- und Sachfotografie hinein eine metareflexive Bildebene entwickelt, die in diesem Feld außergewöhnlich ist.

a matte photo screen, or multiple shots of a perfectly designed, battered box of Kodak film [p. 9]. This visual display of photography's technical requirements would be incomplete without Hansen's self-portrait with the large-format camera [p. 4]. The photographer is visible as a black silhouette against a white background, behind the camera. Hansen's inverted silhouette can be seen on the square-patterned plate on the inside of the camera. One can also observe the photography of the arrangement as a whole. Spatial depth is lacking, which causes the technical equipment and the photographer's body to merge into one: it is only in combination with one another that they form the experimental image machine, a technical hybrid that both objectifies and reflects itself. Hansen is exceptional for his development of a metareflexive level of image, even in the realm of advertising and product photography, in which it is not usually present.

1 Jakob Böhme: De signatura rerum oder von der Geburt und Bezeichnung aller Wesen, I, 16,17, 1622, 276; = *Sämmtliche Werke*, hg. v. K.W. Schiebler, Leipzig 1842: J.A. Barth, Bd. IV, S. 269–461, hier S. 276

2 Vgl. dazu Gernot Böhme: Das Ding und seine Ekstasen. In: ders.: *Atmosphäre. Essays zur neuen Ästhetik*, Frankfurt am Main 1995, S. 155–176. – Martin Heidegger: *Die Frage nach dem Ding. Zu Kants Lehre von den transzendentalen Grundsätzen*, Tübingen 1962. – Ders.: Das Ding und das Werk. In: *Gesamtausgabe*, I. Abt., Bd. 5, Frankfurt am Main 1977, S. 5–25

3 Lukrez: *De natura rerum*, Buch IV, 54–193, 478–512

4 Johannes Werner (Hg.): *Vom Geheimnis der alltäglichen Dinge*, Frankfurt am Main 1998

5 Vgl. William Henry Fox Talbot: *The Pencil of Nature*. With a new Introduction by Beaumont Newhall. New York 1969 (zuerst 1844–46). Interessant ist, dass dasjenige, was der Malerei nie gelang, nämlich vera icon zu sein, in der Sicht der frühen Fotografen gerade einem technischen Medium gelungen ist (vgl. Peter Geimer: *Bilder aus Versehen. Eine Geschichte fotografischer Erscheinungen*, Hamburg 2010).

6 Plinius der Ältere, *Historia Naturalis*, XXXV, 151

7 Wilhelm Worringer: *Abstraktion und Einfühlung. Ein Beitrag zur Stilpsychologie* (1907/8), hg. von Helga Grebig. Einleitung von Claudia Öhlschläger, München 2007. Die Bildästhetik Blossfeldts geht ihrerseits zurück auf die kolorierten Zeichnungen in Ernst Haeckels *Kunstformen der Natur* (1899).

8 Walter Benjamin: Neues von Blumen. In: ders.: *Gesammelte Schriften*, hg. v. Rolf Tiedemann u. Hermann Schweppenhäuser, Frankfurt am Main 1980, Bd. II.1, S. 153

9 Goethe: *Maximen und Reflexionen*, Nr. 362

10 Tammo F. Bruns, Frank Schulte, Karsten Unterberger (Hg.): Hans Hansen. „Du mußt dir treue bleiben und Dich immer wieder verändern." In: dies.: *design is a journey. Positionen zu Design, Werbung und Unternehmenskultur*, Berlin/Heidelberg/New York 1997, S. 44–57

1 Jakob Böhme, "De Signatura rerum oder von der Geburt und Bezeichnung aller Wesen," I, 16, 17, 1622, 276, in *Sämmtliche Werke*, ed. K. W. Schiebler (Leipzig, 1842); J. A. Barth, Vol. IV, 269–461, here 276. English translation available at http://sacred-texts.com/eso/sat/sat05.htm.

2 Cf. Gernot Böhme, "Das Ding und seine Ekstasen," in *Atmosphäre: Essays zur neuen Ästhetik* (Frankfurt am Main, 1995), 155–76; Martin Heidegger, *Die Frage nach dem Ding: Zu Kants Lehre von den transzendentalen Grundsätzen* (Tübingen, 1962); Heidegger, "Das Ding und das Werk," in *Gesamtausgabe*, Part I, Vol. 5 (Frankfurt am Main, 1977), 5–25.

3 Lucretius, *De natura rerum*, IV, 54–193, 478–512.

4 Johannes Werner, ed. *Vom Geheimnis der alltäglichen Dinge* (Frankfurt am Main, 1998).

5 Cf. William Henry Fox Talbot, *The Pencil of Nature* (New York 1969). First edition 1844–46. It is interesting to note that the early photographers considered a technical medium to have succeeded in achieving something that painting had never been able to: namely the status of *vera icon*. Cf. Peter Geimer, *Bilder aus Versehen: Eine Geschichte fotografischer Erscheinungen* (Hamburg, 2010).

6 Pliny the Elder, *Historia Naturalis*, XXXV, 151.

7 Wilhelm Worringer, *Abstraktion und Einfühlung: Ein Beitrag zur Stilpsychologie*, ed. Helga Grebit and with an introduction by Claudia Öhlschlager (Munich, 2007). Blossfeldt's visual aesthetic dates back to the colored illustrations in Ernst Haeckel's *Kunstformen der Natur* (1899).

8 Walter Benjamin, "Neues von Blumen," in *Gesammelte Schriften*, Vol. II.1, ed. Rolf Tiedemann and Hermann Schweppenhäuser (Frankfurt am Main, 1980), 153.

9 Johann Wolfgang von Goethe, *Maxims and Reflections*, trans. Elisabeth Stopp (London: Penguin, 1998).

10 Tammo F. Bruns, Frank Schulte, and Karsten Unterberger, eds., "Hans Hansen: 'Du mußt dir treue bleiben und Dich immer wieder verändern,'" in *design is a journey: Positionen zu Design, Werbung und Unternehmenskultur* (Berlin, Heidelberg, and New York, 1997), 44–57.

Hans Hansen und der kommunikative Prozess der Bilder

Hans Hansens Praxis als Fotograf erstreckt sich mittlerweile über einen Zeitraum von 60 Jahren. 1962 realisierte er seinen ersten Fotoauftrag, nachdem er sein Studium an der Kunstakademie Düsseldorf aufgrund einer Auseinandersetzung mit seinem Professor vorzeitig hatte beenden müssen. Hansen hatte darauf bestanden, eine Aufgabe entgegen der Lehrauffassung fotografisch umzusetzen, obwohl die Fotografie an der Akademie damals nicht als künstlerisches Medium anerkannt war. Andernorts, so etwa an der Essener Folkwang Schule und an der Hochschule für Gestaltung Ulm war bereits das neue Fach „Visuelle Kommunikation" eingeführt worden, welches Fotografie, Grafik, Typografie und Text gleichwertig verknüpfte. Die Verbindungslinien zur Avantgarde der 20er-Jahre und zum Bauhaus wurden damals wiederentdeckt und in die Neudefinition des GestalterInnenberufs einbezogen. Daneben wurde Hansen wie viele seiner Zeitgenossen durch die Bildsprache amerikanischer Reportage- und Modemagazine wie „Life" und „Harper's Bazaar" geprägt. Die Fotografen Peter Keetman, Werner Bischof und Irving Penn nennt er als wichtige Vorbilder.

Als Student war Hansen zum ersten Mal auf der Mailänder Triennale 1960 auf Eisglas-Objekte des finnischen Gestalters Tapio Wirkkala gestoßen; diese Entdeckung beschreibt Hansen als die prägendste Erfahrung seiner Studienzeit. Als er zwei Jahre später die Möglichkeit hatte, Tapio Wirkkala bei einer Ausstellung von dessen Werken in Düsseldorf zu treffen, schenkte er ihm einen Schwarzweißabzug der Fotografie einer Wasseroberfläche, gewissermaßen als visuellen Kommentar zu seinen Glasobjekten. Wirkkala antwortete ihm mit einem Brief:

> „Lieber Herr Hansen [...], die Aufnahme, die Sie mir gegeben haben, und die Art und Weise, wie Sie mit den Glasobjekten in meiner Ausstellung umgingen, haben mich veranlasst, an Ihre Möglichkeiten als Fotograf des Glases zu denken. [...] Anbei sende ich Ihnen einige Aufnahmen, die in Finnland gemacht sind. [...] Es ist nicht meine Absicht, dass Sie ausschließlich ihre Tendenz nachahmen, sondern dass Sie neue Möglichkeiten und Weisen im Fotografieren von Glas suchen und experimentieren. [...]"

Aus dem Briefwechsel entwickelte sich ein Auftrag, den der fotografische Autodidakt Hansen als Initialzündung für seine Berufslaufbahn als Fotograf ansieht. Sein erstes Motiv zeigt eines von Wirkkalas Eisglas-Objekten, welches sich auf seinem Untergrund spiegelt und so eine abstrakte Form erzeugt [S. 169]. Hansen fotografierte schließlich über mehrere Jahrzehnte sowohl Wirkkalas Glasobjekte als auch dessen Auftragsarbeiten für die finnische Glashütte Iittala.

Hans Hansen and the Communicative Process of Images

Hans Hansen has worked as a photographer for over sixty years. He took on his first photography commission in 1962, after being forced to leave the art academy in Düsseldorf without a degree following a disagreement with his professor. Against the wishes of his instructor, Hansen had insisted on completing an assignment using photography, although the academy did not recognize the medium as an artistic one. The emerging discipline of visual communications—which placed photography, graphic design, typography, and text on an equal footing—had, in contrast, already been introduced at the Folkwang Schule in Essen and the Hochschule für Gestaltung Ulm. It was a time when connections to the 1920s avant-garde and the Bauhaus were being rediscovered and incorporated into a new conception of the design profession. Hansen, like many of his peers, was influenced by the visual language of American news and fashion magazines such as *Life* and *Harper's Bazaar*. He counted Peter Keetman, Werner Bischof, and Irving Penn among his most important role models. Hansen encountered the Finnish designer Tapio Wirkkala's ice-glass objects for the first time at the 1960 Triennale in Milan; he described it as the most formative experience of his student days. When he had the opportunity to meet Wirkkala at an exhibition of his works in Düsseldorf two years later, Hansen gave him a black-and-white print of a water surface, a kind of visual commentary on the designer's glass objects. In a letter, Wirkkala responded:

> Dear Mr. Hansen [. . .] the print you sent me and the manner in which you worked with the glass objects in my exhibition have made me consider your potential as a glass photographer. [. . .] I'm enclosing some images taken in Finland. [. . .] I do not intend for you to simply mimic their direction; rather, I would like you to explore and experiment with new possibilities for photographing glass.

The commission that resulted from this encounter paved the way for the self-taught photographer's career. Hansen's first photograph shows one of Wirkkala's ice-glass objects reflected on a surface, giving rise to an abstract form [p. 169]. Hansen subsequently photographed Wirkkala's glass objects and the designer's commissions for the Finnish glass manufacturer Iittala over many decades.

In the 1960s, Hansen traveled the world on commission from Lufthansa and various car manufacturers. The New York ad agency Doyle Dane Bernbach (DDB), which had just opened a branch office in Düsseldorf, was one of his most important

In den 1960er-Jahren arbeitete Hansen im Auftrag von Lufthansa und verschiedenen Automobilherstellern und war hierfür weltweit unterwegs. Einer seiner wichtigsten Auftraggeber wurde die New Yorker Werbeagentur Doyle Dane Bernbach, die damals eine Zweigstelle in Düsseldorf etabliert hatte. 1968 fotografierte Hansen für DDBs berühmte Volkswagen-Kampagne einen in seine Einzelteile zerlegten VW Käfer [S. 82–83]; dieses Motiv setzte er Ende der 1980er-Jahre nochmals im Auftrag von VW mit einem Golf um [S. 74–75]. Nach dem Bezug eines eigenen Fotostudios in Hamburg begann er sich zunehmend auf Tabletop-Aufnahmen zu konzentrieren, bei denen Gegenstände auf einem Aufnahmetisch arrangiert und optimal ausgeleuchtet fotografiert werden. Auf dieser Grundlage entwickelte Hansen seine charakteristische Still Life-Fotografie, die das visuelle Erscheinungsbild zahlreicher Designfirmen prägen sollte. Hans Hansens Bildsprache zeichnet sich durch die Suche nach Vereinfachung und das Spiel mit Form und Abstraktion aus. Seine Studiotechnik passte er kontinuierlich an die jeweiligen Verwendungszwecke an. Dabei sind viele seiner innovativen Umsetzungen aus heutiger Sicht nicht mehr unmittelbar zu erkennen. So entwickelte Hansen beispielsweise in den 1970er-Jahren gemeinsam mit der Technikfirma Bläsing verschiedene Lichtquellen nach seinen Vorstellungen, die später in Serie gingen. Für VW entwarf Hansen sogar ein eigenes Fotostudio, das ohne Ecken und somit als vollständiger Hohlkehlenraum gebaut wurde.

In Hans Hansens Fotografien spielen Menschen selten eine Rolle. Er lässt die Dinge bevorzugt für sich stehen; selbst Kleidung bildet er losgelöst vom Körper ab, wie beispielsweise in einer Serie für das Stern-Journal „Sport“ von 1978 [S. 108–115]. Auf die Sichtbarmachung seiner Arbeitszusammenhänge legt Hansen dagegen großen Wert. In der angewandten Fotografie gibt es in der Regel eine Vielzahl von Beteiligten, die zur Entstehung eines Bildes beitragen. Dazu gehören AuftraggeberInnen, RedakteurInnen, ArtdirektorInnen und StylistInnen. Deren Namen führt Hansen üblicherweise in seinen Bildnachweisen mit auf. In seinem Lebenslauf nennt er sämtliche Studio-AssistentInnen, die ihn über die Jahre begleitet haben. In der zeitgenössischen Kunst gibt es oft ähnliche Arbeitsstrukturen. Nicht wenige KünstlerInnen beschäftigen heute AssistentInnen, die an der Kunstproduktion oder im Büro mitarbeiten. Als externe DienstleisterInnen werden oftmals Werkstätten oder DesignerInnen beauftragt, die ihre Expertise und Gestaltungsideen in den Entstehungsprozess eines Kunstwerks einbringen. Vor diesem Hintergrund bezeichnen KünstlerInnen ihre Ateliers heute als „Studios“, in Analogie zum angewandten Bereich. Arbeitsstrukturen und beteiligte Personen bleiben dennoch meist unsichtbar, vermutlich um das Bild des oder der autonom agierenden KünstlerIn nicht zu gefährden. Hans Hansen nennt seine Studioadresse in Hamburg demgegenüber bis heute „Atelier“.

Seine Begeisterung für die Arbeiten zeitgenössischer DesignerInnen führte Hansen im Laufe seiner Karriere immer wieder zu Aufträgen und kreativen Kollaborationen. Seit den 1980er Jahren realisierte er parallel zu seinen Auftragsarbeiten auch kontinuierlich freie Projekte, die wiederum Einfluss auf seine Arbeiten im angewandten Bereich hatten. In einer Reihe von Einzelfotos und Serien hat Hansen auch immer wieder das Medium der Fotografie selbst ins Bild gerückt. Dazu gehören beispielsweise die Aufnahme einer 8 × 10 inch-Filmkassette, die Fotografie eines zusammengefalteten schwarzen Fotoumhangs oder die Fotoserie einer Kodak-Filmschachtel aus den 1960er-Jahren, deren sichtbar gemachtes Alter auf den technischen Umbruch in der Fotografie verweist [S. 5, 6, 9]. Seit einigen Jahren realisiert Hansen eine Reihe von selbst initiierten Foto- und Publikationsprojekten, in denen er ausgewählte

clients. Hansen photographed a VW Beetle taken to pieces for DDB's legendary 1968 Volkswagen campaign [pp. 82–83]; he returned to this image when VW commissioned him to do the same with a Golf in the late 1980s [pp. 74–75]. Following his move to his own studio in Hamburg, he began concentrating on tabletop photography, in which objects are arranged on a surface and photographed under optimal lighting conditions. This formed the basis for Hansen's signature still-life photography, which went on to define the visual identity of countless design firms. Hansen's visual language simplified and played with shapes and abstractions. He adjusted his studio technique to the jobs at hand. It can be difficult now to recognize his many innovative methods. In the 1970s, for instance, Hansen worked together with a lighting firm, Bläsing, to realize his ideas for various light sources, which later went into serial production. The photographer even custom-designed an infinity cove—a photo studio with no ninety-degree angles—for Volkswagen. People seldom feature in Hansen's photographs. He prefers to let the objects stand alone; even garments are depicted absented from bodies, as in his series for the "Sport" edition of the German weekly *Stern* in 1978 [pp. 108–15]. But Hansen finds it vital to acknowledge the people he works with. Numerous individuals generally play a role in commercial photography, including clients, editors, art directors, and stylists. Hansen typically includes their names in his photo credits. And in his résumé, he includes all the studio assistants who have worked with him over the years. Similar working structures are often found in contemporary art. Not a few artists today hire assistants to help produce artworks and provide office support. Workshops and designers are frequently contracted to contribute their expertise and ideas during the process of creating a work of art. Nevertheless, the work structures and the people involved often remain invisible, most likely so as not to threaten the idea of the solitary artist.

His passion for the works of contemporary designers have continued to bring Hansen new commissions and creative collaborations over the course of his career. In tandem with his commissions, Hansen has worked on creative projects since the 1980s. These, in turn, have influenced his commercial work. The medium of photography was the subject of a series of single images and work cycles including, for example, photographs of an 8 × 10-inch film cartridge, a folded dark cloth, and a series of a Kodak film carton from the 1960s, its age made visible in a reference to the technical revolution in photography [pp. 5, 6, 9]. For several years, Hansen has worked on a series of personal photo and book projects in which he photographs selected objects whose structural design process he finds fascinating. It is, however, irrelevant for him how professionally the objects are made or in what context they were created: bamboo spoons whittled by the engineer Alvaro Abreu in his spare time, vessels by the craftsman Ernst Gamperl [p. 39], and the handmade botanical models by Osterloh, a third-generation family business in Leipzig [p. 217–219], are all of equal interest. Analogous to his photographic approach, Hansen shows the many forms that craftsmanship executed with artistic virtuosity can take. Ultimately, the communicative process is what draws his interest to such projects; his photographs, as one saw in his correspondence with Wirkkala, enable a visual exchange on the attitudes and working methods of other people.

Objekte ins Bild setzt, deren spezifische Formfindung und gestalterischer Entstehungsprozess ihn faszinieren. Dabei spielt für ihn keine Rolle, in welchem Arbeitszusammenhang und Professionalisierungsgrad die Objekte entstanden sind. Mal sind es selbstgeschnitzte Bambuslöffel, die der Ingenieur Alvaro Abreu in seiner Freizeit formt, mal sind es Gefäße des Kunsthandwerkers Ernst Gamperl [S. 39] oder handgefertigte Pflanzenmodelle der Firma Osterloh, eines Leipziger Familienbetriebs in der dritten Generation [S. 217–219]. In Analogie zu seiner eigenen fotografischen Herangehensweise zeigt Hansen, welche Formen ein künstlerisch virtuos ausgeführtes Handwerk annehmen kann. Letztendlich ist es wieder der kommunikative Prozess, der ihn an diesen Projekten interessiert; wie in dem anfangs zitierten Briefwechsel mit Tapio Wirkkala ermöglichen seine Fotografien einen visuellen Austausch über die Haltung und Arbeitsweise der anderen Person.

Die abgedruckten Bilder existieren in den wenigsten Fällen als Ausbelichtungen auf Fotopapier. Aus diesem Grund wurden die Negativformate angegeben, in denen die Bilder produziert wurden. Die Jahresangaben beziehen sich auf den Entstehungs- bzw. den Veröffentlichungszeitpunkt.
Bildtitel existieren nur in den wenigsten Fällen und nur bei freien Arbeiten. Deshalb greifen Titel auf die Auftraggeber zurück.

Only in rare cases do the illustrated images exist as prints on photo paper. For this reason we list the negative formats from which the images were produced. The years indicated refer to either the year of creation or publication.
Original titles exist in only a few cases for independent projects. For this reason we cite the titles used by the clients.

[35mm]	Kleinbild / 35 mm	⊛	Farbe / Color	■	Positiv / Transparency
[4×5]	4 × 5 inches	◐	SW / B&W	□	Negativ / Negative
[6×6]	6 × 6 inches			▩	Digitalfotografie / Digital photograph
[8×10]	8 × 10 inches				

Titel / Cover
Mattscheibe 8 × 10 inches und KB-Sucher / 8 × 10-inch Focusing Screen and 35mm Viewfinder, 2016
▩
a.d.S. / from the series *Das Material der Fotografie / The Material of Photography*
freie Arbeit / independent project

2 Kodak Gray Scale und / and Kodak Color Control Patches, 2016
▩
a.d.S. / from the series *Das Material der Fotografie / The Material of Photography*
freie Arbeit / independent project

4 Selbstporträt / Self-Portrait, 2002
◐□[4×5]
freie Arbeit / independent project
publ. in *Photonews*, Hamburg, September 2002

5 8 × 10-inch Kassette / Film Holder, 1998
◐□[4×5]
a.d.S. / from the series *Das Material der Fotografie / The Material of Photography*
freie Arbeit / independent project
publ. in L. Fritz Gruber, *Eine fotografische Hommage zum 90. Geburtstag* [A Photographic Homage on His Ninetieth Birthday], Köln / Cologne, 1998

6 Kamerabalg / Camera Bellows, 2016
▩
a.d.S. / from the series *Das Material der Fotografie / The Material of Photography*
freie Arbeit / independent project

7 Korrekturfilter / Correction Filters, 2016
▩
a.d.S. / from the series *Das Material der Fotografie / The Material of Photography*
freie Arbeit / independent project

9 Kodak Filmschachtel / Kodak Film Box, 2015
▩
a.d.S. / from the series *Verpackungen / Packaging*
freie Arbeit / independent project

10 CD, 2016
▩
a.d.S. / from the series *Das Material der Fotografie / The Material of Photography*
freie Arbeit / independent project

11 Filmformate / Film Formats, 2007
⊛■[4×5]
a.d.S. / from the series *Das Material der Fotografie / The Material of Photography*
freie Arbeit / independent project

12 Strandlinien / Beach Lines (1, 2), 2001
◐□[4×5]
freie Arbeit / independent project
aus / from *Der verführte Blick / The Seduced Gaze*
Ausstellung / exhibition Focke Museum, Bremen

14 Glasblöcke / Glass Blocks (1–4), 2013
▩
a.d.S. / from the series *Glas / Glass*
freie Arbeit / independent project

29 Faltenwurf / Drapery, 1990
⊛■[8×10]
freie Arbeit / independent project

30 Motiv für/ Motif for Lauton Mode, Pullover / Sweater, 1991
Motiv für Anzeigenkampagne / Motif for ad campaign
⊛■[4×5]

31 Motiv für / Motif for Akzo, Viskose / Rayon, 1990
Motiv für Anzeigenkampagne für / Ad campaign for Akzo, Arbeitsgemeinschaft Seidenweber/Struwe und Partner
⊛■[4×5]
publ. in *Die Natur der Viskose* sowie / and also in *Zeitmagazin*, Hamburg, 5. November 1993

33 Glasschale / Glass Bowl Tapio Wirkkala, 2004
◐■[4×5]
a.d.S. / from the series *Glaswasser / Glass Water*
freie Arbeit / independent project
publ. in *Glaswasser,* Hamburg, Eigenpublikation / self-published, 2005

34 Glasschale / Glass Bowl Toots Zynsky, 1989
2 ⊛■, je / each [8×10]
a.d.S. / from the series *Fotogramme / Photograms*
freie Arbeit / independent project

36 Seidenpapiere / Tissue Paper, 1986
⊛■ [8×10]
freie Arbeit / independent project

37 Motiv für ein Projekt von Studierenden der UdK / Motif for a Student Project at UdK Berlin, 2010
▩
mit / with Prof. Axel Kufus
publ. in *Supersoft/Knallhart – exploring Alcantara,* Berlin 2011

39 Motiv für / Motif for Ernst Gamperl, Gefäße / Pots, 2014
▩
publ. in *Ernst Gamperl Gefäße / Pots,* Eigenpublikation / self-published, 2014

40 Hutaufsicht / Hat from Above, 2014
▩
a.d.S. / from the series *Bambushüte aus China / Bamboo Hats from China*
freie Arbeit / independent project
publ. in *Lettre International,* Berlin, Sommer / Summer 2014

41 Hutuntersicht / Hat from Below, 2014
▩
a.d.S. / from the series *Bambushüte aus China / Bamboo Hats from China*
freie Arbeit / independent project
publ. in *Lettre International,* Berlin, Sommer / Summer 2014

43 Motiv für / Motif for Museum Folkwang, Noh Masken / Noh Masks (1–4), 2007
▩
a.d.S. / from the series *Noh Masken / Noh Masks*

44 Stimmgabel / Tuning Fork, 2009
▩
a.d.S. / from the series *einfach / simple*
publ. in *einfach,* Ausstellungskatalog / Exhibition Catalogue, Merve Verlag Berlin 2009

47 Forcola, 2009
▩
a.d.S. / from the series *einfach / simple*
publ. in *einfach,* Ausstellungskatalog / Exhibition Catalogue, Merve Verlag Berlin 2009

48 Motiv für/ Motif for Feldmühle, Papier / Paper, 1963
◐□[4×5]
publ. als Anzeige / as advertisement

49 Briefumschlag / Envelope, 2007
◐■[4×5]
a.d.S. / from the series *Verpackungen / Packaging*
freie Arbeit / independent project

50 Styroporblock-Abwicklung / Styrofoam-Block Processing (1–4), 2009
▩
a.d.S. / from the series *Verpackungen / Packaging*
freie Arbeit / independent project

51 Gitarrenkoffer / Guitar Case, 2009
▩
a.d.S. / from the series *Verpackungen / Packaging*
freie Arbeit / independent project

52 Maske / Mask, 2016
▩
a.d.S. / from the series *Verpackungen / Packaging*
freie Arbeit / independent project

53 Kirmes / Fair, 1957
◐□[6×6]
freie Arbeit / independent project

54 Spiegelung /Reflection, 1959
◐□[6×6]
freie Arbeit / independent project

54 Kirmes / Fair, 1960
◐□[6×6]
freie Arbeit / independent project

54 Fensterscheibe / Windowpane, 1958
◐□[6×6]
freie Arbeit / independent project

55 Pfau / Peacock, 1957
◐□[6×6]
freie Arbeit / independent project

56 Hauswand / Building Walls (1–4), Dänemark / Denmark, 1957
◐□[35mm]
a.d.S. / from the series *Firestone*
freie Arbeit / independent project

58 Experiment (Mehrfachbelichtung) / Experiment (Multiple Exposure), 1957
◐□[6×6]
freie Arbeit / independent project

58 Grafenberger Wald / Grafenberg Forest, 1961
◐□[6×6]
freie Arbeit / independent project

59 München / Munich, 1963
⊛■[35mm]
freie Arbeit / independent project

60 Los Angeles, 1976
⊛■[35mm]
freie Arbeit / independent project

60 Los Angeles, 1974
⊛■[35mm]
freie Arbeit / independent project

61 Los Angeles, 1974
⊛■[35mm]
freie Arbeit / independent project

61 Philadelphia, 1964
⊛■[35mm]
freie Arbeit / independent project

62 Beirut, 1964
[35mm]
freie Arbeit / independent project

63 Sydney, 1964
[35mm]
freie Arbeit / independent project

63 Utah, 1974
[35mm]
freie Arbeit / independent project

64 Nevada, 1974
[35mm]
freie Arbeit / independent project

65 US Trucks, 1970
24 [35mm]
freie Arbeit / independent project

66 Türschild / Door Sign, 1967
8 [35mm]
a.d.S. / from the series
Golden Nugget, Las Vegas
freie Arbeit / independent project

68 Motiv für Nikon-Objektive / Motif for Nikon Lenses, 1985
[8×10]
für / for Nikon / Hildmann, Simon, Rempen & Schmitz
publ. als Anzeige / as advertisement

70 Motiv für / Motif for Daimler-Benz, 3 S-Klasse Limousinen / 3 S-Class Sedans, 1984
[8×10]
für / for Daimler-Benz / Hildmann, Simon, Rempen & Schmitz
publ. als Anzeige / as advertisement

71 Motiv für / Motif for Möller Werke, Autoteile aus Kunststoff / Plastic Car Parts, 1960
[4×5]

72 Motiv für / Motif for Möller Werke, Autoteile aus Kunststoff / Plastic Car Parts, 1960
[4×5]

73 Motiv für / Motif for VW, Passat graviert mit den Namen von 134.525 Mitarbeitern / Passat Inscribed with the Names of 134,525 Employees, 1988
[8×10]
publ. in *50 Jahre Volkswagen (Fifty Years of Volkswagen),* Wolfsburg 1988

74 Motiv für / Motif for VW, zerlegter VW Golf II / Disassembled VW Golf II, 1988
[8×10]
publ. in *50 Jahre Volkswagen (Fifty Years of Volkswagen),* Wolfsburg 1988

76 Motiv für / Motif for Daimler-Benz, S-Klasse / S-Class, 1991
+ [8×10]
publ. in *An Image of Class,* 1991

78 Motiv für / Motif for Daimler-Benz, Mercedes SL, 1989
[8×10]
für / for Daimler-Benz / Hildmann, Simon, Rempen & Schmitz
publ. als Anzeige / as advertisement

80 Studio bei Volkswagen mit VW Käfer/ Studio at Volkswagen with VW Beetle, 1974
[8×10]
freie Arbeit / independent project

81 Anzeige für VW Käfer / Advertisement for VW Beetle, 1969
[8×10]
für / for Volkswagen / Doyle Dane Bernbach

82 Anzeige für / Advertisement for VW, zerlegter Käfer / Disassembled Beetle, 1968
[8×10]
für / for Volkswagen / Doyle Dane Bernbach

84 Anzeige für / Advertisement for VW, VW 1600, 1965
[8×10]
für / for Volkswagen / Doyle Dane Bernbach

85 Kontaktbogen für / Contact Sheet for VW 1600, 1965
S/W-Kontakt, 13 × 18 cm
für / for Volkswagen / Doyle Dane Bernbach

86 Anzeige für / Advertisement for Porsche, Porsche 911, 1972
[4×5]
für / for Porsche / Doyle Dane Bernbach

87 Poster für / for Lufthansa, Boeing 737, 1967
[35mm]

88 Poster für / Posters for Lufthansa, 1960er Jahre / 1960s
[35mm]

90 Anzeige für Erco-Leuchten / Advertisement for Erco Lighting, 1988
[8×10]
für / for Erco / Hildmann, Simon, Rempen & Schmitz

92 Anzeige für Erco-Leuchten / Advertisement for Erco Lighting, 1985
[8×10]
für / for Erco / Hildmann, Simon, Rempen & Schmitz

92 Anzeige für Erco-Leuchten / Advertisement for Erco Lighting, 1990
[8×10]
für / for Erco / Hildmann, Simon, Rempen & Schmitz

93 Motiv für Erco-Leuchten / Motif for Erco Lighting, 1990
[8×10]
publ. als Anzeige / as advertisement

94 Motiv für Erco-Leuchten, Strahler verso / Motif for Erco Lighting, Back of Spotlight, 1988
[8×10]
für / for Erco / Hildmann, Simon, Rempen & Schmitz
publ. als Anzeige / as advertisement

95 Motiv für Erco-Leuchten, Strahler recto / Motif for Erco Lighting, Front of Spotlight, 1988
[8×10]
für / for Erco / Hildmann, Simon, Rempen & Schmitz
publ. als Anzeige / as advertisement

96 Motiv für Erco-Leuchten, geometrische Formen / Motif for Erco Lighting, Geometrical Forms (1–4), 1983
[8×10]
für / for Erco / Hildmann, Simon, Rempen & Schmitz
publ. als Anzeige / as advertisement

98 Motiv für Erco-Leuchten, Raum / Motif for Erco Lighting, Room, 1986
[8×10]
für / for Erco/Hildmann, Simon, Rempen & Schmitz
publ. als Anzeige / as advertisement

100 Papierleuchten / Paper Lanterns, Isamu Noguchi (1, 2), 2003
[4×5]
a.d.S. / from the series *Akari Leuchten von Isamu Noguchi / Akari Lamps by Isamu Noguchi*
freie Arbeit / independent project

103 Motiv für / Motif for Dibbern, Glasschalen / Glass Bowls, 1987
[8×10]
publ. als Anzeige / as advertisement

104 Motive für / Motifs for Dibbern, Katalog / Catalogue (1–4), 2004
[4×5]
a.d.S. / from the series *Fine Bone China*
für / for Dibbern / Peter Schmidt Studios
publ. in *Dibbern, Fine Bone China, Made in Germany,* 2005/06

105 Motiv für / Motif for Dibbern, Anzeigenmotiv / Advertisement, 1999
[4×5]
a.d.S. / from the series *Fine Bone China*
für / for Dibbern / Haase und Knels

107 Motiv für / Motif for Dibbern, Solid Color Jubiläum / Anniversary, 2016
unveröffentlicht / unpublished

108 Motive für / Motifs for Gruner + Jahr, Redaktion *Stern,* Sportausrüstung / Sport Equipment (1–4), 1978
[8×10]
a.d.S. / from the series *Sportjournal (Sport Journal)*
für / for Gruner + Jahr, Redaktion *Stern*
publ. in *Stern,* Hamburg 1978

117 Motiv für / Motif for Kodak / Lintas, Hemd / Shirt, 1980
[8×10]
für / for Kodak/Lintas
publ. als Anzeige für / as advertisement for Ektachrome Film, Kodak

118 Motiv für / Motif for Gruner + Jahr, Redaktion *Stern,* Haut / Skin, 1998
[4×5]

119 Glas / Glass Massimo Micheluzzi, 2013
a.d.S. / from the series *Glas / Glass*
freie Arbeit / independent project

120 Glas / Glass Ettore Sottsass, 1988/2010
[8×10] sowie / as well as
freie Arbeit / independent project

123 Motiv für / Motif for Design Zentrum NRW, Farbkasten / Paintbox, 1998
[4×5]
für / for Design Zentrum NRW
publ. in *Design-Innovationen, Jahrbuch '98, Essen 1998,*
als Buchumschlag und Plakat / as book cover and poster

124 Motiv für / Motif for Marabu, Farben / Colors), 2014

125 Motiv für / Motif for Design Zentrum NRW, Schlagzeug / Drums, 1994
[4×5]
publ. in *Design-Innovationen, Jahrbuch '94, Essen 1994,*
als Buchumschlag und Plakat / as book cover and poster

126 Motiv für / Motif for Axel Kufus, Stuhl Stöck / Stöck Chair, 2005
[4×5]

127 Motiv für / Motif for Zeitverlag Gerd Bucerius, Liegestuhl / Deckchair, 1992
[4×5]
a.d.S. / from the series *anonymes Design / Anonymous Design*
publ. in *Zeitmagazin, anonymes Design,* Hamburg 1992

129 Motiv für / Motif for Mustang, Jeans, 1993
[8×10]
für / for Mustang Bekleidungswerke / Leonhardt & Kern
publ. als Anzeige / as advertisement

130 Motiv für / Motif for Ulla + Martin Kaufmann, Collier, 2009

132 Motiv für / Motif for Verlag Gruner + Jahr, Redaktion *Geo,* Bikini, 2011
a.d.S. / from the series *Ach, wie reizend / Oh, How Lovely*
publ. in *Geo Spezial,* Hamburg 2011

133 &-Zeichen / Ampersand, 2016
a.d.S. / from the series *Schablonen – ABC / Stencils—ABC*
freie Arbeit / independent project

134 Werbemittel für / Advertising Material for FSB, Türklinke / Doorknob, Philippe Starck, 1992
[4×5]
für / for Franz Schneider Brakel (FSB) / Kreutz & Partner

134 Werbemittel für / Advertising Material for FSB, Türklinke / Doorknob, Mario Botta, 1992
[4×5]
für / for Franz Schneider Brakel (FSB) / Kreutz & Partner

135 Werbemittel für / Advertising Material for FSB, Türklinke / Doorknob, Jasper Morrison 1992
[4×5]
für / for Franz Schneider Brakel (FSB) / Kreutz & Partner

135 Werbemittel für / Advertising Material for FSB, Türklinke / Doorknob, Ludwig Wittgenstein, 1992
[4×5]
für / for Franz Schneider Brakel (FSB) / Kreutz & Partner

136 Werbemittel für / Advertising Material for Vitra International, Work Spirit, Antonio Citterio, 2002
[4×5]

138 Werbemittel für / Advertising Material for Vitra International, Work Spirit, Verner Panton, 1993
[4×5]

140 Werbemittel für / Advertising Material for Vitra International, Jean Prouvé Collection, 2002
[4×5]

141 Motiv für / Motif for Vitra International, Cone Chair, Verner Panton, 2001
[4×5]
publ. als Werbemittel / as advertising material

142 Motiv für / Motif for Vitra International, Wire Chairs, Charles + Ray Eames, 1997
[4×5]
publ. als Werbemittel / as advertising material

143 Motiv für / Motif for Vitra International, W.W. Stool, Philippe Starck, 1992
[4×5]
publ. als Werbemittel / as advertising material

144 Motiv für / Motif for Vitra International, Oson, Antonio Citterio, 2004
[4×5]
publ. als Werbemittel / as advertising material

145 Motiv für / Motif for Vitra International, Axess, Antonio Citterio, 1998
[4×5]
publ. als Werbemittel / as advertising material

146 Motiv für / Motif for Vitra International, Aluminium Chair, Charles + Ray Eames, 2008
publ. in *50 Jahre Aluminium Chair, Charles + Ray Eames,* 2008

148 Motiv für / Motif for Vitra International, Sim, Jasper Morrison, 2000
[4×5]
publ. als Werbemittel / as advertising material

149 Motiv für / Motif for Vitra International, Wiggle Side Chair/ Low Table Set, Frank Gehry, 1992
[4×5]
publ. als Werbemittel / as advertising material

150 Motiv für / Motif for Vitra International, Charles + Ray Eames, 1992
[8×10]
publ. als Werbemittel / as advertising material

152 Motiv für / Motif for IFA, Stuhl / Chair, Jasper Morrison, 1992
[4×5]
für / for IFA (Institut für Auslandsbeziehungen)
publ. in *Design Positionen, Deutschland,* Stuttgart 1992

153 Motiv für / Motif for Bree, Handtasche / Handbag, 2009
publ. als Werbemittel / as advertising material

154 Motiv für / Motif for Bree, Punch Travelbag, 2009
publ. als Werbemittel / as advertising material

155 Motiv für / Motif for Bree, Simply Coat Taschen / Bags, 2014
publ. als Werbemittel / as advertising material

156 Motiv für / Motif for Bree, Handtaschen / Handbags, 2012
publ. als Werbemittel / as advertising material

157 Kamerakoffer / Camera Case, 2017
a.d.S. / from the series *Atelier / Studio*
freie Arbeit / independent project

158 Aufbaunotizen 1970er –1990er Jahre / Shooting Notes 1970s –1990s (1–3), 2015
a.d.S. / from the series *Atelier / Studio*
freie Arbeit / independent project

164 Aufbauordner / Shooting Binders, 2017
a.d.S. / from the series *Atelier / Studio*
freie Arbeit / independent project

165 Glas / Glass Ritsue Mishima, 2015
a.d.S. / from the series *Glas / Glass*
freie Arbeit / independent project

166 Glas / Glass Alvar Aalto, 2014
a.d.S / from the series *Glas / Glass*
freie Arbeit / independent project

169 Motiv für / Motif for Tapio Wirkkala , Glas / Glass, 1962
[4×5]
a.d.S. / from the series *Glas / Glass*

170 Glas / Glass Dale Chihuly, 1990
6 , je [8×10]
a.d.S. / from the series *Fotogramme / Photograms*
freie Arbeit / independent project

172 Glas / Glass Tapio Wirkkala, 2013
a.d.S. / from the series *Glas / Glass*
freie Arbeit / independent project

173 Glas / Glass Tapio Wirkkala, 1986
[4×5]
a.d.S. / from the series *Glas / Glass*
freie Arbeit / independent project

174 Glas / Glass Timo Sarpaneva, 2013
a.d.S. / from the series *Glas / Glass*
freie Arbeit / independent project

175 Glas anonym / Anonymous Glass, 2014
a.d.S. / from the series *Glas / Glass*
freie Arbeit / independent project

176 Glas / Glass Tapio Wirkkala, 2012
a.d.S. / from the series *Glas / Glass*
freie Arbeit / independent project

178 Glas / Glass Tapio Wirkkala, 2013
a.d.S. / from the series *Glas / Glass*
freie Arbeit / independent project

179 Glas / Glass Paolo Venini, 2014
a.d.S. / from the series *Glas / Glass*
freie Arbeit / independent project

180 Ei / Egg, 1998
[4×5]
a.d.S. / from the series *Mit hundert Sachen durch die deutsche Küche / Driving High-Speed through German Cooking*
freie Arbeit / independent project
publ. in *SZ Magazin,* München / Munich 1998

182 Motiv für / Motif for Gruner + Jahr, Redaktion *Stern,* Knoblauch / Garlic, 2002
[4×5]
a.d.S. / from the series *Kochrezepte / Recipes*
publ. in *Stern-Küche,* Hamburg, 2002

183 Motiv für / Motif for Gruner + Jahr, Redaktion *Stern,* Rotkohl / Red Cabbage, 2004
[4×5]
a.d.S. / from the series *Kochrezepte / Recipes*
publ. in *Stern-Küche,* Hamburg, 2004

185 Motiv für / Motif for Gruner + Jahr, Redaktion *Stern,* Windbeutel / Cream Puff, 1991
[4×5]
a.d.S. / from the series *Kochrezepte / Recipes*
publ. in *Stern-Küche,* Hamburg, 1991

186 Motiv für / Motif for Greenpeace, Gurke / Cucumber, 2006
[4×5]
publ. in *Greenpeace Magazin,* Was bin ich? [What Am I?], Hamburg 2007

187 Motiv für / Motif for Greenpeace, Bohne / Bean, 2011
publ. in *Greenpeace Magazin,* Von der Wand in den Mund [From the Wall into the Mouth], Hamburg 2011

189 Motiv für / Motif for Gruner + Jahr, Redaktion *Stern,* Vinaigrette, 2008
[4×5]
a.d.S. / from the series *Kochrezepte / Recipes*
publ. in *Stern-Küche,* Hamburg, 2008

190 Motiv für / Motif for Gruner + Jahr, Redaktion *Stern,* Kartoffelstampf / Mashed Potatoes, 2003
[4×5]
a.d.S. / from the series *Kochrezepte / Recipes*
publ. in *Stern-Küche,* Hamburg, 2003

191 Kartoffeln / Potatoes, 2004
[4×5]
a.d.S. / from the series *Eingeschweißte Lebensmittel / Vacuum-Packed Food*
freie Arbeit / independent project

192 Motiv für / Motif for Lufthansa, Menükarte / Menu, 1993
[4×5]

194 Motiv für / Motif for Mäurer & Wirtz, Gardenia, 2007
[4×5]
für/ for Peter Schmidt Studios

195 Motiv für / Motif for *Greenpeace Magazin,* Iris, 2010

196 Clematis, 1992
[8×10]
a.d.S. / from the series *Fotogramme / Photograms*
freie Arbeit / independent project
publ. in *Zanders Chromolux Katalog,* sowie in *Kodak Fotografie International*

197 Aronstab / Arum, 1992
[8×10]
a.d.S. / from the series *Fotogramme / Photograms*
freie Arbeit / independent project

199 Motiv für / Motif for Gruner + Jahr, Redaktion *Stern,* Mohnknospe / Poppy Bud, 2004
[8×10]
publiziert/ published in *Stern* Gesund Leben. Blühen und Verblühen, 2004

200 Motiv für / Motif for Greenpeace, Pfingstrose / Peony, 2003
[4×5]
a.d.S. / from the series *Nicht alles im grünen Bereich*
für / for Greenpeace Magazin
als Plakat / as poster

202 Motiv für / Motif for Dreiviertel Verlag, Redaktion Mare, Nori-Alge / Nori Seaweed, 2009
a.d.S. / from the series *Algen, Karriere einer Unscheinbaren / Seaweed, an Inconspicuous Career*
publ. in *Mare, Algen,* Hamburg, 2009

203 Motiv für / Motif for Dreiviertel Verlag, Redaktion Mare, Kombu-Alge / Kombu Seaweed, 2009
a.d.S. / from the series *Algen, Karriere einer Unscheinbaren / Seaweed, an Inconspicuous Career*
publ. in *Mare, Algen,* Hamburg, 2009

204 Motiv für / Motiv for Dreiviertel Verlag, Redaktion Mare, Zuckertang / Sugar Kelp, 2009
a.d.S. / from the series *Algen, Karriere einer Unscheinbaren / Seaweed, an Inconspicuous Career*
publ. in *Mare, Algen,* Hamburg 2009

205 Kontaktbogen / Contact Sheet, Wegrand / Side of the Road, 2000
[35mm]
a.d.S. / from the series *Wegrand / Side of the Road,* 2000
freie Arbeit / independent project

206 Kontaktbogen / Contact Sheet, Wegrand / Side of the Road, 2000
[35mm]
a.d.S. / from the series *Wegrand / Side of the Road,* 2000
freie Arbeit / independent project

207 Motiv für / Motif for Gruner + Jahr, Redaktion *Geo,* Federn / Feathers, 1999
[4×5]
a.d.S. / from the series *Die Feder, Höhenflug der Evolution / The Feather: Evolution's Flight of Fancy*
publ. in *Geo,* Hamburg 1999

208 Motiv für / Motif for Gruner + Jahr, Redaktion *Geo,* Käferkasten / Beetle Box, 2006
[4×5]
a.d.S. / from the series *Museum für Naturkunde Berlin / Museum of Natural History, Berlin*

209 Motiv für / Motif for Gruner + Jahr, Redaktion *Geo,* alle Federn eines Flügels vom Seidenschwanz / All the feathers of a Bohemian waxwing, 1999
[4×5]
a.d.S. / from the series *Die Feder, Höhenflug der Evolution / The Feather: Evolution's Flight of Fancy*
publ. in *Geo,* Hamburg 1999

210 Motiv für / Motif for Gruner + Jahr, Redaktion *Geo,* Paradiesvögel / Birds-of-Paradise, 2006
[4×5]
a.d.S. / from the series *Museum für Naturkunde Berlin / Museum of Natural History, Berlin*
publ. in *Geo,* Haus der vergessenen Kostbarkeiten, Hamburg 2007

211 Motiv für / Motif for Gruner + Jahr, Redaktion *Geo,* Schlangenskelette / Snake Skeletons, 2006
[4×5]
a.d.S. / from the series *Museum für Naturkunde Berlin / Museum of Natural History, Berlin*
publ. in Geo. Haus der vergessenen Kostbarkeiten, Hamburg 2007

212 Motiv für / Motif for Gruner + Jahr, Redaktion *Geo,* Gottesanbeterin / Praying Mantis, 2006
[4×5]
a.d.S. / from the series *Museum für Naturkunde Berlin / Museum of Natural History, Berlin*

213 Motiv für / Motif for Gruner + Jahr, Redaktion *Geo,* Lang- und Schwarzkäfer / Brentidae and Darkling Beetle, 2006
[4×5]
a.d.S. / from the series *Museum für Naturkunde Berlin / Museum of Natural History, Berlin*
publ. in *Geo,* Haus der vergessenen Kostbarkeiten / House of the Forgotten Treasures, Hamburg 2007

214 Motive für / Motifs for Gruner + Jahr, Redaktion *Geo,* Schildkrötenpanzer / Turtle Shells (1–2), 2006
[4×5]
a.d.S. / from the series *Museum für Naturkunde Berlin / Museum of Natural History, Berlin*

217 Pflanzenmodelle / Plant Models (1–3), 2007
[4×5]
a.d.S. / from the series *Pflanzenmodelle / Plant Models*
freie Arbeit / independent project

220 Motive für / Motifs for Museum Folkwang, Wilhelm Lehmbruck, Große Stehende / Large Standing Figure, 1910–12 (1–18), 2009
a.d.S. / from the series *Drehung / Turn*

223 Haare / Hair (1–4), 1987
[4×5]
freie Arbeit / independent project

224 Körperfalten / Body Convolution (1, 2), 2006
[4×5]
freie Arbeit / independent project

227 Lehrmittel / Teaching Material, 1998
[4×5]
freie Arbeit / independent project

228 Motiv für / Motif for *Greenpeace Magazin,* Amberblatt / Sweet Gum Leaf, 2010

229 Trägerschnecke / Carrier Shells (1–4), 2006
[4×5]
a.d.S. / from the series *Xenophoridae*
freie Arbeit / independent project

230 Motiv für / Motif for *Greenpeace Magazin,* Blattskelett / Leaf Veins, 2005
[4×5]
publ. in *Greenpeace Magazin,* LASSEN SIE'S VERROTTEN!, Hamburg 2006

231 Kastanie / Chestnut, 1999
[4×5]
freie Arbeit / independent project

232 Motiv für / Motif for *Greenpeace Magazin,* Feder / Feather, 2009
für / for Greenpeace Magazin

233 Motiv für / Motif for *Greenpeace Magazin,* Pusteblume / Dandelion, 2009

234 Motiv für / Motif for *Greenpeace Magazin,* Seestern / Starfish, 2008

235 Motiv für / Motif for Gruner + Jahr, Redaktion *Geo,* Koralle / Coral, 2006
[4×5]
a.d.S. / from the series *Museum für Naturkunde Berlin / Museum of Natural History, Berlin*

236 Motiv für / Motif for *Greenpeace Magazin,* Dahlie / Dahlia, 2008

Florence, Sophie und Hans jr.
gewidmet.

Ich habe immer versucht, mir von der Sache ein Bild zu machen.

Danken möchte ich allen, die den Mut hatten, mir eine Chance zu geben und denen, die mir dabei geholfen und mich unterstützt haben. Besonders Margit Homering.

Mein herzlicher Dank gilt auch Felix Hoffmann und allen bei C/O Berlin für das Zustandekommen der Ausstellung. Den Autoren Hartmut Böhme, Hannes Böhringer, Falk Haberkorn, Axel Kufus, Juhani Pallasmaa und Anna Voswinckel danke ich für ihre Essays, ohne die dieses nur ein Bilderbuch wäre, und Hendrik Schwantes möchte ich für die Gestaltung des Buches danken.

For Florence, Sophie, and Hans Jr.

I have always tried to visualize things.

I would like to thank all of those who had the courage to give me a chance and those who helped and supported me. Especially Margit Homering.

My heartfelt thanks are due to Felix Hoffmann and everybody at C/O Berlin for making the exhibition possible. I also extend my thanks to the authors Hartmut Böhme, Hannes Böhringer, Falk Haberkorn, Axel Kufus, Juhani Pallasmaa, and Anna Voswinckel for their essays, without which this would have been a mere picture book, and I would like to thank Hendrik Schwantes for designing the book.

hans hansen, juni / June 2017

Diese Publikation erscheint anlässlich der Ausstellung / This publication accompanies the exhibition
Hans Hansen. Still Life
13. Juli – 10. September 2017
July 13 – September 10, 2017

C/O Berlin
Hardenbergstraße 22–24
10623 Berlin
www.co-berlin.org

Herausgeber / Editors
Felix Hoffmann, Hendrik Schwantes
für / for C/O Berlin Foundation

Konzept Buch und Ausstellung / Book and Exhibition Concept
Hans Hansen, Felix Hoffmann, Hendrik Schwantes

Gestaltung / Design
Heimann + Schwantes, Berlin
www.heimannundschwantes.de

Assistenz / Assistance
Martin Granderath
für / for C/O Berlin Foundation
Margit Homering

Lektorat / Copyediting
Hans Georg Hiller von Gaertringen (DE), Tas Skorupa (EN)

Übersetzung / Translation
Sylee Gore (DE-EN)

Bildbearbeitung / Image Processing
Jan Scheffler, Prints Professional, Berlin

Gesamtherstellung / Production
DZA Druckerei zu Altenburg

Erschienen bei / Published by
Spector Books
Harkortstraße 10
04107 Leipzig
www.spectorbooks.com

Distribution
Germany, Austria: GVA, Gemeinsame Verlagsauslieferung Göttingen GmbH&Co. KG, www.gva-verlage.de
Switzerland: AVA Verlagsauslieferung AG, www.ava.ch
France, Belgium: Interart Paris, www.interart.fr
UK: Central Books Ltd, www.centralbooks.com
USA, Canada, Central and South America, Africa, Asia: ARTBOOK/ D.A.P., www.artbook.com
South Korea: The Book Society, www.thebooksociety.org
Australia, New Zealand: Perimeter Distribution, www.perimeterdistribution.com
Other countries: Motto Distribution, www.mottodistribution.com

Die Deutsche Nationalbibliothek verzeichnet diese Publikation in der Deutschen Nationalbibliografie; detaillierte bibliografische Daten sind im Internet über http://dnb.d-nb.de abrufbar. / The Deutsche National-bibliothek lists this publication in the Deutsche Nationalbibliografie; detailed bibliographic data are available on the Internet at http://dnb.dnb.de.

1. Auflage / First edition
Printed in Germany
ISBN 978-3-95905-160-6